HISTOIRE DOCTRINALE

DU

MOUVEMENT ŒCUMÉNIQUE

BIBLIOTHECA EPHEMERIDUM THEOLOGICARUM
LOVANIENSIUM

VOL. VIII

GUSTAVE THILS

HISTOIRE DOCTRINALE

DU

MOUVEMENT ŒCUMÉNIQUE

NOUVELLE ÉDITION

DESCLÉE DE BROUWER   E. WARNY

76bis, RUE DES SAINTS-PÈRES   2, RUE VÉSALE

PARIS (7e)   LOUVAIN

INTRODUCTION

Le Conseil œcuménique des Eglises est un des faits majeurs de l'histoire du christianisme au XXᵉ siècle. Car il réunit, non pas des philosophes désireux d'unifier le monde ou des théologiens attentifs à l'unité chrétienne, mais les autorités officielles des diverses Eglises et communions chrétiennes. Et celles-ci, malgré des difficultés sans nombre, ont décidé de demeurer ensemble pour répondre à la volonté du Seigneur, et de demeurer ensemble aussi longtemps qu'il le faudra, pour percevoir mieux ce que comporte cette volonté, et pour opérer les renouvellements qui leur sont demandés en conséquence. Un tel propos ne peut être qu'un fruit de l'Esprit du Seigneur. Et - coïncidence providentielle - le Concile du Vatican II a été convoqué par le Pape Jean XXIII dans le but de susciter un « renouveau » dans l'Eglise catholique, renouveau dont le Souverain Pontife attend notamment des suites favorables pour l'union de tous les chrétiens.

Cet ouvrage a pour titre *Histoire doctrinale du Mouvement œcuménique*. En fait, il est consacré directement au Conseil œcuménique des Eglises, lequel ne représente certes pas tout le mouvement œcuménique. Mais comme ce titre était celui de la première édition, il a paru préférable de le maintenir, pour ne point donner à croire qu'il s'agirait d'un autre travail. Cette seconde édition est néanmoins entièrement renouvelée, non seulement du fait que l'histoire doctrinale est prolongée jusqu'en 1962, alors que la première s'étendait jusqu'en 1954, mais aussi parce que les réflexions doctrinales ont été retravaillées en fonction de la problématique régnant actuellement dans les milieux œcuméniques et dans la théologie catholique. La documentation qui est donnée, avec de larges extraits cités textuellement, constituera un instrument de travail pour ceux qui ne peuvent recourir directement aux sources ou aux rapports officiels.

Nous nous en tiendrons avant tout à l'histoire *doctrinale* du Conseil œcuménique des Eglises et aux problèmes qu'elle soulève pour les Eglises membres et pour l'Eglise catholique. L'histoire

documentaire du Conseil a été amplement traitée dans l'ouvrage
capital de R. ROUSE et S. C. NEILL, *A History of the Ecumenical
Movement*, Londres, 1954 [1]).

[1]) Renseignements bibliographiques: *Bibliography* annexée à *A History of the
Ecumenical Movement* de R. ROUSE et S. C. NEILL, pp. 745-786. Ensemble très
important et bien à jour sur les documents intéressant le mouvement œcuménique
comme tel. Henry R. T. BRANDRETH, *Unity and Reunion. A Bibliography*. Londres,
1945, 158 pp.; 2e édit. Londres, 1948 (édition 1945 avec supplément). L'ouvrage
contient quelque 1300 titres, sur l'histoire, les essais de réunion, la doctrine, les
discours, les périodiques. La documentation doctrinale et ecclésiastique est très
étendue, mais s'adresse avant tout au lecteur de langue anglaise. A. SENAUD,
Christian Unity. A Bibliography, Genève, 1937, 174 pp. Est très utile en ce qui
concerne les mouvements chrétiens internationaux et les relations internationales
entre les Eglises. A. Esteban ROMERO, *Nota informativa bibliográfica sobre el
Ecumenismo*, dans *Rev. Españ. Teol.*, 1952, pp. 153-172; 395-432: contient plus
de 500 titres. Egalement: J. PERARNAU, *Contribución a una bibliografía del ecumenismo católico*, dans *Estud. Francisc.*, 1961, pp. 71-125. Pour les orthodoxes:
V. T. STAVRIDES, *The Greek Orthodox Bibliography on the Ecumenical Movement*, Athènes, 1960, 20 p., ainsi que la bibliographie donnée par R. SLENCZKA,
*Ostkirche und Oekumene. Die Einheit der Kirche als dogmatisches Problem in
der neueren ostkirchlichen Theologie*, Göttingen, 1962, pp. 305-314. Depuis
quelques années, les *Ephemerides Theologicae Lovanienses*, de l'Université de
Louvain, donnent, deux fois par an, une liste bibliographique des articles et écrits
consacrés à l'œcuménisme; on la trouvera dans la section *V. Theologia funda-
mentalis et Apologetica*.

Archives: *Bibliothèque du Conseil œcuménique des Eglises*, Genève: on y
rassemble un nombre croissant de documents inédits, intéressant tous les secteurs
du Conseil œcuménique; *Archives N. Söderblom*, à Upsal, Suède; *Archives de
la Conférence mondiale de Faith and Order*, conservées au General Theological
Seminary, à New-York, Broadway at 120th Street, N. Y. 27, U. S. A.: importante
correspondance; *Archives de la World Alliance for Promoting International Friendship through the Churches*, à Genève, 37, Quai Wilson, et à la Bibliothèque universitaire d'Upsal, Suède. Sur ces archives, on peut lire: H. H. HARMS, *Archive
für ökumenischen Dokumentation*, dans *Weltkirchenlexikon*, Stuttgart, 1960,
c. 89-90.

Documents: *Rapports officiels* des différentes conférences universelles: cfr
infra, dans la bibliographie annexée à chaque chapitre, et H. KRÜGER, *Bibliographie zur ökumenischen Bewegung*, dans *Weltkirchenlexikon*, Stuttgart, 1960,
c. 159-161. G. K. A. BELL, *Documents on Christian Unity*, 1e série (1920-1924),
Oxford, 1924; 2e série (1920-1930), Oxford, 1930; 3e série (1930-1948), Oxford-
Londres, 1948; 4e série (1948-1957), Londres-New York, 1958, 243 p. (en anglais).
En allemand: *Texte zur Geschichte der ökumenischen Bewegung (1900-1947)*,
hrsg. Kurt BÖHME. Berlin, 1948, 96 p. (extraits bien choisis); *Oekumenische Docu-
mente. Quellenstücke über die Einheit der Kirche* (bis New-Delhi), hrsg. Hans-
Ludwig ALTHAUS, Göttingen, Vandenhoeck & Ruprecht, 1962, 251 p.

Dans la précédente édition, le dernier chapitre était consacré à la « théologie œcuménique ». Ce chapitre a été omis ici, parce que cette question a fait l'objet d'une étude plus détaillée dans *La « théologie œcuménique ». Notion - Formes - Démarches*, Louvain, 1960, 84 p. A ce propos, nous aimons redire que cette dernière étude doit beaucoup à la *Consultation on Ecumenics and Ecumenical Theology* qui se tint à Bossey en août 1960, consultation dominée par l'exposé magistral du Dr. H. H. Wolf et les interventions judicieuses du Dr. N. A. Nissiotis.

Sigles et abréviations

A. A. S.   *Acta Apostolicae Sedis*, Rome.

E. A.   Rapport officiel de l'Assemblée d'Evanston (1954), édition anglaise: *The Evanston Report. The Second Assembly of the World Council of Churches*, New York, Harper & Brothers, 1955, 360 p.

E. F.   Rapport officiel de l'Assemblée d'Evanston (1954), édition française: *L'Espérance chrétienne dans le monde d'aujourd'hui*. Evanston 1954, Genève, Conseil œcuménique des Eglises, 1955, 478 p.

H. E. M.   *A History of the Ecumenical Movement (1517-1948)*, éd. par R. ROUSE et St. NEILL, Londres, S. P. C. K., 1954, 822 p.

N. D.   Rapport officiel de l'Assemblée de Nouvelle-Delhi (1961), édition française: *Nouvelle-Delhi 1961. Rapport de la Troisième Assemblée*, Neuchâtel, Delachaux et Niestlé, 1962, 414 p.

R. Am.   Rapport officiel de l'Assemblée d'Amsterdam (1948), édition française: *Désordre de l'homme et dessein de Dieu*. 5 vol., Paris-Neuchâtel, Delachaux et Niestlé, 1949.

R. Ed.   Rapport officiel de la Conférence d'Edimbourg (1937), édition française: *Foi et Constitution. Actes officiels de la Deuxième Conférence universelle*, Paris, Fischbacher, 1939, 426 p.

R. Lau.   Rapport officiel de la Conférence de Lausanne (1927), édition française: *Foi et Constitution. Actes officiels de la Conférence de Lausanne*, Paris, V. Attinger, 1928, 626 p.

R. Ox.   Rapport officiel de la Conférence d'Oxford (1937), édition française: *Les Eglises face à leur tâche. Rapport de la Conférence universelle des Eglises à Oxford*, Paris, « Je sers », 1938, 304 p.

R. Sto.   Rapport officiel allemand de la Conférence de Stockholm (1925): *Die Stockholmer Weltkirchenkonferenz*, ed. A. DEISSMANN, Berlin, Furche-Verlag, 1926, 762 p.

R. T.   Rapport officiel de la Conférence de Lund (1952), édition anglaise: *The Third World Conference on Faith and Order held at Lund*, ed. by Oliver S. TOMKINS, Londres, SCM Press, 1953, 380 p.

PREMIÈRE PARTIE

LES FAITS ET LES DOCTRINES

CHAPITRE PREMIER

LES MOUVEMENTS CHRÉTIENS INTERNATIONAUX

A ses débuts, en 1933, l'*Ecumenical Press Service* se présentait comme un organe de coopération, non seulement entre l'*Universal Christian Council for Life and Work* et la *World Conference on Faith and Order*, mais aussi avec l'*International Missionary Council*, la *World Alliance for International Friendship through the Churches*, la *World Student Christian Federation*, la *World Alliance of Y. M. C. A.*, la *World Y. W. C. A.* et d'autres. Le relief unique dans lequel est placé actuellement le Conseil œcuménique des Eglises, du seul fait qu'il est une « association fraternelle d'Eglises », ne peut faire oublier l'ensemble impressionnant d'organismes chrétiens internationaux, dans lesquels le mouvement œcuménique a pris naissance et auprès desquels il a trouvé une aide multiple, depuis les idéals missionnaires les plus spirituels jusqu'aux interventions matérielles les plus indispensables. La brève dédicace de *A History of the Ecumenical Movement*, - hommage aux *Disciples of Christ*, - n'est qu'un symbole de la gerbe merveilleuse d'apports venus de toute part et qui ont fait du mouvement œcuménique une réalité institutionnelle désormais historique, le Conseil œcuménique des Eglises [1]). Pour comprendre l'histoire doctrinale de l'œcuménisme, il est indispensable de connaître, fût-ce superficiellement, deux de ces organismes, qui ont plus particulièrement marqué l'orientation même des Conférences œcuméniques universelles : l'*Alliance mondiale pour l'amitié internationale par les Eglises* et le *Conseil missionnaire international*, expression actuelle de l'effort missionnaire universel des chrétiens non-romains.

---

[1]) On trouvera, sur cette constellation de mouvements et organisations, des renseignements substantiels dans H. E. M., chap. 6 à 8, 11 à 13.

Sur la Y. M. C. A., voir C. P. SHEDD, *History of the World's Alliance of Young Men's Christian Associations*, Londres, S. P. C. K., 1955, 746 p. (long résumé dans *Ecum. Review*, oct. 1956, pp. 74-83).

L'Alliance mondiale pour l'amitié internationale par les Eglises

A toute époque, en chaque pays, des chrétiens furent attentifs à promouvoir la paix internationale. Ceux d'Allemagne et de Grande-Bretagne, en particulier, à l'occasion de la Conférence pour la paix tenue à La Haye en 1907, estimèrent que les Eglises, comme telles, pouvaient apporter leur appui à la concorde entre les peuples. Des Comités furent constitués ; ils prirent contact avec diverses associations chrétiennes. Finalement, il fut décidé qu'une Conférence se tiendrait à Lausanne les 3-4 août 1914. En même temps, on obtint que, du côté catholique, la *Ligue internationale des catholiques pour la paix*, fondée en 1911, réunirait une Conférence parallèle à Liège, les 10-11 août 1914, sous la présidence du Cardinal Mercier. On attendait à Lausanne quelque 150 délégués représentant treize nations. Mais la situation était plus que troublée. Les délégués présents se réunirent le 2 août, souscrivirent une résolution en faveur de la paix, constituèrent des comités nationaux et, le 3 au matin, se hâtèrent de prendre le chemin du retour. La guerre était déclenchée. L'action des Comités nationaux se poursuivit cependant. Une réunion se tint à Londres, une autre à Berne, en 1915, où l'Association prit définitivement le nom qui devait lui rester : *World Alliance for Promoting International Friendship through the Churches* [1]).

Durant les hostilités, l'*Alliance* entreprit une action en faveur de la paix, des prisonniers. Elle fut épaulée par des écrits et des revues, où nous trouvons à l'œuvre des personnalités qui seront intimement mêlées à l'histoire doctrinale de *Vie et Action*. En Angleterre, se publie *The Paecemaker*, remplacé par *Goodwill* en 1915. En Allemagne, dès la fin 1914, A. Deissmann fait paraître ses *Evangelische Wochenbriefe*, adressés à tous les pays d'Europe et aux Etats-Unis, tandis que F. Siegmund-Schultze poursuit la publication de *Die Eiche*, consacré aux principes chrétiens de la paix. En même temps, des contacts sont établis avec le nouvel

[1]) Nils KARLSTRÖM, *Movements for International Friendship and Life and Work, 1910-1925*, dans H. E. M., pp. 509-542 ; Nils EHRENSTRÖM, *Movements for International Friendship and Life and Work, 1925-1948*, dans H. E. M., pp. 543-596 ; *Minutes et Reports* des Conférences annuelles, de 1914 à 1946 ; *Handbook* de la *World Alliance*, de 1916 à 1938.

évêque d'Upsal, Nathan Söderblom, qui déploya dès les débuts de son épiscopat une activité inlassable pour la réalisation de l'ordre social chrétien. Son mémorable *Appeal for Peace* de novembre 1914 constitue, d'après l'historien du Mouvement *Vie et Action*, « the starting-point of what later developed into the Life and Work movement » [1]).

A ses débuts, le Mouvement *Vie et Action* se développa en union intime avec la *World Alliance for International Friendship*. On ne peut dissocier l'activité de l'un des initiatives de l'autre. Et ce n'est pas par hasard que, dans *A History of the Ecumenical Movement*, l'histoire du Mouvement *Vie et Action* est rappelée dans un chapitre dont l'intitulé complet est « *Movements for International Friendship and Life and Work* ». Il n'y eut pourtant jamais d'union organique entre les Mouvements. La *World Alliance* continua sa vie propre. Elle tint des Conférences nationales dans toutes les régions du monde. Dès 1926, on s'était mis d'accord en effet pour réserver à la *World Alliance* un objectif spécifique : « matters relating to the study and promoting of international fellowship through the Churches » [2]).

Il est hors de propos de relater ici toutes les phases de l'histoire de ce très sympathique Mouvement. Il vécut jusqu'en 1948. A ce moment là, après les difficultés de la seconde guerre mondiale, et du fait de l'existence d'autres groupements similaires, il ne fut plus possible de donner à la *World Alliance* un nouvel élan. De son côté, la *Commission of the Churches for International Affairs* du Conseil œcuménique des Eglises assurait certains de ses objectifs. Aussi, lors de la réunion des 10-11 mars 1948, le Comité exécutif décida-t-il de dissoudre l'organisation. L'orientation « sociale » du Mouvement *Life and Work* et du Conseil œcuménique des Eglises s'explique partiellement du fait de ses attaches historiques avec la *World Alliance*.

Le Conseil International des Missions

Le XIX° siècle a vu croître, dans les milieux chrétiens séparés

---

[1]) H. E. M., p. 520.
[2]) *Minutes ... of the Continuation Committee of Life and Work*, Berne, 1926, p. 12.

de Rome, de nombreux mouvements ayant pour but l'apostolat missionnaire. Or, à mesure que l'expansion se faisait universelle par la création de « Jeunes Eglises » en Inde ou en Afrique, l'idée d'union s'imposait. D'abord au plan de l'action pratique, pour l'édition de la Bible en commun, pour l'éducation de la jeunesse, pour l'aide médicale à apporter aux délaissés, pour l'aide matérielle à distribuer en cas de famine. Mais surtout, pour un motif supérieur et plus doctrinal : à cause du scandale que créait dans tous les territoires évangélisés la multiplicité des confessions qui se présentaient au nom de Jésus-Christ, tout en se combattant l'une l'autre. Les « Eglises-mères » étaient assez habituées à vivre dans cette multiplicité de groupes séparés se prévalant d'un seul Christ et d'un seul Esprit. Les « Jeunes Eglises » étaient déroutées : où donc était le vrai christianisme ? Les réflexions que les représentants des « Jeunes Eglises » font encore aujourd'hui à l'occasion des Conférences universelles montrent que le scandale est toujours aussi vif et aussi poignant. On le voit, l'idée d'union et d'œcuménisme est très parente de l'idée missionnaire [1]). Qui plus est, le mouvement œcuménique, au sens que l'expression revêt actuellement, doit beaucoup à une Conférence missionnaire ; il eut toujours avec le mouvement missionnaire des liens très étroits, même organiquement. Les problèmes posés par l'action missionnaire furent en effet discutés dans d'importantes conférences internationales. L'une d'entre elles, point de repère capital dans l'histoire de l'œcuménisme, se tint à Edimbourg, en 1910 [2]).

Cette *World Missionary Conference* fut plus qu'une simple réunion internationale visant à donner du relief à l'idée mission-

---

[1]) William Richey Hogg, *Ecumenical Foundations. A History of the International Missionary Council and its Ninetheenth-Century Background*, New-York, 1952 (important, envisage le sujet largement, excellente bibliographie); Kenneth Scott Latourette, *Ecumenical Bearings of the Missionary Movement and the International Missionary Council*, dans H. E. M., pp. 351-402; l'A. a publié aussi une imposante *History of the Expansion of Christianity*, Londres et New-York, 7 vol., 1937-1945. Une liste complète des Rapports des conférences et des comptes rendus des réunions de Comités est donnée dans H. E. M., pp. 773-774. Du point de vue catholique et missionnaire, cfr J. Frisque, *Les Jeunes Eglises et le Mouvement œcuménique*, dans *Eglise vivante*, 1954, pp. 230-244.

[2]) *World Missionary Conference, 1910*, Londres-New-York-Edimbourg, s. d., 9 vol.

naire. Elle se présenta comme une vaste assemblée consultative examinant les grands problèmes de l'action missionnaire dans le monde. Un Comité préparatoire avait rassemblé sur ce sujet des rapports et des communications, constituant une sérieuse base d'études pour toutes les Sociétés missionnaires. Il en résulta neuf volumes, riches d'aperçus et d'orientations. Or, à divers points de vue, cette Conférence missionnaire mondiale préparait les Conférences œcuméniques à venir. Comment cela ?

D'abord, par les sujets abordés eux-mêmes. Ils étaient au nombre de huit : 1. L'évangile face à un monde non-chrétien. 2. L'Eglise et le champ missionnaire. 3. Education et christianisation de la vie nationale. 4. Le message missionnaire et les religions non-chrétiennes. 5. La préparation des missionnaires. 6. Le fondement des Missions. 7. Missions et gouvernements. 8. Coopération et promotion de l'unité. Le dernier thème est formellement un thème œcuménique. Les autres trahissent la même préoccupation d'unité. Il faut prêcher l'évangile à un monde non-chrétien (thème I) ; mais il n'y a qu'un seul Evangile à prêcher ! Le missionnaire veut planter l'Eglise (thème II) ; mais celle-ci est l'Eglise une du Christ !

Très significative fut aussi la manière dont s'opéra le recrutement. Alors que généralement les conférences missionnaires mondiales étaient suivies par des représentants plus ou moins autorisés des diverses Sociétés missionnaires, cette fois, les membres de la Conférence étaient des délégués officiels des Sociétés missionnaires actuellement actives, et leur nombre était fixé proportionnellement à l'importance du groupement qu'ils représentaient. Edimbourg était une sorte de « corps autorisé à parler au nom des groupements constitués ». De plus, alors que les réunions missionnaires étaient plutôt d'inspiration « évangélique », Edimbourg élargit son public et des anglo-catholiques y participèrent activement ; on fit ainsi l'expérience de franches conversations entre chrétiens de tendance différente, sur des problèmes généraux intéressant le christianisme. Enfin, - autre innovation dans le recrutement, - une place importante fut accordée aux représentants, pourtant peu nombreux, des « Jeunes Eglises » ; on marquait ainsi que les chrétiens non-occidentaux étaient mis sur le même pied que les chrétiens occidentaux.

En fait, plusieurs personnalités qui devaient imprimer une orientation décisive au Mouvement œcuménique se trouvaient présentes à Edimbourg. Tels les deux leaders de *Foi et Constitution*, Ch. H.

Brent et W. Temple. Bishop Brent découvrit à Edimbourg combien des divergences de foi et de constitution nuisaient au succès
des confrontations qui mettaient en présence les confessions chrétiennes ; il lui vint l'idée de réunions doctrinales universelles : *Faith
and Order* allait naître de cette intuition. Le président de la Conférence d'Edimbourg conclut en toute vérité : « les délégués ont
réalisé ici leur unité dans le Christ » [1]).

Les délégués réunis à Edimbourg nommèrent un « Comité de
Continuation » pour propager les fruits de leurs travaux. Celui-ci
lança, en 1912, un périodique *The International Review of Missions*
et suscita, en territoire de mission, de nombreuses réunions et conférences, dans le but de parvenir à plus de coopération, à plus d'unité
d'action, voire à l'unité. La première guerre mondiale retarda un
peu l'activité du Comité de continuation. Mais celle-ci reprit dès
la fin du conflit et, en juin 1920, une « Conférence missionnaire
internationale » restreinte se tint à Crans-lez-Genève. On y envisagea
la création d'un Comité missionnaire permanent, lequel fut finalement constitué en octobre 1921, à Lake Mohonk (Etats-Unis), sous
le nom de *International Missionary Council* (pour le distinguer de
l'*International Missionary Committee*, issu d'Edimbourg et mandaté par lui).

Cet *International Missionary Council*, chargé désormais de l'*International Review of Missions*, poursuivit sans relâche divers objectifs essentiels au mouvement œcuménique. Il travailla toujours
en étroite collaboration avec les mouvements œcuméniques, puis
avec le Conseil œcuménique des Eglises. Durant cette période, leur
action est parfois étroitement unie. Ils possèdent certains services
communs, comme la *Commission des Eglises pour les affaires internationales*, le *Secrétariat pour l'Asie*, le *Service d'entre-aide des
Eglises*, le *Service œcuménique de Presse*. Il fut même question de
leur union : mais comment, sinon en intégrant le Conseil missionnaire international, qui représente des « sociétés missionnaires »,
dans le Conseil œcuménique, qui est une « association d'Eglises » ?

Pour compléter cet aperçu très bref de l'œuvre missionnaire
internationale, voici l'indication des grandes étapes du mouvement,
savoir les Conférences mondiales missionnaires.

Nous venons de parler de celle qui se tint à Edimbourg, en
1910.

[1]) *World Missionary Conference*, 1910, t. 9, p. 347.

Une autre conférence se tint à Jérusalem, en 1928. Elle eut pour objet les problèmes relatifs à l'éducation chrétienne, à la diversité des races, à l'industrialisme et particulièrement la question juive [1]).

Il y en eut une aussi à Tambaram-Madras (Indes) en 1938 [2]). Elle eut un certain retentissement grâce à l'ouvrage préparatoire de H. Kraemer, *Christian Message in a Non-christian World* [3]).

Puis ce fut la Conférence missionnaire mondiale qui se tint à Whitby (Ontario-Canada) en 1947 [4]). Elle choisit comme thème fondamental : « Témoignage chrétien dans un monde en révolution ». On y souligna l'actualité de l'idéal chrétien de fraternité, si favorable au travail d'évangélisation et le rayonnement des « paroisses vivantes ».

La conférence qui se réunit à Willingen (Allemagne) en 1952 [5]) fut une conférence surtout européenne des confessions possédant des missions. Les rapports entre l'œuvre missionnaire et l'œuvre œcuménique furent à l'avant-plan des discussions [6]).

Depuis, à côté de la réunion du Comité *ad interim* aux Etats-Unis en 1954 [7]), c'est l'Assemblée du Conseil International des Missions à Ghana, du 28 décembre 1957 au 8 janvier 1958, qui marqua surtout la vie du Conseil International des Missions : on y examina les « changements de structure dans les missions occidentales », dus

[1]) Cfr Rapport: *The Jerusalem Meeting of the International Missionary Council, March 24 - April 8, 1928*, Oxford, 1928, 8 volumes (The Jerusalem Series).

[2]) Cfr Rapport: *Meeting of the International Missionary Council at Tambaram-Madras. Dec. 1938*, Oxford, 7 volumes, 1939 (The Tambaram-Madras Series).

[3]) H. KRAEMER, *Christian Message in a Non-Christian World*. London-New-York, 1938, 454 pp.; trad. allemande: *Die christliche Botschaft in einer nicht-christlichen Welt*, Zollikon-Zürich, 1940, 390 pp. Lire: P. DE MENASCE, O. P., *La théologie de la mission selon M. Kraemer*, dans la *Neue Zeitschrift für Missionswissenschaft*, article repris dans *La vie intellectuelle*, juillet 1946, pp. 6-32.

[4]) *Minutes of the elarged Meeting of the International Missionary Council, Whitby, Ontario, July 1947*. Londres-New-York, 1948.

[5]) *Minutes of the elarged Meeting of the International Missionary Council, Willingen (Germany), July 1952*. Londres-New-York, 1952.

[6]) Les relations du *Conseil international des Missions* avec le *Conseil œcuménique des Eglises* ont été étudiées par le Rev. N. Goodall, qui conclut: les tâches de ces deux organismes, loin d'être rivales, sont complémentaires. Cfr N. GOODALL, *The International Missionary Council and the World Council of Churches. Their Present and Future Relationship*, dans *The International Review of Missions*, 1948, n. 1.

[7]) Cfr *Minutes of the Ad interim Committee of the International Missionary Council*, Staten Island, New York (U. S. A.), July, 1954, 96 p.

à trois facteurs actuels : l'évolution politique des nations jeunes, l'épanouissement des jeunes églises, le mouvement œcuménique [1]).

En 1961, à New Delhi, l'Assemblée du Conseil international des Missions se réunit encore une fois [2]), mais surtout pour mettre définitivement au point la question, alors résolue, de son intégration dans le Conseil œcuménique des Eglises [3]).

* * *

On ne peut décrire les origines du Mouvement œcuménique sans évoquer le nom du Dr John R. Mott. Né en 1865, de famille méthodiste, il se consacra rapidement à l'idéal missionnaire, surtout dans les milieux universitaires, « points stratégiques de la conquête du monde ». Il fut l'âme de la *Fédération universelle des Associations chrétiennes d'étudiants* (1895). Ses voyages et ses activités en firent le parfait œcuméniste avant la lettre [4]).

---

[1]) Cfr *Minutes of the Assembly of the International Missionary Council, Ghana, December 28 - January 8, 1958,* 160 p. (note bibliographique à ce sujet dans *Eglise vivante* (Louvain), 1958, p. 292).

[2]) Cfr *Minutes of the Assembly of the International Missionary Council, November 1961, and of the First Meeting of the Commission on World Mission and Evangelism of the World Council of Churches, December 1961, at New Delhi,* 93 p.

[3]) Pour l'histoire de l'intégration du Conseil International des Missions, cfr l'*Index alphabétique des matières*.

[4]) Sur John Mott et d'autres *leaders* du Mouvement œcuménique, cfr *Oekumenische Profile,* hrsg. Günter GLOEDE, Stuttgart, Evang. Missionsverlag, 1961, 375 p. (très nombreuses notices, avec photo) ; S. NEILL, *Men of Unity,* Londres, SCM Press, 1960, 192 p.

CHAPITRE II

LE MOUVEMENT " VIE ET ACTION "

Les origines [1])

La fin du XIXe siècle et le début du XXe sont marqués par une efflorescence d'initiatives chrétiennes dans le domaine social et temporel. Celles-ci, pour être efficaces, se font nationales et internationales. Nous avons rappelé plus haut le nom de quelques-unes d'entre elles, notamment la *World Alliance for Promoting International Friendship through the Churches*, dont l'histoire est intimement liée à celle du Mouvement *Life and Work*.

L'idée de promouvoir la paix internationale était particulièrement opportune en 1914, au moment où était déclenchée la première guerre mondiale. Les pays qui n'étaient pas atteints par le conflit étaient tout désignés pour l'appuyer. Or, en mai 1914 précisément, un homme actif, entreprenant, était élevé au siège archiépiscopal d'Upsal en Suède, Nathan Söderblom. Dès le début des hostilités, Söderblom devint le leader des Eglises nordiques dans

---

[1]) Cfr Nils KARLSTRÖM, *Movements for International Friendship and Life and Work, 1910-1925*, dans H. E. M., pp. 509-542; Nils EHRENSTRÖM, *Movements for International Friendship and Life and Work, 1925-1948*, dans H. E. M., pp. 543-596; N. SÖDERBLOM, *Kristenhetens moete i Stockholm*. Stockholm, 1927, 964 pp. On trouvera aussi de nombreux renseignements dans les différents *Rapports* anglais, allemand et français qui ont paru lors de la Conférence de Stockholm, 1925 (cfr infra). Comme documents non imprimés, on consultera : *Archives Söderblom*, à Upsal, Suède ; *Archives* de la *World Alliance for Promoting International Friendship through the Churches*, 37, Quai Wilson, Genève (Suisse) et Bibliothèque universitaire, Upsal (Suède) ; Adolphe KELLER, *Memoranda on the History of Life and Work*, Genève. Sur Nathan Söderblom : Jean-G.-H. HOFFMANN, *Nathan Söderblom, prophète de l'Œcuménisme*, Genève, Labor, 1948, 268 pp. ; Tor ANDRAE, *Nathan Söderblom*, Upsal, 1932 (trad. allem., Berlin, 1938 ; trad. néerlandaise, à Zutphen, 1935) ; Nils KARLSTRÖM, *Kristna samförstandssträvanden under världskriget 1914-1918*, Stockholm, 1947, XVI-724 pp. (thèse importante, allant jusqu'en 1918, dont on pourra lire une recension élogieuse de L.-M. DEWAILLY, dans *Irén.*, 1949, p. 110).

le mouvement en vue de la paix qui se développa de tous côtés. En novembre 1914, nous l'avons déjà dit, il lance son *Appeal for Peace,* point de départ du Mouvement *Life and Work.* En 1917, après avoir pris contact avec diverses personnalités politiques et ecclésiastiques de pays neutres et de pays belligérants, Söderblom, fort de l'appui des Comités nationaux de la *World Alliance,* envisage la convocation d'une « Conférence des Eglises chrétiennes en faveur de la paix ». L'idée semble devoir aboutir puisque, en cette même année 1917, est créé en Angleterre le *British Council for Promoting an International Christian Meeting.* Söderblom lance des invitations. Mais, les unes après les autres, les Eglises des pays belligérants se récusent, pour différents motifs. Des invitations avaient été envoyées aussi aux autorités de l'Eglise catholique romaine : Söderblom reçut deux réponses, l'une du Cardinal von Hartmann, archevêque de Cologne et l'autre, plus encourageante, de l'archevêque de Varsovie, Alexandre Kakowski.

Malgré ces échecs, Söderblom organise une *Neutral Church Conference* en décembre 1917, avec des représentants de la Suède, de la Norvège, du Danemark, des Pays-Bas et de la Suisse. Les trois thèmes de cette Conférence nous montrent déjà l'orientation de son promoteur : 1. L'unité des chrétiens ; 2. Les chrétiens et la vie sociale ; 3. Les chrétiens et l'ordre international. Les thèmes de Stockholm et d'Oxford ! Il en est de même des positions doctrinales les plus fondamentales de cette Assemblée. Voici, d'après M. Nils Karlström, quelques principes défendus au cours des entretiens d'Upsal.

L'unité des chrétiens est étayée sur un fondement religieux ; elle n'est pas une chose externe, que des forces humaines pourraient réaliser ; elle est entièrement l'acte de Dieu dans et par le Christ ; la Croix du Christ est au centre de l'unité chrétienne. Cette unité, en second lieu, n'est pas l'uniformité ; elle est respectueuse de l'indépendance des divers corps ecclésiastiques ; elle est coopération libre entre les Eglises. Enfin, l'unité des chrétiens doit être vie et témoignage ; elle ne doit pas exister pour elle-même, mais se transformer en action chrétienne dans tous les domaines de la vie humaine [1]. Bien que religieuse, cette unité n'est pas définie en

---

[1] H. E. M., p. 527.

fonction de l'objet de la foi. Délibérément, la Conférence refusa de lier l'unité des chrétiens à l'acceptation d'un ensemble doctrinal particulier. L'unité de foi, disait-on, peut s'allier parfaitement avec la diversité des confessions. Il faut distinguer la *fides quae creditur* (les différentes interprétations de la foi) et la *fides qua creditur* (l'acte du croyant). C'était là, dit encore M. Nils Karlström, une opinion théologique alors assez courante [1]. N. Söderblom la fit encore valoir lors de l'Assemblée de Stockholm. Plus tard cependant, il reconnut que cette distinction ne suffisait pas à résoudre théologiquement la question de l'unité : « Die Distinktion zwischen *fides qua* und *fides quae* ist keine Lösung der Einheitsfrage », écrivait-il en avril 1929 au P. M. Pribilla [2].

Dans le domaine de la vie sociale - second point à l'ordre du jour à Upsal - Söderblom défend les droits de l'Eglise à envisager tous les aspects de la vie humaine et terrestre à la lumière de l'Evangile. L'autonomie, au sens strict, des valeurs sociales et politiques, est une erreur. La question de la légitimité de la guerre et de l'objection de conscience donna lieu à d'âpres discussions. On se mit d'accord finalement pour déclarer qu'il y a une « profonde contradiction entre la guerre et l'Esprit du Christ ».

Le troisième thème de la Conférence concernait l'ordre chrétien international et la nécessité de développer la législation internationale. L'Eglise, dit-on, doit faire valoir son influence pour rappeler aux Etats le souverain domaine de Dieu et obtenir d'eux qu'ils établissent un ordre international basé sur la justice et la charité. Les applications de ces principes dépendent des conditions concrètes et locales ; mais l'Eglise doit proclamer sans cesse la fraternité universelle des hommes et les devoirs de justice internationale [3].

Au début de 1918, Söderblom reprend son projet de « Conférence internationale des Eglises pour la paix ». Ses invitations demeurent sans réponse. Il poursuit néanmoins son travail. Les Eglises orthodoxes, - certaines Eglises grecques et le Patriarche de Constantinople en particulier, - paraissent envisager son plan avec

---

[1]) Cfr H. E. M., p. 527.
[2]) Dans *Die Hochkirche*, juillet 1932, p. 227, d'après Y. M.-J. CONGAR, *Chrétiens désunis*, p. 153, n. 1.
[3]) Cfr H. E. M., pp. 527-528.

faveur. Mais la fin de la guerre arrive, sans que Söderblom ait pu réaliser son propos. Celui-ci allait pourtant aboutir. Les dirigeants de la *World Alliance* d'Angleterre avaient, de leur côté, envisagé une réunion internationale pour l'après-guerre. Söderblom se joignit à eux, avec ceux qu'il pouvait atteindre, et une réunion se tint à Oud-Wassenaer (La Haye) du 30 septembre au 3 octobre 1918. La discussion fut mouvementée, mais finalement apaisée par une déclaration des délégués allemands. On souligna aussi le caractère supra-national des missions. On réclama l'application de la justice et de la charité dans l'ensemble des relations internationales. Söderblom suggéra la création d'une sorte de « Conseil œcuménique des Eglises » avant la lettre [1]). Enfin, on envisagea la convocation d'une « Conférence universelle des Eglises Chrétiennes ». Comme cet objectif ne paraissait pas être exactement du domaine de la *World Alliance*, un Comité spécial fut fondé à cet effet : ce fut le début du Mouvement *Life and Work*.

Ce Comité tint une première réunion à Paris en 1919, puis une autre, plus importante, à Genève, en 1920. Les invitations pour Genève avaient été envoyées aux milieux protestants ; mais il fut bien décidé, sous l'influence de Söderblom, que la future Conférence en préparation serait œcuménique et non protestante. On lui donna un nom provisoire *Universal Conference of the Church of Christ on Life and Work*, qui deviendra, l'an suivant et définitivement, *Universal Christian Conference on Life and Work*. Le Mouvement avait reçu son nom de baptême : *Life and Work, Vie et Action*. Le Comité provisoire nommé pour en assurer la préparation immédiate constituait le premier noyau stable de son organisation.

Le Comité provisoire se réunit en 1921 à Peterborough (Grande-Bretagne) : on y décida de créer une section pour les Orthodoxes. La réunion de 1922 se tint à Hälsingborg (Suède) : on s'occupa de préparer doctrinalement la Conférence, qui se tiendrait à Stockholm en 1925. Ce travail fut relativement aisé, grâce à une coïncidence heureuse. En Angleterre, en effet, le mouvement social chrétien avait beaucoup travaillé depuis la fin de la guerre ; il avait, en particulier, décidé de réunir à Birmingham, en 1924, sous le nom de *Conference on Christian Politics, Economics and Citizenship*

---

[1]) Cfr H. E. M., p. 534.

(C. O. P. E. C.), une importante Conférence où seraient étudiés à
fond tous les problèmes du christianisme social actuel [1]). La préparation doctrinale de cette Conférence, entreprise dès 1921, eut
pour résultat un dossier volumineux de douze volumes [2]). Cet immense matériel doctrinal constituera le fonds principal de la Conférence de Stockholm et en déterminera l'orientation et les objectifs.

Tout ce déploiement d'activité a été animé par la personnalité
dynamique de l'archevêque d'Upsal Söderblom, figure centrale du
Mouvement *Life and Work* et l'une des colonnes du Mouvement
œcuménique contemporain. Né en 1866 à Troenoe, N. Söderblom
fit ses études théologiques à Upsal ; il les compléta à la Faculté
protestante de Paris, où il demeura pendant sept ans pour desservir
l'Eglise suédoise. Docteur en théologie de la Faculté, il devint professeur à l'université d'Upsal, de 1901 à 1912. Pendant deux ans,
il occupa une chaire à Leipzig et fut rappelé en mai 1914 pour
être élevé au siège d'Upsal. Il publia, entre autres : *Les fondements
de la Réforme luthérienne* (1893), *L'Eglise de Suède* (1907), *Histoire
générale des Religions* (1912). Il mourut le 12 juillet 1931. Ce deuil
fut ressenti douloureusement par tous les chrétiens engagés dans
l'œuvre de l'union. N. Söderblom était de tempérament théologique
plutôt libéral. Si G. Aulén a pu écrire qu'il fut très libre à l'égard
de la théologie luthérienne confessionnelle [3]), on comprend que ses
admirateurs catholiques ont pu estimer que son attitude « n'est
pas simple ; peut-être n'est-elle ni parfaitement logique, ni réellement unifiée » [4]), et qu'elle implique « des erreurs et des mé-
prises » [5]). Mais sa signification définitive pour l'histoire du christianisme est au delà de ces lacunes ; il restera pour l'avenir un
symbole de l'effort d'union entre chrétiens désunis.

[1]) Sur l'histoire de C. O. P. E. C.: Edw. SCHILLITO, *Christian Citizenship.
The Story and the Meaning of C. O. P. E. C.*, Londres, 1924.

[2]) *C. O. P. E. C. Commission Reports*, 12 volumes, Londres, 1924. Sur
l'Assemblée même: *C. O. P. E. C. Conference. Handbook, Birmingham 1924.*
Birmingham, H. G. Wood, 1924.

[3]) G. AULÉN, *Nathan Söderblom as a Theologian*, dans *Church Quart. Rev.*,
t. CXV, 1932-33; d'après *Irén.*, 1934, p. 442.

[4]) Y. M.-J. CONGAR, *Chrétiens désunis*, p. 151.

[5]) M. PRIBILLA, S. J., dans *Augsburger Postzeitung*, 22 juillet 1931; *Irén.*,
1931, p. 590.

La Conférence de Stockholm, 19-30 août 1925

La Conférence universelle du christianisme pratique réunit 610 délégués officiels représentant, en 33 pays, toutes les tendances de la chrétienté [1]). L'Eglise romaine n'était pas présente. Les dirigeants de *Vie et Action* auraient certes désiré avoir parmi eux des délégués du Vatican. En 1920 déjà, il avait été décidé d'inviter officiellement l'Eglise romaine ; et les Evêques des pays nordiques, ayant à leur tête N. Söderblom, avaient, en février 1921, envoyé une missive au Souverain Pontife, lui demandant sa participation, et soulignant qu'il s'agirait avant tout de questions d'action et de charité. Le Cardinal Gasparri, dans une lettre adressée aux *Perillustres Viri* - expression qui déplut fort aux évêques luthériens - répondit le 21 avril, remerciant les dirigeants du mouvement d'avoir communiqué les rapports de Genève, mais ne soufflant mot sur la question essentielle de la participation catholique à la Conférence de Stockholm. Aussi fut-il décidé de ne pas insister.

LA CONFÉRENCE

L'objet de la Conférence, bien qu'éminemment utile à la vie des Eglises, n'était pas, dans l'intention même des dirigeants, de nature dogmatique. Dix ans après Stockholm, M. Visser t'Hooft écrivait encore : « N'oublions pas que ce mouvement ne s'occupe qu'indirectement du problème œcuménique proprement dit, c'est-à-dire du problème de l'unité et de la réunion des Eglises » [2]). Nous nous contenterons donc d'indiquer les thèmes généraux qui

---

[1]) Rapport officiel: G. K. A. BELL, *The Stockholm Conference 1925. The Official Report of the Universal Christian Conference on Life and Work, 19-30 august 1925*. Oxford, Univ. Press, 1926, 792 pp. Rapport allemand, également officiel: A. DEISSMANN, *Die Stockholmer Weltkirchenkonferenz. Vorgeschichte, Dienst und Arbeit der Weltkonferenz für Praktisches Christentum, Aug. 1925.* Berlin, Furche-Verlag, 1926, 762 pp. Articles, notes et conclusions générales de l'Assemblée, dans *La Conférence universelle du christianisme pratique. Stockholm 1925.* Edit. « Le christianisme social », octobre-novembre 1925, pp. 849-1182 (publié à part en 1926, 288 pp.). Travaux: M. PRIBILLA, *Um Kirchliche Einheit. Stockholm, Lausanne, Rom.* Fribourg, Herder, 1929, 332 pp. et Ch. JOURNET, *L'union des Eglises et le christianisme pratique.* Paris, Grasset, 1926, 301 pp.

[2]) M. VISSER 'T HOOFT, *Le protestantisme et le problème œcuménique*, dans *Œcumenica*, II, 1935-1936, pp. 241-242.

furent étudiés, ainsi que deux questions dogmatiques impliquées en permanence dans les débats.

Cinq Commissions furent chargées de dégager, des rapports présentés par les délégations nationales ou régionales, les thèmes fondamentaux à proposer à la chrétienté. Ces thèmes constituent une sorte de programme social chrétien (R. Sto. 63 à 99).

La Commission I avait pour objet « L'Eglise et les questions économiques et industrielles », concrètement : la signification chrétienne de la propriété, le rôle de la coopération dans l'industrie, le travail des enfants et des adolescents et enfin le problème du chômage. Et elle conclut : « L'Eglise chrétienne n'a pas à présenter elle-même des plans de réforme, mais à les pénétrer de l'esprit qui vivifie et à y coopérer partout où il faut... Il faut qu'elle soit elle-même un centre d'amitié spirituelle, et que, par-dessus tout, elle insiste sur la puissance créatrice de l'amour, de la fraternité et de la justice » (R Sto. 66).

La Commission II s'occupait de « L'Eglise et les problèmes moraux et sociaux ». En partant de l'idée de « Royaume de Dieu » et des conditions temporelles, elle aborda des questions aussi importantes que diverses : la famille, le logement, la jeunesse, les relations entre les sexes, les loisirs, la notion chrétienne de la répression pénale, l'alcoolisme. Voici les principes régissant les débats : « L'enseignement capital de l'Evangile est l'annonce du Royaume de Dieu. Le Royaume de Dieu, c'est l'homme réconcilié avec Dieu, les hommes redevenus en Jésus-Christ fils du Père et tous frères ; c'est l'homme nouveau et la société nouvelle. L'Eglise est un instrument dont Dieu se sert pour hâter l'avènement de son Royaume. Elle doit avant tout assurer le retour de l'individu à Dieu ; mais les hommes étant solidaires, la tâche de l'Eglise est non seulement d'amener *tout homme* et *tout l'homme* à retrouver Dieu, mais de travailler à assurer à *tous les hommes* leur *droit au salut* » (R. Sto. 68).

« L'Eglise et les relations internationales », tel est l'objet de la Commission III. L'Eglise est supranationale ; on le rappelle avec insistance. Mais elle a l'obligation d'encourager les initiatives internationales qui assurent ou promeuvent la paix entre les nations. Les chrétiens, comme tels, devaient-ils donc être partisans de la « Société des nations » ? On imagine les discussions, les heurts et les essais de conciliation dont la Conférence fut le témoin. Le petit incident qui opposa le Général-superintendant D. Klingemann, de Coblence et le pasteur français E. Gounelle concernant la « Société des Nations » est symbolique (R. Sto. 459 et 462). Une importante sous-commission avait examiné le problème des races du point de vue chrétien : égalité des races, éthique des relations entre races, préparation des peuples au « self-government », migration des races, mariages entre races différentes, les races et les missions.

La Commission IV, « l'Eglise et l'éducation chrétienne » fournit un bon rapport doctrinal sur l'éducation, son but, son esprit, les programmes. Enfin, il était réservé à la Commission V d'étudier « L'Eglise et les méthodes de coopération et de fédération ». La Conférence s'est mise délibérément au plan pratique, sans « s'occuper des questions touchant à la foi ou à l'organisation » (R. Sto. 98). Mais il lui incombait d'envisager la poursuite de l'œuvre entreprise et de déterminer la nature et le statut d'un futur « Comité de continuation ».

PROBLÈMES THÉOLOGIQUES

Deux questions ecclésiologiques affleuraient régulièrement dans les débats : celle de la division des chrétiens et, surtout, l'idée du « royaume de Dieu ». Ni l'une ni l'autre ne fut traitée ex-professo.

Un article de M. Wilfred Monod sur le sens du *Message à la chrétienté* dégage parfaitement les doctrines en présence. Au problème de la désunion des chrétiens, on voulut donner une solution pratique : « Doctrine divides, but service unites ». Mais ce comportement même n'appelle-t-il pas une justification ? Les mathématiciens disent : Supposons le problème résolu, écrit M. Monod. On appliqua cette méthode à Stockholm. On recourut à la règle préconisée en psychologie et en cure d'âme : « Faire comme si. Allons de l'avant... comme si l'Eglise de Jésus-Christ, ici-bas, ne formait plus désormais qu'un front unique, sous un seul commandement » [1]. Mais par deux fois, M. W. Monod esquisse une justification théorique de ce comportement, d'abord en dissociant « la foi » et « les croyances » ; ensuite, en distinguant dans le christianisme « l'idée » (l'Evangile), la « doctrine » (l'Eglise) et la « formule » (les Eglises).

Foi et croyances. L'Assemblée du christianisme pratique, dit-il, « ne souscrit pas à la définition papale de la foi, qu'elle refuse de

---

[1] Cfr *Le Christianisme social*, oct.-nov. 1925, p. 897.

confondre avec la croyance. Si la foi, au sens évangélique du terme, est une attitude spirituelle, une expérience religieuse, alors une même *foi* peut s'exprimer par plusieurs croyances. En tout cas, la diversité des formules n'empêchera pas un Dogme commun d'alimenter une commune Morale » [1]).

Idée, doctrine et formule. L'élément intellectuel de la foi chrétienne, dit encore M. Monod, passe par trois états : celui de l'idée, de la doctrine, de la formule ; « c'est dans ce troisième état seulement que la liberté doit être réclamée, beaucoup moins dans le second, et pas du tout dans le premier. Est-ce que la Conférence universelle aurait méconnu ces distinctions judicieuses ? L'*idée* fondamentale sur laquelle tous les congressistes restaient inébranlablement d'accord, c'est l'idée chrétienne : « Jésus est le seul nom donné aux hommes par lequel nous puissions être sauvés ». L'idée, c'est l'Evangile lui-même. Quant à la *doctrine*, elle correspond au stade postérieur de l'Eglise, qui élabora les dogmes cardinaux du christianisme traditionnel. Enfin, dans les *formules* se reflètent les tendances particulières, les nuances mentales et morales des diverses Communions religieuses à l'intérieur de l'Eglise : orthodoxie, romanisme, anglicanisme, luthéranisme, calvinisme, méthodisme, etc. » [2]).

L'idée du « Royaume de Dieu » fut à la racine de toutes les résolutions pratiques de Stockholm, mais aussi de toutes les divergences qui s'y manifestèrent. Les articles et discours doctrinaux qui parurent à l'occasion de la Conférence sont unanimes à le signaler. M. Ch. Scheer, pasteur à Mulhouse et président de la délégation française à Stockholm, résume les positions dans un article « La Conférence du Christianisme pratique de Stockholm ».

Pour les uns, « le Royaume de Dieu est complètement surnaturel, il est l'œuvre souveraine de Dieu. Il se meut dans une sphère toute différente de ce que les hommes peuvent réaliser par leurs efforts. La terre, le travail de civilisation, la politique, l'économie ont ce que les allemands appellent leur *Eigengesetzlichkeit*, c'est-à-dire leurs lois spéciales, leurs nécessités immanentes, qui relèvent de leur nature propre et auxquelles il est impossible d'imprimer un caractère parfaitement chrétien... Il est certain que, dans la pensée allemande, il y a encore d'autres éléments qui atté-

---

[1]) *Le Christianisme social*, oct.-nov. 1925, p. 898.
[2]) *Le Christianisme social*, oct.-nov. 1925, pp. 898-899.

nuent les dernières conséquences de leur conception du Royaume de Dieu. La charité chrétienne, la soumission à la volonté de Dieu, l'observation de ses commandements, imposent des devoirs même dans le domaine de la lutte pour la vie... ».

Pour les autres, « le Royaume de Dieu, s'il ne peut se réaliser sans le secours d'En-Haut, est cependant le but des efforts humains. Il doit transformer peu à peu, et par le moyen de notre travail et de nos prières, la civilisation, en éliminant progressivement tous les éléments que la nature non régénérée y a introduits ».

Il est évident que « la première de ces conceptions, poussée à bout, conduirait immanquablement à un dualisme abstrait qui livrerait le monde à Satan et séparerait d'une façon absolue la religion de la civilisation. Mais il est tout aussi évident que la seconde interprétation tend à supprimer la différence entre Dieu et l'homme, et à ne faire du Royaume de Dieu qu'une civilisation un peu corrigée... ». Après quoi, M. Ch. Scheer pourra conclure : « La Conférence de Stockholm, en révélant cette situation, a rendu un service à la chrétienté. Elle nous a placés devant le vrai problème. Oui, il ne s'agit pas de savoir si nous serons à l'avenir un peu plus actifs, un peu plus socialisants, démocrates ou pacifistes. Mais voici la question à laquelle les Eglises auront à répondre par leur attitude : Saurons-nous maintenir, affirmer et faire valoir le paradoxe fondamental de l'Evangile, qui consiste à influencer puissamment la civilisation, à la pétrir, la transformer, à y pénétrer, sans toutefois jamais s'identifier à elle ou s'y perdre » [1]).

La Conférence, tenue avant celle de *Faith and Order*, fut la première d'une telle ampleur universelle, réunissant des chrétiens et plus spécialement des représentants officiels des confessions et des Eglises, tant d'Orient que d'Occident, malgré le climat de discorde causé par la guerre 1914-1918. Elle fut une manifestation de l'union des chrétiens, spécialement au plan des réalisations pratiques et sociales, mais aussi au plan de la prière et de l'adoration, selon la formule consacrée de la Conférence : « communio in adorando et serviendo œcumenica », « first in adoration and then in practical service ». Les discussions entre anciens belligérants furent parfois extrêmement pénibles. G. K. A. Bell écrit à ce propos : « Much human weakness, some mixted and ambigouus motives, dissensions

---

[1]) *Le Christianisme social*, oct.-nov. 1925, pp. 929-933.

and human and all too human pettiness, vanity and egotism have been evident in the preparation for and during the progress of the Conference... » [1]).

Par ailleurs, les délégués ont élaboré un programme d'ordre social extrêmement fouillé (7 volumes de la C. O. P. E. C.) et embrassant l'ensemble des problèmes humains.

La Conférence d'Oxford, 12-26 juillet 1937

DE STOCKHOLM A OXFORD

Les membres de la Conférence de Stockholm nommèrent un Comité de Continuation, dont les attributions furent bien déterminées, pour éviter que les confessions et Eglises chrétiennes aient l'impression de perdre quoi que ce soit de leur autorité. Il envisagea la fondation d'un *Institut chrétien social international*, centre d'études et de coopération entre les Eglises. Il nomma une *Commission de coopération entre théologiens*, parce qu'une partie des membres étaient conscients de la nécessité d'étayer le mouvement sur des bases théologiques strictement dites. Pour que les chrétiens se connaissent mieux, le Dr Siegmund-Schultze commença la publication d'une série de monographies sur les différentes Eglises et confessions chrétiennes ; sous le titre général de *Ekklesia*, une quinzaine de volumes parurent. C'est au Comité également que l'on doit la création à Genève d'un *Séminaire œcuménique*, prélude de l'Institut œcuménique de Bossey, et d'un *Service de presse et de documentation*, dont SOEPI sera l'aboutissement [2]).

---

[1]) *The Stockholm Conference on Life and Work*, 1925, pp. 728.

[2]) Nils EHRENSTRÖM, *Movements for International Friendship and Life and Work, 1925-1948*, dans H. E. M., pp. 552-587. Il arrive de confondre le « Mouvement d'Oxford », les « Groupes d'Oxford » et la « Conférence d'Oxford ». Par *Mouvement d'Oxford* (milieu XIXᵉ siècle), on entend un ensemble d'initiatives venant d'un groupe éminent de clergymen (p. ex. Pusey), dont la plupart appartenaient à l'université d'Oxford, et qui, pour s'opposer au libéralisme religieux envahissant, s'efforcèrent de rapprocher l'Eglise anglicane de ses origines, savoir le XVIIᵉ siècle d'abord, et la vie catholique ancienne. Par *Groupes d'Oxford*, on désigna les membres du Réarmement moral dont le centre est à Caux (Montreux). Ce nom leur a été donné pendant un certain temps, et il leur venait, je crois, d'un hasard de voyage: un « groupe » de membres, venant en partie « d'Oxford », voyageait en Afrique; un employé de l'agence les nomma « le groupe d'Oxford », afin de les distinguer de groupes venant d'autres régions.

L'an 1930 fut capital dans l'histoire du Comité. Sa réorganisation [1]) fut le point de départ de l'orientation décisive que prit *Life and Work*. Les circonstances, pourtant, n'étaient pas toutes favorables. La situation financière internationale n'était plus celle de 1927. L'enthousiasme de Stockholm s'était, non pas refroidi, mais calmé un peu, à défaut d'objectifs concrets et datés. Mais la question la plus critique était d'ordre supérieur. Quel objectif devait viser *Vie et Action* ? Le renouvellement de vie de l'Eglise elle-même, ou les manifestations concrètes et pratiques du christianisme ? Dans l'esprit des spectateurs, le mouvement *Life and Work* représentait la seconde tendance. *Life and Work* se traduisait d'ailleurs couramment en français *Le christianisme pratique*. Les débats de 1925 avaient été avant tout politico-sociaux. La Conférence de Stockholm était même apparue comme une sorte de « Société des Nations » chrétienne. Et n'était-ce pas à *Faith and Order* de s'occuper de doctrine ? En fait, on peut constater dans *Life and Work*, au cours des ans, une reconnaissance croissante de l'importance des principes, voire de la théologie. Passage de la « sociologie » à l'« eschatologie » [2]) : c'est partiellement exact, quant à l'orientation essentielle. En tout cas, à Oxford, on s'enquerra de la pensée de l'Eglise sur les problèmes sociaux et pratiques que pose la vie temporelle aux chrétiens : le thème Eglise-Monde, sous-tendu par celui du Royaume de Dieu et de la Royauté du Seigneur, sera à la base des discussions. Il l'était aussi à Stockholm, mais beaucoup moins manifestement. Cette orientation est importante à noter. Mais n'anticipons pas.

Les institutions demeurent, mais les hommes passent. En 1931, le premier président du Comité de continuation réorganisé, l'archevêque N. Söderblom, meurt à Upsal. On choisit, pour lui succéder, le Dr Bell, évêque de Chichester depuis 1929, qui conduisit le Mouvement en lui donnant le meilleur de lui-même ; il deviendra président du Comité Central du Conseil œcuménique des Eglises. Sous sa conduite, et particulièrement depuis la réunion de Fanoe en 1934, la Conférence d'Oxford va être préparée attentivement

---

[1]) Le Comité de Continuation de *Life and Work*, après sa réorganisation, fut appelé *Universal Christian Council for Life and Work*, en français: *Conseil œcuménique du Christianisme pratique* (qu'il ne faut pas confondre avec le *Conseil œcuménique des Eglises*, définitivement constitué à Amsterdam en 1948).

[2]) *Irén.*, 1937, pp. 186-193.

par différentes commissions. En 1932, déjà, à Bâle, avait été traitée
la question de l'attitude de l'Eglise face à la crise économique mondiale, au chômage en particulier. En 1933, une conférence réunie
à Rengsdorf aborde le sujet : « L'Eglise et le problème de l'ordre
social » ; c'est l'aspect doctrinal chrétien qui y est souligné. En
1934, une petite conférence internationale s'attache à un autre
aspect : « L'Eglise et le problème moderne de l'Etat ». En 1934
encore, à la réunion du Conseil œcuménique de Fanoe, on déter-
mina les thèmes généraux qui allaient faire l'objet de la future
Conférence. Il y en a neuf. La conception chrétienne de l'homme.
Le royaume de Dieu et l'histoire. La foi chrétienne et la vie commune. La mission de l'Eglise dans le monde. L'Eglise et la nation.
L'Eglise et l'Etat. L'Eglise, la Nation et l'Etat dans leurs rapports
avec l'éducation. L'Eglise, la Nation et l'Etat dans leurs rapports
avec l'ordre social. L'Eglise universelle et le monde des nations.
On s'aperçut vite de la difficulté de traiter ces sujets : il fallait une
double compétence, théologique et technique. On multiplia les commissions, les conférences, les échanges de correspondance : les
publications qui entourent celles de la Conférence elle-même sont
le signe de l'importance de l'effort qui a été fourni.

LA CONFÉRENCE

L'atmosphère générale de la Conférence [1]) n'était pas exactement celle de Stockholm. La situation internationale a trop évolué.
La condition économique des pays a changé. Les espoirs d'ordre
social, fortement développés, font place à un certain raidissement.

---

[1]) Rapports officiels : *The Churches survey their task. The Report of the
Conference at Oxford, July 1937, on Church, Community and State*. London,
Allen and Unwin, 1937, 306 pp. ; *Les Eglises en face de leur tâche. Rapport de
la Conférence universelle des Eglises à Oxford*. Paris, « Je sers », 1938, 304 pp. ;
Kirche und Welt in ökumenischen Sicht. Bericht der Weltkonferenz von Oxford.
Genève, 1938, 308 pp.

Travaux, avec textes essentiels des Rapports : *Rapporten van de Wereld-
conferenties te Oxford en Edinburg. 12-26 Juli - 3-18 Augustus 1937*. Utrecht,
J. Bijleveld, (1938), 272 pp. ; *Les grandes Conférences œcuméniques d'Oxford et
d'Edimbourg, 1937*. Paris, « Le christianisme social », sept.-déc. 1937, 404 pp.
Les rapports officiels ne contiennent pas toute la documentation.

Furent encore publiés :

a) avant la Conférence : W. A. VISSER 'T HOOFT et J. H. OLDHAM, *La
mission de l'Eglise dans le monde*, Paris, « Je sers », 1937, 250 pp. ; *Kirche, Staat
und Mensch*, Genève, 1937, 400 pp. par de nombreux collaborateurs ; *Totaler*

La vie politique est dominée par des phénomènes d'extrême-droite, notamment le fascisme et le nazisme. L'expérience œcuménique est passée du stade de l'enthousiasme à celui d'un effort de rapprochement plus étudié, plus doctrinal aussi. Mais on ne peut dire qu'il y eut « un abîme entre *Life and Work* de Stockholm et *Life and Work* d'Oxford » ; car les thèmes, les solutions, sont en continuité homogène. Néanmoins, nous ne sommes plus en 1925.

La Conférence comptait 425 membres, dont 300 délégués officiels, venant d'environ quarante pays. « Les Eglises grecques orthodoxes étaient représentées par leurs principaux patriarches, évêques et érudits. Les représentants des Vieux-catholiques prirent part à leurs travaux. Enfin, des délégués des Jeunes Eglises du Japon, de la Chine, des Indes, de l'Afrique et de l'Amérique du Sud étaient présents » (R. Ox. 15). A ce groupe s'ajoutaient 25 invités spéciaux et une centaine de laïcs. Ce fut en effet une des caractéristiques de la Conférence d'Oxford d'avoir invité officiellement de nombreux laïcs, eu égard à leur compétence particulière en matière profane. 500 places furent assignées aux visiteurs, aux délégués adjoints et aux représentants de la jeunesse.

De notables « abstentions » (R. Ox. 14) furent regrettées par les membres de la Conférence : notamment celle de l'Eglise évangélique allemande et celle de l'Eglise romaine. Les représentants de l'Eglise évangélique allemande - nous sommes en 1937 - ne purent quitter le territoire national pour se rendre en Grande-Bretagne. La Conférence leur envoya un message : « nous sommes unis dans l'amour et la prière à nos frères souffrants de l'Eglise évangélique allemande » (R. Ox. 265). Quant à l'absence de l'Eglise catholique, voici ce qu'en dit littéralement le Rapport officiel : « L'Eglise romaine n'a pas pris officiellement part à la Conférence. Sa participation, dans des discussions d'importance vitale pour la foi chrétienne et l'avenir du christianisme, eût été la bienvenue. Dans la préparation de la Conférence, certains de ses penseurs et de ses

---

Staat und christliche Freiheit, Genève, 1937, 178 pp; *Die Kirche und das Staatsproblem in der Gegenwart*, Genève, 1935, 228 pp.

b) après la Conférence (volumes rassemblant les résultats des travaux préliminaires) : 1. *The Christian Understanding of men*, Londres, Allen & Unwin ; 2. *The Kingdom of God and History*, Ibidem ; 3. *The Christian Faith and the Common Life*, Ibidem ; 4. *Church and Community*, Ibidem ; 5. *Church, Community and State, in relation to Education*, Ibidem ; 6. *The universal Church and the World of Nations*, Ibidem.

érudits avaient apporté une collaboration non-officielle mais précieuse ; les autorités de l'Eglise romaine ne voulurent toutefois aucune participation officielle. L'archevêque de Canterbury, dans son discours présidentiel, exprima l'espoir que le jour pût venir où le danger commun et un vrai sens de la situation réelle de la chrétienté inclineraient les autorités romaines à une collaboration active avec leurs frères séparés » (R. Ox. 14).

* * *

Le thème fondamental de la conférence peut être résumé : Eglise. Nation. Etat. Il ne s'agit pas du problème traditionnel des relations entre l'Eglise et l'Etat, considérés comme « deux sociétés parallèles et complémentaires qui organisent et dirigent respectivement la vie spirituelle et la vie temporelle de la nation » (R. Ox. 13), mais des principes qui doivent diriger le comportement des chrétiens face à la situation politique et sociale de 1937. Les neufs points fixés à Chamby en 1936 furent confiés aux soins de cinq commissions, dont nous indiquerons maintenant en bref le travail.

La Première Commission a pour objet : L'Eglise et la Nation. Le terme Nation est peut-être ambigu ici ; il fut traduit *Community, Volk*. Il s'agissait en effet de savoir quelle doit être le rôle de l'Eglise dans la vie d'une communauté nationale, dans sa condition sociale et religieuse, ses traditions et ses tendances profondes. Le Rapport fait un résumé de l'état de désagrégation sociale actuelle et des possibilités de rénovation de la société. En présence de tant de valeurs ambivalentes sinon ambiguës de la vie moderne, on se demande « dans quelle mesure l'Eglise doit-elle bénir ou maudire tout cela ? » (R. Ox. 72). La réponse est prise de la théologie ; nous le notons, parce qu'elle marque un aspect important de l'évolution de *Life and Work*. « Les réponses à ces questions dépendront en grande partie de celle qu'on donnera à la question théologique suivante : Jusqu'à quel point Dieu a-t-il été à l'œuvre, jusqu'à quel point peut-on distinguer sa volonté dans les civilisations qui se sont développées en dehors du cercle immédiat de l'Eglise chrétienne et de la révélation spécifiquement chrétienne... Ces questions, il faut se les poser ; mais l'Eglise n'est pas encore en position d'y répondre avec précision et unanimité » (R. Ox. 72-73).

Les réponses, en effet, sont diverses ; elles vont de l'optimisme au pessimisme en passant par une position moyenne un peu empirique. Position optimiste : « L'amour du Christ doit devenir le principe directeur de toutes les relations de la vie ». Position moyenne : « Il y a pour la vie commune une norme idéale qui n'a pas son origine dans la Bible, mais dans une synthèse de règles séculières et de la pensée philosophique ». Position pessimiste : « Les cadres de vie actuels sont en grande partie le fruit du péché... Le système social... contribue-t-il du moins à éviter l'effondrement de la civilisation ? Dans ce cas, il est conforme à la volonté de Dieu » (R. Ox. 74-77). Ces passages sont très significatifs.

Et le rapporteur conclut : « Il y a là, entre chrétiens sincères, une opposition radicale de principe. Elle explique la confusion et la désunion notoires qui règnent au sujet de problèmes pratiques et qui scandalisent également les amis et les adversaires du christianisme... Il est urgent que ces différences soient examinées à fond et que les chrétiens fassent un effort sérieux et soutenu pour arriver à une plus grande unanimité de pensée » (R. Ox. 77).

Le sujet de la Première Commission était captivant. Celui de la Deuxième Commission se révéla, à tout prendre, brûlant. Traiter de « L'Eglise et de l'Etat » dans une Conférence internationale, lorsque tous savaient pourquoi l'Eglise évangélique allemande et l'Eglise orthodoxe russe étaient absentes ! Pourtant, tous les aspects du problème furent envisagés : dépréciation ou exaltation de l'Etat, apparition de tendances totalitaires, conception chrétienne d'une sanction de l'autorité de l'Etat, devoirs de l'Eglise envers l'Etat, dualité du loyalisme chrétien envers l'Etat, souci chrétien du respect de la loi, le rôle de la force dans le domaine politique, liberté de l'Eglise dans ses diverses fonctions, souci chrétien de la liberté humaine en général, responsabilité de l'Eglise tout entière dans la liberté de ses membres. Tels sont quelques sous-titres du Rapport final. On ne pourra dire que les dirigeants œcuméniques ont craint de regarder en face les vraies difficultés. Ils s'efforcèrent de conduire les débats « délibérément, *sub specie aeternitatis* » [1]). Confuse et un peu pénible aux débuts, la Conférence se fit plus unanime, la convergence grandit, alors que la question Eglise-Etat fut toujours un sujet de discorde.

Par rapport au thème de la Deuxième Commission, celui de la Troisième était éminemment difficile à traiter : L'Eglise, la Nation

---

[1]) *Le Christianisme social*, sept.-déc. 1937, p. 201.

et l'Etat dans leurs rapports avec l'ordre économique. Les questions ressortissaient au thème justice-charité ; les documents techniques furent très étudiés. Toutes les mentalités s'affrontèrent. E. Gounelle, directeur de la *Revue du Christianisme social*, déclare : « L'heure a sonné pour les Eglises de dire un message au monde du travail. Il faut affirmer que la conscience chrétienne est infiniment plus exigeante que la loi écrite des sociétés... ». Pour M. Slotemaker, le distingué homme d'Etat hollandais, « les travailleurs recherchent d'abord la justice et non la charité... ». L'archidiacre Hunter fit une charge à fond contre le rapport. « Critiquer l'Eglise, dit-il, c'est critiquer le Christ ; dire que l'Eglise a échoué, c'est dire que le Christ a échoué. Je ne trouve pas de base trinitaire dans ce rapport. Où est l'évangile de la rédemption ? Où est la condamnation du communisme et du fascisme ? ». Un homme d'affaire américain lui succède : « L'atmosphère de la Conférence a été surchargée de pessimisme ; ayons un petit peu plus d'optimisme chrétien ». Enfin le professeur Tillich assure que « les structures économiques sont souvent démoniaques » [1]). On le voit, le ton plein de sérénité des Rapports finaux ne traduit que rarement l'allure mouvementée, mais toujours charitable et prudente, des discussions préparatoires. Au fond de celles-ci, on retrouve toujours une conception particulière du royaume de Dieu (Par ex. R. Ox. 162).

Le domaine de l'éducation fut confié à une Quatrième Commission : « L'Eglise, la Nation et l'Etat dans leurs rapports avec l'éducation ». Ce fut l'occasion de rappeler ce que sont l'Eglise d'une part et l'Etat de l'autre, afin d'insister sur les droits de cette Eglise et sur la liberté de l'homme. Il ne nous appartient pas d'examiner tous ces thèmes en détail. Notons que la divergence de vues sur la nature du royaume de Dieu se marque, même ici, dans la manière de déterminer la mission éducatrice de l'Eglise. Pour les théologiens qui considèrent le royaume comme exclusivement transcendant, « l'éducation donnée par l'Eglise est essentiellement différente de l'éducation donnée par n'importe quelle organisation laïque. L'éducation chrétienne ne peut donc jamais être considérée comme une branche de l'éducation générale » (R. Ox. 206). Les autres, de tendance plus sociale, sans nier les valeurs transcendantes, ajoutent que « la régénération est sans doute primordiale, mais l'Eglise doit aussi prendre d'autres tâches en considération.

[1]) *Le Christianisme social*, 1937, p. 213.

C'est pourquoi, l'Eglise a une fonction éducative qui se présente sous un double aspect : L'Eglise participe à l'éducation de l'homme, qui est à la fois corps, pensée et esprit. Le Dieu de la grâce est aussi le Dieu de la nature et le Dieu de l'histoire » (R. Ox. 206). On remarquera, en passant, la place considérable que prend l'idée d'Eglise, même si l'on définit celle-ci de manière empirique (R. Ox. 201).

Il restait à donner des directives pour l'ordre international. Telle est l'œuvre de la Cinquième Commission : « L'Eglise universelle et le monde des nations ». Ordre international, organisation de la paix, l'Eglise et la guerre, barrières raciales, liberté religieuse, désarmement : les participants n'avaient vraiment pas lieu de se plaindre. Tous les tempéraments théologiques eurent le loisir de se rencontrer : les orthodoxes parlaient de la déification du cosmos par l'union de Dieu avec l'homme, tels protestants attendaient un programme de réformes humanitaires ; les uns ne pouvaient cacher leur pessimisme, tandis que les autres vivaient dans l'espoir et l'optimisme. Et toujours, cette dualité de fondement théologique : « Aucun ordre international susceptible d'être imaginé et établi par l'effort humain, ne saurait être égalé au royaume de Dieu... D'autre part, il serait faux de soutenir que notre espoir dans le royaume de Dieu n'a pas de conséquences quant aux décisions pratiques que l'homme doit prendre au sein de l'ordre présent du monde » (R. Ox. 239). Et pourtant, « le miracle nous fut donné » [1]) : le texte final, long, substantiel et précis, acquit l'adhésion de la majorité.

CARACTÉRISTIQUES

Il est difficile de caractériser la Conférence d'Oxford : chacun remarque davantage ce qui le concerne plus spécialement. Un traducteur de la Conférence, à qui l'on demandait son impression, expliqua combien l'Assemblée avait été bien préparée. Il n'avait pas tort. Il en est ainsi de toutes les conférences œcuméniques [2]). Beaucoup soulignèrent l'esprit de fraternité chrétienne qui, dans cet ensemble d'hommes aux intérêts parfois si divergents, prit toujours le dessus aux moments délicats. C'est aussi la grande simplicité, l'absence de decorum inutile, la bonhomie même et le savoir-

---

[1]) Cfr *Le Christianisme social*, 1937, p. 227.
[2]) *Le Christianisme social*, 1937, p. 254.

faire des dirigeants. Enfin, comme à Stockholm, la *communio in adorando et serviendo œcumenica* se manifesta dans la prière et différents services, très fervents mais sans grand déploiement liturgique. « A en juger d'après les conversations avec beaucoup de délégués, le sentiment de la majorité d'entre eux, songeant après coup à la conférence, c'est que les cultes en commun, dans l'Eglise de St Mary's, sont ce qui a le plus compté pour eux. Tous les jours, de neuf heures et demie à dix heures, tous les soirs à sept heures un quart, pendant vingt minutes, les congressistes se réunirent pour la prière. Pendant les services, il y eut peu d'allocutions ; le temps fut presque entièrement consacré à l'adoration et à la prière, avec de longs moments de silence... Mais une preuve de la profondeur de nos divisions et de la difficulté de trouver une forme de culte acceptable pour tous, c'est que certains délégués, en particulier les membres des Eglises grecques orthodoxes et anglo-catholiques, eurent le sentiment que les services avaient un caractère protestant prononcé... » (R. Ox. 21, 23).

Certaines revues ont regretté l'influence qu'eurent à la Conférence les tendances humanitaires, utilitaires et techniques des protestants américains. Pourtant, la densité « théologique » d'Oxford fut plus grande que celle de Stockholm. « La théologie n'avait fait qu'effleurer de son aile l'Assemblée de Stockholm. Elle fut la grande invitée d'Oxford » [1]). Il ne pouvait, d'ailleurs, en être autrement, et le Comité préparatoire l'avait parfaitement compris. « La mission de l'Eglise, comme sa raison d'être, c'est son témoignage, celui d'une Révélation, qui est en même temps une Rédemption. Tout ce qui, dans ce témoignage des Eglises... n'est pas conforme à cette Révélation, fausse et rend inefficace leur action dans le monde... Il faut cependant admettre et comprendre que la place ainsi donnée à la théologie dans l'ordre du jour d'Oxford ne pouvait qu'entraîner certaines réactions contradictoires, tout spécialement au sein de la Commission chargée d'étudier les modalités de l'action des Eglises dans le domaine international » [2]). Il y a donc, comparativement à Stockholm, progrès de densité théologique.

Ce progrès théologique pouvait être de nature diverse. On retrouvait à Oxford la théologie plus ou moins libéralisante qui s'était amplement déployée à Stockholm. On y rencontrait aussi

[1]) Cfr *Irén.*, 1937, p. 403.
[2]) G. LAUGA, dans *Le christianisme social*, 1937, p. 223.

une théologie dialectique, née en partie d'une opposition au libéralisme de 1900, et qui avait rendu au protestantisme le sens d'une dogmatique consistante, notamment en ecclésiologie. Ces deux tendances avaient un point d'application tout désigné : l'idée de royaume de Dieu. A Oxford, elles furent manifestes dans les Rapports finaux. Et le courant anti-libéral s'est montré en progrès évident.

En même temps, l'idée d'Eglise était mise en relief. « Le premier devoir de l'Eglise et le plus grand service qu'elle puisse rendre au monde est d'être vraiment l'Eglise » (*Message d'Oxford aux Eglises*). Sans doute, les définitions de l'Eglise sont-elles, ou empiriques (R. Ox. 201), ou peu développées (Eglise, communauté des chrétiens). Mais toutes les discussions visent à déterminer quelle attitude théorique et pratique l'Eglise se doit d'adopter. Les titres des Commissions disent bien : « *L'Eglise et...* ». Et la Cinquième Commission s'exprime d'une manière qui rappelle *Faith and Order* : « Les Eglises réalisent à nouveau que l'Eglise est une » (R. Ox. 236). En ce sens, déclare *Theology* [1]), les délégués vinrent à Oxford parlant d'Eglises, et ils partirent en ne parlant que d'une Eglise. Si bien que le Pasteur Elie Gounelle, en établissant le bilan de la Conférence, fait des réserves significatives : « Ce qui l'a le plus frappé, et douloureusement, c'est le repliement de la chrétienté sur elle-même, c'est... l'excessive insistance de l'affirmation de l'Eglise par elle-même... A Stockholm et à Lausanne, l'idée du Royaume de Dieu était au premier plan. A Oxford et à Edimbourg, c'est l'Eglise, elle seule, qui était, qui se mettait au premier plan [2]). Et, continue-t-il, le passage de l'idée de Royaume à celle d'Eglise s'accompagne évidemment d'un autre : celui du prophétisme au sacerdotalisme [3]). Pourtant, il s'agit de l'Eglise, sans autre précision doctrinale : d'où l'insatisfaction des orthodoxes et des anglo-catholiques. Ils reconnurent la cordialité qu'ils reçurent et la considération dont ils furent l'objet, mais, aurait dit l'un d'eux, « We Orthodox simply are flowers on the table of the American Protestant banquet » [4]). Oxford accepta aussi le principe du « Conseil œcuménique des Eglises » ; nous en reparlerons plus loin.

---

[1]) *Irén.*, 1937, p. 402.
[2]) *Le Christianisme social*, 1937, p. 176.
[3]) *Ibidem*, p. 178.
[4]) *Irén.*, 1937, p. 402.

VERS UNE CONFÉRENCE MONDIALE EN 1966

Le Mouvement « Vie et Action » a été parfaitement intégré au Conseil œcuménique des Eglises dès la création de celui-ci en 1948, et le Département « Eglise et Société », qui le représente actuellement, n'a pas estimé nécessaire jusqu'à ce jour de convoquer une nouvelle assemblée mondiale. Néanmoins, depuis 1937, la situation d'ensemble de la société et des sociétés humaines a considérablement évolué, si bien que les dirigeants de « Eglise et Société » ont récemment décidé de reconsidérer les perspectives théologiques et les fondements éthiques des problèmes sociaux majeurs de notre époque, dans une assemblée mondiale qui se tiendrait vers 1966, et dont le thème général pourrait être formulé comme suit : « Dieu, l'homme et la société contemporaine ». Ce propos se comprend d'autant mieux que, à l'Assemblée de New Delhi et depuis, des Eglises d'Asie et d'Afrique entrent en grand nombre dans le Conseil œcuménique, avec leurs conceptions propres et leurs questions propres concernant l'ensemble de ces problèmes, épineux en théologie et délicats dans leur aspect temporel.

Il s'agira donc, pour toutes les Eglises qui constituent actuellement le Conseil œcuménique, d'examiner les implications de leur foi en Dieu et de l'Evangile du Christ Jésus dans les situations sociales actuelles, comme : régions en transformation rapide, interdépendance des nations, morale et technique, humanisme et industrialisation, sécularité et sainteté, société responsable et structures ecclésiastiques. Quel est, se demandera-t-on, en tous ces domaines, le dessein de Dieu ? quelle est l'attitude vraiment chrétienne ? quelles sont les tâches de l'Eglise ? Il s'agira donc bien d'une révision générale des bases dogmatiques et éthiques de la pensée et de l'action de « Eglise et Société », mais dans le contexte concret de la société contemporaine.

CHAPITRE III

LE MOUVEMENT " FOI ET CONSTITUTION "

Les origines

Les Conférences missionnaires du XIXᵉ siècle furent régulièrement l'apanage de l'aile évangélique du protestantisme. Les promoteurs de la Conférence d'Edimbourg (1910) n'envisageaient pas de changer d'attitude. Les anglicans même ne devaient pas être invités. Mais le *Student Christian Movement* parvint à faire accepter par le Comité organisateur la position d'« interdénominationalisme » qu'il avait prise lui-même ; on entend par là « l'union de personnes appartenant à des dénominations religieuses différentes en vue de poursuivre, de manière organisée, certains buts et de réaliser certaines activités ». L'aspect de la Conférence, du point de vue œcuménique, s'en trouva entièrement transformé. L'évêque anglican Ch. H. Brent, épiscopalien, fut invité. Il constata l'intérêt de ces Conférences mondiales et fit remarquer à quelques amis les résultats heureux que l'on pourrait escompter d'une Conférence universelle consacrée aux questions relatives à la foi et à la structure de l'Eglise. Le 19 octobre 1910 déjà, la Convention générale de l'Eglise protestante épiscopale des Etats-Unis forma un « Comité d'union » chargé de préparer une Conférence mondiale à laquelle prendraient part tous les « groupes chrétiens qui acceptent Jésus-Christ comme Dieu et Sauveur », et qui aurait pour objet les questions relatives à la « foi et à la constitution » de l'Eglise.

Bishop Brent était retenu par sa charge épiscopale aux Iles Philippines ; mais Robert H. Gardiner, secrétaire de la commission, en devint la cheville ouvrière. Il prend contact avec différentes Eglises : en 1913, trente commissions, représentant des chrétiens de toutes les parties du monde, étaient déjà constituées. Entretemps, la préparation doctrinale de la réunion se poursuit : on précise son objet général, sa méthode par « accords et divergences » ; environ 25 brochures en diverses langues sont envoyées partout.

En automne 1914, R. H. Gardiner envoya au Cardinal Gasparri une lettre rédigée en latin, le priant d'informer le Souverain Pontife, Benoît XV, du projet de Conférence universelle. Dans sa réponse, du 18 décembre 1914, le Cardinal redit les sentiments d'affection du Saint-Père pour les organisateurs de la Conférence, mais rappela les principes théologiques de l'Eglise catholique sur l'unité de la vraie Eglise [1]). La guerre 1914-18 arrêta temporairement l'expansion du Mouvement.

Dès la fin des hostilités, les préparatifs se précisent. Une délégation est envoyée en Europe et en Orient reprendre les pourparlers : elle visite Athènes, Constantinople, Sofia, Bucarest, Belgrade et Rome. A ce moment, on compte 69 commissions. Une nouvelle démarche est faite auprès des autorités de l'Eglise catholique. Le Cardinal Gasparri reçut les délégués le 16 mai 1919 et les présenta au Souverain Pontife. Benoît XV se montra extrêmement aimable à l'égard des délégués : « irresistibly benevolent » ; mais il se fit aussi extrêmement ferme dans sa décision de ne point prendre part à la Conférence : « irresistibly rigid ». Au sortir de l'audience, on remit aux délégués une note disant en substance : le Saint-Père désire vivement l'union des chrétiens, mais la doctrine catholique de l'Eglise ne permet point d'envisager de participer à une Conférence universelle. Le Pape ne désapprouve pas ces réunions pour les chrétiens. Il prie pour qu'elles conduisent à l'unique véritable bercail [2]).

En 1920, on juge le temps venu de convoquer une Conférence préparatoire. L'Eglise épiscopale la convoque à Genève pour août 1920. Sous la présidence de l'évêque Brent, 70 Eglises et confessions chrétiennes venant de 40 pays fixèrent les grandes lignes de la Conférence future, tant du point de vue doctrinal que du point de vue administratif. Un « Comité de continuation » en assura la réalisation. Celui-ci se réunit en 1925 (Stockholm et Berne), en 1926 (Berne et Lausanne), ainsi qu'à Lausanne encore, avant la « Première Conférence universelle », menant ainsi à bonne fin une œuvre gigantesque, malgré la perte considérable subie le 15 juin 1924, en la personne de son secrétaire R. H. Gardiner.

---

[1]) Cfr H. E. M., p. 413.
[2]) Cfr H. E. M., p. 416; Mgr BATIFFOL, *Une campagne américaine pour l'union des Eglises*, dans *Le Correspondant*, 10 juin 1919. *La Civiltà cattolica*, 1918, t. I, p. 108; 1919, t. III, p. 196; t. IV, p. 289.

La Conférence de Lausanne, 3-21 août 1927

La première Conférence universelle de *Faith and Order* [1]) s'ouvrit le mercredi 3 août, par un Culte solennel célébré à la cathédrale de Lausanne, avec prédication par l'évêque C. H. Brent. Les dirigeants pouvaient profiter de l'expérience de Stockholm ; mais les thèmes dogmatiques n'allaient-ils pas faire l'objet de discussions sans issue ? En parlant des membres de la Commission IV, le chanoine Tissington Tatlow constatait : « Quelques membres de notre Commission ont dit qu'ils étaient venus à cette Conférence sans savoir ce qu'ils pouvaient en attendre, et peut-être qu'ils n'en attendaient pas beaucoup. Ils avaient senti néanmoins qu'ils participaient à une expérience spirituelle remarquable. Nous avons trouvé le même sentiment dans la totalité des membres de notre Commission » (R. Lau. 263). Tel était l'état d'esprit de ceux qui n'avaient pas pris une part active à la préparation immédiate de l'Assemblée.

LA CONFÉRENCE

Le thème premier « Appel à l'unité » fut l'objet de proclamations de foi émouvantes. « Dieu veut l'unité de l'Eglise. Notre présence ici prouve notre résolution de plier notre volonté à la sienne. Quelles que soient les raisons alléguées pour légitimer la désunion initiale, nous déplorons avec persistance, et nous sommes décidés à travailler désormais, dans la repentance et dans la foi, à rebâtir la muraille de Jérusalem... Un clair appel de Dieu nous avait groupés ici. Nous repartons stimulés dans notre foi par l'expérience de notre amour » (R. Lau. 521-522).

Le thème suivant : « Le message de l'Eglise au monde », est

---

[1]) Cfr Rapports officiels: *Foi et Constitution. Actes officiels de la Conférence de Lausanne, 3-21 août 1927*, Paris, V. Attinger, 1928, 626 pp. ; *Faith and Order. Proceedings of the World Conference. Lausanne*, London, S. C. M. Press - New-York, G. H. Doran, 1927, 534 pp. ; *Die Weltkonferenz für Glauben und Kirchenverfassung*, Berlin, Furche-Verlag, 1929, 638 pp.

Travaux: M. Pribilla, S. J., *Um Kirchliche Einheit. Stockholm, Lausanne, Rom*, Fribourg-Br., Herder, 1929, 332 pp. ; Fr. Siegmund-Schultze, *Die Weltkirchenkonferenz von Lausanne*, Berlin, Evang. Pressverlag, 1927, 222 pp. ; E. S. Woods, *Lausanne 1927*, London, S. C. M. Press, 1927, 192 pp. ; *La Conférence de Lausanne « Foi et Constitution »*, dans *Le Christianisme social*, nov.-déc. 1927 (textes, documents, jugements).

résumé en termes simples et lapidaires : « Le Message de l'Eglise
au monde est et restera toujours l'Evangile de Jésus-Christ » (R. Lau.
522). « En une ligne, s'écriait A. Deissmann, un des fidèles du
Mouvement, quatre affirmations immenses, d'une portée incalcu-
lable ! Nous parlons de l'Eglise et nous parlons du monde. Nous
maintenons que l'Eglise a un message pour le monde, et nous
appelons ce message : l'Evangile ! » (R. Lau. 49).

Les deux premiers thèmes de la Conférence ne furent point
l'objet de trop manifestes divergences, à part peut-être la question
de savoir quelle était exactement ce message de l'Evangile au
monde (R. Lau. 473). Il ne devait pas en être de même du thème
troisième : « La nature de l'Eglise ». Les réunions préparatoires
furent mouvementées.

Quelle est donc cette Eglise ? « Dieu qui, pour sauver le monde,
nous a donné l'Evangile, a établi l'Eglise pour rendre témoignage,
par le rayonnement de la vie et de la parole, à son pouvoir rédempteur. L'Eglise du Dieu vivant procède de sa seule volonté
et non de notre volonté, de notre adhésion ou de nos croyances
individuelles ou collectives... L'Eglise, en tant que communauté
des croyants dans le Christ Jésus est, d'après le Nouveau Testament, le peuple de la Nouvelle Alliance, le corps du Christ, le
temple de Dieu... Comme il y a un seul Christ, une seule vie en
Lui, un seul Esprit, il n'y a, et il ne peut y avoir, qu'une seule
Eglise sainte, catholique (universelle) et apostolique » (R. Lau.
524-525).

Cette Eglise est visible et terrestre ; elle doit être reconnais-
sable à certains caractères. « Ces traits sont au moins les suivants :
1. Elle possède et confesse la Parole de Dieu contenue dans les
Saintes Ecritures, et interprétée pour l'Eglise et les individus par
le Saint-Esprit. Quelques-uns pensent que cette interprétation est
donnée par la tradition de l'Eglise ; d'autres, par le témoignage
immédiat du Saint-Esprit dans le cœur et la conscience du croyant ;
d'autres enfin, par ces deux moyens. 2. Elle professe la foi en
Dieu que Jésus-Christ a révélée, et dont il est l'incarnation. 3. Elle
accepte le mandat du Christ de prêcher l'Evangile à toute créature.
4. Elle pratique les sacrements. 5. Elle reconnaît un ministère pour
l'œuvre pastorale, la prédication de la Parole et l'administration
des sacrements. 6. Elle réalise la communion fraternelle par la
prière, le culte, les moyens de grâce, la poursuite de la sainteté
et le service du prochain » (R. Lau. 525-526).

Sur les rapports existant entre l'Eglise visible et l'Eglise invisible, on constate nombre de divergences. Celles-ci furent signalées dans la première rédaction du rapport (R. Lau. 261). Précisées, complétées, mais reléguées en note, elles se présentent sous la forme suivante dans la rédaction définitive proposée à l'approbation des Eglises.

« *a*) Les uns estiment que l'Eglise invisible est entièrement au ciel ; d'autres y font entrer tous les vrais croyants sur la terre, qu'ils fassent ou non partie d'une organisation ecclésiastique ;

» *b*) Les autres pensent que l'expression visible de cette Eglise a été déterminée par le Christ lui-même et est immuable ; - d'autres, que l'Eglise une peut, guidée par le Saint-Esprit, s'exprimer par des formes diverses ;

» *c*) Les uns pensent que l'une ou l'autre des églises existantes est la seule vraie Eglise ; - d'autres estiment que l'Eglise, telle que nous l'avons décrite, se trouve, soit en plusieurs des communions existantes, soit dans toutes prises collectivement ;

» *d*) Quelques-uns, tout en reconnaissant comme Eglise les autres communautés chrétiennes, sont persuadés que, selon les desseins de la Providence et l'enseignement de l'histoire, une certaine forme particulière de l'Eglise est apparue comme nécessaire à sa vraie prospérité ; - d'autres soutiennent qu'aucune forme n'est intrinsèquement préférable aux autres ; - enfin certains estiment qu'une organisation quelconque n'est même pas nécessaire » (R. Lau. 526). Voilà donc, sur la nature de l'Eglise visible, son origine *iure divino*, son unicité et son immutabilité des indications nettes, bien qu'inévitablement schématiques.

Sous le titre : « La Confession de Foi », l'Assemblée « cherchait plutôt un seul Credo pour l'Eglise dans son ensemble » (R. Lau. 325). Pour répondre aux vœux formels de la délégation orthodoxe, on souligna l'importance du Symbole de Nicée (R. Lau. 528). En cours de discussion, diverses questions furent soulevées sur la nature des rapports entre les Saintes Ecritures et l'illumination de l'Esprit, sur l'autorité des Symboles et de la Tradition. Mais comme elles n'intéressaient qu'indirectement le débat, on put employer des termes assez généraux et s'en tenir à proclamer que, au delà des formules de foi, il existe une union religieuse et vitale, dont il faut tenir compte pour apprécier à sa juste valeur la portée des désaccords consignés dans le Rapport (R. Lau. 325-326). Il en ré-

sulta le texte définitif suivant : « Malgré nos divergences doctrinales, nous sommes unis par une commune foi chrétienne, pro-
clamée dans les Saintes Ecritures. Cette foi est sauvegardée par
le témoignage qui lui est rendu dans le Credo œcuménique de
Nicée, ainsi que dans le Symbole des Apôtres, et elle est perpétuellement confirmée par l'expérience spirituelle de l'Eglise du
Christ. Nous croyons que le Saint Esprit, conduisant l'Eglise dans
toute la vérité, la rendra capable d'exprimer le message révélé
sous d'autres formes, à mesure que de nouveaux besoins pourront,
de temps à autre, l'exiger ; cela, sans supprimer notre ferme adhésion au témoignage rendu par les deux Credo, héritage commun
légué par l'Eglise traditionnelle. Enfin, nous désirons proclamer
solennellement notre conviction unanime qu'aucun texte écrit, aucun
formulaire externe, ne peuvent suffire, sans l'expérience intérieure
et personnelle de l'union avec Dieu en Christ » (R. Lau. 527-528).

La question du « ministère » devait faire éclater certaines divergences radicales. Sans doute, « le loisir nous a manqué pour examiner nos divergences avec l'attention et la patience qui, seules,
mèneraient à un accord complet » (R. Lau. 530-531). Mais la nature
même des désaccords enregistrés, tout comme l'histoire des conférences futures, montrent bien que l'on en est à un point crucial.
Faut-il rappeler ici tous les « désaccords » que les délégués ont
classés avec soin et qu'ils ont repris dans le Rapport final lui-
même ? Ils concernent la nature du Ministère (un ou plusieurs
« ordres »), le sens de l'« ordination », la nature de l'autorité mi-
nistérielle, la nature de la « succession apostolique ». A chaque
pas se marque la diversité des positions théologiques. On devra
en tenir compte en lisant les cinq propositions sur lesquelles la
Commission a pu recueillir un « accord essentiel ». « 1. Le Ministère est un don de Dieu par le Christ à son Eglise ; il est indispensable à l'existence et à la prospérité de l'Eglise. 2. Le Ministère
est sans cesse renouvelé dans son autorité, et rendu efficace, par
le Christ et son Esprit. 3. Le but du Ministère est de communiquer
aux hommes les grâces du salut et de la sanctification, qui sont
en Christ, et cela par le service pastoral, la prédication de l'Evangile, l'administration des sacrements rendus efficaces par la foi.
4. Au Ministère sont confiés le gouvernement et la discipline de
l'Eglise, en tout ou en partie. 5. Les hommes qualifiés pour l'œuvre
du ministère, appelés par l'Esprit et acceptés par l'Eglise, sont

mandatés en vue de l'office pastoral par un acte d'ordination, avec prière et imposition des mains » (R. Lau. 529).

La question des « sacrements » est liée à celle du Ministère ; elle rencontra les mêmes difficultés. Car, constatait le pasteur W. Monod, « si nous entrons dans le vif de la discussion sur le sacrement, nous serons en présence d'abîmes séculaires qui divisent les Eglises ; si nous n'entrons pas dans le vif de la discussion, nous risquons d'aboutir à des accords verbaux plutôt que substantiels » (R. Lau. 448). La Commission voulut montrer que « malgré nos divergences de conception et d'interprétation des sacrements, nous pouvons en aborder l'étude et en affirmer le prix, d'un même cœur » (R. Lau. 534). Nous sommes du moins unanimes à « affirmer que les sacrements sont d'établissement divin, et que l'Eglise devrait les conserver avec reconnaissance comme des dons de Dieu. Nous croyons que, dans les sacrements, il y a le signe extérieur et la grâce intérieure, et qu'ils sont des moyens de grâce par lesquels Dieu agit invisiblement en nous » (R. Lau. 535).

Les délégués ne s'étendirent que sur deux Sacrements, le Baptême et la Cène. Ce dernier sacrement, signe et symbole d'unité, est en fait un point de discorde. « Le sacrement de la Sainte Cène, qui devrait être le point de rencontre entre tous les rachetés, est malheureusement devenu le centre de nos divisions. Nous avons là une blessure ouverte dans le Corps du Christ : puisse Dieu nous donner assez de lumières et de charité pour que nous devenions capables, dans cette Conférence, de prendre l'initiative de la méthode qui guérira cette blessure ! » (R. Lau. 366). C'est un méthodiste, le pasteur H. M. Hugues, qui parle ainsi. Les divergences sont consignées dans le rapport final : « 1° le mode ou la manière de la présence de Notre-Seigneur ; 2° le concept de la commémoration et du sacrifice ; 3° le rapport entre les éléments et la grâce conférée ; 4° la relation entre la qualité de celui qui administre et la validité ou l'efficacité du rite » (R. Lau. 536). Il y a d'autre part accord universel sur quelques données essentielles, bien que diversement interprétées : « Nous croyons que, dans la Sainte Cène, Notre Seigneur est présent. Nous y communions avec Dieu, notre Père, en Jésus-Christ, son Fils, notre Seigneur glorifié, qui est notre même pain, donné pour la vie du monde, qui soutient la vie de tous ceux qui lui appartiennent, si bien que nous sommes en communion avec tous ceux qui sont unis à Lui. Nous affirmons, d'un commun accord, que le sacrement de la sainte Cène est dans l'Eglise l'acte du culte le plus sacré, l'acte par lequel est commémorée et annoncée la mort expiatoire du Seigneur ; il est aussi un sacrifice de louange, d'action de grâces, et un acte solennel de consécration de soi-même » (R. Lau. 536).

La Conférence de Lausanne fit enfin une déclaration sur « l'unité de la chrétienté et les Eglises actuelles ». Elle fut préparée par une Commission présidée par l'archevêque d'Upsal, Nathan Söderblom. De toutes les communications présentées, il ressort au moins que l'unité de l'Eglise implique une certaine unité de foi et d'organisation, non l'« uniformité ». Mais où trouver le critère de cette juste mesure ? Certains « estiment que cette forme a été fixée par le Christ lui-même, et doit en conséquence rester immuable » (R. Lau. 539-540). D'autres pensent que, sous la direction du Saint-Esprit, l'Eglise une peut s'exprimer en formes variées (R. Lau. 540). De là découlent des différences d'avis sur le choix des moyens à employer pour favoriser l'unité.

L'idéal de la future « Eglise unie » n'a pu être tracé de façon bien claire ; les désaccords sur la conception du ministère, à eux seuls, rendaient ce propos pratiquement irréalisable (R. Lau. 531-532). Il a toutefois été possible de se mettre d'accord sur un certain nombre de points (R. Lau. 538-539). Les membres furent priés « en attendant la solution pendante de certaines questions de foi et d'organisation,... de collaborer dans les activités du service fraternel que notre Maître a confiées à ses disciples » (R. Lau. 540), de noter les suggestions qui devraient faire l'objet d'examen et de réflexion (R. Lau. 541-542), et d'envisager l'intercommunion [1]) où elle est réalisable (R. Lau. 543-544).

CARACTÉRISTIQUES

« Il n'est guère de journal qui n'ait commenté la Conférence » écrit A. de Lilienfeld [2]), qui évoque « l'esprit grave et religieux, la joie sainte, imprégnée d'espérance surnaturelle, qui a animé cette

[1]) Voici, à propos de l'intercommunion, les opinions des théologiens de Lausanne: « Les uns estiment que la pleine communion sera le couronnement de l'unification; les autres pensent que par la Sainte Cène offerte à tous les chrétiens indistinctement, Dieu nous aiderait à parvenir au but » (R. Lau. 543).

[2]) A. DE LILIENFELD, Lausanne. A propos de la Conférence de « Faith and Order », 3-21 août 1927, dans Irén., 1927, p. 267.

Assemblée si représentative ». Vue de l'extérieur, la Conférence de Lausanne apparaît à d'aucuns « anglicane », et celle de Stockholm « protestante libérale ». Lausanne était une première prise de contact, une première occasion de « conférer » sur la division des chrétiens, une première confrontation personnelle de doctrines partiellement divergentes [1]).

Lausanne a mis en vedette quelques principes fondamentaux de l'œuvre œcuménique.

D'abord, quant à son objet. « Son objet principal est de tirer les Eglises de leur isolement pour les amener à conférer ensemble de leurs problèmes. Dans cette conférence nul n'est requis d'abandonner son obédience ou de compromettre ses convictions, mais il doit s'efforcer de les expliquer aux autres et de comprendre leurs points de vue. Les divergences irréductibles doivent être mentionnées aussi loyalement que les accords » (R. Ed. 13). Irénisme et franchise sont la première règle du milieu des Conférences.

Concernant le choix des personnes déléguées, « les conférences doivent être des congrès de délégués mandatés par les Eglises pour les représenter officiellement ». Il ne s'agit donc point de personnes s'intéressant aux problèmes œcuméniques, ni d'autorités religieuses participant aux Conférences à titre personnel. Par « Eglises », on entend ici « tous les groupes organisés de chrétiens, dans le monde entier, qui reconnaissent Notre Seigneur Jésus-Christ comme Dieu et Sauveur » (R. Ed. 13).

Enfin, quelle est l'autorité des Conférences ? « Les Eglises seules ont qualité pour entreprendre elles-mêmes des démarches et des négociations en vue de s'unir. Le Mouvement n'a pas à formuler de plans, ni à dire aux Eglises ce qu'elle devraient faire, mais à se mettre à leur service pour aplanir les voies, en écartant les malentendus, en examinant les obstacles à l'unité, en publiant des rapports qui sont soumis à l'approbation des Eglises » (R. Ed. 13).

---

[1]) Voir diverses impressions sur Lausanne dans *Œcumenica*, t. 4, 1937-38, pp. 600-620. Egalement: C. NEUHAUS, *Die Probleme des Lausanner Weltkonferenz von 1927 und die dogmatische Einstellung der beteiligten Kirchen*, dans *Intern. Kirchl. Zeitschr.*, 1937, n. 2, pp. 92-122; n. 3, pp. 129-149; n. 4, pp. 150-172; A. MARTIN, *Die Christenheit und die Kirche oder Lausanne*, dans *Una Sancta*, 1927, pp. 401-453.

La Conférence d'Edimbourg, 3-18 août 1937

DE LAUSANNE A EDIMBOURG

Avant de se séparer, les participants de la Conférence de Lausanne nommèrent un « Comité de Continuation » composé de cent membres, et dûment mandaté pour parachever l'œuvre de l'Assemblée et « prendre, dans le cadre de la Conférence Foi et Constitution, toutes les mesures qu'il jugerait sages et utiles, pour favoriser la cause de l'unité chrétienne » (R. Lau. 466). Ce Comité fut dirigé d'abord par Bishop Brent, qui mourut le 27 mars 1929 [1]). Le Dr. William Temple, archevêque d'York, fut désigné pour lui succéder : il dirigera les destinées de *Faith and Order* jusqu'à sa mort, en 1944, avec l'aide de l'infatigable secrétaire du Comité, R. W. Brown.

De 1927 à 1931, le Comité paracheva l'œuvre de Lausanne. Il créa en 1929 une Commission théologique, - que présida le Dr. Headlam, évêque de Gloucester, - chargée de prolonger les études amorcées à Lausanne et de préparer les thèmes à étudier lors d'une prochaine conférence. De 1931 à 1934, l'activité du Mouvement se trouva comme paralysée, à cause de facteurs « non-théologiques » ; on réduisit les cadres du Mouvement au strict minimum et, en 1934, la situation financière put être rétablie. De 1934 à 1937, le Comité entreprit vigoureusement la préparation doctrinale et administrative de la Conférence. En 1934, il se réunit à Hertenstein (Suisse) ; on nota les thèmes qui étaient à l'ordre du jour à l'époque : en Angleterre, la question du ministère et de la constitution de l'Eglise ; en Europe, les rapports entre la Grâce et la Parole de Dieu ; aux Etats-Unis, l'importance des facteurs psychologiques, culturels et sociaux. Les points essentiels de la Conférence étaient fixés ; un groupe de théologiens éminents en assurèrent l'étude. En 1935, le Comité se réunit à Hindsgaul (Danemark). En 1936, le Comité se retrouva à Clarens (Suisse) ; la préparation doctrinale se précisait grâce aux rapports reçus de différents côtés ; on organisa la préparation religieuse de la Conférence

---

[1]) Canadien de naissance, Charles Henry Brent étudia à l'université de Toronto, fut ordonné prêtre en 1886 dans l'Eglise protestante épiscopale des Etats-Unis. Cfr A. C. ZABRISKIE, *Bishop Brent, Crusader for Christian Unity*, Philadelphie, Westminster Press, 1948, 218 pp.

et l'on examina très attentivement la question de l'union à réaliser avec les autres mouvements œcuméniques, notamment le Mouvement *Vie et Action*. Le Comité de Continuation n'eut plus d'autre réunion avant Edimbourg, mais sa « Commission exécutive » se retrouva encore à Paris en février 1937 et à Edimbourg, avant la réunion de l'Assemblée.

LA CONFÉRENCE

La Conférence d'Edimbourg s'ouvrit le 3 août 1937 par un service célébré à l'église Saint-Giles, avec sermon par le Dr W. Temple. « Du haut de cette chaire où John Knox tonna contre les évêques, c'est un archevêque qui prêche » [1]). Puis l'Assemblée s'organisa et les travaux commencèrent. La Conférence réunit, sous la présidence de l'archevêque d'York, 504 personnes admises de plein droit à toutes les sessions ; 443 étaient déléguées de leurs 123 confessions et Eglises chrétiennes réparties en 43 pays ; s'y ajoutaient 53 membres de la jeunesse et 8 invités spéciaux. Quatre observateurs catholiques « non-officiels » étaient présents [2]).

L'ensemble des rapports constitue une documentation plus copieuse que celle qui fut réunie à Lausanne [3]). Les contacts furent plus fructueux : d'abord, parce que la Conférence avait été préparée par dix jours de travaux en sections ; ensuite, parce que 95 délégués s'étaient déjà rencontrés à Lausanne en 1927. Ils auraient été plus fructueux encore, « si les délégués, jeunes et vieux, s'étaient, avant de prendre le chemin de l'Ecosse, pénétrés de la substance des délibérations de Lausanne et des publications, si riches et si mûrement méditées, des quatre commissions théologiques constituées par le Comité de Continuation !... Ce beau et bon travail préparatoire demeura en grande partie inutilisé » [4]).

[1]) Cfr *Le Christianisme social*, 1937, p. 275.

[2]) D'après G. K. A. BELL, *The Kingship of Christ*, p. 69. Une démarche aurait eu lieu auprès du Saint-Siège, mais sans succès (*Irén.*, 1949, p. 280).

[3]) Rapports officiels: *Second World Conference on Faith and Order, Edimburgh 1937* (by L. Hodgson). London-New-York, 1938, 386 pp.; *Foi et Constitution. Actes officiels de la Deuxième Conférence universelle. Edimbourg, août 1937* (par H. Clavier). Paris, Fischbacher, 1939, 426 pp.; *Das Glaubensgespräch der Kirchen: die Zweite Weltkonferenz für Glaube und Kirchenverfassung*, Zollikon-Zürich, Evang. Verlag, 1940, 416 pp.

[4]) F. MENEGOZ, *Réflexions sur la Conférence d'Edimbourg*, dans *Le christianisme social*, 1937, pp. 266.

Dans le public des délégués, une lacune fut vite remarquée : les théologiens luthériens d'Allemagne ne reçurent point de leur gouvernement l'autorisation d'assister à la Conférence. Or, ils avaient pris une large part dans la préparation des Sections. L'Assemblée leur envoya un message : « Nous sommes en profonde sympathie avec votre Eglise dans les maux qui l'assiègent. Nous sommes de cœur avec tous les chrétiens qui souffrent dans votre pays » (R. Ed. 51). Du point de vue théologique luthérien, la forte représentation scandinave compensa en une certaine mesure l'absence des délégués allemands [1]).

Des messages nombreux, collectifs et individuels, qui parvinrent à la Présidence de la Conférence, rappelons celui du Très Rév. J. J. Mac Donald, archevêque catholique romain de Saint-Andrews et d'Edimbourg. « J'avais espéré qu'il me serait possible de rencontrer d'une manière ou d'une autre les délégués de la Conférence Universelle de Foi et Constitution, pendant leur séjour à Edimbourg. A cet effet, des arrangements avaient déjà été pris, quand je m'aperçus que le programme de la Conférence était trop rempli pour permettre aux délégués d'accepter quelque invitation que j'aurais pu leur adresser. Je n'avais plus ainsi, malheureusement, la possibilité de leur expliquer personnellement la position de l'Eglise de Rome, et pourquoi elle ne participait point à cette Conférence. Je serais néanmoins reconnaissant à Votre Grâce de bien vouloir transmettre mes regrets à la Conférence, en assurant les délégués que je formule très sincèrement cette prière : que Dieu les guide dans leurs délibérations et dans leur recherche de la vérité au service de Notre Seigneur Jésus-Christ » (R. Ed. 51-52).

Ce message parvint à l'Assemblée le 15 août ; il y fut répondu le surlendemain, avec l'approbation de la Conférence. « La Conférence Universelle de Foi et Constitution a accueilli avec un plaisir particulier la lettre de Votre Grâce, datée du 15 août, quand je la lus en séance plénière. Le souhait que vous aviez formé d'offrir aux délégués une occasion de vous rencontrer personnellement fut vivement apprécié. Nous avons profondément regretté de n'avoir pu bénéficier dans notre entreprise et dans nos labeurs de la communion et de l'assistance de nos frères catholiques romains. Nous

---

[1]) Sur les courants théologiques du moment: V. M. POLLET, O. P., *Les orientations théologiques du protestantisme allemand à la veille du Congrès d'Oxford et d'Edimbourg*, dans *Rev. Univ. Ottawa*, 1937, pp. 73-92, 162-170.

sommes touchés et encouragés à la pensée que vos prières se joignent aux nôtres pour demander que nous soyons guidés par le Saint-Esprit dans notre effort pour apprendre de Dieu Sa volonté envers nous-mêmes et envers Son Eglise entière » (R. Ed. 52).

* * *

L'objet de la Conférence est celui qu'on pouvait attendre d'une Assemblée de *Foi et Constitution* : l'Eglise, le ministère, le culte, les sacrements, la grâce. Nous suivrons l'ordre des chapitres tel qu'il se présente dans le Rapport final.

Le premier thème étudié est celui de la grâce. Les discussions aboutirent à un texte qui reçut un accueil unanime indiscutable. Ce fut un « vrai miracle de la grâce » s'écria l'évêque. A. Lehtonen, de l'Eglise luthérienne de Finlande, président de la Commission préparatoire (R. Ed. 134). Et cette « unanimité merveilleuse » (R. Ed. 132) fut obtenue sans « aucun compromis » (R. Ed. 137).

La grâce, qu'est-ce à dire ? « Quand nous parlons de la Grâce de Dieu, nous pensons à Dieu lui-même, tel qu'il a été révélé en son Fils, Jésus-Christ. Seuls ceux qui savent que Dieu est Amour, et que tout ce qu'il fait est fait par amour, afin d'accomplir Ses justes desseins, connaissent vraiment le sens de la Grâce divine » (R. Ed. 255). Ces quelques lignes sont, au dire du rapporteur W. Manson, de l'Eglise d'Ecosse, « la clef du Rapport tout entier » (R. Ed. 133).

La grâce, c'est la souveraineté de Dieu ; mais il y aussi la responsabilité de l'homme : comment parler de leurs relations ? La Commission s'était mise d'accord sur un texte. La Délégation orthodoxe aurait aimé retrouver dans le Rapport final le terme συνεργία - coopération -, « par lequel la théologie des Pères a coutume de désigner la participation active de la volonté humaine au processus de la sanctification » (R. Ed. 176). Mais voici le texte définitif : « En ce qui concerne le rapport entre la Grâce de Dieu et la liberté de l'homme, nous reconnaissons tous, sur la seule base de l'Ecriture Sainte et de l'expérience chrétienne, que la souveraineté de Dieu surpasse tout... C'est donc à sa Grâce bienveillante que nous devons tout notre salut. Mais d'autre part, la volonté de Dieu, c'est que Sa Grâce soit appropriée activement par la volonté propre de l'homme, et que l'homme demeure responsable de sa décision. De nombreux théologiens ont tenté, suivant des directives philosophiques, de réduire l'antithèse apparente entre la souveraineté de Dieu et la responsabilité de l'homme ; mais de telles théories ne font pas partie de la foi chrétienne » (R. Ed. 257). Ce dernier passage provoqua une réaction assez vive de la part de G. Florovsky, qui estima que l'on se débarrassait trop facilement de problèmes réels et urgents, sous prétexte qu'ils ne sont pas la foi elle-même (R. Ed. 142).

La Grâce divine est liée, d'une certaine manière, à l'Eglise et aux sacrements. Etait-il opportun d'identifier l'Eglise à la Communion des saints ? Le Dr H. L. Goudge, de l'Eglise d'Angleterre, marqua son désaccord (R. Ed. 140). Mais le texte fut maintenu : « Nous nous accordons à reconnaître que l'Eglise est le Corps du Christ et la société bienheureuse de tous les fidèles, dans les cieux ou sur la terre, la Communion des saints... l'organe permanent de la Grâce de Dieu en Christ par le Saint-Esprit, sa Vie profonde et pénétrante, qui en sanctifie constamment toutes les parties... Dieu confère sa Grâce à l'Eglise et à ses membres, par le moyen de sa Parole et de ses Sacrements et dans l'action toujours présente du Saint-Esprit » (R. Ed. 257). Voilà pour l'Eglise. Quant aux Sacrements, point plus délicat : « Nous reconnaissons d'un commun accord que la Parole et les Sacrements sont les dons de Dieu à l'Eglise par Jésus-Christ, pour le salut de l'humanité. Dans les deux cas, la Grâce de Dieu en Christ est manifestée, donnée et reçue par la foi ; cette Grâce est une et indivisible. La Parole est le moyen établi par Dieu pour faire reconnaître sa Grâce aux hommes, les appelant à la repentance, les assurant du pardon, les entraînant à l'obéissance, et les édifiant dans la communion de la foi et de l'amour. Les Sacrements ne doivent pas être considérés seulement en eux-mêmes, mais toujours comme les Sacrements de l'Eglise, qui est le Corps du Christ. Leur sens et leur valeur résident dans l'action continue du Saint-Esprit, lequel est la vie de l'Eglise. Par les Sacrements, Dieu développe chez tous les membres du Corps une vie de communion constante, vécue dans la société de l'Eglise ; ... mais l'amour bienveillant de Dieu ne doit pas être conçu comme limité par ses Sacrements » (R. Ed. 257-258).

Il restait à la Commission à s'expliquer sur l'adage « sola gratia », et elle le fit franchement : « Certaines Eglises attribuent une grande valeur à l'expression *sola gratia*, tandis que d'autres évitent de l'employer. Elle a été le thème de nombreuses controverses ;

mais nous pouvons tous nous accorder sur les déclarations suivantes : Notre salut est le don de Dieu et le fruit de Sa Grâce. Il
n'est pas basé sur le mérite de l'homme, mais il a sa racine et
son fondement dans le pardon que Dieu, par Sa Grâce, accorde au
pécheur qu'Il reçoit pour le sanctifier. Nous ne prétendons cependant pas que l'action de la Grâce divine supprime la liberté et
la responsabilité humaines ; c'est plutôt et seulement lorsque la foi
répond à la Grâce divine que la vraie liberté se réalise. Résister
à l'appel de l'amour prévenant de Dieu ne signifie pas être libre,
mais esclave ; il n'y a de parfaite liberté que dans une complète
conformité à la volonté bonne, agréable, parfaite de Dieu » (R.
Ed. 258).

* * *

Le thème suivant fut âprement controversé : il s'agissait des
relations existant entre Parole de Dieu et révélations subsidiaires,
Tradition et Ecriture, Eglise visible et Eglise invisible, Eglise et
Royaume de Dieu, Parole de Dieu et Prophétisme. Les interventions furent fermes, parfois exigeantes. La Commission fut frappée
par l'amplitude des « désaccords ». Le Dr Aulén avoue son désappointement (R. Ed. 182). Mr H. G. Wood « partage sa décep-
tion » (R. Ed. 183). La révélation par excellence est celle qui est
« donnée en Christ ». Là-dessus, aucune divergence n'est possible.
Mais « pouvons-nous arriver à connaître Dieu par d'autres révélations distinctes et partielles ? ». Sur ce point « nous nous trouvons
en face de divergences qui demandent une étude et une discussion
plus avancées. Aucun d'entre nous ne soutient qu'il y ait *en dehors*
du Christ une révélation qui puisse être mise sur le même plan
que la révélation *en* Christ. Mais tandis que certains sont disposés
à admettre une *praeparatio evangelica* non seulement dans la religion des Hébreux, mais également dans la Nature et dans l'histoire,
d'autres soutiennent que la seule révélation que puisse connaître
l'Eglise, et à laquelle elle doive rendre témoignage, est la révélation
en Jésus-Christ, telle qu'elle est contenue dans l'Ancien et le Nouveau Testament » (R. Ed. 259-260). Les discussions montrent bien
la portée de ces principes généraux. Le Rév. W. S. Urquhart, de
l'Eglise Unie de l'Inde du Nord, rappelle qu'il y a des pays « où
existe une longue histoire de civilisation et de recherche passionnée
de Dieu » (R. Ed. 147) ; peut-on nier les faits, et que pensera-t-on
du Rapport dans ces pays ? Et le Rév. S. M. Zwemer, de l'Eglise

presbytérienne des Etats-Unis, signale que, récemment, dans un manifeste qui a fait sensation, un théologien écrivait que « notre action missionnaire devrait tendre à faire des Hindous de meilleurs Hindous, et des Bouddhistes de meilleurs Bouddhistes » (R. Ed. 151).

Tous les délégués acceptent l'idée d'une tradition ; mais quelle est l'autorité de cette tradition en regard de la Bible ? Voilà la source des désaccords. La question est plus complexe qu'il n'apparaît dans l'alternative schématique Bible-Tradition : les Orthodoxes, constate W. A. Brown, presbytérien, défendent la tradition, mais « ils n'ont aucun moyen de l'exprimer de façon systématique », tandis que « les Eglises Réformées, qui nient l'autorité de la tradition, ont dressé des Credos, des confessions, des règles de foi » (R. Ed. 145). La discussion devint serrée à propos de l'expression « compléter l'enseignement de la Bible », qui ne définissait cependant que la position de « certains d'entre nous », - les Orthodoxes, - mais à laquelle le pasteur Boegner opposa une vive résistance : « Il ne sera pas satisfait tant que le mot compléter sera maintenu » (R. Ed. 183). Finalement, on maintint l'idée, - elle n'engageait qu'une partie des délégués, - mais on changea le terme, qui devint « parachever », terme biblique. Ces discussions menèrent en fin de compte au texte suivant : « Par tradition, nous entendons le cours vivant de la vie de l'Eglise... Nous sommes d'accord pour reconnaître que l'Eglise, éclairée par le Saint-Esprit, a joué le rôle d'un instrument dans la formation de la Bible. Mais, pour certains d'entre nous, cela implique que l'Eglise, guidée par le Saint-Esprit, a la charge et l'autorité d'expliquer, d'interpréter et de parachever (συμπληροῦν) l'enseignement de la Bible ; ils considèrent que le témoignage de l'Eglise, tel qu'il est donné dans la tradition, a une autorité égale à la Bible même. D'autres, cependant, croient que l'Eglise, ayant reconnu la Bible comme le document indispensable de la révélation de la Parole de Dieu, n'est liée que par la Bible exclusivement, comme seule règle de foi et de conduite ; tout en reconnaissant une autorité relative à la tradition, ils ne la considéraient comme valable que dans la mesure où la tradition est fondée sur la Bible même » (R. Ed. 260-261).

* * *

Sur la nature de l'Eglise, l'entente était impossible. Les délégués le savaient, et personne ne s'imagina que la Conférence d'Edimbourg allait, comme miraculeusement, résoudre une difficulté séculaire. Sur une certaine ecclésiologie très fondamentale, il y a accord : « L'Eglise est le peuple de la Nouvelle Alliance. Elle est le Corps du Christ ; ses membres tirent leur vie et leur unité de leur Chef unique et vivant ; séparée de Lui, elle n'est rien, mais elle dépend en toutes choses de la puissance de salut que Dieu a remise à son Fils » (R. Ed. 261-262). Un long rappel de données bibliques et de la dimension christologique de l'Eglise complète cette déclaration.

Cette Eglise est visible, incontestablement. « L'Eglise est le corps constitué par ceux qui ont reçu l'appel de Dieu à témoigner de la Grâce et de la vérité de Dieu. Avant que le Seigneur ne vînt, ce corps visible était en Israël. Il se trouve maintenant dans l'Israël nouveau, auquel est confié le ministère de la réconciliation. C'est à ce corps visible que s'applique normalement, dans le Nouveau Testament, le terme *Ecclesia*, c'est à lui qu'appartient la vocation de Dieu. C'est le champ de la Rédemption. Hors de l'Eglise, l'homme ne peut normalement atteindre à une pleine connaissance de Dieu, ni Lui rendre un culte en vérité » (R. Ed. 263). Ces derniers mots doivent s'expliquer en fonction de la conception de l'Eglise propre à chaque confession, ainsi qu'il apparaîtra immédiatement.

Il y a, en effet, sur la nature de l'Eglise, et singulièrement sur la portée exacte du terme « Eglise », un désaccord profond. Sans doute, M. H. G. Wood eut-il raison de rappeler que « Nul d'entre nous ne croit à une Eglise invisible distincte et séparée de l'Eglise militante qui prie, qui adore et qui évangélise » (R. Ed. 144). Mais quand y a-t-il « Eglise » ? « Certains voudraient appliquer ce terme, non seulement à la communauté visible, rachetée et rédemptrice, mais aussi à la société invisible de ceux qui sont entièrement rachetés ; et c'est seulement quand le terme est utilisé dans ce sens qu'il serait exact de dire : « extra Ecclesiam nulla salus ». Mais l'Eglise invisible n'est pas une communauté platonique idéale, distincte de l'Eglise visible qui est sur la terre. L'Eglise invisible et l'Eglise visible sont inséparablement conjointes, bien que leurs limites ne coïncident pas exactement. D'autres tiennent que l'usage du mot « Eglise » appliqué à cette communauté invisible des vrais chrétiens connus seulement de Dieu, peut induire en erreur et n'est pas scripturaire. Parler de ce corps invisible comme s'il était la vraie Eglise, suggère de façon désastreuse que l'Eglise vraie n'a pas besoin d'être visible et que l'Eglise visible n'a pas besoin d'être vraie. Nous reconnaissons tous, cependant, que le nombre de ceux à qui Dieu a accordé la vie nouvelle et la joie dans le Saint-Esprit, et qui ont répondu personnellement au pardon de Dieu et à son amour, a des limites qui sont cachées à la vision humaine, et connues de Dieu seul » (R. Ed. 263).

L'ecclésiologie chrétienne n'est pas parvenue encore à éclairer parfaitement la question des rapports entre l'« Eglise » et le « Royaume de Dieu ». On s'en ressent aussi à Edimbourg, où « certains insistent sur la parenté entre l'Eglise et le Royaume ; d'autres sur ce qui les distingue. Certains accentuent la présence actuelle du Royaume dans l'Eglise et leur relation continue ; ils estiment que la venue du Royaume peut se voir dans les progrès de l'Eglise dans le monde et dans l'œuvre accomplie par les croyants, ou même par tous les hommes de bonne volonté à travers le monde. D'autres mettent l'accent sur le Royaume qui doit venir dans la gloire » (R. Ed. 264). Les courants sont connus. Ils commandent aussi le paragraphe consacré à la fonction de l'Eglise. « La fonction de l'Eglise est de glorifier Dieu dans l'adoration et dans le sacrifice, et d'être missionnaire de Dieu auprès du monde... L'Eglise doit proclamer la justice de Dieu telle qu'elle est révélée en Jésus-Christ ; elle doit encourager ainsi et guider ses membres dans la poursuite de la justice, de la paix, de la bonne volonté parmi tous les hommes et dans tous les domaines de la vie » (R. Ed. 265).

L'Esprit rend témoignage à la vérité, non seulement dans la vie sociale de l'Eglise, mais dans et à travers tous les membres de celle-ci : « c'est ici que la prophétie trouve sa place dans la vie sociale de l'Eglise ». Or, « l'Esprit peut parler par qui Il veut. La vocation de rendre témoignage à l'Evangile et de proclamer la volonté de Dieu n'est pas adressée uniquement aux ministres consacrés. L'Eglise a grand besoin des dons de prophétie et d'enseignement ; elle doit à la fois en attendre et en accueillir favorablement la pratique parmi les laïques, hommes et femmes. Quand les dons prophétiques se manifestent, l'Eglise ne doit pas éteindre l'esprit ou mépriser les prophéties, mais contrôler ces prophéties par la vérité permanente qui lui a été confiée, pour tenir ferme ce qui est bon » (R. Ed. 266). Cette allusion au contrôle des dons prophétiques prend toute son importance à la lecture de la discussion du texte. Le Professeur Alivisatos aurait préféré omettre le terme « prophétie » pour des motifs doctrinaux, semble-t-il (R. Ed. 184). Quant au Pasteur Boegner, il ne cacha pas ses appréhensions : « La prophétie est quelque chose de très dangereux à accorder aux laïques. L'histoire de l'Eglise en fournit la preuve par les vagues de *prophétisme* qui sont venues périodiquement occasionner du désordre. J'appuie certes l'appel à l'activité des laïques, mais pas à la prophétie » (R. Ed. 182).

* * *

Sur le thème de la « communion des saints », l'influence de la représentation orthodoxe fut déterminante. Qu'est-ce que la « communion des saints » ? « Un grand nombre de personnes n'ont pas la moindre idée de ce que cela signifie », fit remarquer le Doyen W. L. Sperry, congrégationaliste des Etats-Unis (R. Ed. 188). En tout cas, rappela Boulgakoff, « c'est un problème ecclésiologique » (R. Ed. 173). « Cette conception, dit le Rapport final, qui se trouve en de nombreux passages des Ecritures, est mentionnée dans le Symbole des Apôtres et manifeste une vérité précieuse à tout chrétien. Pour certains, l'expression est synonyme de la Sainte Eglise catholique. Pour d'autres, elle exprime une qualité de l'Eglise qui se réalise seulement dans la mesure où ses membres se font part mutuellement de toutes les bénédictions que Dieu dispense. Pour d'autres, elle est la description d'une qualité de vie chez ceux qui sont en état de grâce ; ainsi, la Communion des saints n'est pas toujours considérée comme ayant la même extension que l'Eglise. Pour l'Eglise orthodoxe et pour d'autres, ainsi que pour certains croyants individuels, cette expression signifie communion non seulement avec des chrétiens vivants ou morts, mais aussi avec les saints anges et dans un sens très spécial, avec la Sainte Vierge Marie » (Ed. Ed. 268).

La question de l'honneur dû à la Mère de Jésus donna beaucoup de travail aux rédacteurs du Rapport. Le premier projet portait : « La place qui revient à la mère (le *m* minuscule est intentionnel, R. Ed. 185) de Dieu a été considérée par cette Section, et tous sont d'accord pour affirmer que cette place doit être grande dans l'estime de tous les chrétiens » (R. Ed. 173). Ce passage fut ensuite supprimé. La délégation orthodoxe le regretta vivement et rappela les motifs scripturaires pour lesquels la Vierge Marie est appelée « Mère de Dieu » (R. Ed. 184). L'évêque E. J. Palmer, de l'Eglise d'Angleterre, fit également remarquer, au sujet de la Mère du Christ : « Il ne fait pas de doute que Dieu lui ait accordé un honneur qu'Il n'a jamais donné à aucun autre être humain, et qu'Il ne donnera jamais à aucun autre être humain dans l'avenir ; c'est pourquoi, ceux qui croient cela de Dieu ne peuvent vraiment pas refuser l'honneur à celle qu'Il a si grandement honorée... Si vous ne pouvez pas admettre qu'il soit juste de dire quelque chose comme : « l'honneur dû à la mère du Christ », alors je propose que ce paragraphe soit omis purement et simplement » (R. Ed. 187). En fait, le passage primitif avait été proposé par un méthodiste anglais au moment où la discussion en était à un point mort (R. Ed. 185). Il ne fut pas repris dans le texte définitif, mais on ajouta, en note : « Ces derniers (à savoir : « les Orthodoxes, d'autres groupements et certains croyants individuels ») estiment que la mère de notre Seigneur, désignée comme « Theotokos », mère de Dieu, et perpétuellement Vierge, devrait être vénérée comme ayant la suprématie sur les saints, sur les anges et la création tout entière. En plus de cette reconnaissance générale de la Communion des saints, ils vénèrent des saints particuliers qui sont honorés par l'Eglise, et les prient d'intercéder, ainsi que les anges, auprès de Dieu » (R. Ed. 268).

* * *

Il y avait, à Edimbourg, des délégués orthodoxes et des fidèles de la *Société des Amis* : on ne s'attendra donc pas à les voir d'accord sur des questions aussi complexes que les sacrements, leur nature et leur nombre, ni sur la nature et la structure du « ministère » apostolique. Les désaccords sont profonds : les rapporteurs ont été unanimes à le reconnaître. C'est qu'on touche à la structure même de l'Eglise : « Nous avons découvert et sans cesse redécouvert, dit le rapporteur, que nous ne pourrions pas résoudre ici nos problèmes, tant que nous n'aurions pas réfléchi davantage à ce que nous entendons par l'Eglise elle-même » (R. Ed. 154-155). Chaque Eglise, chaque confession, s'est vue dans la nécessité d'exiger l'annexion, soit d'une note, soit d'un paragraphe. Les passages les plus généraux eux-mêmes sont soumis à des restrictions. Mais nous pouvons en dégager certaines données importantes pour notre connaissance de la théologie des chrétiens non-romains.

Sur la nature des sacrements, voici quelques éléments fondamentaux : « Les Sacrements sont donnés par le Christ à l'Eglise, comme des signes extérieurs et visibles de sa Grâce invisible. Ils ne sont pas de purs symboles, mais des gages et des sceaux de la Grâce, et des moyens par lesquels elle est reçue. C'est au sein de l'Eglise et de sa communion, par l'action personnelle du Christ sur le croyant, que la Grâce est accordée dans les Sacrements. La foi est donc une condition nécessaire pour recevoir efficacement la Grâce. L'action de la Grâce de Dieu n'est pas limitée par les Sacrements. C'est notre Seigneur Jésus-Christ qui, par le Saint-Esprit, accomplit chaque Sacrement, et le rôle du ministre de l'Eglise n'est que celui d'un instrument. Les Sacrements sont administrés par le ministre, non en vertu d'aucun droit personnel, mais en tant que ministre de l'Eglise » (R. Ed. 273).

La Commission s'est arrêtée au nombre des sacrements, à leur validité, puis au Baptême et à l'Eucharistie. Le texte relatif au Baptême est relativement peu important ; d'ailleurs, il n'a pas été discuté suffisamment (R. Ed. 158). Par contre, il y a accord sur une certaine forme de présence réelle du Christ dans l'Eucharistie. « Nous croyons tous que le Christ est réellement présent dans l'Eucharistie, bien que nous puissions différer d'opinion sur la manière dont cette Présence est manifestée et réalisée. Toute définition précise de la Présence est nécessairement limitative ; tout essai de formuler une telle définition et de l'imposer à l'Eglise a été, dans le passé, une cause de désunion. Ce qui est important, c'est que nous célébrions l'Eucharistie suivant l'usage constant du pain et du vin, de la prière, des paroles de l'institution, en nous accordant sur sa signification essentielle et spirituelle » (R. Ed. 277). « Voilà, dit le Pasteur Boegner, qui marque, dans les Eglises évangéliques, le réveil de la conscience de notre besoin des sacrements » (R. Ed. 159).

* * *

Quant au « ministère », les membres de la Conférence se sont mis d'accord sur les données suivantes, en leur signification la plus fondamentale : « Un Ministère universellement reconnu est essentiel à une Eglise unie ». Ce Ministère « a été institué par Jésus-Christ... il est un don de Dieu à l'Eglise pour le service de la Parole et des Sacrements ». « L'ordination au Ministère, suivant l'enseignement du Nouveau Testament et l'usage historique, se fait par la prière et l'imposition des mains ». Ce Ministère « n'exclut pas, mais présuppose le « Sacerdoce royal » auquel tous les chrétiens sont appelés en tant que rachetés de Jésus-Christ » (R. Ed. 279).

Le Ministère implique-t-il la succession apostolique ? Qu'allait dire à ce propos une Assemblée composée d'Orthodoxes et de Baptistes ? Il fallut rapporter les différents types de doctrine théologique présents et cela nous a valu un aperçu bref, mais très intéressant, dont nous reproduisons l'essentiel.

D'abord, la position des Orthodoxes. « L'Eglise Orthodoxe regarde le Ministère comme institué par Christ lui-même ; elle le tient pour le corps par l'organe duquel, en vertu d'un charisme spécial, l'Eglise dispense ses moyens de grâce, tels que les Sacrements. Elle croit que le Ministère, sous sa triple forme : l'épiscopat, le presbytérat et le diaconat, ne peut être fondé que sur la Succession Apostolique ininterrompue... » (R. Ed. 280).

Les Vieux-Catholiques, eux aussi, « maintiennent que l'Episcopat est d'origine apostolique et qu'il appartient à l'essence de l'Eglise. L'Eglise est le support du Ministère ; les ministres n'agissent que mandatés par l'Eglise. Le Ministère est reçu, administré et transmis dans le même sens et de la même manière qu'au temps où les Apôtres le transmirent à l'Eglise. La Succession Apostolique signifie que l'Eglise et le Ministère sont inséparables et continus l'un et l'autre » (R. Ed. 280). Certains Anglicans s'associent à ces déclarations.

D'autres Anglicans sont moins exigeants. « Ils interprétaient la Succession dans un sens plus général, comme la transmission, de génération en génération, de l'autorité d'un ministère de surveillance dans l'Eglise, à la fois sur le clergé et sur les laïques ; ils la considèrent comme étant simultanément un symbole et un lien d'unité » (R. Ed. 280-281).

Les Confessions de tradition presbytérienne et réformée font remarquer que « la conception du ministère soutenue par leurs Eglises est fondée sur l'identité des évêques et des presbytres dans le Nouveau Testament ; l'ordination ne se fait pas par des presbytres en tant qu'individus, ni par des groupes de presbytres, mais seulement par des presbytres régulièrement assemblés en conseils exerçant les fonctions épiscopales : une succession presbytérale des Ordres est ainsi maintenue sans interruption » (R. Ed. 281).

D'autres Confessions « qui n'ont pas l'habitude de se servir de la formule succession apostolique, l'accepteraient si elle signi-

fiait essentiellement ou même exclusivement : le maintien du témoignage des Apôtres par la prédication fidèle de l'Evangile, l'administration correcte des Sacrements et la perpétuation de la vie
chrétienne au sein de la communauté chrétienne » (R. Ed. 281).

Ces divergences ne doivent pas faire conclure à une absence
d'intérêt : « les Eglises considèrent comme d'un grand prix la Succession Apostolique en laquelle elles croient » (R. Ed. 281). Elles
expliquent d'autre part que « la forme que le Ministère pourrait
prendre dans l'Eglise unie de l'avenir » (R. Ed. 282) comporterait
« des traits qui peuvent sembler présentement inacceptables à certaines Eglises, aux deux ailes du Mouvement » (R. Ed. 283).

* * *

Sous le titre général « L'unité de l'Eglise dans la vie et dans
le culte », la Conférence s'exprime enfin sur l'objectif final des
rencontres œcuméniques. Tablant sur l'unité spirituelle déjà existante, « nous ne cherchons pas à créer quelque chose de nouveau,
nous voudrions plutôt, guidés par le Saint-Esprit, découvrir dans
sa plénitude la nature de l'Eglise créée en Dieu par Christ » (R.
Ed. 284). L'Eglise du Christ est « une » ; mais il existe diverses
conceptions de cette « unité ».

Certains l'entendent de la « collaboration ». L'unité recherchée
peut être conçue « comme une confédération ou une alliance
d'Eglises pour une action commune, une *collaboration* » (R. Ed.
284). Faut-il voir, dans cette alliance fédérative, une sorte de maximum, non seulement actuellement réalisable, mais théoriquement
souhaitable ? Il ne semble pas. Généralement, on estime que la
collaboration « ne peut manifester au monde le vrai caractère de
l'Eglise, qui est d'être une communauté de foi et de culte aussi
bien que de service » (R. Ed. 285).

D'autres l'entendent d'une « intercommunion ». Celle-ci, en son
sens plénier, « signifie une relation entre deux Eglises ou plus, où
la communion de chacune est ouverte en tout temps à tous les
membres de l'autre ou des autres » (R. Ed. 285). Des formes multiples, plus ou moins complètes, d'intercommunion existent ou
peuvent être imaginées. La délégation orthodoxe fit toutefois
remarquer que cette « intercommunion » ne peut être que « le
couronnement d'une unité réelle et véritable » et non « un instrument à utiliser en vue de l'unité » (R. Ed. 177).

Enfin, il y a « l'union organique ». Elle est « le but final de notre Mouvement » (R. Ed. 286). Mais pareille union au plan mondial n'implique-t-elle pas une sorte d'autorité ? D'aucuns le craignent et condamnent même l'idée d'« unité de corps », comme « suggérant l'idéal d'une étroite unité de gouvernement, impliquant une uniformité rigide » (R. Ed. 287). On parlera donc plutôt d'« union organique », dans laquelle « chacun des membres vouerait finalement son obéissance au Corps tout entier, et non à une portion quelconque du Corps. Les membres passeraient librement d'une partie à l'autre et y jouiraient de tous leurs privilèges de membres. Les Sacrements seraient les Sacrements du Corps tout entier. Le Ministère serait reconnu par tous comme celui du Corps tout entier » (R. Ed. 287). Voilà pour garantir la liberté. Néanmoins, « il nous est difficile d'imaginer cette unité telle qu'elle existerait entre les Eglises d'un même territoire, sans quelque organisation commune... Plus spécialement, et en nous référant à la situation présente du monde, nous ne croyons pas qu'une Eglise organiquement unie puisse être une communauté internationale effective, sans un organe permanent de conférence et de conseil, quels que soient l'autorité et les pouvoirs de cet organe » (R. Ed. 287).

Le rapport signale ensuite les points de ressemblance de foi et de culte qui peuvent servir de base au travail de l'unité, les obstacles de diverse nature, d'ordre théologique ou non-théologique, qui peuvent le retarder, les initiatives qui peuvent lui être favorables.

CARACTÉRISTIQUES

Edimbourg fut fidèle à l'idéal général de *Faith and Order*. Il profita des expériences faites à Lausanne. La jeunesse était relativement peu nombreuse ; mais ses droits étaient bien précisés. L'allure générale était plus dogmatique et plus théologique qu'à Oxford. On remarqua partout que le rapport sur la grâce, âprement discuté à Lausanne, fut reçu ici sans grandes retouches. Les délégués orthodoxes furent fréquemment mal à l'aise : le 16 août, le Patriarche Germanos jugea indispensable de faire une déclaration : « Qu'on nous pardonne si nous disons tout à fait franchement que parfois, et même souvent, la forme donnée aux Rapports finaux nous paraît étrangère » (R. Ed. 175). Puis suivent une série de mises au point. Un correspondant de presse crut que les Orthodoxes allaient quitter

le Mouvement *Foi et Constitution*. Par ailleurs, l'absence de nombreux leaders - décédés ou malades - enleva à la réunion une
partie de son dynamisme.

Il reste que l'œuvre doctrinale d'Edimbourg constitue une très
importante confrontation des dogmatiques chrétiennes représentées.
Et un délégué de l'Eglise réformée a été frappé par le souci de
vérité et de loyauté qui marquait les interventions. Ainsi, lorsqu'un
orateur baptiste déclara que les *credos* de l'ancienne Eglise ne
lui paraissaient pas sacro-saints, il a immédiatement provoqué de
violents remous dans la salle. L'archevêque de Dublin essaya de
faire passer dans le rapport, à propos de Jésus-Christ, ces mots :
deuxième Personne de la Trinité, de préférence à l'expression :
Fils unique de Dieu, et accepta finalement cette dernière formule,
mais en murmurant : Elle ne suffit pas à écarter certaines interprétations erronées. Enfin, une des objections faites à la réunion
des deux mouvements *Life and Work* et *Faith and Order* était que
le premier de ces mouvements n'avait pas une base trinitaire. « Au
fond, il faut le reconnaître, cette orthodoxie nicéenne est celle de
la grande majorité des Eglises chrétiennes à l'heure actuelle » [1]).
Edimbourg, enfin, mais moins aisément qu'Oxford, a accepté le
principe d'un « Conseil œcuménique des Eglises » (R. Ed. 306-311).

La Conférence de Lund (Suède), 15-28 août 1952

La Conférence de Lund marque bien la réelle indépendance
que conserva encore après Amsterdam le Mouvement *Foi et Constitution*. Mais l'éclat qui l'entoura n'égala point celui d'Amsterdam : Lund se trouvait un peu coincé entre Amsterdam et Evanston.
Par ailleurs, une nuance de fatigue se manifesta. Pour la troisième
fois, les mêmes thèmes étaient repris et allaient être revus, en
présence de délégués qui avaient déjà vécu la méthode des accords
et des désaccords, bousculée un peu par la méthode dialectique
de K. Barth. Un passage de la Lettre aux Eglises exprime bien,
semble-t-il, l'impression d'ensemble des assistants : « Nous sommes
parvenus à un moment critique de nos discussions œcuméniques.
Apprenant à nous connaître davantage les uns les autres, nous

---

[1]) Jean-Daniel BENOIT, *Impressions d'un délégué*, dans *Le christianisme social*,
1937, pp. 278-279.

avons mieux discerné combien nos séparations sont profondes et douloureuses, et cependant quelle est notre fondamentale unité » (R. F. V. 100). Et pourtant, les thèmes doctrinaux débattus à Lund ont été précisés : Eglise, Culte, Intercommunion. Ils furent préparés de longue date par des Commissions de théologiens, dont les recherches furent consignées en d'imposants volumes. Pour qui désire travailler à l'unité par la voie doctrinale, ces documents sont d'une inappréciable valeur documentaire [1]).

[1]) Sur l'ensemble de la Conférence: Oliver S. TOMKINS, *The Church in the purpose of God. A Introduction to the Work of the Commission on Faith and Order of the World Council of Churches in preparation to the Third World Conference on Faith and Order to be held at Lund, Sweden, in 1952*, Londres, S. C. M. P., 1950, 118 pp. Traduction française, dans *Foi et Vie*, août 1951. Excellent exposé de l'ensemble de la situation : histoire récente de *Faith and Order*, thèmes étudiés à Lund, etc.

Trois *petits* rapports préparatoires publiés en 1951 sur chacun des trois thèmes : *The Church. Report of a Theological Commission of the Faith and Order Commission...* (direction: Dr Newton Flew). Londres, S. C. M. P., 78 pp.; *Ways of Worship. Report of a Theological Commission of Faith and Order Commission...* (direction: Dr G. van der Leeuw), Londres, S. C. M. P., 25 pp.; *Intercommunion. I. Report of a Theological Commission of Faith and Order Commission...* (direction: Prof. Donald Baillie), Londres, S. C. M. P., 32 pp. Ces petits rapports préparatoires sont publiés dans les *Faith and Order Commission Papers*, respectivement nn. 7, 6 et 5.

Trois *grands* rapports préparatoires, publiés au début de 1952, avec documents et études. *The Nature of the Church. Papers presented to the Theological Commission appointed by the Continuation Committee of the World Conference on Faith and Order*, Ed. by R. Newton Flew, Londres, S. C. M. P., 1952, 348 pp. Contient un exposé de la doctrine de l'Eglise des différentes confessions chrétiennes (y compris un bon exposé de l'ecclésiologie catholique, par le Rev. N. Flew lui-même) et, en seconde Partie, le *Rapport* américain déjà édité en 1945 et repris ici ; *Ways of Worship. The Report of a Theological Commission of Faith and Order*, ed. by P. Edwall, E. Hayman et W. D. Maxwell, Londres, S. C. M. P., 1951, 362 pp. Contient un aperçu des éléments de liturgie existant dans les différentes confessions chrétiennes (y compris un bref exposé sur le catholicisme, par F. G. Van der Meer). Aussi, liturgie et dévotion mariale et unioniste (pp. 256-356). Ce volume contient le « petit rapport préparatoire » signalé supra ; *Inter-communion. The Report of a Theological Commission of Faith and Order*, ed. by D. Baillie et J. Marsh, Londres, S. C. M. P., 1952. Ce volume contient également le « petit rapport préparatoire » signalé supra.

Rapport offficiel de la Conférence elle-même : *The Third World Conference on Faith and Order held at Lund, August 15-28, 1952*, edit. by Oliver S. TOMKINS, D. D. Londres, S. C. M. P., 1953, 380 pp. Ce volume contient quelques pages sur l'histoire de *Faith and Order* depuis Edimbourg, le Rapport qui a été envoyé aux Eglises (cfr supra), résume la pensée de l'Assemblée sur l'Eglise, son unité, sa

LA CONFÉRENCE

Deux cent vingt délégués officiels prirent part à ces rencontres théologiques, avec un chiffre égal d'invités et amis, sous la présidence du Dr. Y. Brilioth, archevêque d'Upsal. On constata un certain raidissement de la part des milieux orthodoxes. Si le Patriarche de Constantinople avait envoyé quatre représentants, celui d'Alexandrie s'abstint de toute intervention. Quant à l'Eglise de Grèce, après avoir désigné les membres d'une importante délégation, elle fit savoir au dernier moment qu'il lui était impossible de prendre part à la Conférence (R. T. 105). « Je désire vous assurer, dit cependant l'Archevêque d'Athènes dans la Lettre qu'il envoya au Président de la Conférence, que l'absence de la délégation de l'Eglise de Grèce à la Conférence de Lund ne signifie d'aucune manière un changement dans l'attitude de notre Eglise ou dans sa participation comme membre du Conseil œcuménique des Eglises et des différents comités pour lesquels des membres de l'Eglise de Grèce ont été désignés » (R. T. 105). L'impression d'ensemble fut cependant que « never have we had a Conference with so few Orthodox representatives » [1].

Les catholiques romains eurent des observateurs « officiels ». A ce sujet, une discussion avait eu lieu à Clarens (1951). Répliquant à la suggestion du Professeur Ioannidis, orthodoxe, d'inviter l'Eglise catholique, le Dr Hodgson répondit que l'histoire des assemblées œcuméniques montrait suffisamment quelle était l'attitude de Rome et que, pour ce motif, la direction de la Conférence d'Edimbourg avait déjà décidé de ne pas inviter officiellement le Vatican, tout en étant prête à accepter la présence d'observateurs catholiques. Pour le reste, le président du Comité était en relation épistolaire

---

continuité, le culte et l'intercommunion et donne enfin un aperçu des débats de la Conférence, etc.; en allemand: *Lund. Dritte Weltkonferenz der Kirchen für Glauben und Kirchenverfassung.* Witten-Ruhr, Luther Verlag, 1954, 122 p.

Un *Rapport envoyé aux Eglises*, contenant l'essentiel de la pensée de Lund, a été édité à part avant la parution du Rapport complet de M. Oliver S. Tomkins, et en trois langues: en anglais, *Report of the Third World Conference on Faith and Order, Lund, Sweden, 1952. Submitted for the Consideration of the participating Churches*; en allemand, éd. Œkumenische Centrale, Frankfurt a. Main; en français, dans *Foi et Vie*, mars-avril 1953, pp. 95-184.

[1] Dr. Y. BRILIOTH, *Discours d'ouverture*, dans R. T. 104.

privée avec le délégué apostolique [1]). Il y eut donc des observateurs officiels, et, dans son Discours d'ouverture, le Dr Y. Brilioth les salua en disant : « L'Eglise de Rome n'a pas trouvé possible de prendre une part active à aucune des réunions que nous avons coutume d'appeler œcuméniques, malgré l'absence d'une aussi grande partie de la chrétienté ; c'est là un fait tragique qu'il nous faut accepter. Mais que, pour la première fois, des observateurs catholiques ont été désignés, par leurs autorités, c'est là un signe important montrant que la grande Eglise de Rome n'est pas indifférente à ce qui est réalisé actuellement pour assurer une meilleure compréhension entre les chrétiens de différentes traditions, et que l'amitié spirituelle peut exister en dépit de barrières ecclésiastiques apparemment infranchissables. J'ai la grande joie de souhaiter la bienvenue aux observateurs qui ont été désignés par le Vicaire Apostolique de Stockholm » (R. T. 106).

La Conférence de Lund a été l'occasion de rappeler des thèmes essentiels de l'ecclésiologie chrétienne et de leur apporter certains éclaircissements. La tâche doctrinale spécifique de *Foi et Constitution* a été redite avec force par le Secrétaire général du Conseil œcuménique [2]). Une critique fine et constructive du Conseil œcuménique a été présentée par le secrétaire général de la Commission *Faith and Order*, le Rév. Oliver S. Tomkins [3]). L'aspect missionnaire de l'Eglise universelle a été l'objet d'une série de communications [4]). Les « facteurs non-théologiques » ont été à l'honneur [5]). La partie culte et prière, comme d'habitude, a été soignée : chaque journée commençait par le *Morning Worship* à la Cathédrale et se terminait par les *Evening Prayers*, afin de perpétuer la devise « communio in adorando et serviendo œcumenica ». Et tout ceci encadrait le noyau doctrinal de la Conférence, consacré à l'Eglise,

---

[1]) Résumé de Clarens, dans *Irén.*, 1952, pp. 199-200.

[2]) W. A. Visser 't Hooft, *Faith and Order and the Second Assembly of the World Council of Churches*, R. T. 128-138; nous en dirons un mot plus loin, en parlant du nouveau statut de *Faith and Order*.

[3]) O. S. Tomkins, *Implications of the Ecumenical Movement*, R. T. 161-173; nous en parlons au chapitre consacré au « Conseil œcuménique des Eglises. Histoire et Structure ».

[4]) *The World Mission of the Church*, dans R. T. 204-224.

[5]) *The Social and Cultural Factors in Church Divisions*, dans R. T. 174-203; cfr le paragraphe consacré aux facteurs non-théologiques dans l'œcuménisme.

sa nature, son unité, sa continuité, les formes de culte et l'intercommunion, et auquel nous nous arrêterons maintenant.

* * *

Quels liens unissent l'Eglise à Jésus-Christ ? Tel est l'objet
de la première partie du Rapport consacré à l'Eglise. L'étude de
la dimension christologique n'est pas un effet du hasard. « Notre
étude nous a convaincus qu'il est nécessaire de traiter de l'Eglise
en relation avec la christologie et la doctrine du Saint-Esprit. C'est
là un point essentiel pour le développement du travail œcuménique. A notre avis, ce devrait être là un des thèmes principaux du
travail à venir » (R. T. 22 ; R. F. V. 108). Sans doute, les dimensions christologique et pneumatologique de l'ecclésiologie permettent
d'éviter certaines difficultés tenant à la structure même de l'Eglise ;
mais elles sont vraies et méritent un intérêt primordial. Le texte du
rapport a-t-il réussi à montrer ces liens entre le Christ et l'Eglise ?
Pas suffisamment, d'après le Dr. R. L. Calhoun et le Prof. G. Florovsky (R. T. 244). Ce dernier est même plutôt sévère dans son
jugement sur le texte : « He concluded by saying that the report was
a very interesting theological exercice, but could they say that it
represented the result of true ecumenical conversation, in which the
different points of view were successfully stressed ? » (R. T. 244).

L'Eglise de Jésus-Christ est douée d'unité, toutes les données
néo-testamentaires relatives à l'Eglise impliquent ce fait : unité du
peuple de Dieu, unité de la foi, unité dans l'amour fraternel, unité
dans la prédication du même Evangile (R. T. 23-24 ; R. F. V. 109-
110). Elle est aussi douée de continuité. Mais laquelle ? Continuité
horizontale ou continuité verticale ? Toute la question est là. La
continuité de l'Eglise « est fondée sur le fait que le Christ est sa
tête et qu'en conséquence il n'y a qu'une seule Eglise sainte, catholique et apostolique. Elle a non seulement reçu la promesse du
Christ selon laquelle « les portes de l'enfer ne prévaudront point
contre elle », mais, participant à sa résurrection, elle a aussi la
certitude de son triomphe futur » (R. T. 24 ; R. F. V. 111). En
fait, parmi les délégués des Eglises présents à Lund, « tous admettent la continuité assurée par l'action constante du Seigneur
ressuscité, aussi bien que la valeur de certaines formes de continuité dans l'histoire, assurées d'une manière ou d'une autre par
l'action du Saint-Esprit. Tous soulignent la continuité apostolique

de la vie chrétienne dans la communauté des hommes et des femmes rachetés par la seule Croix du Christ, qui cherchent à suivre l'enseignement du même Maître et sont inspirés par la présence permanente de ce Seigneur vivant. Beaucoup considèrent aussi la prédication de l'Evangile et l'administration des sacrements comme constituant essentiellement les moyens par lesquels la continuité est assurée. Alors que la grande majorité des chrétiens estime qu'une forme de ministère dûment mandaté est essentielle à la continuité de l'Eglise, de sérieuses divergences, irréductibles jusqu'ici, surgissent sur la question de savoir si une forme particulière de ministère lui est indispensable » (R. T. 25-26 ; R. F. V. 111-112). Lorsqu'on parvient à ce point, les divergences s'accusent. Les Eglises s'adressent toutes au Nouveau Testament, mais y trouvent, les unes la justification de l'épiscopat, d'autres celle des presbytres, d'autres enfin un ministère qui peut varier selon les époques et selon les nécessités de la communauté. « Il est évident que nous nous heurtons ici à une différence opiniâtre qui tient, en toute bonne conscience, à de profondes convictions. Nous sommes actuellement incapables de trouver une issue » (R. T. 26 ; R. F. V. 112-113). Mais il y a progrès : « Des Eglises qui, dans le passé, n'étaient guère disposées à s'occuper de ce problème, accordent plus de prix qu'autrefois à ceux qui soulignent l'idée et la réalité de la continuité de l'Eglise. Par contre, des Eglises qui mettent l'accent sur des formes particulières de cette continuité, éprouvent maintenant le besoin d'unir plus étroitement dans leur pensée les deux éléments de la foi et de la constitution » (R. T. 26 ; R. F. V. 113). Bref, « l'histoire que nous avons en commun... [est] plus longue, plus vaste et plus riche que n'importe quelle histoire de nos Eglises divisées » (R. T. 27 ; R. F. V. 114) [1].

* * *

« Le culte, aussi bien que la foi et la constitution, est essentiel à l'existence de l'Eglise » (R. T. 39 ; R. F. V. 130). Ainsi parle le *Préambule* de la Section consacrée aux formes de culte. L'orientation *Faith and Order* se marque ici, car le Mouvement œcuménique, même à Amsterdam, souligne en général et avant tout la

---

[1] Cette Commission présenta la définition du schisme, de l'apostasie et de l'hérésie (R. T. 27-30 ; R. F. V. 114-118). Le Prof. G. Florovsky n'en fut pas entièrement satisfait (R. T. pp. 252-253).

mission d'évangélisation. Or, « un rapprochement liturgique est également essentiel pour le progrès de l'œcuménisme » [1]). Le renouveau liturgique qui se manifeste aux Pays-Bas, en Allemagne, en France et en Suisse, par son importance et sa spontanéité, ne peut être qu'un effet de l'Esprit-Saint [2]).

L'idée de culte ecclésiastique est acceptée. « Quelle que soit notre façon d'envisager le culte de l'Eglise, nous sommes unanimes à penser qu'il fait partie de sa mission à l'égard du monde... ». « Le culte chrétien s'accomplit quand le Dieu trois fois saint se fait connaître à son peuple dans la Parole et le Sacrement... ». « Nous pensons tous que le culte concerne la vie tout entière... Par le Saint-Esprit, Dieu veut racheter non seulement son peuple, mais aussi, en quelque sorte, la création tout entière » (R. T. 41 ; R. F. V. 132). Même la question 'liturgique et non-liturgique' est examinée, et le paragraphe qui résume les discussions mérite d'être reproduit en entier. « Il est difficile de faire une classification précise de toutes les formes de culte sous les titres *liturgique* et *non-liturgique*. En effet, l'expression « liturgique » doit être comprise comme ayant une portée plus vaste que cette distinction ne semble l'impliquer. Bien des formes du culte sont liturgiques en un certain sens. C'est entre les Eglises qui possèdent une liturgie fixe et celles qui permettent plus de liberté à l'officiant que l'accord est difficile. La conversation nous a révélé que l'une et l'autre forme de culte a sa place et sa valeur. D'un côté, la forme fixe contribue à maintenir et à transmettre l'héritage de croyances et de piété, d'un autre côté, une plus grande liberté est parfois désirée et désirable. C'est d'ailleurs le rôle de l'Eglise d'utiliser la prière liturgique comme un moyen de discipliner la prière individuelle et d'élargir le champ de son intercession, tandis que la prière personnelle vivifie la vie liturgique et la préserve des atteintes du formalisme. En fin de compte, il s'agit évidemment dans les deux cas de l'œuvre du Saint-Esprit » (R. T. 41 ; R. F. V. 132-133).

Mais une divergence fondamentale se manifeste aussi : le culte suppose un ministre : qui est-il ? quelle est son autorité ? « Le culte est toujours celui du peuple de Dieu tout entier, celui de toute l'Eglise. La présidence peut en être confiée, à certaines occa-

---

[1]) E. HAYMAN, de l'Eglise d'Angleterre, dans la discussion du Rapport (R. T. p. 272).

[2]) E. HAYMAN, *ibidem*.

sions, à n'importe quel membre. Cependant, la plupart de nos Eglises croient que Notre-Seigneur a institué un ministère dans son Eglise. C'est à ce ministère seul qu'est réservée la présidence de certains actes du culte. Cela pose pour nous la question du fondement de cette restriction. Pour certains, elle repose sur la conviction que l'Eglise, sous la direction du Saint-Esprit, appelle certains de ses membres à telle ou telle fonction ; pour d'autres, sur la conviction que le Saint-Esprit donne à certains membres de l'Eglise la grâce propre de l'ordre sacré. En outre, certaines Eglises considèrent que le sacerdoce ministériel est à distinguer clairement du sacerdoce universel » (R. T. 41-42 ; R. F. V. 133). Cette dernière phrase ne se trouvait point dans le rapport présenté à la Conférence (R. T. 266). Mais dans la discussion, Mr. E. Hayman et le Prof. G. Florovsky ont attiré l'attention sur l'importance du « sacerdoce ». Le ministre chrétien n'est-il pas « prêtre » ? (R. T. 274-275). Le Prof. D. M. Mackinnon, de l'Eglise épiscopale d'Ecosse, y insiste aussi, mais considérerait plutôt la question du prêtre au chapitre des relations entre l'Eglise et le monde (R. T. 275).

A Edimbourg déjà, en 1937, l'intercommunion sacramentelle avait été considérée « comme un élément nécessaire de toute unité satisfaisante de l'Eglise ». Aussi, le Comité de Continuation de *Foi et Constitution* mit-il ce point à l'ordre du jour de la Conférence. Sans doute, « au cours des quinze dernières années, les Eglises se sont rapprochées les unes des autres dans leur communauté de culte, de pensée et de service. La nécessité pour les diverses confessions de participer ensemble plus étroitement à la Table sainte est très largement ressentie dans toutes les parties du monde » (R. T. 49 ; R. F. V. 141). Mais il s'agit de l'Eucharistie ; les divergences sont grandes : « c'est une situation douloureuse et embarrassante » (R. T. 51 ; R. F. V. 143). Le Rapport avait suggéré la pratique de l'intercommunion et tous ses avantages, sans trop tenir compte des divergences doctrinales basées sur la foi en la présence réelle eucharistique. Des consultants de tendance luthérienne, anglicane et orthodoxe firent alors remarquer que cette suggestion n'était le fait que d'une partie des Eglises-membres et ils firent ajouter au rapport leur propre avis, savoir que l'intercommunion n'est pas réalisable entre chrétiens coyant à la présence réelle eucharistique et chrétiens n'y croyant pas. Or, dans le Rapport présenté à l'Assemblée, cet avis avait été relégué en note ! Il perdait donc de son importance dans l'ensemble. A la discussion, la réaction fut grande, entre autres de la part des luthériens allemands, notamment le Dr E. Schlink, et des membres de la communion anglicane, comme le Dr. E. R. Fairweather : « He felt that it was unfair to accompany that statement in paragraph IV, B with only one footnote » (R. T. 284). La note fut donc insérée dans le texte. Il y est dit : « Certaines églises luthériennes, estimant qu'il ne peut y avoir de communion sacramentelle que là où il y a unité de l'Eglise, et que cette unité n'existe que là où il y a accord sur la prédication de l'Evangile, ne peuvent pratiquer l'intercommunion là où on considérerait comme fausse ou sans importance la doctrine de la présence réelle du corps et du sang de Jésus-Christ dans, avec et sous les éléments du pain et du vin. Beaucoup d'anglicans, d'accord en cela avec la déclaration de la conférence de Lambeth (1930), pensent que l'intercommunion devrait être, en ce qui concerne la restauration de l'unité, un but plutôt qu'un moyen. Ils estiment devoir respecter le principe en vertu duquel le sacrement ne peut être célébré que par un prêtre ordonné par un évêque. Pour les orthodoxes, la communion eucharistique n'est possible qu'entre membres de leur Eglise » (R. T. 55 ; R. F. V. 148-149).

CARACTÉRISTIQUES

La signification de la Conférence de Lund a été fort discutée [1]). M. Visser 't Hooft pourrait répéter ce qu'il disait à la Réunion du Comité exécutif, à Bossey, en février 1949, en réponse aux avis divergents qui avaient été donnés sur Amsterdam : « Il y aura encore beaucoup de patientes explications avant que le monde ne comprenne vraiment la nature et la complexité de notre entreprise sans précédent ». M. J. Courvoisier constate l'évidence tragique de divergences fondamentales, apparemment irréductibles, entre les deux ailes du Mouvement [2]). Le P. Lialine estime que « le caractère « protestant » du Mouvement œcuménique et du Conseil se dessine encore plus nettement après la lecture de nos docu-

---

[1]) Cfr C. LIALINE, *Le Mouvement Foi et Constitution à l'étape « Lund 1952 » d'après les documents imprimés*, dans *Irén.*, 1953, pp. 146-161, 256-282; W. MENN, *Roman catholic Voices on the Lund Conference*, dans *Ecum. Review*, avril 1953, pp. 294-298 (spécialement *Istina* et *Vers l'unité chrétienne*); J. COURVOISIER, *Premières conclusions sur Lund*, dans *Foi et Vie*, 1952, pp. 444-449.

[2]) J. COURVOISIER, *a. c.*

ments » [1]). Mais on doit reconnaître l'intérêt majeur du fait que des Eglises et des communions, dont la plupart ont pour origine la Réforme du XVIe siècle, ont pu aborder ensemble, dogmatiquement, des thèmes comme l'unité de l'Eglise, sa continuité, le ministère, la liturgie et l'intercommunion.

Les problèmes étudiés à Lund l'ont été selon toutes leurs dimensions. Ainsi, l'ecclésiologie a été examinée en relation avec la christologie, avec l'eschatologie, et même avec le dogme trinitaire. Les Eglises ont été considérées dans leurs nombreux constituants : la vie, la foi, le culte, le ministère. Les facteurs non-théologiques ont été signalés dans les différentes sections des rapports, avec les réflexions théologiques strictement dites. Lund a donc mis ses membres devant l'expérience religieuse totale des Eglises, dans la mesure où pareil propos est réalisable en l'espace de deux semaines.

Lund a fixé aussi un statut partiellement nouveau à *Foi et Constitution*, statut qui représente, au fond, un stade intermédiaire entre celui d'Amsterdam et celui d'Evanston [2]). Le processus d'intégration est clair et logique. On a même rappelé que *Faith and Order* « is a movement created in order to perish » (R. T. 228). Heureusement que, le dimanche précédent, M. Oliver S. Tomkins avait déclaré que les dénominations devaient mourir comme dénominations (R. T. 169), que le Conseil œcuménique, en tant que Conseil de « dénominations », doit mourir aussi (R. T. 167) et que, précisément, la tâche de *Faith and Order* était de porter témoignage de cette dure réalité : « it is the particular vocation of Faith and Order to bear witness in every part of Council's life that it has come into being in order to die as a Council of Denominations » (R. T. 167). Mais en même temps, M. Visser 't Hooft soulignait très fortement le rôle doctrinal que devait jouer la Commission *Faith and Order*, et qu'on pourrait résumer d'un mot : déterminer la signification théologique de tout l'œcuménisme. Non pas seulement, comme à Toronto, justifier la participation des communautés chrétiennes sans atteindre leurs droits, mais expliquer théologiquement le fait paradoxal de cette « association fraternelle d'Eglises » chrétiennes, déterminer le sens théologique de cet état intermédiaire - entre l'Eglise unie universelle et un isolationisme

[1]) Cfr *Irén.*, 1951, p. 507.
[2]) Cfr infra, *Le Conseil œcuménique des Eglises. Histoire et Structure.*

de dénominations, - donner une formulation adéquate de la réalité spirituelle que représente le mouvement œcuménique (R. T. 135). Certes, dit-il, on a depuis longtemps objecté à *Faith and Order* le « Service unites, but doctrine divides ». Cette appréhension est, aujourd'hui, pur anachronisme. Actuellement, une franche confrontation doctrinale « est le seul moyen de parvenir à un niveau plus profond de communion » (R. T. 129).

DE LUND A EVANSTON

Le « Working Committee » de la « Commission Foi et Constitution » tint une réunion à Lund même, en 1952 [1]). Il se réunit ensuite à Bossey en août 1953 et en 1954 à Evanston, à l'occasion de la Seconde Assemblée du Conseil œcuménique. La réunion de Bossey témoigne des intérêts théologiques du comité [2]). Sous la présidence de l'archevêque Y. Brilioth, qui a accepté de demeurer à la tête de la Commission, des délégués, riches des enseignements de Lund, reprirent quelques sujets épineux. L'Eglise dans ses relations avec le Christ et l'Esprit-Saint, avec réflexions sur le « soma » biologique ou ontologique, sur l'analogie, sur l'Eglise « expression » et non « prolongement » du Christ. Les formes de culte, dont l'étude devrait être poursuivie plus largement, d'abord dans le temps, par l'histoire des liturgies, ensuite dans l'espace, en s'intéressant à l'Asie notamment. L'intercommunion, et ses possibilités concrètes. La tradition et les traditions : thème exposé par le Prof. G. Florovsky dans un important memorandum ; il constate que, parmi les membres, certains considèrent la tradition comme « historique », d'autres se la représentent comme « transhistorique » ; et pourtant, tous se réfèrent à la Révélation et à l'Incarnation, qui sont des faits historiques ; ainsi, la « paradosis » fut l'objet de discussions à Bossey. Revenant aussi aux facteurs sociaux et culturels, on se demanda notamment s'ils n'étaient pas « théologiques », en ce sens qu'ils seraient l'activité même de Dieu pour nous unir. Enfin, la discussion porta sur le « prosélytisme », ses formes, sa justification. Ces quelques mots montrent l'intérêt de

---

[1]) *Minutes of the Faith and Order Commission and of its Working Committee at Lund, 28th August 1952.* Genève, 1953.

[2]) *Commission on Faith and Order of the World Council of Churches. Working Committee. Minutes of meeting held at the Château de Bossey, near Geneva, 11th to 19th August 1953,* Genève, 1954, 47 pp.

ces rencontres et leur importance œcuménique, du fait qu'elles préparent les forces doctrinales vives du Mouvement à une meilleure compréhension et, en fin de compte, à une vraie estime de tant de valeurs possédées en commun. Le vice-président, le Doyen C. T. Craig, de l'Eglise méthodiste des Etats-Unis, décédé depuis, leur fit cependant remarquer : « While we continue to pursue our Faith and Order studies at a level of theological seriousness, we must never lose sight of the limitations in the approach » [1]).

**

Pour terminer, les relations de *Foi et Constitution* avec le Conseil œcuménique des Eglises retiendront un moment notre attention.

A Amsterdam, la situation de *Foi et Constitution* se présentait comme suit. L'Assemblée, qui est le pouvoir même du Conseil, « devra prévoir, au moyen de commissions appropriées, la continuation des activités de *Foi et Constitution* et du « Mouvement du christianisme pratique ». Le Mouvement *Foi et Constitution* est donc représenté dans le Conseil œcuménique par une Commission spéciale, dite « Foi et Constitution », nouveau nom donné au « Comité de Continuation » d'Edimbourg (1937). Le Statut de la Commission est donné dans R. Am. V, 261-262. Elle eut des réunions à Baarn, Chichester et Clarens, comme nous l'avons dit plus haut.

A Lund, la Commission *Foi et Constitution* fut réorganisée. Elle s'appelle depuis « Commission de Foi et Constitution du Conseil œcuménique des Eglises ». Ses fonctions sont précisées : proclamer l'unité essentielle de l'Eglise du Christ ; étudier les questions relatives à la foi, à la constitution et au culte ; étudier les implications théologiques du mouvement œcuménique ; clarifier les divergences théologiques existant entre les Eglises ; fournir toute information sur les initiatives prises par les Eglises en vue de la réunion. La nouvelle Commission comporte désormais 100 membres. Elle a nommé des « Commissions théologiques » chargées de certaines recherches. Elle a nommé aussi un « Comité d'action » (25 membres), qui se réunit annuellement : Lund en 1952, Bossey en 1953, Evanston en 1954. Le président, le vice-président et les secrétaires de la « Commission de Foi et Constitution », le président du Comité d'action et les présidents des Commissions théologiques

[1]) *O. c.*, p. 37.

constituent le « Département de Foi et Constitution ». Le Statut complet, accepté par la Conférence de Lund, se trouve dans R. F. V. 160-167, ou R. T. 359-371.

A Evanston, on décida d'un nouveau degré d'intégration. Le Conseil œcuménique a créé une « Division of Studies » laquelle comprend trois départements : 1. Le Département pour l'évangélisation (point de vue missionnaire) ; 2. Le Département « Foi et Constitution » (comme prévu à Lund, mais organiquement uni aux autres départements d'études) ; 3. Le Département « Eglise et société » (ancien département d'études de *Life and Work*).

Vers la Conférence de Montréal (Canada), juillet 1963

La conférence mondiale de *Foi et Constitution* à Montréal, en 1963, sera l'aboutissement du mouvement d'approfondissement doctrinal et d'importance organique que connaît cette Commission aujourd'hui. Et sans doute aussi un point de départ et un nouvel élan.

D'EVANSTON A NEW HAVEN

C'est à Evanston que les représentants de *Foi et Constitution* purent mesurer les résultats de la conférence de Lund. Au cours de la discussion du rapport sur *Notre unité en Christ et notre désunion en tant qu'Eglises* [1]), les participants insistèrent sur l'importance des problèmes doctrinaux et sur le rôle grandissant que doit jouer *Foi et Constitution*. On nota aussi le changement de méthode qui s'était manifesté dans les travaux. A l'ecclésiologie comparée, on préférait actuellement la recherche des éléments possédés en commun dans l'unité profonde du mystère de l'Eglise - « les racines communes » - notamment la dimension christologique et les traditions anciennes [2]).

Les travaux furent répartis entre quatre Commissions d'études, auxquelles furent confiés les domaines suivants : le Christ et l'Eglise, la tradition et les traditions, le culte et les formes de culte, les facteurs non-théologiques et notamment l'institutionalisme. Ces

[1]) Sur ces discussions, cfr E. F. 31-34.
[2]) Sur l'histoire récente de *Foi et Constitution*, lire *Evanston - Nouvelle-Delhi*, Genève, 1961, pp. 38-43.

thèmes ont fait l'objet de rapports et de communications, dont assez peu sont publiés, mais qui constituent une source précieuse de documentation théologique venant des milieux œcuméniques, et qui auraient avantage à être connus dans de plus larges sphères, même du Conseil œcuménique.

Evanston fut aussi l'occasion de redire clairement quelles sont les fonctions de *Foi et Constitution*. C'est i) proclamer l'unité essentielle de l'Eglise du Christ, unité qui doit être manifestée par le Conseil œcuménique et les Eglises ; ii) étudier les problèmes de foi, de constitution et de culte, en rapport avec celui de l'unité ; iii) étudier les implications théologiques du fait que constitue le mouvement œcuménique ; iv) examiner les difficultés théologiques affectant les négociations entre Eglises en vue de leur union ; v) fournir toutes les informations concernant les démarches faites en vue de la réunion des Eglises [1]).

La Commission de *Foi et Constitution* - qui se réunit en session plénière tous les trois ans - se retrouva du 20 au 25 juillet 1957 à Yale University (New Haven). Les 79 participants furent confrontés avec les problèmes habituels des sessions plénières : nominations aux postes devenus libres, rôle de *Foi et Constitution* dans le Conseil œcuménique, manière la plus adéquate de proclamer la cause de l'unité, les problèmes théologiques, éducation œcuménique. Période difficile pour *Foi et Constitution,* écrit le *World Council Diary* [2]), d'autant plus que l'archevêque Brilioth, son « leader » depuis de longues années, se vit dans l'obligation de leur dire adieu. Et cependant, le mouvement allait connaître un progrès dans diverses directions.

Mais avant d'aller plus loin, nous voudrions rappeler une autre réunion, régionale cette fois, tenue par la Conférence américaine de *Foi et Constitution* à Oberlin, du 3 au 10 septembre 1957, « la première conférence américaine où l'importance des questions doctrinales dans l'œcuménisme apparut aussi grande » [3]). Les participants étaient nombreux - 279 - et bien préparés par les travaux

[1]) Cfr E. F. 200.
[2]) *Ecum. Rev.*, oct. 1957, p. 86.
[3]) Cfr *The Nature of the Unity we seek. Official Report of the North American Conference on Faith and Order, september 3-10, 1957.* Oberlin (Ohio), ed. Paul S. MINEAR, St. Louis, Bethany Press, 1958; aperçu bien documenté par R. BEAUPERE, O. P., *La Conférence de « Foi et Constitution » à Oberlin (U. S. A.),* dans *Istina,* 1958, pp. 491-510. Documents préparatoires: *An Oberlin Anthology,*

antérieurs. On notait la présence d'observateurs du *Lutheran Church-Missouri Synod,* et même de la *Southern Baptist Convention* ; il y avait également deux observateurs catholiques : les RR. PP. John B. Sheerin et G. Weigel. Les thèmes abordés étaient ceux des Commissions d'études : unité, traditions, Baptême, Cène. Signe symptomatique de la qualité des débats : on s'efforce de préciser le sens des termes clés, comme « order », « apostolic ». Malheureusement, les indices des divergences doctrinales sont nombreux : ainsi l'évêque luthérien Dr. Lilje aurait déclaré que « l'épiscopat historique n'est pas indispensable à l'ordre du salut » [1]). Il est peu vraisemblable qu'il pensait, à ce moment, à la distinction faite dans la théologie catholique entre « nécessité intrinsèque » et « nécessité par institution divine » ; et les théologiens orthodoxes manifestèrent expressément leur désaccord. Dans l'ensemble d'ailleurs, l'élément « structure », au sens le plus dogmatique du terme, fut plutôt désavantagé dans ces discussions, soit que les théologiens soulignaient davantage le désir et la volonté d'unité, soit qu'ils mettaient plus volontiers en vedette l'aspect christologique ou eschatologique de cette unité.

DE NEW HAVEN A NEW DELHI

Foi et Constitution se développe régulièrement : on en trouve l'écho dans les travaux de ses Commissions théologiques et dans les rapports de ses sessions annuelles.

Tout d'abord, les quatre Commissions théologiques ont fourni un effort de recherche considérable, et toujours selon le « nouveau style » : « pénétrer au delà des données extérieures de l'unité et de la division, et parvenir à leurs racines, qu'elles soient théologiques, historiques, liturgiques, ou sociologiques » [2]). La Commission théologique sur le Christ et l'Eglise souligna la dimension « christologique » du mystère de l'Eglise. La Commission sur la tradition et les traditions s'enquit de l'histoire commune que vécurent tous les chrétiens et des « divers niveaux d'unité sous-jacente à nos diversités et à nos désunions ». La Commission sur le culte et les

---

dans *Ecum. Review,* janv. 1958, pp. 153-181 (extraits de rapports) ; J. Robert Nelson, *Christian Unity in North America,* St. Louis, Bethany Press, 1958, 208 p. (dix-huit essais dont la plupart furent écrits pour Oberlin).

[1]) Cfr *Istina,* 1958, p. 506.

[2]) Cfr *Evanston - Nouvelle-Delhi,* Genève, 1961, p. 43.

formes de culte organisa ses travaux selon les nécessités des différentes régions : l'Europe étudia le culte dans ses relations avec les
dogmes majeurs, comme la Création, la Résurrection et la Rédemption ; l'Asie examina les problèmes suscités par l'« indigénisation » du culte et s'enquit de la façon dont le culte chrétien pourrait trouver une expression asiatique sans tomber dans une sorte
de syncrétisme ; l'Amérique s'intéressa plutôt au culte dans ses
relations avec l'homme, son langage et l'esthétique d'aujourd'hui.
Quant à la Commission théologique des facteurs non-théologiques,
elle fournit un travail remarquable sur l'institutionalisme, qui aidera
les Eglises à réfléchir sur leur caractère « institutionnel » et à distinguer ce qui appartient à la structure dogmatique, les formes
transitoires de cette structure, et les déviations sociologiques de
celle-ci [1]).

Autre fait important. A la suite du changement de méthode
dans le travail - la recherche des « racines communes » - s'est développé le sens d'un certain « consensus » fondamental à dégager,
et notamment concernant l'unité de l'Eglise. Il ne s'agissait plus
de proclamer que le Seigneur veut l'unité et que les Eglises veulent
se soumettre à sa volonté, mais bien de décrire, voire de définir,
ce que comporte cette unité donnée et voulue par le Christ. Dans
un Rapport intitulé *L'avenir de Foi et Constitution*, qui fut présenté
et étudié au Comité central du Conseil œcuménique à Nyborg (1958),
puis à Rhodes (1959) et enfin à Saint-Andrews (1960) [2]), la question
est exprimée clairement, et sa formulation progresse d'année en
année. Voici comment elle était déjà formulée à Nyborg, en 1958 :
« C'est notre ferme conviction que proclamer l'unité (*oneness*)
essentielle de l'Eglise du Christ implique que l'on se pose la ques-

[1]) Sur ce travail des Commissions théologiques, voir *Evanston - Nouvelle-Delhi*,
Genève, 1961, pp. 39-43. Certains de ces travaux ont été publiés dans *Ecumenical
Review* ou dans d'autres revues. On en trouvera un excellent aperçu dans *Istina*,
1960, pp. 63-94. Pour le reste, il faut consulter les *Minutes* des meetings annuels
du Comité de travail de *Foi et Constitution* (en anglais) et le *Bulletin* de la
Division des Etudes. Les thèmes doctrinaux seront résumés dans la Deuxième
Partie.

[2]) Textes dans les Rapports annuels du Comité central: *Minutes... Nyborg*,
pp. 114-119 (résumé des discussions, pp. 37-40); *Minutes... Rhodes*, pp. 175-182
(discussions, pp. 33-37) *Minutes... St. Andrews*, pp. 183-189 (discussions, pp. 19-
22). Traduction française de ces documents: Rapport de Nyborg, cfr *Istina*, 1959,
pp. 120-128; Rapport de St. Andrews, cfr *Istina*, 1960, pp. 365-376.

tion : ' Quel genre d'unité (*unity*) Dieu demande-t-il à son Eglise ? ' Nous sommes d'accord qu'aucune définition de la nature de l'unité ne peut être imposée comme condition d'appartenance comme membre du C. Œ. E., mais *Foi et Constitution* existe dans le but de soutenir la cause de l'unité de l'Eglise en tant qu'elle est voulue par Dieu, et de promouvoir un effort incessant en vue de connaître ce qu'implique concrètement l'obéissance à cette volonté » [1]). Cet effort allait aboutir à la description de l'unité telle qu'elle a été exposée et discutée à la Réunion triennale de la Commission d'étude de *Foi et Constitution* (St. Andrews, août 1960) et présentée ensuite au Comité Central réuni également à St. Andrews, les 16-24 août 1960. Le Document traite de l'avenir de *Foi et Constitution*, mais il est précédé d'un préambule dont tout le monde a compris immédiatement l'importance capitale :

> « La Commission *Foi et Constitution* entend que l'unité, qui est à la fois volonté de Dieu et don de Dieu à son Eglise, est une unité qui rassemble ceux qui, en tout endroit [= *lieu* et *milieu*, d'après *Minutes and Reports of... St. Andrews*, p. 183, n. 1] confessent le Christ Jésus comme Seigneur, en communion pleinement engagée les uns avec les autres, par un même baptême en Lui, professant l'unique foi apostolique, prêchant le même Evangile et rompant le même pain, et menant une vie communautaire qui s'épanouit dans le témoignage et le service de tous ; [unité] qui en même temps les unit à la communauté chrétienne plénière, en tous lieux et en tous temps, de telle façon que ministère et membres sont reconnus par tous, et que tous sont en état d'agir et de parler ensemble lorsque les circonstances le demandent pour les tâches auxquelles Dieu appelle l'Eglise » [2]).

Revu, le texte a été présenté à l'Assemblée de Nouvelle-Delhi en 1961. Nous en parlerons en résumant les faits et actes de cette Assemblée. Mais il ne faudrait pas perdre de vue que ce document est l'œuvre des représentants de *Foi et Constitution*. Et ceux-ci sont très conscients de l'enjeu de ce travail : « Dans la période qui s'ouvre devant nous, *Foi et Constitution* n'a pas de tâche théologique plus importante que de donner suite à l'initiative qu'elle a prise dans la déclaration de St. Andrews. Quelque difficile que soit

---

[1]) Cfr *Minutes... Nyborg*, p. 114.

[2]) Cfr *Minutes and Reports of... St. Andrews*, p. 183 ou *Ecum. Review*, oct. 1960, p. 62.

la progression dans ce domaine périlleux de l'accord dogmatique sur l'unité, un arrêt reviendrait finalement à renier l'affirmation de la déclaration de Toronto disant que 'le Conseil œcuménique existe pour forcer l'impasse séparant les Eglises' » [1]).

Enfin, au cours de ces dernières années, *Foi et Constitution* a acquis aussi une position plus forte au sein du Conseil œcuménique, en harmonie avec la croissance de celui-ci et eu égard aux valeurs centrales qu'elle représente. Il ne faut pas perdre de vue, en effet, que si les revues et travaux catholiques sur le Conseil œcuménique donnent une large place à *Foi et Constitution* à cause de son importance doctrinale, le rôle réel et concret de cette Commission dans la vie même du Conseil œcuménique n'a pas la même ampleur. Et la discussion ouverte à Rhodes sur ce sujet a révélé un réel désappointement des dirigeants de *Foi et Constitution* à ce propos [2]). *Foi et Constitution* demandait un peu plus que de l'étude : quelques tâches concrètes, en continuité avec l'esprit et la tradition du mouvement. Désormais, cela est pratiquement acquis : la Commission *a*) pourra intervenir plus activement dans les négociations menées en vue d'unir des Eglises, du moins sous forme de conseil en cas de consultation théologique ; *b*) elle développera ses activités régionales, ses consultations inter-confessionnelles ; *c*) elle favorisera les relations entre les Eglises-membres et celles qui ne le sont pas, et notamment avec l'Eglise catholique romaine ; *d*) elle travaillera à l'extension de l'observance de la prière pour l'unité chrétienne [3]). Pour répondre à ces tâches, le secrétariat de *Foi et Constitution* sera réorganisé.

LA QUATRIÈME CONFÉRENCE MONDIALE

Préparé minutieusement, le projet de Conférence mondiale de *Foi et Constitution* - à McGill University à Montréal, du 12 au 26 juillet 1963, - a été présenté et accepté par le Comité Central réuni à Paris en août 1962 [4]). En pleine continuité avec les assemblées antérieures, cette conférence aura cependant une physionomie plus « universelle », du fait de la venue de nouvelles Eglises dans

[1]) Dans *Evanston - Nouvelle-Delhi,* 1961, p. 45.
[2]) *Minutes... Rhodes, 1959,* pp. 33-37.
[3]) Cfr *Evanston - Nouvelle-Delhi,* Genève, 1961, pp. 45-47.
[4]) Sur tout ceci, voir le Rapport de la session du Comité central tenu à Paris, du 7 au 17 août 1962.

le Conseil œcuménique. Son but est particulièrement doctrinal, « à l'heure où l'exigence d'une unité ecclésiale s'exprime avec insistance sous des formes variées et où la résistance se manifeste avec une vigueur et une variété nouvelles contre l'expression de cette unité ». Son autorité est celle de toutes les conférences : les rapports « s'imposent par l'excellence de leur contenu et des personnalités dont ils émanent » ; et aucune déclaration de la Conférence ne pourra passer pour exprimer la pensée du Conseil œcuménique, sinon au cas où le Comité central l'approuve et après qu'il l'aura approuvée.

Les travaux sont répartis en cinq sections. Leur domaine est d'un intérêt doctrinal considérable, mais d'une ampleur telle, qu'il faudra nécessairement choisir certains secteurs. En voici l'essentiel.

Section I. *L'Eglise dans le dessein de Dieu.* - Cette section prend pour base et pour point de départ la déclaration sur l'unité acceptée à New-Delhi. En s'y référant expressément, on s'efforcera de « discerner les racines ecclésiologiques des désaccords qui subsistent » entre les Eglises ; de « localiser et préciser les points essentiels de développement et de tension » existant entre les traditions principales de la chrétienté, au plan de l'ecclésiologie ; de fixer l'étendue du *consensus* fondamental acquis sur des sujets comme les « notes de l'Eglise » et les divers attributs de celle-ci ; d'évaluer la signification ecclésiologique de faits ecclésiastiques nouveaux, tels les Eglises fédérées, ou le cas des mouvements qui repoussent l'idée de la nécessité d'institutions ecclésiastiques.

Section II. *L'Ecriture, la Tradition et les traditions.* - Il y sera question de : la signification théologique de Ecriture-Tradition-traditions, mais en évitant de répéter des « formules conventionnelles » ; les relations entre la Tradition et les traditions, sous leur aspect actuel ; l'autorité de l'Ecriture « comme témoignage rendu à la révélation » et des « Credos et confessions de foi dans leur portée relative à la recherche d'une unité plus totale au sein des Eglises » ; les nouvelles traditions ecclésiastiques et leur place dans l'unique Eglise du Christ ; les moyens « d'approfondir la conscience d'une vie commune au sein d'une tradition unique commune ».

Section III. *L'œuvre rédemptrice du Christ et le ministère de son Eglise.* - En union avec d'autres départements, cette section envisagera, à la lumière de la christologie, des problèmes pleins d'actualité : le rôle du ministère consacré et ses fonctions « par rapport aux devoirs et aux charismes de tous les croyants » ; comment « une compréhension plus profonde de Christ et de son Eglise peut affecter l'idée que l'on se fait du ministère pastoral » ; les diverses formes du ministère et leur signification : diaconat, consécration pastorale des femmes, unification des ministères.

Section IV. *La vie cultuelle et l'unité de l'Eglise du Christ.* - Cette fois, ce sont les problèmes théologiques de la liturgie qui sont évoqués en grand nombre : les différents types de vie cultuelle et la catholicité de l'Eglise ; la base historique et théologique de la distinction faite entre « liturgique » et « non-liturgique » ; les relations entre le culte chrétien et les dogmes de la Création, de la sainte Trinité et de la Victoire de Dieu en Christ ; *lex orandi* et *lex credendi* ; le renouveau liturgique et l'homme contemporain ; l'« indigénisation » du culte ; le Baptême et l'Eucharistie par rapport à l'unité ; la célébration du culte aux conférences œcuméniques.

Section V. « *Tous en chaque lieu* » : *le déroulement de la croissance en commun.* - Partant une nouvelle fois de la déclaration de New-Delhi, on examinera les incidences régionales et locales de cette déclaration ; les obstacles régionaux et locaux à son application ; les réussites locales en fait d'activités interconfessionnelles ; la base théologique de telles initiatives œcuméniques, le « risque responsable » - selon l'expression de New-Delhi (N. D. 122) - et les limites théologiques de ce risque. Toute cette section fait corps avec la Déclaration de Nouvelle-Delhi, dans laquelle on avait également donné une place prépondérante à l'activité œcuménique de l'Eglise « localisée » en « tout lieu » (N. D. 119-122).

Tels seront les thèmes de la conférence de Montréal. Nous les avons signalés in-extenso, parce qu'ils seront aussi les thèmes de *Foi et Constitution* pendant les années à venir, parce qu'ils exerceront certainement une influence sur l'orientation future du Conseil œcuménique, et aussi parce que les dirigeants de *Foi et Constitution* comptent demander aux théologiens des Eglises non-membres, et tout spécialement aux théologiens catholiques, de prendre une part active dans leurs recherches.

CHAPITRE IV

LE CONSEIL ŒCUMÉNIQUE DES ÉGLISES
HISTOIRE ET STRUCTURE

Genèse du Conseil œcuménique des Eglises [1]

Depuis Edimbourg, 1910, l'idée de convoquer une conférence universelle des Eglises chrétiennes était partagée en principe par de nombreux représentants des Eglises chrétiennes. La guerre de 1914-18 ne fit que renforcer la conviction que pareille réunion était nécessaire. L'archevêque N. Söderblom l'envisage en 1914, et, dès la fin des hostilités, en 1919, renouvelle ses propositions. Le Patriarche de Constantinople, dans sa fameuse Encyclique de janvier 1920, suggère aussi une « Koinonia ton Ekklesion ». Il est naturel de penser à une « League of the Churches » à l'époque de la « League of the Nations ». En 1920 encore, à la Conférence mis-

---

[1] W. A. VISSER 'T HOOFT, *The Genesis of the World Council of Churches*, dans H. E. M., pp. 695-724 (l'essentiel de l'histoire, en une trentaine de pages); *Le Conseil œcuménique des Eglises: sa nature, ses limites*, dans *Hommage et reconnaissance. Recueil de travaux publiés à l'occasion du soixantième anniversaire de Karl Barth*. Paris-Neuchâtel, Delachaux & Niestlé, pp. 124-145; *The World Council of Churches. Its process of formation. Minutes and Reports of the meeting of the Provisional Committee of the World Council of Churches held at Geneva, February 1946*. Genève, Conseil œcuménique, s. d., 206 pp. (tous les documents relatifs à l'histoire et à la structure du Conseil œcuménique); *The Ten Formative Years. 1938-1948. Report on the activities of the World Council of Churches during its period of formation*. Genève, Conseil œcuménique, 80 pp.; *The Church, the Churches and the World Council of Churches*, dans *Minutes and Reports of the Third Meeting of the Central Committee*, Toronto (Canada), July 1950, pp. 84-90 (document capital sur la signification théologique du C. Œ. E. (voir pp. 159-166); *Constitution du Conseil œcuménique des Eglises*, dans *Désordre de l'homme et dessein de Dieu. V. La première assemblée du Conseil œcuméniques des Eglises, Amsterdam 1948*. Paris-Neuchâtel, Delachaux & Niestlé, s. d., pp. 257-290; J. WINTERHAGER, *Der Weltrat der Kirchen: sein Ziel und seine Problematik*. Berlin, Zeitschriften-Verlag, 1949; H. VAN DER LINDE, *De Wereldraad der Kerken*. Nijkerk, G. F. Callenbach N. V., 1948, 144 pp.

sionnaire internationale de Crans, le Dr. J. H. Oldham parle de « Something that may represent the Beginnings of a World League of Churches » [1]). Un peu plus tard, en 1925, à la Conférence mondiale de Stockholm, le Dr G. K. A. Bell redit la nécessité d'un « International Christian Council », sans nier les difficultés que pareille entreprise rencontrerait à ce moment [2]). Et, à Lausanne en 1927, dans le Rapport final de la Commission VII présidée par N. Söderblom, on peut lire : « Dans son Encyclique de 1920, le Patriarche œcuménique proposait la constitution d'une « Ligue » ou d'un « Conseil des Eglises » pour des fins pratiques. Ce Conseil pourrait émaner d'organisations existantes, telles que le « Comité de Continuation » nommé par la Conférence de Stockholm où siègent des représentants officiellement désignés par presque toutes les Communions chrétiennes. On pourrait s'adresser aussi à des organisations similaires. Plusieurs estiment que ce Conseil éventuel devrait s'occuper, tout ensemble, des questions « de vie et d'action » et « de foi et d'organisation... » [3]).

L'union cependant ne fut pas réalisée, car, « il serait plus sage, pour l'instant, de laisser les mouvements de Stockholm et de Lausanne se développer séparément » [4]). « Service unites, but doctrine divides ». Et la situation resta inchangée jusqu'en 1932. C'est alors que l'évêque Bell fit demander aux dirigeants des communions chrétiennes si, à leurs yeux, les deux futures Conférences de « Foi et Constitution » et de « Vie et Action » devaient être tenues de façon absolument séparée : la majorité des réponses furent négatives. A partir de ce moment, le Dr William Adams Brown déploya une activité considérable pour réaliser le rapprochement des mouvements chrétiens internationaux. Il parvint à réunir, à York en 1933, puis à Paris en 1934, des représentants de *Foi et Constitution*, de *Vie et Action*, mais aussi de la *World Alliance*, de l'*International-Missionary Council*, de la *World's Y. M. C. A.* et de la *W. S. C. F.* Le temps aussi travaillait en faveur de l'union [5]). L'idée d'Eglise avait fait des progrès dans les milieux non-romains. *Life and Work*

---

[1]) Cfr H. E. M., p. 697.
[2]) G. K. A. BELL, *The Stockholmer Conference*, 1925, p. 682.
[3]) R. Lau. 540-541.
[4]) R. Lau. 541.
[5]) Lire W. A. VISSER 'T HOOFT, *Le protestantisme et le problème œcuménique*, dans *Œcumenica*, t. II, 1935-1936, pp. 231-244, sur les courants généraux favorables au mouvement œcuménique à cette époque.

constatait la nécessité d'étayer son action sociale sur des bases théologiques. *Faith and Order* découvrait la portée des facteurs non-théologiques, en théorie et en pratique. Le danger des états totalitaires rapprochait les Eglises chrétiennes par un réflexe naturel de défense des vérités révélées. En 1935, enfin, dans une tournée aux Etats-Unis, l'archevêque W. Temple provoque à son tour la réunion de représentants des divers mouvements chrétiens internationaux en vue d'arriver à une entente stable ; cette fois, c'est *Faih and Order* qui a pris l'initiative des rapprochements. Le terrain est prêt. Les événements de 1936 seront décisifs.

Le « Comité de Continuation de Foi et Constitution » et le « Conseil œcuménique du Christianisme pratique », lors de leur réunion annuelle en été 1936, reçurent et approuvèrent un rapport du Dr J. H. Oldham, stipulant que soit constitué officiellement un Comité chargé de présenter aux Conférences universelles de 1937 une proposition concrète relative à la constitution d'un Conseil mondial des Eglises. Des représentants de *Life and Work* et de *Faith and Order*, de l'*I. M. C.*, de la *World Alliance* et d'autres organisations universelles constituèrent ce qu'on a appelé le « Comité des Trente-Cinq » [1]). Ce Comité tint une ultime réunion les 8-10 juillet 1937 à Westfield College (Hampstaed, Londres), pour achever la rédaction d'un Rapport qui devait être soumis immédiatement après aux deux Conférences universelles. Le Rapport recommande la constitution d'un « organisme représentant les Eglises et s'occupant des intérêts des deux mouvements ». Il détermine les diverses tâches qui seraient celles d'un « Conseil œcuménique des Eglises », ainsi que la structure que posséderait ce Conseil. Il demande aux Conférences d'approuver le projet dans son principe et de nommer chacune sept membres qui, réunis en Comité constituant, mettraient au point les détails de la réalisation du projet [2]). Il y eut de vives discussions à Edimbourg. Allait-on « transférer notre œuvre d'une base trinitaire à une base unitaire ? » [3]). Ce changement provoquera encore par la suite certaines divergences de vues. Ce Conseil, représentant des Eglises, serait-il exclusivement composé de personnes officiellement délé-

---

[1]) Sur tout ceci, cfr R. Ed. 219-224 et R. Ox. 269-273.
[2]) On trouvera le texte de ce Rapport dans R. Ed. 306-311; R. Ox. 271-273.
[3]) Cfr Archidiacre A. E. MONAHAN, dans R. Ed. 231.

guées par ces Eglises ? Allait-il s'adresser ensuite aux Eglises ? Il ne s'agit donc plus de « sociétés » chrétiennes « s'adressant au monde » ? [1]). Le projet fut finalement adopté. Les deux Conférences nommèrent sept membres. Le « Comité des quatorze » allait poursuivre la tâche.

Le « Comité des Quatorze » inaugura immédiatement son travail en tenant une réunion à Londres en août 1937. Plus tard, en mai 1938, avec la collaboration de délégués d'autres mouvements chrétiens, il tint à Utrecht une Conférence d'importance décisive. On y discuta les points encore en litige. Quelle sera l'autorité du futur Conseil œcuménique ? Celle que les Eglises lui accorderont, et pas plus ; il n'est pas une « Super-Church » ; seules les Eglises possèdent vraiment l'autorité. Ensuite, quelle en sera la base doctrinale ? Reprendra-t-on celle de *Faith and Order* - Jésus-Christ Dieu et Sauveur - ou en proposera-t-on une autre ? Finalement, la grande majorité des délégués acceptèrent la formule christologique, laissant entendre que son interprétation dépendrait de la foi de chaque Eglise. Puis, selon quel critère va-t-on désigner des délégués, le critère régional ou confessionnel ? On s'entendit en fin de compte sur un critère respectant dans la mesure du possible les deux éléments. Enfin, et ceci est capital dans l'histoire du Conseil œcuménique des Eglises, on constitua un *Comité provisoire* qui se réunit officiellement pour la première fois le 13 mai à Utrecht, sous la présidence de l'archevêque de York, le Dr. W. Temple ; un Comité d'administration lui fut adjoint, dont M. Visser 't Hooft fut nommé Secrétaire général. Le Mouvement *Life and Work* s'en remit entièrement à ce Comité provisoire pour ce qui concerne la vie du Christianisme pratique et les initiatives à prendre ; *Life and Work* s'unit donc entièrement au Comité provisoire. Mais le Mouvement *Faith and Order* désira conserver une certaine autonomie et son Comité de Continuation demeura en fonction [2]). Cette autonomie relative n'a pas eu que des désavantages pour le Conseil œcuménique lui-même, puisque certaines Eglises, plutôt défiantes à l'égard du Conseil œcuménique, demeuraient dans le Mouvement *Faith and Order* et ainsi, indirectement, étaient en union avec le Conseil œcuménique des Eglises.

[1]) R. Ed. 231-232.
[2]) H. E. M., pp. 704-705.

Le Comité provisoire se mit à la tâche aussitôt. En août 1938, à Clarens (Suisse), l'avant-projet de Conseil œcuménique, revu en fonction des desiderata d'Edimbourg, fut approuvé, signé et envoyé à toutes les Eglises et confessions qui avaient pris part aux deux Conférences de 1937. En janvier 1939, à Saint-Germain, nouvelle réunion à laquelle on décide de tenir une Première Assemblée générale en 1941 et d'informer le Vatican de la formation du Conseil des Eglises [1]). Le Comité provisoire prit encore une large part aux différentes réunions œcuméniques de 1939. Malheureusement, la guerre allait éclater bientôt. La constitution officielle du Conseil œcuménique en formation se trouva retardée. Mais le Comité provisoire, fixé à Genève, put entreprendre une vaste action pratique, et en de multiples secteurs, en faveur des Eglises éprouvées, des prisonniers, des réfugiés. Cette activité charitable, d'entre-aide, d'interventions, constitue encore une bonne part de l'activité du Conseil œcuménique. Entretemps, le mouvement perdit deux grands leaders : W. A. Brown et W. Temple († 1944) [2]).

Dès la fin des hostilités, les projets de réunion reprennent. Le Comité provisoire renoue contact avec les Etats-Unis, l'Allemagne et envoie une délégation importante auprès des représentants des Eglises orthodoxes. Le Secrétariat du Comité avait été transféré 17, route de Malagnou, au début de 1945. En 1946, la « Commission d'Entre-aide pour les Eglises » est définitivement organisée. En 1947, la générosité de John D. Rockefeller permet de créer l'Institut œcuménique au Château de Bossey. En même temps, des Comités nationaux d'Eglises sont formés, tels *The British Council of Churches, The Australian Council for the World Council of*

---

[1]) Le 10 février 1939, le Dr. W. Temple écrivait au Cardinal-Secrétaire d'Etat pour lui faire connaître, par courtoisie, la création du Conseil des Eglises. Il lui demandait également de pouvoir « exchange information with agencies of the Church of Rome on matters of common interest and that we should have the help from time to time of unofficial consultation with Roman Catholic theologians and scholars ». Le Cardinal Secrétaire d'Etat écrivit au Délégué Apostolique en Grande-Bretagne, lequel informa, le 21 juillet 1939, l'archevêque d'York, « on the authority of the Cardinal Secretary of State, that there would be no obstacle to his consulting confidentially English Roman Catholic Bishops and the Apostolic Delegate, or to exchange of confidential information and opinion with Roman Catholic theologians » (H. E. M., p. 686).

[2]) Sur W. Temple, cfr F. A. IREMONGER, *William Temple, Archbishop of Canterbury. His Life and Letters.* Oxford, Univ. Press, 1948, xv-663 pp.; résumé dans *Irén.*, 1949, p. 342.

Churches, The National Council of Churches in New-Zeeland, The Ecumenical Council of Churches in the Netherlands (H. E. M. 624-628). Et, pendant ce temps, le Département d'études pourvoyait à la préparation doctrinale de l'Assemblée d'Amsterdam, dont le premier acte sera la constitution officielle, par les délégués des Eglises, du Conseil œcuménique des Eglises.

Statut et structure du Conseil œcuménique

Dès le matin du lundi 23 août 1948, les délégués des quelque cent cinquante Eglises et communions représentées à Amsterdam approuvèrent la résolution suivante : « L'Assemblée du Conseil œcuménique des Eglises est dès cet instant constituée... Sont membres de l'Assemblée, les délégués officiellement élus par les Eglises ayant adhéré au Conseil. Le Conseil œcuménique des Eglises acquiert ainsi son existence définitive » (R. Am. V, 32-33). Le rêve de N. Söderblom se trouvait réalisé.

Le Conseil œcuménique des Eglises [1]) « est une association fraternelle d'Eglises qui acceptent notre Seigneur Jésus-Christ comme Dieu et Sauveur » (R. Am. V, 257). Pourront faire partie du Conseil œcuménique « les Eglises qui acceptent la base ci-dessus et qui satisfont aux conditions que l'Assemblée ou le Comité central pourra prescrire. L'élection se fera à la majorité des deux tiers des Eglises membres représentées à l'Assemblée, chaque Eglise ayant une voix... » (R. Am. V, 257).

Les fonctions du Conseil œcuménique seront :

I. Poursuivre l'œuvre des deux mouvements de « Foi et Constitution » et du « Christianisme pratique ».

II. Faciliter l'action commune des Eglises.

III. Promouvoir l'étude en commun.

IV. Développer la conscience œcuménique chez les fidèles de toutes les Eglises.

V. Etablir des relations avec les alliances confessionnelles d'un caractère universel et avec les autres mouvements œcuméniques.

VI. Convoquer, sur tel sujet particulier, lorsque les circonstances le réclameront, des conférences universelles, qui seront autorisées à publier leurs propres conclusions.

---

[1]) Les traductions officielles sont les suivantes: *World Council of Churches, Œkumenischer Rat der Kirchen,* Koinonia ton Ekklesion.

VII. Soutenir les Eglises dans leur tâche d'évangélisation (R. Am. V, 258).

Quant à l'autorité du Conseil œcuménique, elle est précisée comme suit : « Le Conseil œcuménique émettra des avis et fournira l'occasion d'une action concertée dans les matières d'intérêt commun. Le Conseil pourra agir au nom des Eglises membres dans les cas où une ou plusieurs d'entre elles lui en confieront la responsabilité. Il aura autorité pour convoquer des conférences régionales et universelles sur des sujets particuliers, lorsque les circonstances le demanderont. Le Conseil œcuménique ne pourra pas légiférer pour les Eglises, ni agir en leur nom, sauf dans les cas indiqués ci-dessus ou dans des cas spécifiés ultérieurement par les Eglises qui le constituent » (R. Am. V, 258-259).

Les discussions sur la Base du Conseil et l'intégration du Conseil International des Missions ont mené à quelques changements, adoptés officiellement à New-Delhi, et dont voici les plus notables. Tout d'abord, le Conseil œcuménique est appelé « une association fraternelle d'Eglises qui confessent le Seigneur Jésus-Christ comme Dieu et Sauveur selon les Ecritures et s'efforcent de répondre ensemble à leur commune vocation pour la gloire du seul Dieu, Père, Fils et Saint-Esprit ». Nous parlerons plus loin de cette modification de la Base. Quant aux *fonctions* du Conseil œcuménique, elles sont désormais formulées en tenant compte de l'intégration du C. I. M. :

I. Poursuivre l'œuvre des mouvements universels Foi et Constitution, Christianisme pratique, Conseil international des Missions.

II. Faciliter l'action commune des Eglises.

III. Développer l'étude en commun.

IV. Favoriser le progrès de la conscience œcuménique et missionnaire chez les fidèles de toutes les Eglises.

V. Aider les Eglises dans leur tâche mondiale de mission et d'évangélisation.

VI. Etablir et entretenir des relations avec les Conseils nationaux et régionaux, les Alliances confessionnelles mondiales et autres organisations œcuméniques.

VII. Convoquer sur tel sujet particulier, lorsque les circonstances le réclament, des conférences universelles qui seront autorisées à publier leurs conclusions [1]).

[1]) Cfr *Evanston-Nouvelle-Delhi. 1954-1961*, p. 208.

* * *

Du point de vue structure, le Conseil œcuménique a toujours comporté un ensemble de départements et de commissions, dont le lien organique a parfois été modifié, eu égard au développement même du Conseil. Voici comment se présente le Conseil après les changements intervenus à l'Assemblée de New-Delhi.

L'*Assemblée* est l'autorité suprême du Conseil œcuménique. Elle compte quelque 675 délégués officiels de 201 « Eglises » (160 en 1948), auxquels se joignent des conseilleurs, des délégués de la jeunesse, des visiteurs accrédités, des observateurs. Elle se réunit en principe tous les cinq ans (Amsterdam 1948, Evanston 1954, New-Delhi 1961). Elle compte six présidents représentant les grands secteurs régionaux et ecclésiastiques de l'Assemblée.

Le *Comité central*, élu par l'Assemblée dont il est le pouvoir exécutif, comporte 100 membres. Il se réunit tous les ans. Ces réunions annuelles sont l'occasion pour tous les secteurs du Conseil œcuménique de présenter le rapport de leur activité. Le résumé des débats est publié dans des *Minutes* qui sont toujours pleines d'intérêt et révèlent l'activité considérable déployée dans les différents secteurs du Conseil œcuménique.

Ainsi, en 1948, à Woudschoten, après avoir réglé les nominations et désignations administratives, on examina la question des rapports avec l'Eglise orthodoxe et avec l'Eglise catholique romaine (contenu de la lettre de l'épiscopat néerlandais, publication de l'étude de M. Skydsgaard, R. Am. I, 229-249). Enfin, la structure du Département de la Jeunesse et du Département pour l'entre-aide ecclésiastique fut mieux fixée [1]).

A Chichester, en 1949, il apparut que le Conseil œcuménique acquérait une vraie stabilité. On s'efforça de mieux coordonner les divers groupes d'études. Plusieurs rapports furent publiés in-extenso dans *The Ecumenical Review* d'automne 1949 [2]).

A Toronto, en 1950, un document domine les débats : « L'Eglise, les Eglises et le Conseil œcuménique des Eglises » ; nous l'exami-

---

[1]) *Minutes of the Meetings of the Central Committee of the World Council of Churches: Amsterdam and Woudschoten (Netherlands, 4-6 Sept. 1948).* Polyc., 57 pp.

[2]) *Minutes and Reports of the Second Meeting of the Central Committee: Chichester (England), 9-15 July 1949.* Genève, Conseil œcuménique, 128 pp.

nerons plus loin. On fit aussi le point sur la situation actuelle du Conseil (discussion, méfiance). Enfin, on organisa la préparation de la prochaine Assemblée générale à Evanston [1]).

A Rolle (Suisse), en 1951, les débats doctrinaux furent dominés par deux thèmes connus : union entre l'œcuménisme et l'action missionnaire, tension entre les « eschatologistes » et les « sociaux » discutant les rapports préparatoires d'Evanston [2]).

A Lucknow, en 1952-53 : première réunion en Asie. Les discussions portèrent sur la théologie missionnaire ; les contacts fortifièrent l'union existant entre le Conseil œcuménique et l'*International Missionary Council*. Le statut de *Faith and Order* fut également ment l'objet d'échanges de vue [3]).

En 1954, le Comité Central s'est réuni à Evanston, à l'occasion de la seconde Assemblée générale [4]).

A Davos (Suisse), en 1955. Le Comité entendit une importante mise au point de M. Visser 't Hooft sur la conception de l'unité de l'Eglise, et s'occupa des relations avec le patriarcat de Moscou [5]).

A Galyatetö (Hongrie), en 1956. Il y fut particulièrement question de contact avec les Eglises chrétiennes d'Europe orientale, et deux thèmes furent examinés : « le prosélytisme et la liberté religieuse », et « les Eglises et l'édification d'une société internationale consciente de ses responsabilités » [6]).

---

[1]) *Minutes and Reports of the Third Meeting of the Central Committee: Toronto (Canada), 9-15 July 1950.* Genève, Conseil œcuménique, 134 pp.

[2]) *Minutes and Reports of the Fourth Meeting of the Central Committee: Rolle (Suisse), August 4-11, 1951.* Genève, Conseil œcuménique, 130 pp.

[3]) *Minutes and Reports of the Fifth Meeting of the Central Committee: Lucknow (India), 31-XII-1952 - 8-I-1953.* Genève, Conseil œcuménique.

[4]) *Minutes and Reports of the Seventh Meeting of the Central Committee: Evanston (USA), August 27th - Sept. 1st 1954, to which the Minutes of the Sixth Meeting are added.* Genève, Conseil œcuménique, 56 pp.

[5]) *Minutes and Reports of the Eight Meeting of the Central Committee: Davos (Switzerland), August 2-8, 1955.* Genève, Conseil œcuménique, 146 p. Le Rapport de M. Visser 't Hooft, dont nous parlons dans la seconde partie à propos d'ecclésiologie, se trouve pp. 86-92; on le trouve aussi dans *Ecum. Review*, oct. 1955, pp. 18-29; en trad. franç. dans *Istina*, 1956, pp. 358-368. Quelques réflexions sur ce rapport: G. THILS, *Mouvement œcuménique et ecclésiologie*, dans *Ephem. Theol. Lovanien.*, 1956, pp. 355-362.

[6]) *Minutes and Reports of the Ninth Meeting of the Central Committee: Galyatetö (Hungary), July 28 - August 5, 1956.* Genève, Conseil œcuménique, 128 pp.

A New Haven (U. S. A.), en 1957. Le projet d'intégration du Conseil international des Missions fut vivement discuté [1]).

A Nyborg Strand (Danemark), en 1958. En plus des mises au point concernant l'intégration du C. I. M., les délégués orthodoxes ayant certaines appréhensions à ce propos, le Comité s'occupa notamment du renforcement de Foi et Constitution, ainsi que des thèmes suivants : liberté religieuse, prévention de la guerre, les Eglises et les sociétés en pleine évolution [2]).

A Rhodes (Grèce), en 1959. On y envisagea particulièrement les relations entre le Conseil œcuménique et les Eglises orthodoxes, et la préparation de la troisième Assemblée de New-Delhi, avec son thème : « Jésus-Christ lumière du monde ». Un incident marqua cette réunion : les délégués orthodoxes invitèrent les catholiques présents à un petit entretien privé ; la presse s'empara de ce fait et lui donna une portée qu'il n'avait pas : d'où vif déplaisir dans les milieux œcuméniques et consternation chez les catholiques présents. Des mises au point furent faites par la suite, et l'on fut d'accord pour admettre que l'incident était le « fruit d'un concours malheureux de circonstances » [3]).

A Saint-Andrews (Ecosse), en 1960. Autre réunion très importante du Comité Central. On y décida des grands problèmes qui allaient être proposés à New-Delhi : intégration du C. I. M., modification de la Base, rapport sur le prosélytisme et la liberté religieuse, développement de Foi et Constitution, problème démographique. Le Comité exécutif précisa l'attitude du C. Œ. E. à l'égard de l'Eglise catholique, qui est entrée « en structure de dialogue ». Par ailleurs, le Prof. Henri d'Espine présenta un rapport sur le « rôle du C. Œ. E. par rapport à l'unité de l'Eglise », au nom de Foi et Constitution, rapport qui contient l'essentiel de ce qui a été

[1]) *Minutes and Reports of the Tenth Meeting of the Central Committee: New Haven (USA), July 30 - August 7, 1957.* Genève, Conseil œcuménique, 136 pp.

[2]) *Minutes and Reports of the Eleventh Meeting of the Central Committee: Nyborg Strand (Denmark), August 21-29, 1958.* Genève, Conseil œcuménique, 133 pp. Trad. franç. des deux principaux rapports dans *Istina*, 1959, pp. 113-128.

[3]) *Minutes and Reports of the Twelfth Meeting of the Central Committee: Rhodes (Greece), August 19-27, 1959,* 208 pp. Aperçu d'ensemble de la réunion: D. T. STROTMANN, *Le Conseil œcuménique des Eglises en terre orthodoxe,* dans *Irén.,* 1959, pp. 454-464. Mise au point de l'« incident » dans *Vers l'Unité chrétienne,* nn. 119-120 (janvier-février 1960), par J. G. M. WILLEBRANDS.

approuvé à New-Delhi, et qui représente, pour les catholiques, un progrès incontestable [1]).

A La Nouvelle-Delhi (Inde), en 1961. Les problèmes majeurs étaient traités à l'Assemblée elle-même [2]).

A Paris, les 7-17 août 1962. Le Comité central approuva les projets des différents départements, accueillit de nouvelles Eglises. Il entendit et discuta des exposés doctrinaux sur *Le caractère défi-nitif de l'œuvre de Jésus-Christ et l'universalisme historique con-temporain* : thème qui souligne bien le caractère « mondial » du Conseil œcuménique actuel, et sa volonté de s'adresser au « monde » entier des hommes et de l'histoire. Le Comité décida aussi de répondre à l'invitation qu'il a reçue et d'envoyer deux observateurs au Concile du Vatican II : ce sont les premières relations officielles du Conseil œcuménique avec l'Eglise catholique.

* * *

Les départements, commissions et secrétariats sont actuellement, c'est-à-dire après l'Assemblée de New-Delhi, répartis de la manière suivante.

Il y a, en premier lieu, la Division des Etudes. Celle-ci com-porte le « Département de Foi et Constitution » : foyer des travaux doctrinaux du C. Œ. E., et qui se trouve actuellement renforcé et développé. Le « Département Eglise et Société » : il prolonge le Mouvement Vie et Action, et s'occupe des problèmes intéressant l'Eglise et la société, la vie internationale, l'éducation, les pays en voie de transformation, etc. [3]). Le « Département de l'Evangéli-sation » : il étudie les problèmes que nous appellerions d'apostolat (prédication, Bible, la paroisse, etc.). Le « Département des Etudes missionnaires » : il reprend toute la partie doctrinale du Conseil

---

[1]) *Minutes and Reports of the Thirteenth Meeting of the Central Committee : St. Andrews (Scotland), August 16-24, 1960.* Genève, Conseil œcuménique, 218 pp. Sur l'attitude du Comité exécutif par rapport à l'Eglise catholique, voir *Irén.,* 1960, pp. 377-379. Trad. franç. du Rapport du Prof. Henri d'Espine, dans *Istina,* 1960, pp. 376-384.

[2]) *Minutes and Reports of the Fifteenth Meeting of the Central Committee : New Delhi (India), December 6-7, 1961, to which the Minutes of the Fourteenth Meeting are added.* Genève, Conseil œcuménique, 59 pp.

[3]) Sur l'ensemble de la pensée sociale du C. Œ. E.: Edw. DUFF, S. J., *The Social Thought of the World Council of Churches.* London, Longmans, 1956, 340 pp.

international des Missions. S'ajoutent à cela deux secrétariats très actifs, et dont le nom indique assez l'objet : Le « Secrétariat pour la liberté religieuse », et le « Secrétariat pour les relations raciales et ethniques ».

Il y a ensuite la Division de formation œcuménique. On y trouve le « Département des laïcs » : avec des travaux sur la théologie du laïcat, du travail, de la profession. Le « Département pour la coopération entre Hommes et Femmes dans l'Eglise et dans la Société » : avec les problèmes délicats des femmes-pasteurs, célibat, famille, etc... Le « Département de la Jeunesse » : il travaille en collaboration avec les grands mouvements de jeunesse chrétienne et essaie de leur infuser un esprit œcuménique. De plus, des Congrès mondiaux de Jeunesse sont organisés de temps à autre : A Amsterdam en 1939, à Oslo en 1947, à Kottayan (Inde) en 1952, sur les thèmes : Etat, Education, Famille, Races. Depuis, il y eut des Congrès régionaux : Congrès européen comme celui de Lausanne, en 1960, qui eut un écho très favorable ; Congrès Nord américain de Ann Arbor, en 1961 ; Congrès africain de Nairobi (Kenya), en 1962, ainsi que Congrès d'Amérique latine à Mexico, en 1962 également [1]).

La Division de formation œcuménique peut rayonner grâce à l'action conjuguée de divers instruments : un centre d'études, une revue, un bulletin d'information. - Le Centre d'études est l'Institut œcuménique de Bossey-lez-Céligny (Genève). Cet Institut, fixé au Château de Bossey, près du lac Léman, répond actuellement à deux objectifs : a) il est un centre de rencontres et de recherches œcuméniques, au sens le plus large du terme ; b) il est un centre univer-

---

[1]) Pour Amsterdam: *Christus Victor. The World Conference of Christian Youth: Amsterdam 1939*. Genève, Conseil œcuménique, 252 pp.; *Christus Victor. Rapport de la Conférence mondiale de la Jeunesse chrétienne: Amsterdam 1939*. Genève, Conseil œcuménique, 302 pp.; *Christus Victor. Bericht der Weltkonferenz Christlicher Jugend: Amsterdam 1939*. Ibidem, 284 pp.

Pour Oslo: *Jesus Christ is Lord. The Report of the Second World Conference of the Christian Youth: Oslo (Norway), 1937*. Genève, Conseil œcuménique, 256 pp. Voir aussi: L. ZANDER, *La Conférence d'Oslo*, dans *Irén.*, 1948, pp. 139-163.

Pour Kottayan: *Footprints in Travancore. Report of the Conference of Christian Youth*. India Edition, 95 pp. - U. S. Edition, 46 pp.

Pour Lausanne: *Ecumenical Youth Assembly in Europe*, dans *Youth*, octobre 1960, 92 pp.; aperçu dans *Irén.*, 1960, pp. 371-374.

Pour Ann Arbor: *North American Youth Assembly. Ann Arbor 1961*, dans *Youth*, nov. 1961, 50 pp.

sitaire d'études œcuméniques, reconnu par la Faculté de théologie de Genève [1]). - La Revue est *The Ecumenical Review*, dont voici les antécédents. Après Edimbourg (1910), diverses revues à tendance unioniste virent le jour, notamment en Amérique. L'une d'elle, *The Christian Union Quarterly*, lancée par Peter Ainslie, un « Disciple of Christ », vécut jusqu'à la mort de son animateur, en 1934. Elle fut alors élargie et transformée, et devint *Christendom*, dirigée finalement par le Dr. Paul Douglass, et déjà très représentative de « Life and Work » et de la section américaine de « Faith and Order ». En 1948, *Christendom* devint *The Ecumenical Review*, organe du Conseil œcuménique des Eglises. - Enfin, les nouvelles courantes sont données par un Bulletin d'information hebdomadaire miméographié, publié depuis 1949 en allemand, en anglais (E. P. S. - Ecumenical Press Service) et en français (S. Œ. P. I. - Service œcuménique de Presse et d'Information).

D'autres départements sont particulièrement connus. Le « Département d'entre-aide des Eglises et de service des réfugiés » fut extrêmement actif durant la guerre mondiale ; il vient encore en aide aux Personnes Déplacées et aux Eglises qui sont atteintes par quelque cataclysme, comme les tremblements de terre, les inondations, la famine [2]). La « Commission des Eglises pour les affaires internationales » s'efforce d'être pour les chrétiens un stimulant dans l'examen des problèmes qui se posent à eux au niveau mondial, ainsi qu'un organe représentatif des groupements chrétiens internationaux [3]). Quant au « Département des finances et de l'administration », il est responsable de toutes les finances des divers Départements du Conseil œcuménique [4]).

Le Secrétariat et l'administration des Départements et Commissions, ainsi que la Bibliothèque et les archives, étaient situés dans des locaux devenus vraiment trop étroits, 17, Route de Malagnou, à Genève. A partir de janvier 1964, ils seront groupés dans un nouvel édifice situé à : Grand Saconnex, Genève.

---

[1]) Sur l'activité de Bossey, lire *Evanston - Nouvelle-Delhi*, pp. 105-113; *Tenth Anniversary of the Graduate School of Ecumenical Studies*, dans *Ecum. Review*, oct. 1961, pp. 1-81 (divers articles).

[2]) Cfr le rapport de cette division à New-Delhi, dans *Evanston - Nouvelle-Delhi, 1954-1961*, pp. 116-132.

[3]) Cfr rapport fait à New-Delhi, dans *Evanston - Nouvelle-Delhi, 1954-1961*, pp. 133-155.

[4]) Rapport et Programme dans *Evanston - Nouvelle-Delhi, 1954-1961*, pp. 179-189, 229-251.

CHAPITRE V

L'ASSEMBLÉE D'AMSTERDAM
22 AOUT - 4 SEPTEMBRE 1948

Préliminaires et préparation

Tout en préparant la constitution définitive d'un Conseil œcuménique des Eglises, le Comité provisoire assurait aussi, par des Commissions spéciales, les travaux théologiques sur les thèmes qui allaient être exposés au cours de la Première Assemblée. Il fut un moment question de tenir celle-ci aux Etats-Unis ; mais finalement, Amsterdam l'emporta. Les travaux auraient pour titre général : *Désordre de l'homme et dessein de Dieu*. Des brochures indiquèrent l'essentiel des préparatifs et permirent de se faire une idée de ce que serait cette Première Assemblée [1]).

On reçut à l'Assemblée 350 délégués de 150 Eglises et Confessions avec leur 350 suppléants, 500 consultants, une centaine de délégués de la Jeunesse, des hôtes et des invités accrédités, bref, environ 1500 participants, venant de 43 pays. Etait-ce un bien ? Fallait-il commencer par une représentation aussi nombreuse pour « témoigner », ou eût-il mieux valu restreindre les présences pour mieux « discuter » ? La représentation de la Jeunesse se fit remarquer par son importance et sa qualité, par le rapport qu'elle remit et dont on tint compte lors de la rédaction des Rapports définitifs (R. Am. V, 240-255). Les délégués « adultes » étaient plus des hommes d'Eglise que des théologiens : ce qui devait donner à l'Assemblée sa physionomie propre. Les « Jeunes Eglises » appor-

---

[1]) Cfr John C. BENNETT, *Man's Disorder and God's Design. Outline of Preparation for the First General Assembly of the World Council of Churches,* Londres, S. C. M. Press, 60 pp. ; en français : *Désordre de l'homme et dessein de Dieu...* Neuchâtel, Delachaux et Niestlé; en allemand : *Die Unordnung der Welt und Gottes Heilsplan...* Zürich, Gotthelf-Verlag. On y trouvera : genèse de l'Assemblée, thèmes, commissions, organisation, projets. Cfr aussi *Le christianisme social,* mai-juin 1948, consacré à l'Assemblée d'Amsterdam.

taient le témoignage du scandale que représentait, pour les pays de mission, le spectacle de la désunion (R. Am. V, 225-226). Il y avait pourtant des absents : La Convention Baptiste du Sud des Etats-Unis, qui envoya cependant des observateurs ; l'Eglise orthodoxe russe, comme telle, car des théologiens russes participaient à l'Assemblée ; l'Eglise catholique romaine, avec laquelle les dirigeants des milieux œcuméniques eurent quelques contacts, dont voici l'essentiel [1]).

Au cours de l'hiver 1947-48, le Secrétariat général préparant Amsterdam reçut des lettres de prêtres et de laïques catholiques sollicitant une invitation et précisant, dans plusieurs cas, que leur demande était approuvée par l'autorité supérieure : cardinal, évêque ou supérieur de l'Ordre. D'autre part, une liste de quatorze noms parvint d'une source catholique officieuse : il s'agissait de personnalités du monde catholique romain bien au fait des problèmes œcuméniques. Finalement, une dizaine d'invitations furent envoyées. En avril 1948, on apprit dans les milieux œcuméniques, par voie indirecte, que le Cardinal de Jong et les évêques hollandais désiraient que le choix des observateurs fût soumis à leur approbation. On précisait même que l'autorisation nécessaire serait refusée à plusieurs des personnes de la liste des quatorze, certains de leurs écrits étant objet de discussions. Le Secrétariat général informa ses invités des désirs du Cardinal de Jong. On attendait une communication officielle de l'épiscopat hollandais. Rien ne vint à ce moment. En juin, on apprit que le P. Boyer, S. J., serait disposé à se rendre à Amsterdam et en obtiendrait l'autorisation. Le Secrétariat lui envoya aussitôt une invitation.

Le 5 juin, le Saint-Office publia un *Monitum* sur les réunions interconfessionnelles [2]). Cet avertissement ne contient rien de nouveau en la matière, mais signifie clairement le désir des autorités catholiques de prévenir toute surprise et tout faux pas. Les journalistes discutaient encore de l'attitude qu'allait prendre le Vatican, des personnes qui seraient envoyées à Amsterdam, etc., lorsqu'on apprit qu'une décision nouvelle du Saint-Office était intervenue le 18 juin. Le bruit courut bientôt que cette note stipulait qu'aucun

---

[1]) Cfr W. A. Visser 't Hooft, *L'Eglise catholique et la première Assemblée du Conseil œcuménique des Eglises*, dans *Foi et Vie*, 1949, pp. 119-125.

[2]) Cfr A. A. S., t. 40, p. 257; commentaire: J. Gonsette, Nouv. Rev. Théol., 1949, pp. 524-530.

catholique ne pouvait assister à l'Assemblée d'Amsterdam sans autorisation préalable du Saint-Siège, et que ce dernier n'accorderait de permission à personne. C'était clair. On discuta alors des motifs qui expliquaient cette attitude : éviter les équivoques, ne pas troubler certains esprits, écarter certaines personnes invitées, etc... « En fait, le P. Charles Boyer, S. J., président d'*Unitas*, se trouvait à Amsterdam au moment de l'Assemblée. Il n'assista à aucune séance, mais put prendre connaissance de toute la documentation et s'entretenir avec plusieurs des personnalités en vue de la conférence. Dans un des éditoriaux d'*Unitas*, le P. Boyer exprime sa gratitude de l'accueil fraternel qui lui a été réservé à Amsterdam par les représentants du Conseil » [1]).

On attendait depuis longtemps une intervention de l'épiscopat des Pays-Bas : elle se présenta sous la forme d'une *Lettre Pastorale*. Après avoir rappelé que la division entre les chrétiens est aussi pénible aux dirigeants de l'Eglise catholique qu'à ceux du Conseil œcuménique, l'épiscopat expliqua son abstention. Il ne s'agit pas, dit-il, de considérations tactiques, mais de raisons dogmatiques. Le Christ a fondé une Eglise et lui a promis assistance jusqu'à la consommation des siècles. Cette Eglise existe donc encore aujourd'hui, et c'est uniquement en revenant à elle que la question de l'unité doit et peut trouver une solution chrétienne. D'autre part, l'unité de l'Eglise implique l'unité de la foi. Pour assurer celle-ci, le Seigneur a institué un magistère doctrinal, qui doit être accepté, sous peine de refuser d'obéir à la volonté du Christ lui-même. Pour le reste, disent les évêques, nous suivons les actes du Congrès avec attention et nous demandons aux fidèles catholiques l'aide de leurs prières et l'exemple de leur vie [2]). Cette Lettre fut lue le dimanche 22 août « dans toutes les églises catholiques du pays. Elle était datée du 31 juillet 1948, mais, sauf par les extraits publiés par la presse, le Conseil œcuménique n'en prit connaissance que le 31 août, lorsqu'elle fut communiquée avec une lettre du Cardinal disant qu'un regrettable malentendu avait empêché qu'un exemplaire de la Lettre pastorale de l'Episcopat de l'Eglise catholique aux Pays-Bas concernant le Congrès œcuménique fût envoyé offi-

---

[1]) *Foi et Vie*, 1949, pp 123-124.
[2]) Texte latin et annotations du P. Tromp, dans *Periodica de re mor. et can.*, 1948, pp. 384-402; trad. franç. dans *La Documentation catholique*, 1949, pp. 693-696.

ciellement [à l'Assemblée]. On apprit oralement que la lettre aurait dû parvenir au Conseil avant l'ouverture de l'Assemblée, mais que l'on avait oublié de l'envoyer. La Lettre pastorale fut alors ronéographiée et distribuée à tous les participants à l'Assemblée » [1]).

Peut-on passer sous silence l'incident causé par K. Barth ? Le lundi 23 août, à la séance plénière de 15 h., au Concertgebouw, en présence de la Princesse Régente Juliana et du Prince Bernhard, deux orateurs devaient présenter le thème principal de l'Assemblée : le pasteur K. Barth, de Bâle, et le professeur C. H. Dodd, de Cambridge. « Karl Barth parlait en allemand, élevant par moment la voix et soulignant d'un index prophétique le danger de mort que nos mouvements courent si les choses premières ne sont pas maintenues à leur place » (R. Am. V, 38). C'est le dessein de Dieu qui compte, et non « quelque plan Marshall chrétien de notre crû ». Il ne faut donc pas, dit-il, s'appesantir sur nos divisions, ni gémir sur l'absence de Rome et de Moscou. Leurs refus ne signifient-ils pas que Dieu veut nous défaire de toute présomption, nous empêcher de construire une tour qui monte jusqu'au ciel, nous montrer combien faible est notre lumière, puisqu'elle n'a pas été capable d'éclairer des régions même dites chrétiennes (angeblich doch auch christlichen Bereiche). Dieu nous a ainsi délivrés de participants avec lesquels nous ne pouvons former une communauté puisque, pour des raisons diverses certes, ils ne peuvent poursuivre le vrai chemin qui mène à Jésus-Christ. Peut-être est-il providentiel que Rome et Moscou se trouvent unis en ceci, qu'ils ne veulent pas nous connaître. Nous devons donc rendre grâces à Dieu de leur opposition. Ce passage du discours, résumé ici, a fait l'effet d'une bombe. K. Barth, dans les conversations qui suivirent la séance, n'essaya nullement d'en atténuer la portée. On rapporte (De Waagschaal, 17 sept. 1948) qu'il aurait dit : « Chez les Orientaux, c'est la nébulosité. A Rome, pas de nébulosité, mais une autosuffisance fixée une fois pour toutes dans des textes juridiques ». Bien des participants non-romains de l'Assemblée jugèrent K. Barth avec sévérité. Et le Rapport officiel présente comme suit le second orateur de cette Séance plénière mémorable : « Succédant à Karl Barth à la tribune, le professeur Dodd parla calmement et sans geste. Chacun se précipita sur son écouteur pour saisir ses paroles » (R. Am. V, p. 39) [2]).

---

[1]) W. A. VISSER 'T HOOFT, dans Foi et Vie, 1949, p. 125.

[2]) Voir aussi les déclarations anti-romaines de K. Barth, dans Foi et Vie, 1948,

L'Assemblée et ses travaux

L'Assemblée d'Amsterdam s'ouvrit le dimanche 22 août à 15 h. par un Culte à la Nieuwe Kerk. Le lundi, les débats et les discussions purent commencer [1]).

La Commission I avait comme objet « L'Eglise universelle dans le dessein de Dieu » : elle nous a offert de très beaux rapports, notamment les cinq premiers [2]), sur la nature de l'Eglise et de son unité. « Nous croyons tous que l'Eglise est le don que Dieu a fait aux hommes pour le salut du monde ; qu'elle a été créée par l'acte rédempteur de Dieu en Jésus-Christ ; qu'elle subsiste à travers l'histoire sans solution de continuité grâce à la présence et à la puissance du Saint-Esprit » (R. Am. I, 306).

p. 495. Sur tout ceci, et l'intervention du R. P. DANIÉLOU, cfr *La Documentation catholique*, 22 mai 1949, c. 687-691.

[1]) Rapports officiels : « *Man's Disorder and God's Design* ». I. *The Universal Church in God's Design*, 210 pp.; II. *The Church's Witness to God's Design*, 226 pp.; III. *The Church and the Disorder of Society*, 204 pp.; IV. *The Church and the International Disorder*, 232 pp.; V. *The first Assembly of the World Council of Churches. Amsterdam 1948*, 272 pp. Londres, S. C. M. Press, 1949.

« *Désordre de l'homme et dessein de Dieu* ». I. *L'Eglise universelle dans le dessein de Dieu*, 318 pp.; II. *Le dessein de Dieu et le témoignage de l'Eglise*, 334 pp.; III. *L'Eglise et le désordre de la société*, 302 pp.; IV. *L'Eglise et le désordre international*, 370 pp.; V. *La première Assemblée du Conseil œcuménique des Eglises. Amsterdam 1948*, 316 pp. Paris-Neuchâtel, Delachaux & Niestlé, 1949.

« *Die Unordnung der Welt und Gottes Heilsplan* ». I. *Die Kirche in Gottesplan*, 236 pp.; II. *Die Kirche bezeugt Gottes Heilsplan*, 252 pp.; III. *Die Kirche und die auflösung der Gesellschaftlichen Ordnung*, 242 pp.; IV. *Die Kirche und die Internationale Unordnung*, 276 pp.; V. *Die Erste Vollversammlung des Œkumenischen Rates der Kirchen in Amsterdam, 1948*, 352 pp. Zurich, Gotthelf-Verlag, 1949.

En espagnol, uniquement le tome V, qui est le rapport officiel d'ensemble, *Concilio mundial de Iglesias. Amsterdam 1948*. Buenos-Aires, « La Aurora », 1949.

Travaux : H. VAN DER LINDE, *De eerste steen gelegd. De eerste Assemblée van de Wereldraad der Kerken te Amsterdam 1948*, Amsterdam, W. ten Have, 1949, 280 pp.; Kurt BÖHME, *Die Weltkirchenkonferenz in Amsterdam*, Hamburg, Evang.-Verlag, 1948, 100 pp.

[2]) Ces rapports se trouvent dans R. Am. I.: G. AULÉN (év. Stragnas, Suède), *L'Eglise à la lumière du Nouveau Testament*, pp. 23-40; C. T. CRAIG (Prof. Nouv. Test. Univ. Yale), *L'Eglise du Nouveau Testament*, pp. 41-58; G. FLOROVSKY (Prof. Dogm. Inst. Théol. Orth. New-York), *L'Eglise, sa nature et sa tâche*, pp. 59-

Ces « convictions communes » (R. Am. I, 306) ne suppriment pas les divergences profondes, et nombreuses, par exemple sur la relation entre l'ancien et le nouvel Israël, entre l'Eglise visible et la « nouvelle création » en Christ, entre la rédemption objective et le salut personnel, entre l'Ecriture et la Tradition, entre « l'Eglise fondée une fois pour toutes et l'Eglise toujours nouvelle en Christ »... et tant d'autres que nous avons déjà rencontrées à Edimbourg et à Lausanne (R. Am. I, 307).

Il en est une qui suscita de vives discussions, surtout à Amsterdam : « Nous désirons vouer une attention spéciale au désaccord auquel nous sommes constamment ramenés, quel que soit notre chemin. Historiquement, il se trouve exprimé par l'opposition qui existe entre les deux concepts généraux « catholicisme » et « protestantisme ». (*En note* : Précisons que par « catholicisme » nous ne désignons pas uniquement le catholicisme romain et que le mot « protestant » dans la plus grande partie de l'Europe, est rendu par le mot « évangélique ».) Des deux côtés de la barrière, la foi et la vie chrétienne sont considérées comme formant un tout cohérent, mais ce sont les façons de concevoir ce tout qui sont antinomiques... La tendance dite « catholique » insiste avant tout sur la continuité visible de l'Eglise dans la succession apostolique de l'épiscopat. La tendance dite « protestante » souligne essentiellement l'initiative de la Parole de Dieu et la réponse de la foi - initiative et réponse concentrées dans la doctrine de la justification par la foi seule. Mais le premier groupe insiste aussi sur la foi et le second est fermement convaincu qu'il existe, sous quelque forme, une continuité de l'Eglise visible (R. Am. V, 65-66).

L'opportunité et l'exactitude de l'antithèse furent très discutées

82; J. GREGG (Arch. Armagh, Irlande), *L'Eglise une, sainte, catholique et apostolique*, pp. 83-94; K. BARTH (Prof. Univ. Bâle), *L'Eglise, congrégation vivante de Jésus-Christ, le Seigneur vivant*, pp. 95-107.

Dans ce même R. Am. I, on trouvera encore: R. NIEBUHR (Prof. Union Sémin., New-York), *Le désordre de l'homme dans l'Eglise de Dieu*, pp. 111-126; O. WYON (Secr. Départ. Etudes COE), *Témoignages du renouveau dans la vie de l'Eglise*, pp. 159-194; O. S. TOMKINS (Secr. Général-adjoint COE), *Les communautés territoriales et confessionnelles au sein de l'Eglise Universelle*, pp. 196-216; E. SKYDS-GAARD (Prof. Univ. Copenhague), *L'Eglise catholique romaine et le mouvement œcuménique*, pp. 229-250; M. VILLAIN (Prof. Sémin. Missions Ste-Foy, Lyon), *Note additionnelle d'un catholique romain*, pp. 251-262; W. A. VISSER 'T HOOFT (Secrét. gén. COE), *Qu'est-ce que le Conseil œcuménique des Eglises ?*, pp. 263-289; *Message de l'Assemblée et Rapport de la première Commission*, pp. 299-312.

en Commission et à l'Assemblée. Le P. Florovsky aurait préféré distinguer les Eglises « à succession apostolique » et les « Eglises-assemblées » (R. Am. V, 77) ; mais sa suggestion ne fut pas retenue. A un certain moment, « il semblait qu'aucun rapport ne pourrait être rédigé » (R. Am. V, 77). A Amsterdam même, tout fut remis en question. L'Archevêque Germanos aurait voulu que le rapport fît mention de « la notion eschatologique de l'Eglise, à la fois visible et invisible » (R. Am. V, 75). Le Dr. Douglas Horton regrettait que, par l'antithèse, on ne sauvegardait pas l'aspect « communautaire » de l'Eglise, et demanda qu'on introduisît un troisième type d'Eglise (R. Am. V, 74). L'évêque de Londres, à son tour, trouva que cette classification « est difficile à accepter pour les Eglises anglicanes et pour l'Eglise de Suède, en particulier, qui ont toujours affirmé être à la fois catholiques et protestantes » (R. Am. V, 75). Quant au Rév. D.-T. Niles, il estimait que « pendant que les anciennes Eglises passent leur temps à examiner les raisons de leur divorce, les Jeunes Eglises, qui viennent de se marier, se trouvent incompétentes à juger de ces vieilles querelles » (R. Am. V, 78-79). Finalement, le texte fut accepté.

La seconde Commission avait pour thème : « Le dessein de Dieu et le témoignage de l'Eglise ». Le titre des communications en est le meilleur commentaire [1]). Le Rapport est d'inspiration nettement missionnaire et en liaison évidente avec la Conférence internationale missionnaire de Whitby (R. Am. V, 90). Les discussions auxquelles il donna lieu à Amsterdam furent souvent de

---

[1]) Tous ces Rapports se trouvent dans R. Am. II : H. KRAEMER (Dir. Inst. œcum. Bossey), *Une tâche universelle*, pp. 16-24 ; L. NEWBIGIN (Ev. Madura, Inde Sud), *Responsabilité et autorité de l'Eglise dans la prédication de l'Evangile*, pp. 25-48 ; W. PAUCK (Prof. Hist. Eglise, Chicago), *« Fois séculières » rivales du christianisme*, pp. 53-76 ; P. TILLICH (Prof. Théol. Union theol. Semin., New-York), *La désintégration de la société dans les pays chrétiens*, pp. 77-94 ; F. BENNET (Recteur à Wigan, Lancashire, Gde-Bretagne) et S. C. NEILL (Ev.-adjoint de Arch. Cantorbéry), *Les Eglises ont-elles failli ?*, pp. 95-117 ; *Les axiomes de l'homme moderne* (britannique, américain, allemand, français), pp. 119-128 ; W. M. HORTON (Prof. Théol. Oberlin, U. S. A.), *Les réponses de l'Evangile aux problèmes de notre temps*, pp. 135-150 ; P. MAURY (Prof. Fac. Théol. prot. Paris), *L'Evangile convient-il au temps présent*, pp. 151-172 ; S. C. NEILL (év.-adj. Cantorbéry), *L'Evangile à l'œuvre dans le monde*, pp. 175-250 ; *Le problème des contacts avec les fidèles d'autres religions*, pp. 253-299 (trois notes : Inde, Nouvelle-Guinée, Israël).

caractère rédactionnel. Quel est donc le dessein de Dieu, le témoignage de l'Eglise, sa tâche actuelle, sa stratégie même ?

Le dessein de Dieu « est de réconcilier tous les hommes avec Lui et les uns avec les autres en son Fils Jésus-Christ... Il se poursuit par le don du Saint-Esprit, dans le commandement de faire de toutes les nations des disciples, et dans la présence constante du Christ dans son Eglise. Il atteindra sa plénitude dans la restauration de toutes choses en Christ » (R. Am. II, 317).*

Le témoignage de l'Eglise est ambivalent. Elle a un passif : « Que voit le monde, ou que pense-t-il voir, lorsqu'il regarde l'Eglise ? C'est une Eglise divisée, et dont les différentes fractions font preuve de trop d'hésitation, de satisfaction et de désir de domination. C'est une Eglise qui a perdu contact avec les grandes réalités de la vie moderne et qui aborde encore le monde avec le langage et la technique d'il y a deux cents ans. C'est une Eglise qui, faute d'avoir su parler sur le problème de la guerre, a été considérée comme incapable de s'occuper des réalités de la vie humaine. C'est une Eglise que beaucoup accusent de n'avoir pas su voir l'action de Dieu dans l'histoire, d'avoir fait siens les intérêts de la société et de l'état et, dans un monde qui change, d'avoir failli à son devoir d'élargir la vision et de purifier la volonté des hommes. Beaucoup de gens accusent l'Eglise d'avoir mis son œuvre missionnaire au service de la politique étrangère de certains états et des visées impérialistes des puissances occidentales. Que cette accusation contienne une grande part d'injustice, c'est possible ; mais l'Eglise est appelée à grande honte et repentir de n'avoir pas su manifester, aux yeux des hommes, Jésus-Christ tel qu'il est » (R. Am. II, 319-320).

Ensuite, l'actif : « c'est une Eglise qui est, pour des millions de fidèles, le lieu où ils reçoivent la grâce du Christ et la force de vivre par la puissance de sa victoire. C'est une Eglise qui découvre la possibilité qui lui est offerte de pénétrer, comme ministre de la rédemption accomplie par Jésus-Christ, dans ce monde face auquel Dieu nous a placés. C'est une Eglise qui désire traiter aujourd'hui l'évangélisation comme la tâche commune de toutes les Eglises et se trouve au-dessus de la distinction entre pays dits chrétiens et pays dits non-chrétiens. Nous entrons aujourd'hui dans une nouvelle ère missionnaire qui exige un esprit de pionniers et la consécration de nombreuses vies au service de l'Evangile de Dieu » (R. Am. II, 320).

La tâche actuelle de l'Eglise « tient en une phrase : il lui est demandé d'être fidèle à l'Evangile et de prendre plus pleinement conscience de sa nature d'Eglise... ». L'Eglise doit aller retrouver l'homme dans sa vie de tous les jours. Elle doit pénétrer à l'intérieur de ce monde devenu étranger, et rendre familières à l'homme les notions élémentaires qui ont pour nom : Dieu, le péché, le but de la vie. « Pour cela, il faut que des chrétiens tentent l'aventure de vivre complètement la vie des hommes étrangers à Dieu ; que d'autres proclament le message de l'Evangile partout où se prennent les décisions touchant la vie de l'homme. Mais il faut avant tout que, sous l'inspiration du Saint-Esprit, l'Eglise retrouve un esprit prophétique, discerne les signes des temps, reconnaisse le dessein de Dieu agissant dans les vastes mouvements et les révolutions du temps présent, et annonce aux nations la Parole de Dieu avec autorité » (R. Am. II, 321-322).

A la troisième Section était confiée la tâche difficile de déterminer le rôle de l'Eglise face au désordre de la société [1]. En d'autres termes, c'était décrire la situation actuelle, faire le procès des causes de désordre, fixer les responsabilités de la société et la mission sociale de l'Eglise. Sujet complexe. La discussion le manifesta amplement : les délégués demandaient d'ajouter telle « cause » de désordre, telle « forme » de conflit. A deux reprises, on effleura la difficulté dogmatique de la notion de « royaume de Dieu » : pour l'éviter, on changea de formules (R. Am. V, 106 et 110).

Comme d'habitude, les Eglises confessent longuement leurs torts et leurs erreurs. Le monde actuel passe par une crise sociale, que dominent deux facteurs : une vaste concentration de puissance (économique et politique) et la technique (R. Am. III, 283-285). Or, « nos Eglises ont souvent donné une sanction religieuse aux privilèges de certaines classes dirigeantes, de certaines races et de cer-

---

[1] Ces Rapports se trouvent dans R. Am. III : R. NIEBUHR (Prof. Union Semin., New-York), *Le dessein de Dieu et le désordre de la civilisation*, pp. 13-38 ; J. H. OLDHAM (Secr. I. M. C.), *Technique et Civilisation*, pp. 39-72 ; J. C. BENNETT (Prof. Union Semin., New-York), *Les églises impliquées dans le désordre social*, pp. 135-154 ; E. C. URWIN (sociologue, méthodiste), *Nouvelles expériences de l'Eglise dans ses rapports avec la société*, pp. 155-182 ; C. L. PATIJN (Conseiller Minist. Econ., La Haye), *La stratégie de l'Eglise*, pp. 237-270 ; *Message de l'Assemblée et Rapport de la troisième section*, pp. 279-296.

tains groupements politiques au pouvoir, et elles ont ainsi entravé
les réformes exigées par la justice sociale et la liberté politique.
Très souvent, elles n'ont vu que le côté purement spirituel, eschatologique ou individuel de leur message et de leur responsabilité.
Incapables de comprendre les forces qui, autour d'elles, façonnent
la société, elles n'ont pas été prêtes, au moment où il aurait fallu,
à donner des solutions positives aux problèmes nés de la civilisation
technique » (R. Am. III, 286).

Il n'est pas possible de citer longuement. Du moins peut-il
être utile de montrer ce qui est dit, d'une part, contre le communisme marxiste et athée et, de l'autre, contre le capitalisme.
Le souci d'équilibre, même dans la présentation littéraire, est sensible.

« Les points de friction entre le christianisme et le communisme marxiste et athée de notre époque sont les suivants : 1. la
promesse communiste d'une rédemption totale de l'homme dans
l'histoire ; 2. la croyance qu'une certaine classe sociale, par la
vertu du rôle qu'elle assume en apportant l'ordre nouveau, est
exempte des péchés et des ambiguïtés qui, aux yeux des chrétiens,
caractérisent toute existence humaine ; 3. l'enseignement matéria-
liste et déterministe qui, si tempéré qu'il soit, est incompatible
avec la foi en Dieu et la conception chrétienne de l'homme créé
à l'image de Dieu et responsable devant Lui ; 4. les méthodes
employées par les communistes à l'égard de leurs adversaires ;
5. la façon dont le parti exige de ses membres une obéissance
exclusive et sans réserve, qui n'est due qu'à Dieu et les méthodes
coercitives qu'emploie la dictature communiste pour contrôler tous
les aspects de la vie » (R. Am. V, 101-102).

« En même temps, l'Eglise devrait montrer clairement qu'il
existe des conflits entre le christianisme et le capitalisme... 1) le
capitalisme tend à subordonner la tâche première de tout système
économique — à savoir, pourvoir aux besoins de l'homme — aux
avantages économiques de ceux qui détiennent le pouvoir sur les
entreprises ; 2) il entraîne de graves injustices ; 3) en dépit de leur
héritage chrétien, il a créé au sein des nations occidentales un
matérialisme pratique dû à l'importance accordée au succès finan-
cier ; 4) il a toléré que le sort des peuples, dans des pays capi-
talistes, soit sans cesse menacé par les catastrophes sociales, tel
le chômage massif. Les Eglises chrétiennes devraient dire non au
libéralisme capitaliste comme au communisme, et combattre l'idée

qu'il n'y a pas d'autre possibilité que cette alternative extrême »
(R. Am. V, 102-103).

Enfin, l'existence, dans plusieurs pays, de partis politiques chrétiens pose un problème. « L'Eglise comme telle ne devrait s'identifier à aucun parti et ne jamais agir comme si elle-même en était un. En général, la formation de ces partis ne va pas sans danger, car ils assimilent facilement le christianisme aux compromis inhérents à la politique. Ils risquent d'enlever les croyants à d'autres partis qui auraient besoin du levain chrétien et de renforcer, non seulement contre leur parti, mais contre le christianisme en général, la position de ceux qui ne partagent pas leurs opinions politiques. Néanmoins, les chrétiens peuvent être amenés, dans certaines circonstances, à s'organiser en un parti politique en vue de buts précis, à condition qu'ils ne prétendent pas être les seuls à représenter l'attitude chrétienne » (R. Am. V, 104-105).

Une dernière Commission était consacrée à « L'Eglise et le désordre international » [1]. Le Rapport aborde de multiples questions : la guerre, les grandes puissances, la morale naturelle internationale, le problème des réfugiés, la liberté religieuse. Il s'agit vraiment ici, non de « questions théologiques », mais de la vie concrète des communautés chrétiennes. La rencontre John Foster Dulles (U. S. A.) et Josef Hromadka (Tchécoslovaquie) révéla les divergences entre l'Ouest et l'Est [2]. De cet ensemble de problèmes, nous avons dû choisir. Voici deux extraits, l'un ayant trait à la guerre, l'autre à la liberté religieuse.

Le premier texte a été pénible à rédiger, reconnaît M. Grubb, rapporteur. « Touchant l'attitude chrétienne à l'égard de la paix et de la guerre, nous avons tenté au début de mettre sur pied une

[1] Voici les Rapports contenus dans R. Am. IV : Roswell P. BARNES (Secr. Conseil fédéral Eglises, U. S. A.) et Kenneth G. GRUBB (Prés. Comm. Egl. affaires intern.), *Les églises devant leur tâche internationale*, pp. 27-70 ; F. M. VAN ASBECK (Prof. Droit intern. Leyde), *L'Eglise et le désordre de la société internationale*, pp. 71-111 ; John Foster DULLES (délégué U. S. A. à l'O. N. U.), *Le citoyen chrétien dans un monde qui change*, pp. 115-176 ; Jos. HROMADKA (Prof. Théol. Fac. J. Hus, Prague), *Notre responsabilité dans le monde d'après-guerre*, pp. 177-220 ; O. Fred. NOLDE (Prof. Sémin. luthér., Philadelphie, U. S. A.), *La liberté religieuse et les droits de l'homme*, pp. 225-300 ; *Message de l'Assemblée et Rapport de la quatrième section*, pp. 341-364.

[2] « Here the West confronted the East in a vivid way, and the effect on the audience was electrical » (G. K. A. BELL, *The Kingship of Christ*, p. 54).

déclaration qui, nous l'espérions, pourrait rallier l'opinion de tous les membres de la section. Nous n'y sommes pas parvenus et, comme à Oxford, nous avons dû nous borner à enregistrer les différentes attitudes chrétiennes en présence. C'est pourquoi le rapport contient ce que l'on pourrait appeler un « trilemme », résumant les trois positions représentées au sein de la Section sur la question de la paix et de la guerre » (R. Am. V, 130). La question de la guerre fut encore l'objet de maintes interventions au cours de la discussion d'Amsterdam (R. Am. V, 129-135). Voici ce « trilemme ». « La guerre peut-elle être aujourd'hui un acte de justice ? Nous n'avons pu donner à cette question une réponse unanime ; mais en cours de discussions, nous avons vu se dégager trois opinions principales : a) Tout en pensant que le chrétien peut être appelé, suivant les circonstances, à participer à la guerre, certains considèrent que la guerre moderne, avec ses destructions massives, ne peut jamais constituer un acte de justice ; b) Faute d'institutions supra-nationales impartiales, le règne de la loi, selon d'autres, ne peut être finalement assuré que par l'action militaire. Il faut donc enseigner clairement aux citoyens qu'ils doivent défendre la loi, par la force s'il le faut ; c) D'autres, enfin, refusent le service militaire sous toutes ses formes, dans la conviction que la volonté de Dieu exige de leur part un témoignage absolu contre la guerre et pour la paix, et qu'elle réclame un témoignage analogue de la part de l'Eglise. - En toute franchise, nous devons reconnaître la perplexité qui nous étreint devant ces opinions opposées ; nous mettons sur la conscience de tous les chrétiens de lutter infatigablement contre les difficultés qui en résultent et de demander humblement à Dieu sa direction. Nous croyons qu'il est du devoir des théologiens d'examiner l'aspect théologique de la question » (R. Am. IV, 348).

Le rapport contient aussi une longue déclaration sur la liberté religieuse, dont voici les points saillants, que nous citons littéralement : « a) Tout homme a le droit de choisir sa foi et son Credo. Ce droit... comprend à la fois la possibilité d'embrasser une croyance et d'en changer. Il présuppose aussi celui de recevoir un enseignement et une éducation... ; b) Tout homme a le droit d'exprimer ses convictions religieuses en les pratiquant et en les enseignant à d'autres, et à proclamer les conséquences sociales et politiques qu'elles impliquent pour la communauté humaine... ; c) Tout homme a le droit de s'associer à d'autres dans une entreprise religieuse... ; *d*) Toute association religieuse, fondée et entretenue conformément aux droits individuels, a le droit de choisir son programme et ses méthodes pour parvenir aux fins qu'elle se propose... » (R. Am. IV, 360-361).

Caractéristiques de la Conférence

L'événement capital de la Conférence d'Amsterdam fut la constitution du Conseil œcuménique des Eglises. C'est là un fait marquant de l'histoire des Eglises non-romaines, « un des plus grands faits de l'histoire des âmes depuis la séparation de la chrétienté » [1]). C'est aussi une étonnante aventure - au sens le plus noble du terme - et les dirigeants du Conseil œcuménique ne pouvaient et ne peuvent pas encore savoir ce qui sortira de cette volonté d'être unis. Certes, des discussions peuvent être suscitées sans fin, et en bien des domaines ; nous en rappellerons quelques-unes plus loin. Mais il serait injuste de ne pas reconnaître qu'un changement est survenu dans les relations entre les Eglises et les confessions chrétiennes. Du point de vue de l'économie interne des Eglises, comme du point de vue de leur présence et de leur témoignage dans le monde, Amsterdam, par la constitution du Conseil œcuménique, est un événement historique.

Du point de vue de la doctrine, Amsterdam n'a guère amélioré l'acquis d'Edimbourg. La tendance *Faith and Order* fut loin d'être prédominante, même à la Commission I. La teneur théologique des rapports n'est pas supérieure à celle des conférences précédentes ; peut-être n'était-ce même pas nécessaire dans une Assemblée générale d'Eglises et non de théologiens comme tels. On retiendra cependant certaines données théologiquement importantes. D'abord, la méthode « dialectique », dont nous parlerons plus bas. Ensuite, un effort d'« historicité ». Les rapporteurs ont signalé les facteurs non-théologiques qui nuisent ou empêchent l'unité (culture, langue, histoire, politique, races, etc.), parfois même en prenant l'apparence de difficultés strictement théologiques et religieuses. Or, il est très important de dissocier, dans la mesure du possible, les données purement doctrinales et leur revêtement non-théologique, par souci de vérité, de clarté et d'union. On retiendra aussi

---

[1]) R. ROUQUETTE, dans *Etudes*, juillet-août 1948, p. 51.

un effort dans le domaine de la « subjectivité ». Les difficultés viennent aussi, a dit un auteur, du comportement psychologique de ceux qui discutent : idées, craintes non expliquées, méfiances, erreurs dans les appréciations doctrinales, etc., bref, toute la « psychanalyse œcuménique » [1]). Cette attitude, comme la précédente, est très importante pour l'union. Enfin et surtout, il y aurait beaucoup à dire sur la notion d'Eglise qui a régné à Amsterdam. C'en est même le point doctrinal essentiel. Nous y reviendrons dans la seconde partie.

La méthode « dialectique », - qui n'est pas encore celle du Rapport de la Commission I, - a été lancée à Amsterdam par K. Barth et y est demeurée très active au cours des débats. Voici comment elle se distingue des autres méthodes en cours dans les discussions œcuméniques.

Méthode A. - « Articles fondamentaux et articles non-fondamentaux ». Depuis longtemps, et particulièrement depuis Jurieu, on fonde les essais d'union sur cette distinction. L'unité de l'Eglise n'impliquerait que l'adhésion aux croyances fondamentales, au « fondement ».

Méthode B. - A Edimbourg, notamment, et dans les travaux de *Faith and Order*, voire dans le Rapport de la Commission I d'Amsterdam, on se trouve en présence d'une autre méthode : on rassemble les différents points sur lesquels l'accord existe (p. ex. Eglise, grâce), et l'on signale ensuite les différents points de divergence.

Méthode C. - La méthode dialectique travaille par « oui » et « non », par arêtes nettes et raides. Elle a l'avantage de se placer devant les réalités ecclésiastiques totales et de montrer que les différences qui les affectent à la périphérie s'enracinent en fait jusque dans les doctrines essentielles. Elle montre bien le caractère un peu abstrait et inexact de la méthode B : les points sur lesquels on est d'accord sont en effet compris différemment, d'après la ligne fondamentale de pensée propre à chaque théologie. En ce sens, la vision tranchante de la méthode dialectique est un progrès dans le service de la vérité, aussi bien que dans l'effort de sincérité. Elle a plu immédiatement aux Eglises de tendance « catholique », si bien que la Commission *Faith and Order* l'a acceptée désormais

[1]) D. C. LIALINE, dans *Irén.*, 1950, p. 283.

pour ses travaux. Et G. Florovsky a pu écrire : « Il faut espérer que la Commission théologique de *Foi et Constitution* préparera son monumental ouvrage sur l'Eglise dans l'esprit d'Amsterdam plutôt que dans celui d'Edimbourg, déjà dépassé » [1]).

La méthode « dialectique » a cependant, elle aussi, des inconvénients. Elle est peut-être trop tranchante : la réalité, si elle est dans sa totalité de type « protestant » ou de type « catholique », est cependant, dans sa totalité aussi, plus en nuances que les assertions absolues de la méthode « dialectique » paraissent le dire. D'autre part, cette méthode « dialectique » n'a rien de spécifiquement biblique, du moins ne se présente-t-elle pas comme surgissant de la pensée révélée comme telle : c'est là une nuance qui, sans doute, lui vaudra un jour une diminution de faveur dans les milieux *Faith and Order*, lesquels n'en retiendront finalement que la sincérité et la netteté dont elle témoigne, notamment, en supprimant les ambiguïtés latentes dans les « exposés des accords et des convictions communes ». Enfin, la méthode dialectique ne permet pas de marquer suffisamment la distinction existant dans la doctrine entre la foi, la théologie et la philosophie religieuse, ce qui constitue une lacune grave en méthodologie théologique.

Le retentissement d'Amsterdam auprès des fidèles et des Eglises est difficile à apprécier. La presse entière a signalé ces assises chrétiennes grandioses, ces cérémonies religieuses inoubliables [2]). Les commentateurs ont été unanimes à constater, au delà des divergences patentes et manifestes, un effort d'union et une volonté profonde de rapprochement. La volonté du Christ est que son Eglise soit une : nous nous sommes rencontrés et nous ne nous séparerons point : tel est le sentiment commun. L'arrière-plan politique, caractérisé par une tension Est-Ouest, ne fut pas trop sensible, sinon par instants à la Commission IV [3]). La présence de K. Barth donna aux réunions une sorte de dynamisme, pas assez maîtrisé lorsqu'il s'agissait de l'Eglise catholique romaine. Les représentants ortho-

---

[1]) *Irén.*, 1949, p. 23.

[2]) On trouvera un excellent compte-rendu documentaire dans *Irén.*, 1949, pp. 59-72; L. K., *L'Assemblée d'Amsterdam et l'Unité de l'Eglise*, dans *La vie intellectuelle*, 1948, pp. 6-45. *L'Osservatore Romano* du 11 décembre donne un résumé de la Conférence faite sur Amsterdam par le P. Boyer, S. J., témoin oculaire. *Verbum Caro* de décembre 1948 lui est entièrement consacré.

[3]) Cfr W. H. VAN DE POL, dans *Nederl. Kathol. Stemmen*, 1948, pp. 303-304.

doxes grecs furent souvent mal à l'aise et les Rapports ont été
reçus avec pas mal d'hésitations [1]). Si l'Eglise russe était absente,
des théologiens russes ont aussi marqué des restrictions [2]). Cette
fois, la délégation orthodoxe ne fit pas de déclaration séparée, ce
qui impressionnait toujours péniblement les délégués. Au fond,
Amsterdam était plus près d'Oxford que d'Edimbourg ; les délégués
étaient hommes d'Eglise plutôt que théologiens [3]). Certes, cela
valait-il mieux, en cette première confrontation universelle. L'avenir
seul pourra dire en quelle mesure le Conseil œcuménique des Eglises
est un instrument de la volonté du Christ sur son Eglise [4]).

---

[1]) On trouvera un résumé français de différents articles dans P. DUMONT,
L'Assemblée d'Amsterdam et l'Orthodoxie grecque, dans *Irén.*, 1950, pp. 88-96.

[2]) Ainsi G. FLOROVSKY, *Une vue sur l'Assemblée d'Amsterdam*, dans *Irén.*,
1949, pp. 5-25.

[3]) Cfr M. PRIBILLA, *Interkonfessionnelle Verständigung. Die Weltkirchenkonferenz von Amsterdam*, dans *Stimmen der Zeit*, janvier 1949.

[4]) Sur l'œuvre du C. Œ. E. de 1948 à 1954, lire *Les six premières années.
1948-1954*. Genève, Conseil œcuménique, 1954, 158 p.

CHAPITRE VI

L'ASSEMBLÉE D'EVANSTON (ILLINOIS, U. S. A.)
15-31 AOUT 1954

La Deuxième Assemblée générale du Conseil œcuménique des Eglises s'est tenue à Evanston, à la Northwestern University, fondation de l'Eglise méthodiste. Elle comprenait 502 délégués, 499 visiteurs accrédités, 145 consultants, 96 « Jeunes », 31 « délégués fraternels » et 25 observateurs. Bref, 1298 personnes, 162 Eglises-membres, 42 pays [1]).

L'Assemblée

Comme toutes les Conférences œcuméniques, celle d'Evanston fut préparée de longue date [2]). En 1950, le Comité central, réuni

---

[1]) Le Rapport de cette Assemblée n'a été imprimé qu'en langue anglaise: *The Evanston Report. The Second Assembly of the World Council of Churches. 1954*, ed. by W. A. VISSER 'T HOOFT, New York, Harper - London, SCM Press, 1955, 360 p. On y trouve, avec les documents doctrinaux et les discussions, un aperçu des événements qui ont marqué le cours de l'Assemblée (sigle E. A.). Tous les documents doctrinaux de l'Assemblée ont été cependant imprimés en un volume copieux: *L'espérance chrétienne dans le monde d'aujourd'hui. Message et Rapports de la deuxième Assemblée du Conseil œcuménique des Eglises. Evanston 1954*, Paris-Neuchâtel, Delachaux et Niestlé, 1955, 476 p. (sigle E. F.). En allemand, on possède: *Evanston-Dokumente. Berichte und Reden auf der Weltkirchenkonferenz in Evanston 1954*, hrg. Dr. Focko LÜPSEN, Witten (Ruhr), Luther-Verlag, 1955, 360 p.

[2]) Rapport (1e rédaction), 1951, 10 pages dactylographiées; en anglais: *The Ecumen. Rev.*, oct. 1951, pp. 71-79.

Rapport (2e rédaction), déc. 1952, 28 pp. dactylogr. et édité dans *Foi et Vie*, 1953, pp. 343-382; en anglais: *The Ecum. Rev.*, oct. 1952, pp. 73-98. Ce rapport était accompagné de 6 brochures d'introduction aux six thèmes secondaires (en 1re rédaction): n. 1. *Foi et Constitution. Notre unité en Christ, notre désunion en tant qu'Eglises*, Genève, 23 pp.; n. 2. *Evangélisation. La mission de l'Eglise auprès de ceux du dehors*, Genève, 22 pp.; n. 3. *Questions sociales. La Société et ses responsabilités sur le plan mondial*, Genève, 23 pp.; n. 4. *Affaires inter-*

à Toronto, décidait de prendre comme thème central : Jésus-Christ
Seigneur, seul espoir de l'Eglise et du monde. La formulation du
titre fut changée six fois : Espérance ou Espoir ? Le Christ crucifié,
ressuscité ? Espoir de l'Eglise, du monde ? Finalement, ce fut « Le
Christ, seul espoir du monde ». Et de quelle espérance s'agit-il ?
Espérance céleste ? Espérance terrestre ? L'une et l'autre ? Le
Comité central mit sur pied une Commission consultative de 25 théologiens et laïcs. Elle se réunit en 1951 à Rolle (Suisse) pour préparer
un Rapport, qui fut envoyé à chaque Eglise-membre [1]) ; en 1952,
à Bossey (Suisse), pour transformer ce premier Rapport d'après les
remarques qui avaient été faites [2]) et en rédiger un second [3]), qui
fut également communiqué aux Eglises-membres ; en 1953, pour
retravailler ce second Rapport [4]) et en rédiger un troisième qui a
été soumis aux délégués d'Evanston.

nationales. *La part des chrétiens dans la lutte en faveur d'une communauté mondiale*, Genève, 23 pp.; n. 5. *Relations entre groupes humains. L'Eglise au milieu
des tensions raciales et ethniques*, Genève, 23 pp.; n. 6. *Laïcat. La vocation
du chrétien*, dans *Evangélisation*, 1953, pp. 208-214.

Rapport (3e rédaction), 1954: *Le Christ, seul espoir du monde*, Genève, Conseil
œcuménique, 46 pp. Brochure n° 7, 1954; en anglais: *The Ecum. Rev.*, juillet
1954, pp. 430-465. Ce rapport est accompagné de 6 brochures d'introduction aux
six thèmes secondaires: n. 1. *Foi et Constitution. Notre unité en Christ et notre
désunion en tant qu'Eglises*, Genève, 51 pp.; n. 2. *Evangélisation. La mission
de l'Eglise auprès de ceux du dehors*, Genève, 54 pp.; n. 3. *Questions sociales.
La Société et ses responsabilités sur le plan mondial*, Genève, 61 pp.; n. 4. *Affaires étrangères. La part des chrétiens dans la lutte en faveur d'une communauté
mondiale*, Genève, 51 pp.; n. 5. *Relations entre groupes humains. L'Eglise au
milieu des tensions raciales et ethniques*, Genève, 47 pp.; n. 6. *Les laïcs. Le
chrétien dans sa vie professionnelle*, Genève, 51 pp. Ces 6 brochures ont été
éditées en un volume sous le titre: *The Christian Hope and the Task of the
Church. Six Ecumenical Surveys and The Report to the Assembly*, New-York,
Harper and Brothers, 400 pp.; trad. franç.: *Six enquêtes et le Rapport de la
Commission consultative sur le thème central*, Genève, Conseil œcum.; trad.
allem. *Einerlei Hoffnung eurer Berufung*, Zurich, Gotthelf-Verlag.

[1]) Cfr *The First Report of the Advisory Commission on the Theme of the
Second Assembly of the World Council of Churches*, dans *The Ecum. Rev.*, oct.
1951, pp. 71-79; aussi R. MEHL, dans *Foi et Vie*, nov.-déc. 1951, pp. 632-636.

[2]) *Comments on the First Report of the Advisory Committee on the Theme
of the Second Assembly*, dans *The Ecum. Rev.*, janv. 1952, pp. 161-173.

[3]) *The Second Report of the Advisory Committee on the Theme of the Second Assembly of the World Council of Churches*, dans *The Ecum. Rev.*, oct.
1952, pp. 73-98.

[4]) Pour l'essentiel des remarques cfr *Synopsis of Comments in the Second*

La différence entre le Premier et le Second Rapport est considérable. Celui-ci est plus ample, mieux articulé, plus dogmatique,
plus biblique. L'impression d'ensemble des Eglises sur cette seconde
rédaction fut bonne. Mais la partie biblique fut soumise à sérieuse
critique. Les textes sont-ils expliqués avec objectivité ? Sont-ils
cités pour défendre un point de vue particulier ou pour écouter
le Seigneur ? Distingue-t-on assez entre ce qui est transitoire et
ce qui est définitif dans les passages eschatologiques ? D'autres
desiderata témoignent d'un sens théologique averti. R. Niebuhr,
avec plusieurs théologiens, aurait voulu qu'on montrât mieux le
lien existant entre l'espérance, la foi et la charité [1]). D'aucuns
s'étonnent de ne pas trouver des aspects importants de l'espérance.
Enfin, quelques lacunes furent relevées : par exemple le Rapport
ne rappelle pas l'assurance qui est donnée au chrétien de son
triomphe individuel sur la mort : or, pour chaque chrétien, il y a
là une source importante d'espérance. Le plan d'ensemble lui-
même allait en être transformé. Et c'est ainsi qu'on aboutit au
Troisième Rapport, présenté à l'Assemblée d'Evanston.

Au thème principal de l'Assemblée étaient annexés six thèmes
particuliers : ils traitent de questions chères au Conseil œcuménique,
donnant un aperçu documentaire de la situation générale, mais en
situant l'ensemble dans les perspectives de l'espérance chrétienne.
Ces thèmes connurent aussi différentes rédactions. L'aboutissement
du travail, parfois manifeste un réel progrès, parfois aussi « laisse
le lecteur sur sa faim ». Nous y reviendrons plus loin, en exposant
chacun de ces thèmes en particulier.

* * *

C'est par un imposant « Festival of Faith » que furent inaugu-
rées les deux semaines de prière et d'études des 162 Eglises et
Confessions membres du Conseil œcuménique des Eglises. Le thème
fondamental de l'Assemblée : le Christ seul espoir du monde, était

Report of the Advisory Commission, juin 1953, 20 pp. dactyl. Voir aussi, par
divers théologiens: The Nature of the Christian Hope, dans The Ecum. Rev.,
avril 1952, pp. 282-295; The Meaning of Hope in the Bible, dans The Ecum.
Rev., juillet 1952, pp. 419-426.

[1]) R. NIEBUHR, Hope needs Faith and Love, dans The Ecum. Rev., juillet
1953, pp. 358-363. Voir aussi dans The Ecum. Rev., janvier 1954, les articles de
E. SCHLINK, The Christian Hope and the Unity of the Church (pp. 113-117);
L. NEWBIGIN, The Present Christ and the Coming Christ (pp. 118-123).

en fait complété par un autre, empreint d'actualité et de saine prudence : En Christ, il n'y a ni Est, ni Ouest. Dans son Discours d'ouverture, le Secrétaire général du Conseil œcuménique se réjouit de constater la stabilité du Conseil œcuménique et regretta deux grandes absences. D'abord, celle des Eglises situées de l'autre côté de l'« Iron Curtain ». Ensuite, celle de l'Eglise de Rome, dont l'attitude avait été définie, à l'occasion de l'Assemblée, par une Lettre du Cardinal Samuel Stritch, archevêque de Chicago. Cette Lettre, datée du 8 juillet, et consacrée à la doctrine de l'« unité de l'Eglise », rappelait la position catholique en termes nets, et parfois abrupts. Le Dr Visser 't Hooft répondit au Cardinal, en le remerciant d'avoir évité les expressions agressives, tout en se plaignant de quelques passages qu'il ne pouvait accepter - ainsi, « when it speaks of 'some sort of man-made unity among Christians sects', an expression which we can only repudiate as a caricature of the true goal of the World Council of Churches » - et en regrettant que le comportement du cardinal semblait être en recul par rapport à ce qui était prévu par l'Instruction *Ecclesia catholica* de 1949 [1]). Dans le Rapport qu'il présenta à l'Assemblée elle-même, M. Visser 't Hooft fit encore allusion aux « absents », et notamment aux catholiques romains : tout en regrettant l'attitude intransigeante de l'archevêque de Chicago, le Secrétaire général se réjouissait de l'intérêt porté par de nombreux théologiens d'Europe aux travaux doctrinaux du Conseil œcuménique [2]).

L'Assemblée eut l'honneur d'une visite et d'un Discours du Président D. Eisenhower. Accueilli par l'archevêque anglican G. F. Fisher, de Canterbury, le Président prononça un Discours sur la Paix, œuvre de la prière, autant que résultat de la diplomatie et des efforts militaires. Il fut spécialement applaudi lorsqu'il rappela que lui-même était membre d'un des corps ecclésiastiques représentés au Conseil œcuménique, l'Eglise presbytérienne.

Par ailleurs, il fut pourvu au remplacement des six présidents de l'Assemblée. Celle-ci, après avoir spécifié qu'aucun président sortant n'était immédiatement rééligible, désigna : le Dr. John Baillie, membre de l'Eglise d'Ecosse ; l'évêque Sante Uberto Bar-

---

[1]) On trouvera le texte de cette réponse dans *Ecum. Rev.*, janv. 1955, pp. 169-171.

[2]) Cfr E. A. 27-28, ainsi que *Ecum. Rev.*, oct. 1955, p. 82.

bieri, de l'Eglise méthodiste et exerçant son ministère en Argentine, en Uruguay et en Bolivie ; l'évêque F. K. Otto Dibelius, président de l'Eglise évangélique d'Allemagne ; le métropolite Juhanon Mar Thoma, de l'Eglise syrienne de Malabar, Inde du Sud ; l'évêque Henry Knox Scherril, de New-York, Président de l'Eglise protestante épiscopalienne des Etats-Unis. Comme on le voit, tous les présidents sont hommes d'Eglise. L'Assemblée manifesta cependant vivement son désir d'y trouver un laïc ; mais peu de noms furent présentés, et aucun ne fut retenu.

Comme toutes les Conférences œcuméniques, le programme comportait des réunions de culte et de prière, des sections, des assemblées générales. La première semaine fut consacrée au thème principal : Le Christ, seul espoir du monde. Elle fut inaugurée par un service solennel, avec sermon du Dr. G. Bromley Oxnam, évêque méthodiste de Washington, qui revint plusieurs fois sur le thème cher aux milieux œcuméniques : « Nous voulons demeurer ensemble ». Puis, la méthode à suivre fut déterminée : d'abord, une séance plénière où les différents points du Document préparatoire seraient expliqués par le Dr. E. Schlink, de Heidelberg et le Dr. Robert L. Calhoun, de Yale ; ensuite, discussion en 15 groupes et élaboration par un Comité de coordination ; enfin, Assemblée générale, discussion et adoption du Rapport définitif.

Le thème central : le Christ, seul espoir du monde

Le thème de l'espérance comptait trois secteurs : 1. Le Christ notre espérance, où sont rappelées les promesses de Dieu à son Royaume à venir et déjà en travail actuellement ; 2. Le Christ et son peuple, où apparaît l'ecclésiologie d'Evanston : mission de l'Eglise, unité de l'Eglise, renouveau de l'Eglise ; 3. Le Christ et le monde, où l'on trouve l'espérance en fermentation sur la terre.

LE RAPPORT

Le Christ, notre espérance. Les développements de cette première partie sont véritablement grands. « Dieu appelle aujourd'hui l'Eglise de Jésus-Christ à parler d'espoir sans tergiverser. Jésus-Christ est notre espérance » (E. F. 15). L'espérance est autre chose que « ce que les hommes veulent dire d'ordinaire lorsqu'ils parlent d'espoir » : elle est « fondée sur ce que nous savons de Dieu et parce que nous le connaissons par ses actes » (E. F. 15). C'est « le Seigneur crucifié qui est l'espoir du monde » (E. F. 16). Les promesses de Dieu, consignées dans les saintes Ecritures, nous parlent de cette espérance, de ce royaume messianique, qui vient et qui pourtant est déjà présent parmi nous (E. F. 17-21). Nous sommes ainsi amenés, immédiatement, à la tension théologique entre les « eschatologistes » et les « sociaux ». Au cours des séances préparatoires, déjà, il y eut de mémorables échanges de vues entre R. Niebuhr et K. Barth. A Evanston, les deux aspects furent exposés avec force et sûreté, avec réalisme dogmatique et avec réalisme temporel, dans un visible effort d'unir les valeurs en présence : le progrès sur Stockholm est considérable.

Le Royaume déjà existe. La grâce et la puissance du Seigneur sont déjà à l'œuvre parmi les hommes. « Etant des hommes nouveaux, toutes choses sont nouvelles. Nous voyons les expériences individuelles et sociales selon une perspective nouvelle. Tout le cours de l'histoire est transfiguré » (E. F. 18). Cependant, « bien que nous vivions déjà dans l'âge nouveau, sa réalité et sa puissance ne sont pas encore pleinement révélées... Le mal, profondément enraciné dans la création, y travaillant puissamment et dépassant souvent de beaucoup ce que nous pouvons comprendre et maîtriser, ensorcelle le cours entier de l'histoire » (E. F. 19). Aussi, « ni l'Eglise, ni les chrétiens individuels ne peuvent espérer échapper à la souffrance et parfois à la catastrophe. L'Eglise, en effet, doit vivre dans le monde qui a crucifié son Seigneur » (E. F. 19). D'où la tension réelle qui existe au cœur de tous les vrais croyants.

Le croyant est aux prises avec une double tentation. « D'une part, il est tenté de désespérer de ce monde et de fixer toute son attention sur le monde à venir. Il peut arriver à oublier que Dieu le maintient en ce monde précisément pour exercer un ministère de réconciliation avec Lui. Il peut se laisser tellement abattre par la puissance apparemment invaincue du mal, qu'il en perde toute foi dans la possibilité que Dieu, qui a créé et préservé le monde, puisse aussi y faire éclater sa puissance. Dans sa nostalgie de la Cité céleste et de toutes ses bénédictions, il risque de passer à côté de son prochain tombé aux mains des voleurs et de le laisser au bord du chemin. Mais le croyant est aussi tenté d'une manière différente. Parce qu'il a été appelé des ténèbres à la lumière et qu'il lui a été donné de participer *hic et nunc* à la gloire du Christ ressuscité, il peut perdre de vue que ce qu'il reçoit ici n'est qu'un avant-goût. Il peut s'attacher si exclusivement aux possibilités de ce monde qu'il en oublie que le monde entier est soumis au jugement de Dieu. Il peut confondre les résultats obtenus par les hommes avec le Royaume de Dieu et perdre ainsi la seule vraie norme pour juger les actes humains. Il peut oublier les véritables dimensions de l'existence de l'homme en tant qu'enfant de Dieu, créé et racheté pour la vie éternelle et, en cherchant dans l'histoire terrestre les fins de la vie humaine, il peut faire de l'homme, en le déshumanisant, le simple instrument d'un plan terrestre » (E. F. 20-21).

La deuxième partie du Rapport préparatoire est consacrée au « peuple de Dieu », concrètement l'Eglise. Nous le citerons longuement plus loin, en parlant de l'ecclésiologie des milieux œcuméniques. « Notre espérance se fonde sur un événement capital, qui comprend l'incarnation, le ministère, la mort et la résurrection de Jésus-Christ » (E. F. 25). Il en résulte l'Eglise, « le témoin et la preuve de ce que Dieu a accompli, le signe de ce qu'il fait et fera encore, ... le moyen par lequel Dieu met ses desseins à exécution, ... le champ où la gloire de Dieu, manifestée une fois en Jésus-Christ pour ceux qui avaient des yeux pour voir, sera révélée à tout l'univers créé » (E. F. 26). La mission de l'Eglise est universelle. Cette mission, c'est notre participation à l'œuvre de Dieu, inaugurant le royaume sur cette terre et conduisant à la consommation du règne dans les cieux. « C'est ainsi que la vraie nature et les véritables dimensions de la tâche missionnaire de l'Eglise sont déterminées, car elles le sont par celui dont c'est l'œuvre » (E. F. 27). L'incidence des différentes conceptions du royaume de Dieu reparaît. « Tout ceci signifie qu'en dernière analyse la fonction de l'Eglise est d'être à la fois l'instrument des desseins de Dieu dans l'histoire et la première réalisation de son Royaume sur terre » (E. F. 29).

« Instrument et prémices du Règne de Dieu sur la terre, l'Eglise est *une* de par sa nature même. Où le Christ, l'Unique est à l'œuvre, où le témoignage apostolique lui est fidèlement rendu par la Parole et le sacrement, là est l'Eglise *une*... Il nous faut le déclarer, face à quelque contradiction que ce soit. L'unité de l'Eglise est tellement cachée sous nos multiples divisions, qu'en l'affirmant nous avons souvent l'air de nous moquer » (E. F. 29). De fait, la division des chrétiens demeure un grand scandale pour ceux qui sont atteints par la prédication de l'Evangile. Des témoignages nombreux furent entendus à Evanston ; le Rév. P. K. Dagadou, de la Côte d'Or, décrivit l'impression désastreuse que la désunion et les disputes entre Eglises chrétiennes font sur les non-chrétiens.

Mais l'Eglise sait, de source certaine, « qu'à la fin de son pèlerinage, son unité en Christ sera totale et manifeste ; cette unité relève de l'ultime structure de la réalité. C'est là le but vers lequel se meut toute l'histoire, toute la création » (E. F. 29). Malheureusement, « nous ne sommes pas d'accord quant à la forme sous laquelle l'unité de l'Eglise devrait se réaliser » (E. F. 30). Un jour, cependant, l'Eglise sera triomphante ; « la structure visible de l'Eglise passera avec l'économie présente, mais, en tant que peuple élu de Dieu, l'Eglise entrera dans la victoire du Royaume de Dieu qui est à venir. C'est là qu'enfin le vrai sens et le vrai but de sa mission se réaliseront, car toutes les familles de l'humanité y seront accueillies. C'est là qu'enfin l'Eglise connaîtra pleinement ce que c'est qu'être un en Christ » (E. F. 33).

Un troisième chapitre « Le Christ et le monde » marque le point d'application de l'espérance chrétienne dans les réalités temporelles : l'histoire, la société, la profession. Le dessein de Dieu « plane sur l'histoire entière du monde, sur les temps qui ont précédé le Christ comme sur ceux qui le suivent. Dieu est le créateur du monde, et le temps tout entier est compris dans son éternel dessein. Les chrétiens rejettent ces philosophies, anciennes ou modernes, qui considèrent l'histoire et le temps comme illusoires et dénués de sens... » (E. F. 34). De plus, « Dieu étant le Seigneur de l'histoire, les chrétiens doivent rejeter toutes les théories de progrès automatique ou de déclin fatal. L'espérance de l'homme ne se fonde pas sur un processus ou une réalisation historique, mais sur Dieu » (E. F. 35).

Le monde actuel est plein d'espoirs terrestres ; ces espoirs peuvent être chrétiens : il y a « une espérance chrétienne pour la société » (E. F. 37). Mais il ne faut pas confondre cette traduction sociale du christianisme avec certaines espérances terrestres qui n'en sont qu'une partie ou qu'une apparence. Cette « espérance chrétienne pour la société » ne peut être identifiée telle quelle avec l'humanisme démocratique, même si, « du point de vue historique, la foi chrétienne est en relations étroites » avec lui, car « il doit à des sources autres que chrétiennes certains éléments qui vicient sa compréhension de l'histoire » (E. F. 37). Elle ne peut accepter non plus l'humanisme scientifique, lorsque celui-ci « concentre tous ses espoirs sur l'homme » (E. F. 39). Elle ne peut être identifiée avec le marxisme, dont trop de données théoriques et de comportements pratiques sont en contradiction avec la pensée chrétienne (E. F. 39-41). Elle ne peut être identifiée à la renaissance nationale des peuples, et à la mise en vedette du patrimoine culturel et religieux qui l'accompagne ; néanmoins, il ne faut pas décourager les aspirations temporelles légitimes en les opposant maladroitement aux espérances célestes du christianisme (E. F. 41-44). Elle doit, enfin, être l'« espérance des désespérés », tels les « existentialistes » athées (E. F. 44-46).

L'espérance chrétienne constitue aussi un stimulant pour nos tâches terrestres. L'amour du prochain nous fait un devoir de prendre notre part au travail de ce monde. « Notre vocation nous confère la responsabilité de rechercher une amélioration de la vie sociale et politique » (E. F. 47). La « volonté de Dieu est que les hommes connaissent la *vérité* et s'y attachent... que les hommes soient *libres* de le connaître et de le servir... que la droiture soit comme un courant d'eau et la *justice* comme un torrent qui ne tarit jamais... que la *paix* puisse régner parmi les hommes » (E. F. 48-49).

LE DOCUMENT ANNEXE

Tels sont les thèmes présentés sur l'espérance chrétienne. Nous les avons repris tels quels, parce que l'Assemblée elle-même a décidé de ne point toucher au texte préparé par la Commission théologique. Il sera publié tel quel. Mais en contre-partie, un Rapport - *Statement* - lui sera annexé, avec l'essentiel des remarques et modifications faites par l'Assemblée à Evanston même.

Il est apparu, tout d'abord, que la majorité des délégués étaient d'accord sur l'essentiel du texte qui leur était présenté. Accord bien naturel, d'ailleurs, puisque le texte est le résultat de la collation des remarques critiques faites par toutes les Eglises-membres pendant la phase préparatoire d'Evanston. Ce rapport, dit-on, est biblique, à la fois par ses sources et dans ses expressions ; il fonde avec raison l'espérance chrétienne, non sur des prévisions humaines, mais sur la promesse active du Christ ; il souligne les liens existant entre le Christ d'une part et, de l'autre, l'histoire, la présence du Seigneur dans la Parole et le Sacrement, son retour dans la gloire pour le jugement, bref, le caractère eschatologique de l'espérance chrétienne ; enfin, il reconnaît que l'Eglise est le signe et le témoin des hauts-faits de Dieu, l'instrument de son œuvre et le terrain sur lequel sa gloire doit être révélée (E. F. 59-60).

Mais il y eut aussi quelques critiques. « Le langage du rapport a été constamment critiqué, et cela dans tous les groupes qui l'ont jugé : indigeste, trop théologique, trop exclusivement biblique et, partant, inintelligible pour quantité de personnes. Beaucoup ont insisté sur la nécessité de traduire le rapport en langage pour laïcs » (E. F. 60). « Beaucoup estiment que l'œuvre du Saint-Esprit a été à peine effleurée » (E. F. 60). Beaucoup réclamèrent une déclaration plus claire au sujet de la relation entre « la révélation finale » et « ce qui est encore en train de s'accomplir » (E. F. 61). On estima aussi qu'« une note de joie et de certitude de l'espérance chrétienne devrait se faire entendre avec beaucoup plus de force » (E. F. 62). D'aucuns, nombreux, « jugèrent que les allusions eschatologiques si solennelles du rapport jetaient une ombre sur le don total de l'espérance au monde » (E. F. 62). On le voit, ce sont là des préoccupations communes à tous les chrétiens, même hors du Conseil œcuménique des Eglises.

Les six thèmes particuliers

La seconde semaine de l'Assemblée d'Evanston a été consacrée à six thèmes particuliers, soumis à la discussion de six groupes de 125 personnes, chargées de revoir les rapports et de les présenter ensuite à l'approbation de tous les délégués [1]). Pour chacun d'eux, un *Working-Paper* orientait la discussion.

Le thème de la Commission I avait été réservé à *Foi et Constitution*. Il nous situe en pleine ecclésiologie : « Notre unité en Christ et notre désunion en tant qu'Eglises ». Le Rapport soumis à l'Assemblée contient de nombreux renseignements et de précieuses mises au point relatives au Document de Toronto ; mais il ne fournit pas encore les considérations théologiques répondant aux

[1]) Cfr *Articles on Preparations for the Evanston Assembly*, dans *The Ecum. Rev.*, oct. 1953, pp. 1-55.

questions très pertinentes qui avaient été posées [1]). Il complète l'idée que nous nous faisions de la doctrine commune des milieux œcuméniques sur les signes de l'Eglise, les modes de reconnaissance réalisable entre Eglises-membres, les relations des Eglises-membres avec l'Eglise d'après leur propre théologie, la nature du Conseil œcuménique des Eglises. Dans l'ensemble, la dimension christologique prévaut sur les « domaines secondaires bien que très importants, tels le ministère, l'organisation de l'Eglise, l'autorité, les sacrements et la fonction de l'Eglise dans le monde » (E. F. 121) ; elles sont toutes capitales en ecclésiologie chrétienne, et « c'est, sans doute, un signe d'espoir que les éminents théologiens du Conseil œcuménique aient décidé d'étudier des questions de ce genre » (E. F. 122).

Au cours de l'Assemblée même, les discussions portèrent sur les questions indiquées par le *Working Paper*, à savoir : 1. Notre unité en Christ ; 2. L'unité de l'Eglise dans son pèlerinage terrestre ; 3. Notre désunion comme Eglises ; 4. L'œuvre de la foi. Il en résulta un Rapport final adopté par l'Assemblée ; il révèle, par son texte même, les difficultés auxquelles durent faire face les délégués qui l'ont élaboré (E. F. 72-81).

L'unité de l'Eglise, y lit-on, n'est point sociologique ; elle trouve sa réalité dans la relation indissoluble existant entre le Christ et son peuple. L'unité possédée par le peuple de Dieu cheminant ici-bas n'est pas encore l'unité en sa réalisation parfaite et plénière ; elle est en croissance, en devenir. C'est pourquoi, le Christ a donné à son Eglise son Esprit, lien de paix et d'amour. Il lui a donné des apôtres, des prophètes, des évangélistes, des pasteurs et des docteurs, « afin que l'unité du corps progresse constamment » (E. F. 73). Il lui a donné les Ecritures, le Baptême et l'Eucharistie, « par lesquels l'Eglise proclame le pardon des péchés, et par lesquels, dans la puissance de l'Esprit, la foi est vivifiée et nourrie » (E. F. 73). En un mot, le Christ s'est donné lui-même ; et c'est en Lui que l'unité de l'Eglise est déjà partiellement réalisée. Toutefois, comme Eglises, nous sommes désunis. Cette désunion est causée par notre péché. Elle fait pièce à l'œuvre de la rédemption et contredit le message de la réconciliation. Il nous faut donc nous tourner davantage vers l'unique seigneurie du Christ sur l'Eglise, et point vers notre théologie, notre constitution, notre histoire, notre natio-

[1]) Elles seront reprises dans la Deuxième Partie.

nalité. Là, nous trouverons la Croix, qui nous enseignera le renoncement à tout ce qui divise et nous apprendra à « mourir dans le Christ » (E. F. 76-78).

Notre foi, poursuit le Rapport, n'est pas demeurée inactive. Nous ne sommes plus séparés, bien que nous soyons désunis comme Eglises. Nous considérons nos divisions avec repentance. Nous possédons certains « éléments constitutifs de l'unique Eglise du Christ ». Nous présentons nos convictions à la communauté des Eglises, nous cherchons en commun à discerner le jugement de Dieu sur ce que nous sommes (E. F. 79).

Pour l'avenir, nous pourrions envisager les suggestions suivantes. Nous réjouir d'abord de l'union qui nous est actuellement donnée dans le Conseil œcuménique. Agir ensemble aussi longtemps que l'action séparée n'est pas impérieusement exigée par des divergences essentielles. Ecouter ce que dit le Seigneur au sujet de la réalisation actuelle de l'unité et, en ce sens, étudier la tradition chrétienne des Eglises. Examiner l'influence des facteurs culturels et sociaux dans le fait des divisions. Etudier les exigences d'unité contenues dans le Baptême et l'Eucharistie. Nous efforcer de parvenir à la reconnaissance de tout ministère prêchant l'Evangile du salut. Porter ensemble témoignage à l'évangile de Celui qui est toujours prêt à vaincre notre péché de désunion. Prier ensemble, spécialement en observant la Semaine de l'unité, les 18-25 janvier (ou une autre date selon les circonstances locales). Nous ne savons pas ce que nous révélera cet effort pour écouter le Seigneur, seul capable de nous faire voir, par la Croix et la résurrection, les linéaments du seul vrai Corps du Christ. Enthousiasmés par cette espérance, nous nous consacrons à nouveau à Dieu, afin qu'il nous rende capable de croître ensemble (E. F. 79-81).

Cet exposé fut jugé très incomplet dans les milieux orthodoxes, et leurs délégués estimèrent indispensable de présenter une Déclaration de principe à la Session plénière du dimanche 29 août (E. A. 92-95) [1]). Les idées développées dans la 2e et dans la 3e partie, dirent-ils, ne sont pas en connexion logique avec les principes de la 1re partie. En particulier, « the whole approach to the problem of reunion is entirely unacceptable from the standpoint of the Orthodox Church » (E. A. 93). La réunion, continuèrent-ils en substance,

---

[1]) Texte français complet dans *La documentation catholique*, 17 oct. 1954, c. 1330-1332.

n'est acceptable que sur la base d'une union dans toute la foi. Nous ne pouvons accepter de distinction entre doctrines essentielles et doctrines non-essentielles dans la foi. Nous ne pouvons accepter que l'Esprit-Saint parle uniquement à travers la Bible, et non par la « totality of the Church's life an experience » (E. A. 93) : la Bible nous est donnée dans le contexte de la Tradition. Le mystère de la Pentecôte est perpétué dans l'Eglise par le ministère apostolique : la succession apostolique venant des Apôtres constitue donc une réalité historique dans la vie et dans la structure de l'Eglise. « The unity of the Church is preserved through the unity of the Episcopate » (E. A. 94). Aussi, nous ne pouvons envisager le problème de l'unité de l'Eglise, sinon comme « the complete restoration of the total faith and the total episcopal structure of the Church which is basic to the sacramental life of the Church » (E. A. 93). Par ailleurs, lorsqu'il est question de « perfect unity », il ne faut pas l'envisager exclusivement comme bien eschatologique ; l'unité est réalisée actuellement ; elle sera consommée, certes, au Dernier Jour. Enfin, lorsqu'il est question de repentance et de contrition, il ne peut s'agir que des chrétiens et non de l'Eglise ; celle-ci est sainte et pure, sans tache et sans ride (Ephés., 5, 26-27). Cette déclaration fit une profonde impression. Peut-être est-elle la plus dure qui ait été présentée en Session plénière par les Orthodoxes. L'Assemblée l'écouta avec attention et certains anglicans conservateurs furent heureux d'y trouver une doctrine parfois laissée dans l'ombre au cours des travaux œcuméniques.

* * *

Le thème de la Commission II était confié au Département *Evangélisation* : « La mission de l'Eglise auprès de ceux du dehors ». Par « mission », il est bien entendu qu'on entend la présentation de l'Evangile dans nos contrées aussi bien que dans les autres régions du monde. Le Document préparatoire contient une documentation excellente sur l'évangélisation dans le monde (E. F. 153-176). L'évangélisation, d'autre part, est « le thème œcuménique par excellence » (E. F. 147) ; il en était de même à Amsterdam [1]).

Il est sorti des conversations d'Evanston un très beau Rapport final sur la doctrine et la pratique de l'évangélisation (E. F. 135-145).

[1]) Cfr divers articles sur l'œcuménisme et l'évangélisation dans *The Ecum. Rev.*, juillet 1954.

Nous ne pouvons le citer ; il est à lire en entier, car les éléments doctrinaux positifs qu'il contient révèlent une conception de l'évangélisation à la fois profondément religieuse et éminemment moderne. Si « pour communiquer l'Evangile, il nous faut d'abord être nous-mêmes revêtus de la puissance transformatrice de Jésus-Christ » (E. F. 138), les Eglises doivent aussi user des moyens les plus modernes, jusqu'à « mettre en question les formes traditionnelles de la vie de la paroisse » (E. F. 141) et à revoir les méthodes de formation des laïcs et des ministres.

A l'évangélisation se rattache le thème du prosélytisme, considéré parfois comme partie légitime du ministère, parfois comme « braconnage » (E. F. 150). La distinction « entre prosélytisme et témoignage est bien subtile ; elle est liée, non pas au contenu de notre prédication, mais à la direction et à l'intention de notre volonté » (E. F. 150). En particulier, comment expliquer le succès remporté dans l'évangélisation « extra-protestante » par certaines sectes ? Est-ce parce qu'elles apparaissent comme l'« Eglise des dépossédés » ? Est-ce à cause de méthodes dénuées de scrupules ? (E. F. 151). A Evanston, les délégués des Eglises grecques insistèrent sur ce sujet, fidèles en cela à l'appel lancé il y a plus de trente ans par le Patriarche de Constantinople. Ils firent comprendre combien, dans leur esprit, et étant donné leur conception de l'église locale et de sa juridiction sur toute la paroisse, ces infiltrations de chrétiens non-orthodoxes constituent un fait pénible. La discussion rebondit plus tard, par le biais des persécutions religieuses. Aussi fut-il décidé de créer un « Comité pour le prosélytisme et la liberté religieuse » [1]).

* * *

Les questions sociales occupèrent la Commission III : « La société et ses responsabilités sur le plan mondial ». Les Conférences œcuméniques ont toutes fait une large part à la mission de l'Eglise dans la vie sociale. Stockholm, Oxford et Amsterdam ont posé deux principes fondamentaux : 1. Le chrétien doit, comme tel, travailler à l'établissement d'un ordre social chrétien. 2. Aucun système social ou politique ne peut être identifié au Royaume de Dieu. La responsabilité sociale des Eglises est reconnue sans diffi-

---

[1]) Sur le thème Œcuménisme et Prosélytisme, on pourra lire: L. ZANDER, *Ecumenism and Proselytism*, dans *The Ecum. Rev.*, avril 1951, pp. 258-266.

culté : « On ne se demande plus aujourd'hui si l'Eglise a une responsabilité sociale ou si elle n'en a pas. Au contraire, on la précise » (E. F. 225). Mais les fidèles ne suivent pas toujours : « les
membres de nos paroisses ne s'intéressent pas activement à la
construction d'une société libre et « responsable ». Ils ne voient
pas ce que la foi ou la morale chrétiennes pourraient apporter
dans ce domaine. Beaucoup ne se rendent même pas compte des
problèmes qui se posent » (E. F. 225). Aussi, pour documenter et
éclairer à la fois les lecteurs, a-t-on signalé « dans quelles voies
nouvelles les Eglises de certains pays se sont engagées pour essayer
de résoudre les problèmes d'ordre social » (E. F. 226) ; ces pays
sont : la Grande-Bretagne, les Etats-Unis, tels pays peu développés
des autres continents, les pays soumis au communisme.

Le long rapport final adopté par l'Assemblée le 27 août, fait
allusion à nombre de questions sociales : la famille, l'état, les
problèmes de la vie économique, les syndicats, les régions sous-
développées, et tout particulièrement la tension entre communistes
et non-communistes. Les délégués ont voulu faire œuvre de vérité,
et tout particulièrement en essayant de comprendre quelle pouvait
être la signification providentielle des Eglises chrétiennes situées en
région communiste. N'ont-elles pas une valeur prophétique ? Ne
sont-elles pas un défi au conformisme social ? Dans cette question,
comme dans celles qui intéressent la vie internationale, la personne
du Prof. J. L. Hromadka fut le point de mire de beaucoup [1]). On
admira sa personnalité, sa conviction et sa sincérité à défendre
l'importance du message que peut apporter l'Eglise morave - la
sienne - en Tchécoslovaquie actuelle (E. A. 64-65) ; mais on constata aussi qu'aux questions posées sur la situation religieuse et sur
les mentalités de son pays, il répondait habituellement en posant
lui-même une question sur la situation correspondante dans les pays
de ses interlocuteurs.

* * *

Quelle est « la part des chrétiens dans la lutte en faveur d'une
communauté internationale » ? Tel est l'objet de la Commission IV.
La crise mondiale rappelle avec acuité la responsabilité des chré-

---

[1]) Sur les idées de J. L. HROMADKA, on lira son ouvrage *Theology between
Yesterday and Tomorrow*, Philadelphia, The Westminster Press, 1957, traduit en
allemand *Theologie und Kirche zwischen Gestern und Morgen*, Neukirchen (Kreis
Moers), Neukirchener Verlag, 1960, 112 pp.

tiens et le témoignage qu'ils doivent rendre dans les affaires internationales. Amsterdam l'avait rappelé : mais qu'ont fait les chrétiens depuis ? La Commission pour les « affaires internationales »
fait droit à cette requête. Elle expose ce qui a été fait dans divers
domaines : la guerre, le désarmement, les réfugiés et les migrations,
le développement des peuples non autonomes, la coopération économique et technique, les droits de l'homme. Evanston a donc fait
le point sur des thèmes « traditionnels » dans les Conférences œcuméniques (E. F. 273-347).

* * *

Parmi les problèmes qui pèsent sur les relations entre groupes
humains, la question raciale occupe encore une place de premier
plan. Que dit « L'Eglise au milieu des tensions raciales et ethniques » ? La Commission V tout entière s'est efforcée de répondre.
Concrètement, elle s'est demandé « Comment l'Eglise peut-elle contribuer à corriger le préjugé racial et les injustices qu'il implique ? »
et a voulu consacrer à la question raciale un ensemble plus complet
que ne l'ont fait les Conférences précédentes, même celle de Jérusalem en 1928 (E. F. 349-408). On y trouvera une bonne esquisse
de la pensée biblique et de la vie concrète des Eglises-membres du
Conseil [1]. On retiendra particulièrement le Discours du Dr. B. E.
Mays, président de Morehouse College, qui fit l'historique du principe de ségrégation raciale. Celle-ci, dit-il, est un phénomène récent.
Elle n'existait pas dans l'antiquité chrétienne, ni au moyen âge ;
elle date du XIXe siècle.

* * *

Enfin, les laïques furent tout à fait à l'ordre du jour dans la
Commission VI : « Le chrétien dans la vie professionnelle » (E. F.
409-472). Si le laïc a toujours eu une place active dans les communions non-romaines, la « théologie » du laïcat est encore à parfaire
dans une bonne mesure. Evanston a enrichi cette théologie de
bonnes réflexions. Le domaine était précisé : sens chrétien du travail
et de la profession. Le progrès est manifeste depuis l'*Eglise et sa
fonction* publié en préparation d'Oxford (1937) par le Dr. Oldham,

---

[1] Cfr aussi W. A. VISSER 'T HOOFT, *The Ecumenical Movement and the
Racial Problem,* Paris, Public Unesco, 70 pp. Du point de vue catholique, voir
Y. M.-J. CONGAR, *L'Eglise catholique devant la question raciale,* Paris, Public.
Unesco, 1953, 63 p.

très favorable au ministère laïc dans l'Eglise et le monde. Evanston aura certainement été une étape importante dans cette évolution [1]).

Citons un passage, entre cent qui mériteraient de l'être, pour donner une idée du genre des problèmes qui sont traités. « Les Eglises ont facilement tendance à être trop préoccupées de leur propre organisation interne, leur statut et leur bien-être. Pour cette raison, on est porté à considérer comme le paroissien idéal l'homme ou la femme qui s'affaire dans les comités et les réunions d'églises, au détriment du témoignage laïc dans le monde ». Plus loin : « Le foyer devrait devenir l'endroit où les enfants apprennent à considérer le travail et la profession comme un domaine du ministère chrétien... ».

Message et caractéristiques

Le lundi 30 août, avant de se séparer, les délégués d'Evanston adoptèrent le texte final de l'habituel *Message* [2]). « Ce temps de crise où nous sommes est plein d'espoirs et de craintes. Rien n'est plus légitime que de vouloir la liberté, la justice et la paix, que Dieu veut en effet pour nous. Mais il nous a créés pour des fins plus hautes. Nous sommes faits pour Dieu : pour le connaître, l'aimer et le servir. Dieu seul pourra combler notre cœur ». Après avoir rappelé les grandes lignes de l'économie chrétienne : « Voilà l'espérance dont le peuple de Dieu a vécu de siècle en siècle, et que nous voulons redire aujourd'hui à tous ceux qui nous écoutent ».

S'adressant alors, par les Eglises-membres, « à chaque paroisse », les délégués leur rappellent leur devoir de travailler en vue de l'unité. « C'est pourquoi nous posons quelques questions très simples. Votre Eglise examine-t-elle sérieusement ses relations avec les autres Eglises dans la perspective de la prière de notre Seigneur, qui prie que nous soyons sanctifiés par la vérité et que nous soyons un ? Votre paroisse est-elle en rapport fraternel avec les paroisses voisines ? Fait-elle tout ce qu'elle peut pour annoncer autour d'elle la parole du seul Berger qui appelle tous les hommes à être un seul troupeau ? ».

---

[1]) Cfr *Work and Vocation. A Christian Discussion*, New-York, Harper & Br., par différents auteurs, introduits par John Oliver NELSON.

[2]) Cfr E. F. 7-9 et E. A. 1-3.

Le *Message,* enfin, rappelle que de « puissantes forces de séparation sont toujours à l'œuvre ». Ainsi, « quand nous étions à Amsterdam, les Eglises chinoises étaient avec nous. Elles nous manquent à Evanston ». De plus « de grandes masses d'hommes souffrent de la faim et subissent des conditions d'existence où leur dignité humaine est bafouée ». Plus généralement, « des hommes sans nombre ignorent le Christ ». Il faut donc que les chrétiens agissent et s'intéressent à ces problèmes généraux et parfois lointains. Si nous sommes petits, le Christ est Tout-puissant ; soyez donc joyeux dans l'espérance ! [1]).

* * *

L'Assemblée d'Evanston a, tout d'abord, réalisé le vœu unanime des délégués d'Amsterdam : nous voulons demeurer ensemble pour chercher à retrouver l'unité. Le Conseil œcuménique a témoigné de sa stabilité : et désormais, 162 Eglises poursuivront la tâche qu'elles se sont assignée il y a six ans. C'est là un premier résultat qui mérite d'être souligné.

Evanston fut aussi l'occasion de présenter - si l'on peut parler ainsi - le Conseil œcuménique aux Etats-Unis d'Amérique. On peut dire, sans rien dénigrer, que la plupart des chrétiens des deux Amériques ne connaissaient pas grand'chose de cette « association fraternelle d'Eglises », de leurs Eglises, d'ailleurs. Or, du 15 au 30 août, les journaux ont tous consacré un certain nombre d'articles à l'Assemblée. Ils en ont décrit les manifestations extérieures : *Festival of Faith,* visite du Président Eisenhower, interventions des délégués africains ou asiatiques. Ainsi, incontestablement, le problème œcuménique, tel qu'il existe aujourd'hui, est devenu une réalité vivante pour une large portion de la chrétienté.

Les Eglises et communions chrétiennes non-romaines se sont retrouvées une nouvelle fois. Comme d'habitude, les réunions cultuelles furent soignées et constituèrent une partie importante des rencontres entre chrétiens désunis. Les Assemblées générales permirent à un très large public de prendre contact avec les problèmes généraux intéressant les Eglises-membres. Les interventions étaient très souvent d'ordre pratique et social ; mais les Rapports eux-mêmes, élaborés par des théoriciens, possèdent un aspect doctrinal,

---

[1]) On trouvera aussi le texte intégral du *Message* dans *La Documentation catholique,* 17 oct. 1954, c. 1328-1330.

voire théologique, qui représente certainement le meilleur de la pensée des délégués. Ces discussions, on l'a remarqué, n'étaient pas déterminées par les limites confessionnelles, mais plutôt par le tempérament doctrinal des participants. L'espérance, sujet central, pouvait donner matière à larges débats entre « sociaux » et « eschatologistes ». C'est ce qui eut lieu, au delà des différences confessionnelles. Et ce fut la tension doctrinale la plus fondamentale qui domina les discussions de l'Assemblée.

Du point de vue théologique, la doctrine « sociale » de l'Eglise se trouva une nouvelle fois amplement déployée et notablement améliorée sur certains points : la continuité avec Amsterdam est certaine. La théologie du laïcat se trouva cependant beaucoup mieux « lancée » à Evanston. De l'ecclésiologie, on ne peut dire qu'elle enregistra un progrès. Des précisions précieuses ont été apportées par les Documents préparatoires. Les thèmes proposés à l'Assemblée étaient captivants. Le résultat fut, somme toute, très modeste. Et cela explique sans doute l'intervention de la délégation orthodoxe. Peut-être est-ce la notion de « royaume de Dieu » qui, en fin de compte, et par le biais de la doctrine de l'espérance, profitera des exposés d'Evanston. Du fait des travaux préliminaires, les théologiens ont très heureusement souligné l'aspect transcendant de l'espérance chrétienne ; en même temps, ils ont décrit abondamment son aspect temporel. La nature des relations entre ces deux aspects est restée plutôt vague. Et ce qui en a été dit n'a pu satisfaire les délégués. Mais la juxtaposition des deux aspects donne une impression d'ensemble plus favorable que ce qu'on avait trouvé dans les conférences précédentes en ce domaine.

Si la grande partie des délégués étaient préoccupés de problèmes sociaux concrets, le groupe de délégués plutôt théologiens a émaillé les séances de discussions théoriques, parfois vives. Ainsi, en décrivant l'unité chrétienne, plusieurs délégués essayèrent-ils de faire admettre que l'unité devait aussi transcender les limitations imposées par les dénominations elles-mêmes ; leur arrière-pensée était d'en tirer des conséquences sur le développement de l'intercommunion. Les évêques E. Berggrav et J. Lilje notamment intervinrent dans les débats. Après des hauts et des bas, une acceptation et un revirement, l'idée ne fut pas retenue. Il ne s'agissait pas, au fond, d'une discussion simplement théorique : la question fut posée de savoir à quelles conditions les Eglises-membres accorderaient l'intercommunion. Chacun répondit en exigeant les conditions mêmes qui, à leurs yeux, font qu'une communauté est « Eglise » : les Orthodoxes n'acceptèrent que les membres de l'Orthodoxie, tout en invitant tous les chrétiens à assister aux offices ; à l'opposé, l'Eglise unie de l'Inde du Sud accepta tous ceux qui n'étaient pas en opposition avec elle (« Qui n'est pas contre moi, est pour moi »). Entre les deux extrêmes se situaient toutes les autres Eglises-membres. Le problème de l'intercommunion apparut ainsi intimement lié à la notion même d'Eglise. Les mises au point d'ordre théologique portèrent aussi sur l'idée de « signe » de l'espérance. Il faut distinguer le « signe » et la « réalité », et se contenter de mentionner les signes qui sont reconnus comme tels par tous. Sur ce sujet, on entendit le Pasteur M. Niemöller, le Prof. G. Wingren, de Suède, et spécialement le Dr. Torrance, de l'Eglise d'Ecosse.

Une discussion, qui aurait pu devenir un petit incident, s'engagea sur la signification d'Israël dans le thème de l'espérance chrétienne. Saint Paul, Rom. 11, 25-26 prophétise, semble-t-il, le retour de tout Israël. Il était impossible de ne point signaler ce fait dans l'exposé biblique de l'espérance chrétienne. Mais certains délégués, estimant que la plupart des hommes ne pouvaient dissocier adéquatement les données dogmatiques scripturaires des réalités temporelles et politiques, déclarèrent qu'il fallait à tout prix éviter qu'on puisse interpréter ce passage du Rapport d'Evanston en faveur de la situation politique actuelle d'Israël. Un délégué copte fit remarquer que des Juifs pourraient en tirer argument contre les Arabes. Plutôt que de revenir sur ces discussions dans le *Statement* final, on préféra annexer à celui-ci une Déclaration, signée de 24 théologiens de renom, sur la signification religieuse et biblique d'Israël (E. A. 327-328). Ce document devra désormais faire partie du dossier de tous ceux qui s'occupent de la théologie du peuple élu.

Les Orthodoxes, contrairement à ce qui était arrivé à Amsterdam, estimèrent indispensable de faire une Déclaration séparée. L'union, dit en résumé l'archevêque grec orthodoxe Michel, de New-York, est enracinée dans la Foi chrétienne. Et celle-ci est liée à la constitution de l'Eglise qui, si elle est le peuple de Dieu en pèlerinage ici-bas, est aussi la communion des saints, avec sa vie sacramentelle, spécialement l'Eucharistie, en laquelle nous est donnée déjà la vie éternelle. Cette vie divine, actuellement, est agissante au milieu de nos faiblesses ; mais elle même n'est pas atteinte par notre péché. Cette vie divine, d'autre part, est communion réelle

avec les Trois Personnes de la Sainte Trinité. Et c'est en y participant par la « theosis », que l'homme devient une « nouvelle créature ». Or, c'est dans l'Eglise catholique et apostolique, fondement
de notre foi, que pareille espérance est posée. Il eût fallu, dit la
Déclaration finalement, montrer que les faux espoirs terrestres
pèchent avant tout par l'oubli ou la négation de ces dimensions
capitales (E. A. 329-331) [1].

Enfin, quant à l'orientation d'ensemble du Conseil œcuménique, peut-être est-il bon de souligner une suggestion du professeur G. Florovsky. Les Eglises-membres, dit-il en substance, se
connaissent maintenant et sont parfaitement conscientes de se
trouver, au point de vue théologique, dans une sorte d'impasse.
Ne devrions-nous pas dès lors « rechercher de nouvelles voies, si
nous croyons sérieusement que l'unité répond à la volonté de
Dieu » [2] ? Et ces voies, quelles seraient-elles ? Nous avons, jusqu'à
présent, fait une sorte « d'œcuménisme dans l'espace » en dressant
le bilan de la chrétienté universelle. Ne faudrait-il pas le compléter
par un « œcuménisme dans le temps », en retrouvant la tradition ?
Un retour de chaque Eglise-membre sur sa propre histoire constituerait certainement une phase d'intérêt majeur dans l'ensemble
de l'effort de compréhension mutuelle et d'union. Car, ainsi que
l'exprimait encore M. Visser 't Hooft dans son *Discours d'introduction* à l'Assemblée : « Il ne suffit pas d'entretenir des relations
amicales : unité signifie pour le moins une communion complète
et sans restrictions » [3].

---

[1] Voir aussi les notes de Mgr Juhanon MAR THOMA, dans *Ecum. Rev.*, oct.
1954, pp. 25-28.

[2] Dans *Foi et Vie*, 1954, pp. 506-507.

[3] Dans *Foi et Vie*, 1954, p. 473. Sur l'Assemblée d'Evanston, on pourra
lire *Foi et Vie*, fasc. nov.-déc. 1954; C. J. DUMONT, O. P., *Premières impressions de la Conférence d'Evanston*, dans *Vers l'unité chrétienne*, n. 65-66, juillet-
octobre 1954, pp. (73)-(90). Dans *Ecum. Review*, sous le titre *Various Voices on
Evanston*, on trouvera un écho des articles parus à ce propos dans diverses régions, et de la part de différentes communions chrétiennes (April 1955, pp. 261-
279); mais ceci n'est qu'une « anthologie ». Deux études du R. P. Lialine donnent
un aperçu copieux des actes et des travaux doctrinaux d'Evanston : *Evanston-Action*,
Irén., 1954, pp. 369-406 et *Evanston-Etudes*, *Irén.*, 1955, pp. 363-395; il en ressort
que Evanston ne marque guère de progrès du point de vue de la pensée théologique de l'œcuménisme. Sur l'ecclésiologie d'Evanston en particulier : G. TAVARD,
Un point de vue catholique sur l'ecclésiologie d'Evanston, dans *Foi et Vie*, 1955,
pp. 54-64.

CHAPITRE VII

L'ASSEMBLÉE DE NOUVELLE-DELHI (INDE)
18 novembre - 6 décembre 1961

La Troisième Assemblée générale du Conseil œcuménique des Eglises s'est tenue à Nouvelle-Delhi, à la fin de 1961 [1]). Pour la caractériser par rapport aux deux précédentes, le pasteur Philippe Potter, président de la Fédération mondiale des Associations chrétiennes d'étudiants, s'exprima comme suit : « A Amsterdam, nous nous sommes engagés à demeurer ensemble. A Evanston, nous avons rendu grâces à Dieu de nous avoir permis de rester ensemble et nous nous sommes engagés à croître ensemble. Puissions-nous recevoir la grâce de nous consacrer à Dieu pour avancer ensemble, à partir de Nouvelle-Delhi, vers l'unité visible que nous avons déjà reçue, et que nous recevrons encore du Christ, Lumière du monde » [2]).

Le Christ, Lumière du monde ! C'est sous le signe de cette proclamation que va se dérouler l'Assemblée.

---

[1]) Le Rapport de cette Assemblée a été publié en français, en anglais et en allemand: *Nouvelle-Delhi 1961. Conseil œcuménique des Eglises*. Neuchâtel, Delachaux et Niestlé, 1962, 415 pages (avec tous les documents officiels, des passages des discours, et un bref résumé des discussions: sigle N. D.); *The New Delhi Report. The Third Assembly of the World Council of Churches 1961.* London, SCM Press - New York, Association Press, 1962, 448 p. (un peu plus détaillé); *New Delhi 1961*. Stuttgart, Evangel. Missionsverlag, 1962, 560 p. (le plus complet). Commentaires de presse sur l'Assemblée réunis par Ph. MAURY, *A Survey of Press Comments on the Third Assembly*, dans *Ecum. Review*, avril 1962, pp. 380-398; juillet 1962, pp. 480-503. Sur l'ensemble de l'Assemblée: E. BEAUDUIN, *La troisième Assemblée du Conseil œcuménique des Eglises*, dans *Irén.*, 1962, pp. 6-48; M.-J. LE GUILLOU, *La 3e Assemblée du Conseil œcuménique*, dans *Vers l'unité chrétienne*, mars-avril 1962, pp. 17-23; M. VILLAIN, *L'Assemblée œcuménique de New-Delhi*, dans *Rythmes du monde*, 1962, pp. 1-32.

[2]) P. POTTER, *Going forward together into manifest Unity*, dans *Ecum. Review*, avril 1962, p. 350; trad. franç. *Marche commune vers l'unité visible*, dans *Verbum Caro*, 1962, p. 149.

Préliminaires et ouverture de l'assemblée

La préparation des assemblées générales est un élément majeur dans la vie des Eglises membres du Conseil œcuménique ; elle s'effectue dans le travail et la prière en esprit de communauté fraternelle [1]). Après avoir envisagé de se réunir au Ceylan et de placer cette assemblée sous le signe du « Christ, Seigneur du monde » [2]), il fut décidé de tenir la réunion à Nouvelle-Delhi, sous le signe de « Christ, Lumière du monde ».

Mais que fit-on de 1954 à 1961 ? Durant cette période le Département Foi et Constitution poursuivit ses travaux dans le « style nouveau » dont nous avons parlé plus haut. M. W. A. Visser 't Hooft fit notamment une mise au point sur *Various Meanings of Unity and the Unity which the World Council of Churches seeks to promove*, que l'on trouvera dans le Rapport du Comité Central réuni à Davos en 1955 [3]). Le Département « Eglise et société » s'est orienté vers les questions relatives à la responsabilité des chrétiens par rapport aux sociétés en pleine évolution [4]). Le Département de l'Evangélisation et celui des Etudes missionnaires ont multiplié leurs recherches et leurs publications [5]). Le Secrétariat pour la liberté religieuse a publié le remarquable rapport de M. A. F. Carillo de Albornoz sur *Le catholicisme et la liberté religieuse* [6]). Le Département pour les laïcs poursuivit, par une série de démarches, ses travaux sur les rapports entre λαός et laïcat, sur le sens chrétien du travail et de la profession. Le Département de la Jeunesse a organisé diverses rencontres, et l'on se souvient de l'écho très favo-

[1]) Le bilan des actes et travaux de ces dernières années a été publié sous le titre *Evanston - Nouvelle-Delhi. 1954-1961. Rapport du Comité Central à la troisième Assemblée du Conseil œcuménique des Eglises.* Genève, Conseil œcuménique, 1961, 303 p. Ce document existe aussi en anglais (288 p.) et en allemand (320 p.) Nous citerons l'édition française. On peut aussi suivre, d'année en année, la marche de ces travaux, en suivant *Ecum. Review,* ou les *Minutes and Reports* du Comité Central.

[2]) Voir *Evanston - Nouvelle-Delhi,* p. 21, 35.

[3]) *Minutes and Reports of the Eight Meeting of the Central Committee. Davos 1955,* pp. 86-92 ; texte également dans *Ecum. Review,* oct. 1955, pp. 18-29.

[4]) *Evanston - Nouvelle-Delhi,* pp. 48-57.

[5]) *Evanston - Nouvelle-Delhi,* pp. 58-70.

[6]) Bruxelles, Edit. Universitaires, 1961, 180 p., traduit de l'anglais *Roman Catholicism and Religious Liberty,* Genève, Conseil œcuménique, 1949, 96 p.

rable qu'a eu celle de Lausanne en 1960. L'Institut œcuménique a multiplié les réunions d'études et s'est manifesté un centre vivifiant de recherches et de réflexion religieuse œcuménique. Entretemps, l'Eglise de l'Inde du Sud - fait ecclésiastique paradoxal dont il est malaisé de fixer le statut théologique - continuait à rendre une sorte de témoignage prophétique d'exception [1]. Un effort similaire d'unification se poursuivait en d'autres régions d'Afrique et d'Asie. Sur le plan des relations, le Conseil œcuménique essaia de resserrer les contacts avec les Eglises orthodoxes grecques et surtout russe. Du côté de l'Eglise catholique, la personne de Jean XXIII suscita la sympathie ; l'annonce du Concile du Vatican fut reçue avec attention, tandis que les préparatifs du Concile étaient suivis avec intérêt et une bienveillance teintée de réserve.

Entretemps, toutes les instances du Conseil œcuménique préparaient le secteur de l'Assemblée qui était de leur compétence : les Comités centraux étudiaient les décisions majeures et supervisaient les travaux ; les commissions d'études multipliaient les consultations et les sessions. Et, au plan local, auquel le Conseil œcuménique est très attentif depuis ces dernières années, on répandait une brochure élégante et bien illustrée, contenant de brèves études bibliques, et intitulée : « Jésus-Christ, Lumière du monde » ; traduite en plus de trente langues, elle fut répandue à un demi-million d'exemplaires.

* **

Mais nous voici en novembre 1961. C'est dans le Palais des Sciences de Vigyan Bavan, construit pour la session de l'Unesco en 1956, que quelque 1600 personnes prirent part aux assises de l'Assemblée de New-Delhi : 600 délégués des Eglises membres, 300 membres dirigeants, 105 conseillers, 100 représentants des mouvements de jeunesse, 250 délégués, visiteurs, invités et observateurs, 250 journalistes. « Elargis l'espace de ta tente... allonge tes cordages et affermis tes pieux » (Isaïe, 54, 2)... Après une réunion de prières impressionnante, l'Assemblée ouvrit la session le dimanche 19 novembre par deux discours, celui du Dr W. A. Visser 't Hooft,

[1] Sur le statut officiel: *The Constitution of the Church of South India.* Madras-Colombo, Christian Liter. Soc. for India, 1952, 102 p. Explication théologique: L. NEWBIGIN, *The Reunion of the Church. A Defence of the South India Scheme.* 2ᵉ éd., Londres, SCM Press, 1960, 192 p.

qui indiqua les orientations missionnaires du Conseil œcuménique, et celui de l'évêque Leslie Newbigin, ex-secrétaire général du Conseil International des Missions, consacré spécialement à l'intégration de celui-ci dans le Conseil œcuménique [1]).

« Jésus-Christ est la lumière du monde » : leitmotiv biblique qui domina les travaux des trois sections : Unité, Témoignage, Service, ou *Koinonia, Marturia, Diakonia*. Les décisions majeures, on les connaissait d'avance : intégration du Conseil International des Missions dans le Conseil œcuménique des Eglises, modification de la « base » du Conseil œcuménique dans un sens trinitaire, admission de nouvelles Eglises membres et notamment de l'Eglise orthodoxe du Patriarcat de Moscou.

Parmi les observateurs officiels, on notait la présence de cinq catholiques désignés par le Secrétariat pour l'Unité : le Rév. Edw. Duff, S. J. (U. S. A.), le Rév. T. Edamaran (Inde), le Rév. I. Extross, S. J. (Inde), le Rév. J. C. Groot (Pays-Bas) et le Rév. P. M. J. Le Guillou, O. P. (France). Dans son Discours d'ouverture, M. W. A. Visser 't Hooft fit allusion aux relations existant entre le Conseil œcuménique et l'Eglise catholique. Après les nombreux et intéressants contacts individuels depuis les débuts du Conseil œcuménique, « aujourd'hui des relations inofficielles mais combien utiles sont engagées avec le Secrétariat spécial, mis sur pied par le pape Jean XXIII pour promouvoir l'unité de tous les chrétiens. Nous souhaitons la bienvenue aux cinq catholiques romains autorisés, choisis par ce Secrétariat, et envoyés comme observateurs à cette Assemblée. La nature de nos relations avec le Secrétariat est celle d'une information mutuelle de nos intérêts. C'est ainsi que nous avons été en mesure de mentionner certains points spécifiques, comme la liberté religieuse, que nous voudrions voir clarifiés au cours du second concile du Vatican. A l'égard de ce concile, nous partageons la conviction du professeur Schlink, qui écrivait récemment, à propos de l'Assemblée de New-Delhi et du Concile du Vatican : 'Il serait indubitablement d'une grande importance pour le christianisme et pour le monde s'il apparaissait clairement dans les décisions de tous les deux, que ces conciles ne sont pas assemblés l'un contre l'autre, que chacun ne cherche pas son propre avantage, mais désire seulement servir le Seigneur Jésus-Christ ' » [1]).

Les travaux des trois sections

Bien que les thèmes majeurs aient été traités dans des discours adressés à toute l'Assemblée et dans des réunions particulières, il paraît préférable de fixer l'essentiel des idées développées à New-Delhi en suivant l'ordre des trois sections : Koinonia, Marturia, Diakonia.

SECTION DE L'« UNITÉ »

La pièce capitale de cette section était le Rapport sur l'unité préparé par la Commission *Foi et Constitution*, adopté dans ses grandes lignes par le Comité Central réuni à St. Andrews en 1960. Approuvé par l'Assemblée de New-Delhi le 4 décembre, il a été publié, avec un long commentaire, dans le Rapport officiel (N. D. 113-132).

Les membres les plus actifs de cette section soulignèrent l'importance capitale d'une bonne théologie : « La vraie théologie, la bonne théologie, est quelque chose qui nous unit » déclara le Dr. Ramsey, archevêque de Cantorbéry [2]). Et le Dr. N. Nissiotis déclara que l'Eglise orthodoxe devait abandonner une attitude défensive et, dans la gloire du Saint-Esprit, devenir un puissant fleuve de vie (N. D. 26) [3]).

Pour tous, le n. 2 de ce Rapport est d'une importance considérable, car il offre une sorte de donnée fondamentale sur laquelle le dialogue devra être engagé dans la suite entre catholiques et théologiens du Conseil œcuménique :

« Nous croyons que l'unité, qui est à la fois le don de Dieu et sa volonté pour son Eglise, est rendue visible lorsque, en

---

[1]) Voir N. D. 11-12, et passage complet dans *Ecum. Review*, janvier 1962, pp. 222-223.

[2]) Discours intitulé *Unity, Holiness and Truth* et prononcé le 24 novembre; texte dans *Ecum. Review*, janvier 1962, pp. 188-191; trad. franç. dans *Verbum Caro*, 1962, pp. 127-131.

[3]) Discours intitulé *The Witness and the Service of Eastern Orthodoxy to the One Undivided Church*, publié dans *Ecum. Rev.*, janvier 1962, pp. 192-202; trad. franç. dans *Verbum Caro*, 1962, pp. 132-141.

un même lieu, tous ceux qui sont baptisés en Jésus-Christ et le confessent comme Seigneur et Sauveur, sont conduits par le Saint-Esprit à former une communauté pleinement engagée, confessant la même foi apostolique, prêchant le même Evangile, rompant le même pain, s'unissant dans une prière commune et vivant d'une vie communautaire qui rayonne dans le témoignage et le service de tous ; et lorsque, en outre, ils se trouvent en communion avec l'ensemble de la communauté chrétienne en tous lieux et dans tous les temps, en sorte que le ministère et la qualité de membre sont reconnus par tous, que tous peuvent, selon que les circonstances l'exigent, agir et parler d'un commun accord en vue des tâches auxquelles Dieu appelle son peuple. C'est pour une telle unité que nous croyons devoir prier et travailler » (N. D., 113-114) [1]).

Ce rapport est accompagné d'un commentaire, qui en dévoile les difficultés, voire les ambiguïtés inévitables, et en déclare le caractère non-obligatoire : nous y reviendrons. Il serait bon néanmoins de relire attentivement cette déclaration avant de la discuter, favorablement ou défavorablement. Personne ne restera insensible à la grandeur dogmatique de cette description, à ses perspectives trinitaires, à sa densité ecclésiologique, à ses résonances « catholiques ». « La vision protestante de l'unité, a-t-on écrit, comme hypnotisée par l'avenir à Evanston, s'est retournée vers le passé à New-Delhi, non pas seulement dans la prière du Christ, ce qu'elle a toujours fait, mais dans les données apostoliques. De ce fait, elle est devenue plus adulte en face des vrais problèmes, comme la nature de la succession historique, l'épiscopat, la validité et la plénitude des ministères » [2]). Cette orientation est d'autant plus significative que la Déclaration a été rédigée avant New-Delhi : elle représente donc la pensée des théologiens de *Foi et Constitution* avant que l'influence des théologiens russes récemment admis ait pu se faire sentir.

Même l'introduction à la Déclaration fit quelque sensation. Le Prof. J. Sittler, de l'Université de Chicago, prenant comme point de départ de son Discours *Colos.* I, 15-20, situa l'unité de l'Eglise au cœur de perspectives chrétiennes cosmiques. La rédemption affecte la nature et l'histoire aussi bien que l'homme. « Le pro-

---

[1]) Il faudrait comparer ce texte à la version anglaise et allemande pour en avoir une meilleure intelligence. Nous y reviendrons en parlant de l'ecclésiologie et du mouvement œcuménique.

[2]) Cfr *Irén.*, 1962, p. 24.

blème que nous imposent les événements de cette dernière décennie ne sera pas résolu par le dualisme larvé de la nature et de la grâce ». Toutes choses ont été renouvelées dans le Christ : *ta panta* ! [1]). Ce vibrant appel à une « christologie contemporaine élargie aux dimensions de la vision néo-testamentaire » fut « accueillie avec enthousiasme », mais souleva bien des commentaires révélant une grande variété de points de vue (N. D. 20). En fait, ce Discours restera dans l'esprit des participants comme un des plus marquants de l'Assemblée [2]).

SECTION DU « TÉMOIGNAGE »

Cette section groupait les rapports préparés par de nombreux Départements du Conseil œcuménique - Evangélisation, Missions, Laïcat, etc. - dont l'idéal est parfaitement représenté par la *marturia* évangélique [3]).

Le Rapport général rappelle, dans un langage très religieux, le mystère du Christ et de son Evangile : « Le Christ aime le monde pour lequel il est mort. Il est déjà la lumière du monde, dont il est le Seigneur, et sa lumière a précédé les porteurs de la Bonne Nouvelle dans les régions les plus ténébreuses. Le témoignage chrétien consiste à montrer en lui la véritable lumière, qui déjà brille » (N. D. 75).

L'évangélisation chrétienne rencontre des « religions » non chrétiennes. Que sont-elles ? Ce problème, qui déjà divisait les Pères de l'Eglise, et qui reparut quelques fois au cours des conférences œcuméniques - et notamment à la Conférence du Conseil International des Missions en 1938, précisément à Tambaram-Madras (Inde) - se trouva à nouveau évoqué. Le Dr. Paul Devanandan, directeur de l'Institut chrétien des études religieuses et sociales de Bangalore, estimait, à propos des religions non chrétiennes, qu'« il sera difficile aux chrétiens de nier que ces mouvements profonds et intimes de l'esprit humain sont des réactions à l'action créatrice

---

[1]) Ce discours intitulé *Called to Unity* se trouve dans *Ecum. Review*, janvier 1932, pp. 177-187; trad. franç. *Appelés à l'unité*, dans *Verbum Caro*, 1962, pp. 115-126. Le Prof. J. Sittler, de l'Eglise luthérienne unie d'Amérique, cite plusieurs fois Allan D. GALLOWAY, *The Cosmic Christ*, New York, Harper & Brothers, 1951.

[2]) Ce fut aussi le thème doctrinal majeur du Comité Central réuni à Paris en août 1962.

[3]) Voir texte complet du Rapport dans N. D. 75-90.

de l'Esprit-Saint... » [1]). Mais le professeur Schlink fit remarquer que, en dehors de l'Evangile, les hommes ne savent rien de Jésus-Christ [2]). Comme ces réponses divergentes appellent un comportement concret tout différent dans l'ensemble de l'œuvre d'évangélisation, il fut décidé de remettre cette question à l'étude.

Le Rapport de la section « témoignage » comporte de nombreux paragraphes relatifs au laïcat. Les documents et les discussions montrent, à travers une foule de considérations et de réflexions, un élément dogmatique fondamental : une sorte de primauté du peuple chrétien, - le λαός, - par rapport à la distinction entre ˙clercs˙ et ˙laïcs˙. C'est à l'ensemble du peuple chrétien, comme tel, et ainsi à chacun de ceux qui en font partie, qu'est commise la tâche d'évangélisation. Dans ce peuple, chacun a une place propre et de plein droit, et chacun peut et doit participer à la mission générale de l'Eglise en accomplissant le ministère qui lui est confié par le Christ. D'où résulte une image organique de la vie concrète de la communauté chrétienne locale, aux fonctions différenciées, aux activités complémentaires, concertées et exercées en équipe, et unifiées par coordination. Le ministère des « clercs » et des pasteurs ne s'en trouve pas réduit pour autant, au contraire : les laïcs eux-mêmes sont unanimes à le déclarer irremplaçable, plus utile que jamais. Ce rôle d'animateur spirituel, de témoin de la Parole, de soutien moral, ils demandent seulement qu'il soit mieux rempli encore, et plus vivifiant [3]).

Cette section était aussi celle des missions et du Conseil international des Missions ; mais nous en reparlerons plus loin.

SECTION DU « SERVICE »

Cette section concerne directement les multiples activités des Eglises par rapport aux sociétés et aux individus [4]). Le Rapport part de la doctrine biblique du service, sorte d'épiphanie de la charité, douée de toutes les qualités du Christ, le Serviteur par excellence ;

[1]) Cfr *Ecum. Review*, janvier 1962, p. 160.
[2]) Voir *Irén.*, 1962, p. 27.
[3]) Lire, par exemple, Klaus VON BISMARCK, et a., *The Laity: the Church in the World*, dans *Ecum. Review*, janvier 1962, pp. 203-207, et Charles C. PARLIN, *Are Laymen being muzzled ?*, dans *Ecum. Rev.*, 1962, pp. 472-479. Il sera important de suivre les travaux du Département des laïcs sur ce point, ainsi que les études qui seront publiées dans son Bulletin *La communauté des disséminés*.
[4]) Voir N. D. 90-112.

« La capacité de servir est donnée par le Saint-Esprit, qui emploie l'Eglise comme instrument de la manifestation du Royaume de Dieu et de la Seigneurie de Jésus-Christ dans toutes les relations humaines, dans toutes les structures sociales » (N. D. 91).

Plusieurs exposés s'occupèrent de la tâche des Eglises mises en présence de « transformations sociales » rapides et considérables, et l'esprit de ces rapports peut être résumé dans la phrase lapidaire d'un conférencier : « Il importe de ne pas être à la remorque des événements, comme une ambulance, mais de les prévoir, de les devancer ». Les résolutions générales étaient, selon l'expression actuelle, « positives » et dynamiques, ainsi qu'en témoignent les expressions employées : « donner un élan nouveau », « favoriser l'édification », « promouvoir l'avancement de la paix, de la justice et de la liberté ». Elles touchaient des problèmes graves : désarmement, essais atomiques, assistance technique, limitation des naissances, réfugiés et apatrides.

Aux « affaires internationales », les questions n'étaient pas moins épineuses. Discours en partie « anti-colonialiste » de Sir Francis Ibiam, gouverneur du Nigeria oriental [1]) ; débat sur l'Angola (N. D. 268-274), peu avant la visite du Président Nehru préconisant la méthode des échanges fraternels dans les relations internationales (N. D. 44-45) ; message de sympathie aux délégués de l'Allemagne orientale, qui n'avaient pas été autorisés à se rendre à New-Delhi, et qui fut voté à une grande majorité, les Russes s'abstenant (N. D. 303-304) ; message envoyé aux chrétiens d'Afrique du Sud, où deux Eglises hollandaises s'étaient retirées du Conseil œcuménique à la suite de la position prise par celui-ci contre l'apartheid (N. D. 301-303). Mais le souci de rendre un témoignage de fraternité chrétienne adoucit les angles et atténua les heurts.

Les décisions majeures

New-Delhi sera caractérisé dans l'histoire du mouvement œcuménique par trois gestes d'importance diverse peut-être, mais que l'on peut considérer comme des décisions majeures : l'intégration du Conseil International des Missions dans le Conseil œcuménique,

---

[1]) Ce discours, intitulé *Les Eglises au pied du mur*, a été publié par *Le monde non chrétien*, 1962, n° 58.

la modification apportée à la « Base » du Conseil œcuménique,
l'admission de l'Eglise orthodoxe du Patriarcat de Moscou.

INTÉGRATION DU C. I. M. DANS LE C. Œ. E.

Des liens intimes ont toujours existé entre le C. I. M. et les
mouvements universels œcuméniques, notamment *Foi et Constitution*, *Vie et Action* et finalement le Conseil œcuménique des
Eglises. Liens organiques et institutionnels, sans doute. Plus encore,
liens doctrinaux et dogmatiques même : l'unité et la mission sont
deux éléments dynamiquement unis et essentiellement inhérents au
mystère même de l'*Una Sancta*. Il n'est donc pas étonnant que la
question de leur fusion ait été envisagée [1]). Et il est normal aussi
que la solution en a été l'intégration du Conseil international des
Missions dans le Conseil œcuménique des Eglises, précisément
parce qu'il s'agit d'« Eglises ». Ce pas est fait : après un culte
solennel, l'un des présidents sortants du C. Œ. E. proclama que :
« De par l'autorité des Assemblées du C. I. M. et du C. Œ. E.,
je déclare ces deux conseils maintenant unis en un seul corps sous
le nom de Conseil œcuménique des Eglises » (N. D. 56-60).

Les mesures d'intégration effective étaient déjà à l'étude depuis
plusieurs années. En 1957, notamment, le Comité central soumit
aux Eglises membres un avant-projet d'intégration et leur demanda
leur avis. Celles-ci s'étant montrées favorables « à une très forte
majorité » [2]), le Comité central soumit en 1959 aux Eglises une proposition précise. Enfin, au Comité Central de St. Andrews, en août
1960, les dispositions définitives furent prises. Le projet était donc
prêt à être présenté à l'approbation de la troisième Assemblée de
New-Delhi. Et comme la plupart des Eglises avaient donné préa-
lablement leur accord, le vote fut obtenu *nemine contradicente*,
quelques délégués se contentant de s'abstenir.

Cette intégration apporte quelques changements d'ordre consti-

---

[1]) Sur ce sujet, cfr deux ouvrages capitaux: H. J. MARGULL, *Theologie der
missionarischen Verkündigung. Evangelisation als oekumenisches Problem.* Stuttgart, Evang. Verlagswerk, 1959, 335 p. (les différentes théologies de la mission,
l'insertion doctrinale de l'unité dans la mission); M.-J. LE GUILLOU, O. P.,
Mission et Unité. Les exigences de la communion. 2 vol., Paris, Ed. Cerf, 1960,
292 et 340 pp. (l'Eglise comme « communion », comme communion « missionnaire » ; confrontation avec l'ecclésiologie des différentes communions chrétiennes).

[2]) Cfr *Evanston - Nouvelle-Delhi*, Genève, 1961, p. 205.

tutionnel dans le Conseil œcuménique des Eglises. Le sens profond de ces changements est le suivant : l'idée missionnaire est mieux marquée, plus expressément formulée, plus organiquement institutionalisée, au sein même du Conseil œcuménique des Eglises. Ainsi, les Statuts du C. Œ. E. stipuleront désormais que le C. Œ. E. a aussi une fonction « missionnaire » et qu'il doit développer la conscience « missionnaire » de ses membres. Il y aura, au sein du C. Œ. E., une *Commission des Missions et de l'Evangélisation.* Et l'évêque Lesslie Newbigin, ancien Secrétaire général du C. I. M., devient président de la nouvelle Commission des Missions et d'Evangélisation, ainsi que co-secrétaire du Conseil œcuménique des Eglises.

Quel est l'apport concret apporté par le C. I. M. au C. Œ. E. ? L'évêque Newbigin, dans le Discours qu'il prononça à l'ouverture de l'Assemblée de New-Delhi, le décrivait en ces termes [1]).

D'abord, une forte représentation des « Jeunes Eglises ». « A l'origine, dit-il, il y avait à la base du C. I. M. des comités et des sociétés missionnaires dépendant des Eglises occidentales. Des dix-sept conseils fondateurs, treize étaient des conseils missionnaires. Aujourd'hui évidemment la majorité des 38 conseils membres représentent les Eglises des régions appelées autrefois champs missionnaires ; et l'histoire du C. I. M., au cours de ces quarante dernières années, a été en grande partie occupée par le déplacement du centre de gravité du C. I. M., qui a passé des comités missionnaires aux Jeunes Eglises ».

Ensuite, échanges missionnaires au lieu de mouvement unique venant d'Occident. « Le point de départ de la mission et son point d'arrivée diffèrent maintenant de ce qu'ils étaient au XIXᵉ siècle. Le départ, aujourd'hui, est partout où se trouve l'Eglise, et l'arrivée partout où il y a des hommes qui ne connaissent pas le Christ. Le christianisme ne peut plus être délimité géographiquement... J'espère... que les gens d'Eglise d'Asie et d'Afrique, ayant étudié la situation spirituelle de quelques-unes des Eglises plus anciennes - leurs conflits, leurs victoires et leurs défaites - seront incités à envoyer des missionnaires en Europe et en Amérique, afin de faire accepter l'Evangile aux masses païennes de ces continents que n'émeut pas le témoignage des Eglises vivant au milieu d'elles ».

---

[1]) Cfr *The Missionary Dimension of the Ecumenical Movement*, dans *Ecum. Review*, pp. 209, 211, 213. Trad. franç. dans *Foi et Vie*, 1962, n. 3.

Enfin, assainissement des relations entre Eglises-mères et Eglises-filles, les premières évitant le paternalisme, et les secondes acceptant les exigences durables de leur filiation. « Il faudra se rappeler, et parfois le dire avec acuité, que le paternalisme est un péché qui, comme tout péché, empêche le pécheur de s'en rendre compte, mais aussi que la paternité est un fait qui entraîne des conséquences durables ».

MODIFICATION DE LA BASE

Les Statuts du Conseil œcuménique adoptés à Amsterdam en 1948 prévoyaient que « pourront faire partie du C. Œ. E. les Eglises qui acceptent la Base sur laquelle le Conseil est fondé ». Cette base était formulée comme suit : « Le C. Œ. E. est une association fraternelle d'Eglises qui acceptent notre Seigneur Jésus-Christ comme Dieu et Sauveur ». Depuis le vote de l'Assemblée de New-Delhi - 383 oui, 36 non, 7 abstentions -, la base est formulée comme suit : « Le C. Œ. E. est une association fraternelle d'Eglises qui confessent le Seigneur Jésus-Christ comme Dieu et Sauveur selon les Ecritures et s'efforcent de répondre ensemble à leur commune vocation pour la gloire du seul Dieu, Père, Fils et Saint-Esprit » [1]).

La base « Jésus-Christ Dieu et Sauveur » avait déjà une longue histoire, lorsqu'elle fut adoptée en fait par le mouvement *Foi et Constitution*. Nous avons rappelé plus haut que, déjà à Edimbourg en 1937, elle avait été discutée, les uns la trouvant trop précisée tandis que d'autres auraient voulu lui donner une note plus trinitaire. En 1938, à la Conférence préparatoire tenue à Utrecht, et qui fut d'importance capitale pour l'avenir du C. Œ. E., la question de la base fut à nouveau examinée et discutée : finalement, on s'entendit sur une base « christologique », tout en laissant aux Eglises le droit d'en donner leur propre interprétation. A Amsterdam, la base fut maintenue, bien que certains auraient préféré « Jésus-Christ Seigneur et Sauveur », et il fut décidé d'y revenir lors de la deuxième Assemblée générale. En 1953, l'Assemblée des évêques de l'Eglise luthérienne de Norvège envoya au C. Œ. E. une proposition formelle de modification de la base, suggérant le texte suivant : « Le C. Œ. E. est une association fraternelle d'Eglises

[1]) Sur ce sujet, lire d'abord N. D. 147-155; aussi *Evanston - Nouvelle-Delhi*, Genève, 1961, pp. 226-228; A. WENGER, *La nouvelle Base élargie du Conseil œcuménique des Eglises*, dans *Nouv. Revue Théol.*, 1962, pp. 63-71.

qui, selon les Ecritures, confessent Jésus-Christ comme Dieu et Sauveur » [1]). Cette proposition ayant été faite trop tard, il fut convenu qu'elle serait examinée à la troisième Assemblée générale du Conseil œcuménique. Après Evanston, l'examen de la question fut confié à un sous-comité, tandis que le Comité central en délibérait par trois fois : à New Haven en 1957, à Rhodes en 1959, à St. Andrews en 1960. Entretemps, des milieux orthodoxes et le Conseil général des Eglises chrétiennes congrégationalistes des Etats-Unis suggéraient de donner à la base un caractère plus explicitement trinitaire. C'est à St. Andrews, en 1960, qu'a été présentée et adoptée la formule qui devait être proposée à l'Assemblée de New-Delhi.

Le débat sur la base eut lieu en Assemblée plénière le 2 décembre 1961. Quelques Eglises - l'Eglise mennonite des Pays-Bas, l'Eglise arminienne des Pays-Bas, un délégué baptiste - marquèrent leur désaccord. D'autres, sans s'engager sur le fond doctrinal de la nouvelle formule, s'opposaient au changement lui-même, entre autres parce qu'il pourrait inclure une théologie particulière ». Finalement, le vote - par délégués et non par Eglises - donna 383 oui, 36 non, 7 abstentions ; soit 426 suffrages sur 577 délégués ayant droit de vote ; il y avait donc 151 absents.

Quelles sont ces modifications ? Et que signifient-elles ? Ici aussi, mieux vaut reprendre littéralement l'exposé du Rapport officiel : « (i) remplacement du verbe « acceptent » par le verbe « confessent » ; (ii) substitution de l'article « le » à l'adjectif « notre » devant « Seigneur Jésus-Christ » ; (iii) adjonction de l'expression « selon les Ecritures » ; (iv) affirmation du caractère trinitaire de la Base. - « Confesser » est un mot plus décisif que « accepter » et il est généralement employé par toutes nos Eglises membres dans leurs déclarations sur le Seigneur Jésus-Christ. Dire de Lui qu'il est « le » Seigneur, évite le terme plus subjectif de « notre » et souligne la seigneurie du Christ sur le monde entier. L'expression « selon les Ecritures », fréquente chez l'Apôtre Paul, se retrouve dans les anciens symboles et dans les confessions ultérieures ; elle dirige l'attention sur l'autorité que l'Ecriture possède pour les chrétiens. Affirmer le caractère trinitaire de la Base est dans la ligne du Rapport adopté à Evanston. En outre, il semble justifié que, par la phrase ajoutée : « s'efforcent de répondre ensemble à leur

---

[1]) Cfr *Evanston - Nouvelle-Delhi*, p. 226.

commune vocation pour la gloire de Dieu », nous reconnaissions ensemble la fin et l'objet de notre association fraternelle [1]).

Quant à la portée même de cette base, il est bon de rappeler ce qui a été fixé dans la Déclaration d'Evanston à ce sujet, et notamment : « Le Conseil œcuménique des Eglises ne peut comprendre que des Eglises qui reconnaissent en ce Seigneur la deuxième personne de la Trinité. Si la Base est loin d'être une profession de foi, elle est cependant plus qu'une simple formule d'accord. Elle est véritablement un fondement, en ce que toute la vie et l'activité du Conseil repose sur elle [2]).

ADMISSION DE NOUVELLES ÉGLISES

Le 20 novembre, l'Assemblée accueillit vingt-trois nouvelles Eglises membres, dont 12 d'Afrique (N. D. 63-69). Mais il est certain que c'est l'Eglise orthodoxe russe qui avait la vedette [3]). Etaient reçues en même temps l'Eglise orthodoxe de Bulgarie, l'Eglise orthodoxe de Roumanie [4]), et l'Eglise orthodoxe de Pologne. On ne peut cacher que cette candidature créait chez plusieurs délégués quelque appréhension, laquelle a été explicitée par l'évêque Zoltan Beky, de l'Eglise réformée hongroise d'Amérique : « Si les délégués officiels, qui se déclarent avoir été désignés par l'Eglise orthodoxe russe, la représentent fidèlement, l'Eglise réformée hongroise en Amérique votera en faveur de son admission. Mais si les représentants officiels de l'Eglise orthodoxe russe veulent utiliser cette tribune à des fins politiques contraires à l'esprit authentique de l'Eglise orthodoxe russe, et s'efforcent de nous représenter le point de vue de leur gouvernement, basé sur les principes d'un matérialisme athée et d'un système anti-démocratique de dictature d'un parti unique, alors l'Eglise réformée hongroise d'Amérique désire que son opposition soit consignée dans le procès-verbal. Pour le moment, l'Eglise réformée hongroise d'Amérique s'abstiendra » (N. D. 66). Dans l'ensemble, on fit confiance à la démarche de l'Eglise russe et, sur 149 votants, il y eut 142 oui, 3 non et 4 absten-

---

[1]) Cfr *Evanston - Nouvelle-Delhi*, p. 227.
[2]) Cfr *Evanston - Nouvelle-Delhi*, p. 228.
[3]) Sur les tractations préliminaires, voir Deuxième Partie, Chap. III. *Les Eglises orthodoxes et le Conseil œcuménique*.
[4]) Cfr Ion GOÏA, O. P., *Orthodoxie roumaine et mouvement œcuménique*, dans *Istina*, 1957, pp. 55-79.

tions (N. D. 15). Cela porta le C. Œ. E. à 198 Eglises-membres groupant quelque 400 millions de chrétiens, l'Eglise russe représentant entre 30 et 50 millions, d'après les différentes estimations.

Cette entrée assez massive d'Orthodoxes de l'Est renforce évidemment l'aile « catholique » du Conseil œcuménique. Elle confirmera l'œuvre dogmatique accompli par les orthodoxes en général, notamment au sein de la Commission de *Foi et Constitution*. L'équilibre des représentations est également amélioré ; tout comme le caractère universel du C. Œ. E.

Quel fut l'impression laissée par les interventions des représentants de l'Eglise russe ? Nous laissons ici la parole à deux catholiques qui ont assisté à l'Assemblée de New-Delhi, l'un comme observateur officiel, l'autre à titre de journaliste. D'après le R. P. M.-J. Le Guillou, « L'Orthodoxie s'était placée tout entière sur un plan essentiellement religieux, et les inquiétudes que d'aucuns avaient eues relativement à la participation de la délégation orthodoxe russe furent vite dissipées. Celle-ci se montra sous un jour particulièrement favorable, témoignant de son intérêt pour les questions doctrinales. Ajoutons que, personnellement, nous avons eu de longues conversations avec de nombreux évêques russes, et spécialement avec Mgr Nicodème, et nous en gardons la meilleure impression [1]). De son côté, M. E. Beauduin nous offre son témoignage : « Touchant l'Eglise catholique romaine, la délégation russe, malgré quelques interventions occasionnelles moins obligeantes, usa dans les conversations et interviews de propos plus adoucis. On aimait d'ailleurs à reprendre le thème bien connu de la distinction entre l'Eglise catholique comme telle, pour laquelle on professe des sentiments de fraternité, et le Vatican qui est accusé d'une politique inamicale vis-à-vis de la Russie » [2]).

Message et conclusions

Il serait possible d'étudier plus en détail encore les orientations doctrinales de la Commission *Foi et Constitution*, la place prise par les Jeunes Eglises, le rôle joué par la Jeunesse qui s'était réunie avant l'Assemblée sous la présidence du Rev. Ph. Potter, la place

[1]) *Vers l'unité chrétienne*, 1962, p. 13.
[2]) Cfr *Irén.*, 1962, p. 18.

réservée aux laïcs dans l'Assemblée du C. Œ. E. comme telle, l'importance donnée à la prière et au culte à New-Delhi. Mais force est de nous limiter.

Avant de se séparer, l'Assemblée désigna six nouveaux présidents : le choix qu'on fit constitue un témoignage d'universalisme, un encouragement pour les Jeunes Eglises, un signe de confiance à l'égard du laïcat, et un geste de détente internationale. Les suffrages se portèrent en effet sur : M. Charles C. Parlin, laïc, juriste et économiste, membre éminent de l'Eglise méthodiste des Etats-Unis d'Amérique ; Sir Francis Ibiam, laïc également, médecin, gouverneur de la province orientale du Nigeria, dirigeant de l'Eglise presbytérienne ; le Dr. A. M. Ramsey, archevêque de Cantorbéry et Primat d'Angleterre ; l'archevêque Iakovos, qui préside à l'archidiocèse grec-orthodoxe des deux Amériques ; le pasteur Martin Niemöller, président de l'Eglise luthérienne évangélique de Hesse-Nassau (Allemagne) ; le professeur G. David Moses, ordonné dans l'Eglise-unie de l'Inde du Nord et du Pakistan, principal de Hislop College à Nagpur, ancien vice-président du C. I. M. (N. D. 33).

Le *Message* que l'Assemblée adresse traditionnellement à tous les peuples et à tous les gouvernements souligne particulièrement l'importance de la paix et la nécessité d'employer tous les moyens de conjurer la guerre, d'écarter les obstacles dressés contre la liberté, de raviver la confiance réciproque (N. D. 299-301).

* * *

L'Assemblée de Nouvelle Delhi, si elle s'est déroulée sans ébranler intensément la vie quotidienne de la capitale de l'Inde, si elle s'est aussi trouvée un peu dans l'ombre d'une autre grande assemblée, le second Concile du Vatican, fut néanmoins, même au regard des hommes, un grand événement pour le Conseil œcuménique des Eglises et pour tout le monde chrétien [1]).

Le premier trait qui s'en dégage est peut-être celui d'un plus grand équilibre des forces au sein du Conseil. Equilibre entre les Jeunes Eglises et les Eglises-mères, équilibre entre la représentation du tiers-monde et celle des communautés d'Europe et d'Amérique, équilibre entre le courant évangélique et revivaliste des mission-

---

[1]) Parmi les commentaires critiques sur l'Assemblée, citons: R. Mehl, J. Robert Nelson, et a., *The Third Assembly. Some critical Observations*, dans *Ecum. Rev.*, janv. 1962, pp. 238-252.

naires et le sens de l'institution des hiérarchies épiscopales. Certes, cet équilibre est source de tension, et il faudra sans doute un grand doigté et une grâce divine pour que cette tension ne se mue pas en crise ; mais n'est-ce pas la rançon nécessaire d'un équilibre vivant, dynamique, ouvert à l'avenir ?

Equilibre, disions-nous. Mieux encore, plénitude, universalisme et œcuménicité. M. Visser 't Hooft, dans le Rapport qu'il présenta au Comité Central réuni à Paris en août 1962, l'a parfaitement noté. Le Conseil œcuménique, dit-il en substance, est actuellement, depuis New-Delhi, vraiment une « oikoumenè ecclésiastique ». Par tout ce qui s'est passé à ce moment, « l'Assemblée de Delhi nous a donné un sens nouveau du caractère universel de l'Eglise chrétienne, et de l'impossibilité qu'il y a à penser plus longtemps au christianisme dans le cadre d'une culture ou de continents particuliers ». Mais cette œcuménicité ecclésiastique doit se garder de la tentation d'introversion. « Il ne saurait donc y avoir d'oikoumenè ecclésiastique fermée et introvertie. Il ne peut y avoir qu'une oikoumenè ecclésiastique qui sait que le Christ est le Seigneur, et par ses paroles et par ses actes en rend témoignage à l'oikoumenè plus large qui ne reconnaît pas encore ce que Dieu a fait pour le monde et dans le monde. C'est par la mission et le service parmi les hommes que nous réaliserons notre but œcuménique ». Oikoumenè ecclésiastique dans l'oikoumenè des hommes, du monde et de l'histoire : on voit toute l'actualité, pour le Conseil œcuménique, du thème général d'études qui a été adopté au Comité Central de Paris en 1962 : « Le caractère définitif de l'œuvre de Jésus-Christ et l'universalisme historique actuel ».

Enfin, l'Assemblée de New-Delhi a donné au Conseil œcuménique un accroissement de vigueur spirituelle. D'abord par l'intégration du Conseil International des Missions, qui infusera désormais son dynamisme missionnaire à tous les organes du Conseil œcuménique. Ensuite, par l'entrée de nombreuses délégations orthodoxes, qui vont ajouter encore à la qualité doctrinale de la Commission de Foi et Constitution. Enfin, par la fougue bienfaisante et tonique des Jeunes Eglises, dont la promotion récente accentuera encore la vitalité native.

Cette vigueur, le Conseil œcuménique va essayer de la faire parvenir jusqu'aux Eglises locales, jusqu'aux paroisses et aux milieux de vie, pour qu'elle anime toute la communauté des chrétiens. Nous terminons par cette constatation, parce qu'elle se dessine de plus en plus depuis quelques années [1]) et qu'elle exprime une intention d'œcuménicité « réelle », vécue « en tous lieux », dans les Jeunes Eglises comme les Eglises-mères. Son idéal, le Conseil œcuménique désire qu'il soit vécu par tous les fidèles des Eglises-membres, avec l'ardeur d'un « renouveau », mais d'un *revival* qui, dans l'Esprit, donne des fruits de concorde et d'unité.

---

[1]) Déjà en avril 1956, l'*Ecum. Review* a publié divers articles à ce sujet, sous le titre général *A Symposium on Ecumenism in the Local Church* (pp. 254-306). Deux ans plus tard, *Ecum. Review* publiait aussi l'article significatif de S. McCrea CAVERT, *The Ecumenical Movement. Retrospect and Prospect* (avril 1958, pp. 311-319), qui prévoit deux points d'importance cruciale pour le C. Œ. E. : unir son caractère *œcuménique* à sa présence *locale*, et fixer la nature de l'unité qui est recherchée. Voir aussi les explications très autorisées de M. VISSER 'T HOOFT, *The Una Sancta and the Local Church*, dans *Ecum. Review*, oct. 1960, p. 13, et la place donnée à l'application « locale » des conséquences concrètes résultant de la Déclaration sur l'unité, par H. D'ESPINE, dans *Ecum. Review*, oct. 1960, pp. 20-22.

DEUXIÈME PARTIE

LE FAIT ET LA DOCTRINE

CHAPITRE PREMIER

CONSEIL ŒCUMÉNIQUE ET ECCLÉSIOLOGIE

Le Conseil œcuménique des Eglises, par son existence et ses manifestations, pose un certain nombre de questions relevant de l'ecclésiologie. Que sont les Eglises, l'Eglise, l'*Una Sancta* ? Qu'est, théologiquement, le Conseil œcuménique des Eglises ? Quelle est, éventuellement, l'ecclésiologie commune des Eglises-membres du Conseil œcuménique ? Il est extrêmement difficile, voire hasardeux, d'esquisser ce qu'on n'ose appeler la « synthèse » ecclésiologique d'une Assemblée œcuménique. La question pourrait même être posée de savoir si pareille entreprise a un sens, puisque les Eglises représentées conservent leur ecclésiologie propre. « S'il existait une ecclésiologie acceptable pour tous, déclarait M. Visser 't Hooft, le problème œcuménique serait résolu et le « mouvement » œcuménique superflu » (R. Am. I, 264). Mais des positions ecclésiologiques ont été prises, et des « convictions communes » ont été enregistrées. Et l'Assemblée de New-Delhi a accepté de recommander aux Eglises une Déclaration sur l'unité.

L'œcuménisme

Au Secrétariat du Conseil œcuménique des Eglises, le terme « œcuménique » désigne couramment les activités, initiatives, doctrines et réunions qui, depuis le seizième siècle, intéressent l'union des chrétiens, tant au niveau interconfessionnel et national qu'au niveau universel : *A History of the Ecumenical Movement* s'étend longuement sur les efforts accomplis du XVIe au XXe siècle. Hors des milieux strictement œcuméniques, ce terme est employé parfois en un sens très large.

Le terme « œcuménisme » devait nécessairement attirer l'attention des dirigeants du C. Œ. E.. M. Visser 't Hooft en a esquissé

une brève histoire [1]). Après avoir indiqué ce que « œcuménique »
signifie à l'époque hellénistique, dans les Septante, dans le Nouveau
Testament, à l'âge patristique, dans l'Empire de Byzance, pour les
Eglises d'Orient, enfin dans la théologie d'Occident, il en vient au
sens concret qui lui appartient depuis le XIXe siècle.

En 1846, lors de la fondation de l'*Alliance évangélique*, on
entendit prononcer plusieurs fois le mot « œcuménique »: le pasteur réformé Adolphe Monod félicita ses frères de Grande-Bretagne pour la ferveur de leur piété et leur « esprit vraiment œcuménique ». Mais qu'entendait-on par là ? La correspondance de
Henri Dunant, pionnier de l'Y. M. C. A., nous donne une réponse
qui, sans doute, traduit assez exactement ce que le mot signifiait
à ce moment. L'esprit œcuménique, écrit-il, transcende la nationalité et la langue, les problèmes de dénominations et d'Eglises,
les questions de classe et de race ; il signifie que des chrétiens de
différentes dénominations se réunissent dans la charité pour travailler ensemble pour la gloire de Dieu, tout en maintenant leurs
convictions religieuses propres et, éventuellement, en les défendant
avec tolérance et charité. Mieux encore, à la Conférence de l'*Alliance évangélique*, tenue à Bâle en 1879, le Dr. H. Plitt parlait
d'un témoignage œcuménique ; cette fois il semble bien qu'il avait
en vue un témoignage rendu par des chrétiens ayant conscience
de l'universalité de l'Eglise et de l'unité essentielle de toutes les
branches de la chrétienté. Néanmoins, cet « œcuménisme » intérieur et spirituel n'est pas, à cette époque, d'usage courant; quand
on parle d'« œcuménisme », on a en vue, d'une façon ou d'une
autre, l'extension universelle de l'Eglise. Si, en 1900, la *Conférence
missionnaire internationale* de New-York est appelée Conférence
œcuménique, c'est parce que ses buts et idéals intéressent tout
l'univers. Et si l'on évite de donner le nom d'œcuménique à la
Conférence de 1910, c'est précisément parce qu'elle n'a pas de
représentants orthodoxes, ni catholiques romains. Le terme fut dé-
laissé, mais pas pour longtemps ; il allait être bientôt repris, et
définitivement [2]).

En 1918, N. Söderblom envisage la convocation d'une « Conférence œcuménique », c'est-à-dire, une conférence « concernant

---

[1]) H. E. M., pp. 735-740 et aussi *The Meaning of Ecumenical*, Londres,
S. C. M. P., 1953, 28 pp., plus développé.

[2]) H. E. M., pp. 737-738.

la vie de l'Eglise considérée comme un tout » [1]). A Oud-Wassenaar, en 1919, l'archevêque d'Upsal proposa la fondation d'un « Conseil œcuménique des Eglises ». A cette époque, le mot fut employé plusieurs fois. Et pourtant, pendant la préparation de la Conférence de Stockholm, on hésita encore; le terme anglais finalement choisi est « universal », de préférence à « ecumenical ». En effet, « it had been answered that an ecumenical Conference of Protestant Churches was a contradictio in adjecto » [2]). Mais, depuis, le terme est reçu partout. La Conférence de Stockholm est dite « œcuménique » dans les documents grecs, latins et même allemands. Le mot eut depuis un tel succès, qu'on s'occupa, par deux fois, d'en maintenir la signification fondamentale, à savoir: en rapport avec l'unité et l'universalité essentielles du mystère de l'Eglise.

Ce fut d'abord à Oxford 1937. La Conférence rappela qu'il fallait bien distinguer « œcuménique » et « international ». « International » implique la reconnaissance de la division de l'humanité en nations séparées comme un état de choses, sinon définitif, du moins naturel. Le terme œcuménique au contraire se réfère à l'expression qui a servi, au cours de l'histoire, à désigner l'unité essentielle de l'Eglise. Le premier part du fait de la division, l'autre du fait de l'unité en Christ. La pensée et l'action de l'Eglise peuvent être qualifiées d'internationales, dans la mesure où l'Eglise doit agir dans un monde au sein duquel les Eglises historiques participent de la division de l'humanité en nations et en races distinctes. Elles peuvent être qualifiées d'œcuméniques, dans la mesure où elles tendent à réaliser l'*Una sancta* : la communion des chrétiens qui reconnaissent un seul Seigneur [3]).

Plus tard, en 1950, l'expression « Eglise œcuménique » fut discutée. On la rencontre chez différents auteurs [4]). M. Visser 't Hooft note l'emploi fréquent de l'expression « Eglise mondiale », et y voit comme une suggestion en faveur d'un organe commun, concrètement le Conseil œcuménique ; mais il n'approuve pas l'expression, semble-t-il [5]). Le comité exécutif, réuni à Bossey en fé-

[1]) H. E. M., p. 739.
[2]) H. E. M., p. 739.
[3]) R. Ox. 236-237.
[4]) Par exemple N. MACNICOL, *The Revelation of the World Church*, dans *The Expos. Times*, février 1940, pp. 226-230.
[5]) Cfr *Le Conseil œcuménique des Eglises: sa nature, ses limites*, dans *Hommage et Reconnaissance à Karl Barth* (Cahiers de l'actualité protestante, hors-série, 2), Neuchâtel-Paris, p. 125.

vrier 1950, examina la question [1]). Cette expression, y dit-on, est la source de malentendus. Elle donne d'abord l'impression qu'il existe déjà aujourd'hui « a single united and integrated Church Body », alors que le propre du Conseil œcuménique est de réunir des Eglises qui sont, par hypothèse, encore séparées. Ensuite, « World Church » suggère l'idée d'une « super-Church with a centralised administrative machinery », alors que les Eglises-membres du Conseil tendent vers une unité décentralisée et jouissant d'une très large liberté. Il faut donc abolir cette expression des milieux œcuméniques [2]).

L'idée d'œcuménisme, intimement liée au mystère de l'unité essentielle de l'Eglise universelle [3]), va-t-elle connaître un renouveau d'intérêt après l'Assemblée de Nouvelle-Delhi ? La chose est possible. Nous avons dit, en terminant l'exposé des faits principaux de cette Assemblée, que le Conseil œcuménique en avait retiré une plénitude, un universalisme plus réel, une plus authentique œcuménicité. M. Visser 't Hooft l'a noté dans le Rapport général qu'il présenta au Comité Central réuni à Paris en août 1962. Il rappela la signification biblique, et plus particulièrement néo-testamentaire, du terme oikoumenè, distinguant deux groupes de textes. « Dans un premier groupe, dit-il, « oikoumenè » signifie l'humanité vivant en commun, en groupements politiques ou autres, dans sa condition perdue, non rachetée. Dans un second groupe, « oikoumenè » signifie le monde des hommes au sein duquel Dieu intervient par son acte de grâce en Jésus-Christ, et qui est ainsi ramené à sa destination et à sa fin premières... L'« oikoumenè » à venir, dont parle Hébreux 2:5, représente la totalité universelle de l'humanité telle qu'elle sera soumise à sa Seigneurie » [4]). Il n'est donc pas impossible que, devenu plus concrètement « mondial », le Conseil « œcuménique » des Eglises s'attache dans la suite à exprimer sa nature théologique en recourant plus habituellement à la signification biblique et technique de « oikoumenicos » et à la notion d'œcuménicité.

[1]) Dans *The Ecum. Review*, printemps 1950, pp. 298-299.
[2]) On retrouve cependant cette expression, sans doute par distraction, dans le Rapport français de l'Assemblée de Nouvelle-Delhi, p. 25.
[3]) Comme étude théologique, cfr Oliver S. TOMKINS, *The Wholeness of the Church*, Londres, S. C. M. P., 1949, 126 pp.; recension dans *Irén.*, 1950, p. 254.
[4]) Voir texte dans le Rapport du Comité Central, Paris, août 1962.

La Déclaration de Toronto (1950)

Avant de poursuivre l'examen des doctrines ecclésiologiques qui sont, soit exposées, soit impliquées, dans les documents officiels du Conseil œcuménique des Eglises, il nous paraît utile de donner le texte même de ce qu'on a appelé la Déclaration de Toronto. On sait que le Conseil œcuménique a été créé à Amsterdam en 1948. A ce moment, tout ce qui le concernait n'était pas encore mûr, notamment la signification théologique du Conseil œcuménique lui-même, et les présuppositions et implications ecclésiologiques qui en constituent comme le fondement. D'où la nécessité de préciser ces données. Une Déclaration fut élaborée et présentée au Comité Central réuni à Toronto en 1950, lequel l'approuva [1]. Ce document est indispensable à l'intelligence des positions ecclésiologiques du Conseil œcuménique depuis ses origines. Dans la première édition de cet ouvrage, après avoir hésité, nous ne l'avons pas repris ; cette fois, il nous a semblé préférable d'en reproduire les deux pièces centrales. Car si la Déclaration de Nouvelle-Delhi deviendra certainement la matière des discussions à venir, celle de Toronto gardera toute son importance de fait, non seulement comme pièce historique, mais comme exposé des conditions de base impliquées dans la vie du Conseil œcuménique des Eglises. Nous passons les nn. *I. Introduction*, et *II. De la nécessité d'une nouvelle Déclaration* [2].

III. CE QUE LE CONSEIL ŒCUMÉNIQUE N'EST PAS

1) *Le Conseil œcuménique n'est pas et ne devra jamais devenir une super-Eglise.*

---

[1] Texte de cette Déclaration dans *Minutes and Reports of... Toronto* (Canada) 1950, pp. 84-90. Texte anglais également dans *Ecum. Review*, oct. 1950, pp. 47-53 ; trad. franç. offic. dans *Evanston - Nouvelle-Delhi*, Genève, 1961, pp. 259-263, ou E. F. 88-92. — Commentaires : *Ecum. Review*, avril 1951 (l'ensemble de ce fascicule) ; C. LIALINE, *Nouvelles précisions sur le Conseil œcuménique des Eglises*, dans *Irén.*, 1951, pp. 37-54 (commentaire de la Déclaration) ; J. HAMER, *Qu'est, théologiquement à ses propres yeux, le Conseil œcuménique des Eglises ?*, dans *Istina*, 1954, pp. 389-407 ; P. BRUNNER, *Pneumatische Realismus. Bemerkungen zur theologischen Bedeutung der « Toronto-Erklärung »*, dans *Evang. Luther. Kirchenzeitung*, 1951, n. 8.

[2] « Nouvelle » par rapport à une résolution adoptée à Amsterdam ; cfr *Evanston - Nouvelle-Delhi*, Genève, 1961, p. 259.

Le Conseil œcuménique n'est pas une super-Eglise. Il n'est pas l'Eglise universelle. Il n'est pas l'Una Sancta dont parlent les Confessions de foi. Cette allégation surgit toujours à nouveau, bien qu'elle ait été réfutée aussi nettement que possible dans les déclarations officielles du Conseil. Elle est due à une ignorance complète de la situation intérieure réelle du Conseil. En effet, si le Conseil violait de quelque manière que ce soit le principe de sa Constitution selon lequel il ne peut légiférer ou agir au nom des Eglises membres, il perdrait l'appui de celles-ci.

En parlant d'« Eglises membres », nous reprenons les termes de la Constitution du Conseil ; mais le fait d'être membres du Conseil ne signifie d'aucune façon que les Eglises appartiennent à un corps qui peut prendre des décisions pour elles. Chaque Eglise conserve le droit constitutionnel de ratifier ou de rejeter les déclarations ou les actes du Conseil. L'« autorité » du Conseil réside uniquement « dans le poids qu'il a auprès des Eglises de par sa sagesse propre » (William Temple).

2) *Le but du Conseil œcuménique n'est pas de négocier des unions entre les Eglises, car ceci ne peut être le fait que des Eglises elles-mêmes, agissant de leur propre initiative, mais il est d'établir un contact vivant entre les Eglises et de promouvoir l'étude et la discussion des problèmes que pose l'unité de l'Eglise.*

Le Conseil démontre, par son existence même et par ses activités, la nécessité de manifester clairement l'unité de l'Eglise du Christ. Mais chacune des Eglises conserve le droit et le devoir de tirer de son expérience œcuménique les conséquences que commandent ses convictions. Aucune des Eglises n'a lieu de craindre que le Conseil l'oblige à prendre certaines décisions concernant son union avec d'autres Eglises.

3) *Le Conseil œcuménique ne peut pas et ne doit pas être fondé sur une conception particulière de l'Eglise, quelle qu'elle soit. Il ne résoud pas à l'avance le problème ecclésiologique.*

On prétend souvent que le Conseil est dominé par telle ou telle conception de l'Eglise ou par telle ou telle école théologique. Il peut arriver qu'au cours d'une de ses réunions ou dans un des documents émanant de lui, le Conseil donne l'impression de se trouver sous l'influence marquée d'une tradition ecclésiastique ou d'une théologie particulière.

Toutefois, le Conseil comme tel ne saurait devenir l'instrument d'une confession ou d'une école sans perdre toute raison d'être.

Il y a place, à l'intérieur du Conseil, pour l'ecclésiologie de chacune des Eglises qui désirent s'associer à la conversation œcuménique et font reposer leur adhésion sur la déclaration de base du Conseil : « Une association fraternelle d'Eglises qui acceptent Jésus-Christ comme Dieu et Sauveur ».

Le Conseil œcuménique existe pour permettre aux Eglises de regarder en face leurs différences ; il va donc de soi qu'aucune d'entre elles n'est obligée de changer d'ecclésiologie au moment où elle entre dans le Conseil.

4) *L'adhésion d'une Eglise au Conseil œcuménique n'implique pas qu'elle considère dès lors sa conception de l'Eglise comme relative.*

Certains critiques du Conseil - et souvent ses amis - lui reprochent son prétendu latitudinarisme implicite - ou l'en félicitent. D'après eux, le mouvement œcuménique défend l'égalité fondamentale de toutes les doctrines chrétiennes et de toutes les conceptions de l'Eglise et ne se préoccupe donc pas de la question de vérité. Ce malentendu provient de ce que l'œcuménisme s'est identifié dans l'esprit de certaines personnes avec des théories particulières de l'unité qui ont, à un moment donné, joué un rôle dans l'histoire œcuménique, mais ne représentent pas l'opinion commune du mouvement comme tel et n'ont jamais été reconnues officiellement par le Conseil.

5) *Faire partie du Conseil n'implique pas l'acceptation d'une doctrine particulière sur la nature de l'unité de l'Eglise.*

Le Conseil travaille pour l'unité de l'Eglise. Mais parmi ceux qui le constituent, les uns conçoivent cette unité comme impliquant un accord parfait ou très étendu en matière de doctrine ; d'autres insistent sur la communion sacramentelle basée sur un même ordre ecclésiastique ; d'autres considèrent ces deux conditions comme indispensables ; d'autres ne demandent l'unité que sur certains points fondamentaux de foi et de discipline ; d'autres encore ne conçoivent l'Eglise une que comme une communauté spirituelle universelle et considèrent l'unité visible comme non-essentielle et même comme indésirable. Mais aucun de ces points de vue ne peut être tenu pour la conception œcuménique. Au contraire, la conversation œcuménique a précisément pour but d'établir entre ces diverses conceptions des relations dynamiques.

Le fait de s'affilier au Conseil n'implique nullement, en particulier, de la part des Eglises, une prise de position pour ou contre la doctrine selon laquelle l'unité de l'Eglise est l'unité de l'Eglise invisible. Ainsi, la déclaration de l'encyclique « Mystici Corporis » sur ce qu'elle appelle l'erreur d'une conception spiritualisée de l'unité, ne s'applique pas au Conseil œcuménique. Ce dernier n'« imagine » pas une « Eglise qu'on ne pourrait ni voir ni toucher, qui ne serait que spirituelle, dans laquelle les nombreuses communautés chrétiennes, bien que divisées entre elles par la foi, seraient pourtant unies par un lien invisible ». Il comprend toutefois des Eglises pour lesquelles l'Eglise est invisible dans son essence, tandis que d'autres estiment essentielle l'unité visible.

IV. *PRÉSUPPOSITIONS QUI SONT A LA BASE DU CONSEIL ŒCUMÉNIQUE*

Nous allons maintenant essayer de donner une définition précise des présuppositions fondamentales du Conseil et de ce qu'implique pour les Eglises, du point de vue ecclésiologique, leur affiliation au Conseil.

1) *Les Eglises membres du Conseil croient que la conversation entre les Eglises, leur collaboration et leur témoignage commun doivent être fondés sur leur conviction commune que le Christ est le chef divin du Corps.*

La base du Conseil œcuménique reconnaît le fait central que « quant au fondement, personne ne peut en poser un autre que celui qui a été posé : Jésus-Christ ». Elle exprime la conviction que le Seigneur de l'Eglise est Dieu-parmi-nous et qu'il continue à rassembler ses enfants et à construire lui-même son Eglise.

C'est pourquoi les rapports entre Eglises n'auront ni substance ni avenir, s'ils n'ont pas pour point de départ la soumission commune des Eglises à Jésus-Christ, chef de l'Eglise. Partant de points de vue divers, les Eglises ont soulevé la question de savoir comment des hommes aux convictions opposées pouvaient appartenir à une même fédération de fidèles. La délégation orthodoxe à la Conférence d'Edimbourg de 1937 a donné à cette question une réponse très claire : « Malgré toutes nos différences, notre Maître et Seigneur commun est *un* : Jésus-Christ ! C'est lui qui nous conduira à une collaboration toujours plus étroite pour l'édification du Corps de Christ ». Le fait de la Seigneurie de Christ sur son peuple contraint ceux qui lui appartiennent à établir entre eux des relations étroites et réelles, alors même qu'ils diffèrent sur bien des points importants.

2) *Les Eglises membres du Conseil s'appuient sur le Nouveau Testament pour affirmer que l'Eglise du Christ est une.*

Le mouvement œcuménique doit son existence au fait que cet article de foi s'est imposé avec une force irrésistible à des croyants, hommes et femmes, dans un grand nombre d'Eglises. Ils sont pris d'une sainte indignation lorsqu'ils constatent ce contraste : en vérité, il n'y a et ne peut y avoir qu'une seule Eglise ; en fait, il existe de multiples Eglises qui toutes déclarent être l'Eglise du Christ, mais ne vivent pas en unité vivante les unes avec les autres. Les Eglises se rendent compte que c'est pour chacune d'elle un simple devoir chrétien que de tout faire pour que soit manifestée l'unité de l'Eglise, et de travailler et prier afin que le dessein du Christ pour son Eglise s'accomplisse.

3) *Les Eglises membres reconnaissent que l'appartenance à l'Eglise du Christ s'étend au-delà du corps de leurs fidèles. Elles cherchent donc à établir un contact vivant avec ceux qui, hors de leurs rangs, confessent la Seigneurie de Jésus-Christ.*

Toutes les Eglises chrétiennes, y compris l'Eglise romaine, reconnaissent qu'il n'y a pas totale identité entre l'ensemble des fidèles de l'Eglise universelle et l'ensemble des membres rattachés à leur propre Eglise. Elles admettent qu'il y a des membres de l'Eglise « extra muros », appartenant à l'Eglise « aliquo modo », ou même qu'il existe une « ecclesia extra ecclesiam ». Cette reconnaissance trouve son expression concrète dans le fait que, sauf rares exceptions, les Eglises chrétiennes admettent la validité du baptême administré par d'autres.

Mais il reste à savoir quelles conclusions on doit tirer de cet enseignement. L'histoire de l'Eglise montre que la plupart du temps, les Eglises n'en ont tiré qu'une conséquence négative, à savoir, qu'elles ne devaient avoir aucune relation avec ceux qui n'appartenaient pas à leurs rangs. Le mouvement œcuménique présuppose implicitement que chaque Eglise a une tâche positive à remplir dans ce domaine, celle de chercher à établir des rapports fraternels avec tous ceux qui, bien qu'ils ne soient pas membres du même corps visible, appartiennent ensemble au corps mystique. Le mouvement œcuménique est le lieu où s'effectuent cette recherche et cette découverte.

4) *Les Eglises membres du Conseil considèrent que la relation d'autres Eglises à la Sainte Eglise Catholique professée par les Confessions de foi doit faire l'objet d'un examen en commun. Néan-*

*moins, le fait d'appartenir au Conseil n'implique pas que chaque
Eglise doive considérer les autres comme des Eglises dans le vrai
et le plein sens du terme.*

Il y a place dans le Conseil œcuménique pour les Eglises qui
reconnaissent dans les autres des Eglises au sens plein et vrai du
terme et pour celles qui ne les reconnaissent pas comme telles. Mais
ces Eglises divisées, même si elles ne peuvent s'accepter mutuellement comme de vraies et pures Eglises, croient qu'elles ne doivent
pas rester dans leur isolement ; c'est pourquoi elles se sont associées
dans un Conseil œcuménique des Eglises.

Elles voient toutes leurs différences dans le domaine de la foi
et de l'ordre ecclésiastique, mais elles se reconnaissent toutes ser-
vantes du Seul Seigneur et désirent examiner leurs différences dans
un mutuel respect, assurées qu'elles pourraient ainsi être conduites
par le Saint-Esprit vers la manifestation de leur unité en Christ.

5) *Les Eglises membres du Conseil œcuménique reconnaissent
dans les autres Eglises des éléments de la vraie Eglise. Elles estiment
que cela les oblige à entreprendre une conversation sérieuse, dans
l'espoir que ces éléments de vérité les conduiront à une reconnaissance de la vérité dans sa plénitude et à une unité fondée sur toute
la vérité.*

On enseigne généralement dans les diverses Eglises que les
autres possèdent certains éléments de l'Eglise véritable, appelés
dans certaines confessions « vestigia ecclesiae ». Ces éléments sont :
la prédication de la Parole, l'enseignement des Saintes-Ecritures et
l'administration des sacrements. Ils constituent plus qu'un pâle
reflet de la vie de l'Eglise véritable. Ils contiennent une promesse
réelle et offrent la possibilité de lutter ensemble dans des entretiens
francs et fraternels en vue de la réalisation d'une unité plus complète. De plus, sur toute la surface de la terre, des chrétiens de
toutes les confessions ont, par la prédication de l'Evangile, amené
des hommes et des femmes au salut en Christ, à une nouveauté de
vie en lui et à la communion fraternelle.

Le mouvement œcuménique repose sur la conviction que l'on
doit suivre des « traces ». Loin de les mépriser comme n'étant que
des éléments de la vérité, les Eglises devraient s'en réjouir et y
voir des signes d'espérance, marquant la voie vers une unité véritable. Que sont, en effet, ces éléments ? Non pas des vestiges morts
du passé, mais de puissants moyens que Dieu utilise pour son
œuvre. Des questions peuvent et doivent être posées quant à la

validité et à la pureté de l'enseignement et de la vie sacramentelle, mais l'on ne saurait mettre en question le fait que l'existence de ces puissances de vie dans les Eglises justifie l'espoir qu'elles seront conduites à une plus grande plénitude de vérité. C'est par la conversation œcuménique que cette reconnaissance de la vérité se trouvera facilitée.

6) *Les Eglises du Conseil œcuménique acceptent de prendre conseil les unes des autres en vue d'apprendre du Seigneur Jésus-Christ quel témoignage il les appelle à rendre dans le monde en son nom.*

La vraie raison d'être de l'Eglise étant de rendre témoignage à Jésus-Christ, les Eglises ne peuvent s'assembler sans chercher à recevoir de leur commun Seigneur le témoignage commun qu'elles sont appelées à rendre dans le monde. Ceci ne sera pas toujours possible. Mais chaque fois qu'elles pourront ainsi parler ou agir ensemble, les Eglises devront accepter avec reconnaissance, comme un don de la grâce de Dieu, de pouvoir, malgré leurs divisions, rendre le même témoignage et manifester quelque chose de cette unité dont l'objet est « que le monde croie » et qu'elles puissent « témoigner que le Père a envoyé son Fils comme le Sauveur du monde ».

7) *Une des conséquences pratiques de l'affiliation au Conseil œcuménique est d'obliger les Eglises à reconnaître leur solidarité, à s'assister mutuellement en cas de besoin, et à s'abstenir de tout acte incompatible avec le maintien de relations fraternelles.*

A l'intérieur du Conseil, les Eglises cherchent à faire preuve d'un intérêt fraternel les unes à l'égard des autres. Cela n'exclut pas une extrême franchise de langage lorsque les Eglises se posent l'une à l'autre dans le Conseil des questions pénétrantes ou regardent leurs différences en face. Mais elles doivent le faire dans le seul but d'édifier le Corps du Christ. Cela exclut une attitude purement négative d'une Eglise à l'autre. L'affirmation positive de la foi de chaque Eglise sera la bienvenue, mais tout acte incompatible avec le maintien de relations fraternelles entre Eglises constitue une atteinte au but même du Conseil. Les Eglises doivent au contraire s'aider mutuellement à écarter tous les obstacles qui empêchent le libre exercice des fonctions normales de l'Eglise. Et chaque fois qu'une Eglise sera dans la détresse ou victime de persécutions, elle devra pouvoir compter sur le secours des autres Eglises par le moyen du Conseil.

8) *Les Eglises membres établissent des rapports spirituels entre elles grâce auxquels elles peuvent apprendre les unes des autres et s'entraider afin que s'édifie le Corps du Christ et que la vie des Eglises soit renouvelée.*

Les Eglises enseignent toutes que l'Eglise en tant que temple de Dieu est en même temps un édifice déjà construit et un édifice qui se construit. Certains aspects de l'Eglise ressortissent donc à sa structure et à son essence propres et ne peuvent être modifiés. D'autres, en revanche, sont sujets à changements. Ainsi, la vie de l'Eglise exprimée par le témoignage qu'elle rend dans son propre sein et dans le monde, exige un renouvellement perpétuel. Dans ce domaine, les Eglises devraient s'entraider par un échange mutuel de réflexions et d'expériences. Telle est la signification du travail du Conseil et de plusieurs de ses autres activités. Il n'est pas question d'imposer aux Eglises un schéma quelconque de vie ou de pensée. Mais toute lumière que reçoit une Eglise ou un groupe d'Eglises doit être transmise à toutes les autres afin que s'édifie le Corps du Christ.

Aucune des positions qui sont à la base du Conseil œcuménique n'est en opposition avec ce qu'enseignent les Eglises membres. Aucune Eglise ne doit donc redouter, croyons-nous, de devoir renier son héritage du fait de son entrée au Conseil.

Au fur et à mesure que la conversation entre les Eglises se développera et que les contacts entre elles se resserreront, de nouveaux problèmes et de nouvelles décisions surgiront. Car le Conseil existe en vue de sortir de l'impasse où les Eglises étaient acculées dans leurs relations entre elles. Mais aucune Eglise ne sera jamais forcée de prendre une décision contre sa conviction ou son désir. Les Eglises conservent leur entière liberté quant aux décisions pratiques qu'elles prendront ou ne prendront pas selon leurs convictions et à la lumière de leurs contacts œcuméniques.

Une très réelle unité a été découverte dans les réunions œcuméniques ; cette unité est, pour tous ceux qui travaillent au sein du Conseil, l'élément le plus précieux de sa vie. Elle existe et nous la recevons toujours à nouveau comme un don immérité du Seigneur. Nous louons Dieu pour ces prémices de l'unité de son Peuple et poursuivons avec espoir l'œuvre commune qu'il nous a confiée. Car le Conseil existe pour servir les Eglises tandis qu'elles se préparent à rencontrer leur Seigneur, lequel ne connaît qu'un seul troupeau.

L'Eglise

L'Eglise « est le don que Dieu a fait aux hommes pour le salut du monde, elle a été créée par l'acte rédempteur de Dieu en Jésus-Christ, elle subsiste à travers l'histoire sans solution de continuité grâce à la présence et à la puissance du Saint-Esprit » (R. Am. I, 306-307).

Les Conférences œcuméniques ont rappelé, et même révélé l'Eglise à certains chrétiens. Quelques réformés s'en sont plaint à Oxford. Allait-on passer de l'Epître aux Romains à l'Epître aux Ephésiens ? A Amsterdam, les Jeunes Eglises l'ont constaté : « Nous avons déjà fait allusion dans ce travail à l'apport remarquable du mouvement œcuménique aux Jeunes Eglises. Il leur a donné la conviction que les relations entre l'Evangile et l'Eglise ne sont pas de simples rapports de cause à effet, mais qu'elles expriment leur nature propre, de façon intégrale et essentielle » (R. Am. I, 226 ; aussi I, 220-221). Pour Bishop S. C. Neill « le Nouveau Testament ne suppose jamais que l'Evangile puisse être intelligible indépendamment de sa relation avec l'Eglise ; l'Eglise elle-même est une partie essentielle de l'Evangile » (R. Am. II, 179). Même le rapport consacré à l'évangélisation rappelle que « la foi en Christ est incomplète tant que le croyant ne se reconnaît pas obligé d'être le membre de son corps visible, l'Eglise. Pour beaucoup de ceux qui sont parvenus à l'amour et à la foi en Christ, c'est là une sévère épreuve... Cependant, admettre qu'il puisse y avoir la moindre séparation entre le Seigneur et son corps, signifierait un funeste abandon du christianisme du Nouveau Testament » (R. Am. II, 308). A Nouvelle-Delhi, une description de l'unité visible de l'Eglise a été adoptée pour être recommandée aux Eglises. Le sens de l'Eglise n'a donc pas diminué, au contraire.

L'ÉGLISE ET SON UNITÉ

Il n'est pas simple de fixer exactement ce que les documents œcuméniques entendent par l'« Eglise », au singulier, et en tant qu'elle se distingue des « Eglises », au pluriel. Sans doute, il s'agit de l'Eglise une et sainte telle qu'elle est voulue par le Christ. Mais comment la conçoit-on ?

Le Conseil œcuménique ne peut échapper à une alternative :

il ne peut défendre une ecclésiologie particulière ; et il ne peut préjuger de la forme concrète que prendra l'« Eglise ré-unie ». L'idée d'« Eglise » devait en recevoir le contre-coup, savoir, une certaine indétermination inévitable. Celle-ci se remarque plus particulièrement là où les rapporteurs se servent de l'expression « Una sancta », qui paraît mieux convenir que le terme « Eglise » à une notion plutôt eschatologique, ou moins structurée de la communauté des chrétiens dans le Christ. « Notre Conseil, écrit M. Visser 't Hooft, représente une solution temporaire, une étape ; il se situe entre l'époque où les Eglises vivaient isolées les unes des autres et le moment où - sur la terre ou dans les cieux - il se révélera visiblement qu'il n'y a qu'un seul Berger et un seul troupeau » (V, 34). Sur la terre ou dans les cieux...

Quelques membres du Conseil œcuménique trahissent jusqu'à un certain degré, mais indubitablement, une tendance à chercher l'unité pour elle-même, ou considérée un peu dans l'abstrait. En ce cas, on veut, non tellement l'Eglise fondée par le Christ et douée d'unité, mais l'unité elle-même des chrétiens, pour la valeur intrinsèque de toute unité, sans référence suffisante ou totale à la volonté positive du Seigneur de réaliser telle unité ecclésiastique bien déterminée. Certes, cette attitude n'existe pas à l'état pur ; mais ne la trouverait-on pas chez certains représentants des Jeunes Eglises, chez certains missionnaires, dont on comprend parfaitement l'impatience devant les vieilles querelles des Eglises-mères ? Or, tout progrès vers l'unité est-il, de ce fait et nécessairement, un progrès vers l'unité telle que le Christ l'a positivement voulue pour son Eglise ? M. Visser 't Hooft rappelait lui-même à Amsterdam que « si l'on devait donner au problème de l'unité une solution brusquée, on n'atteindrait qu'à une unité de compromis. L'idée courante que les Eglises se font aujourd'hui de l'œcuménisme reste empreinte d'un sérieux relativisme et ne témoigne pas d'une grande préoccupation de la vérité divine. Si nous voulions donc créer une unité forcée, ce ne serait certainement pas l'*unité dans la vérité* dont parle la Bible » (R. Am. I, 273) [1]).

Généralement, lorsqu'ils parlent de l'« Eglise », les documents œcuméniques l'entendent d'une réalité terrestre et historique. « Nous nous réunissons, parce que nous croyons que l'Eglise de

---

[1]) Voir aussi *Various Meanings of Unity...*, dans *Ecum. Review*, oct. 1955, p. 22; trad. franç., *Istina*, 1956, p. 362.

Jésus-Christ est la plus haute des réalités terrestres et que nous
lui appartenons... Non, l'Eglise n'est pas une idée pour nous. Elle
est une réalité solidement implantée dans l'histoire et la géogra-
phie » (R. Am. I, 13). Pour M. Visser 't Hooft, « le rassemblement
des Eglises n'aura de portée spirituelle que si ces églises manifestent concrètement leur désir de devenir membres du même corps
et en donnent immédiatement des preuves dans leurs relations
communes » (R. Am. I, 275). Mieux encore : « Le mouvement œcuménique a acquis la certitude croissante que son but n'est pas
l'union des individus mais l'unité de l'Eglise. Et l'Eglise ne se
trouve pas dans le domaine des idées abstraites ou des sentiments
intimes, mais dans la réalité historique et visible des Eglises »
(R. Am. I, 287). D'ailleurs, chaque fois que les documents parlent
des « misères de l'Eglise » et de la « manifestation de l'Eglise »,
ils ne peuvent parler que d'une réalité historique, visible.

Néanmoins, les Eglises « cherchent » la vérité et l'unité. Elles
veulent « redécouvrir le dessein de Dieu pour l'Eglise » (R. Am.
I, 5). Elles notent « les signes de renouveau de la vie de l'Eglise
observés dans plusieurs pays et plusieurs communautés » (R. Am.
I, 158). Elles s'enquièrent des solutions pratiques : « Nous recherchons l'unité chrétienne ; et lorsque nous nous demandons comment nos églises l'atteindront à partir des positions qu'elles occupent, nous entrevoyons deux solutions d'ordre pratique » (R. Am.
I, 197). Bref, « Christ a fait de nous son peuple et, Lui, n'est pas
divisé. C'est en Le cherchant que nous nous trouvons » (R. Am.
V, 7).

Les documents œcuméniques montrent aussi les « Eglises en
marche » vers l'unité. Car « les Eglises-membres sont encore incapables d'être ensemble l'Eglise une de Dieu » (R. Am. I, 276).
Pour le moment, « Dieu est puissamment à l'œuvre parmi nous
et nous conduit vers des buts que nous discernons encore à peine.
Nous ne comprenons pas encore pleinement tout ce qu'il a déjà
fait parmi nous, ni tout ce que cela implique pour nos habitudes
de tous les jours » (R. Am. I, 311). Certes, « l'Eglise demande à
s'exprimer et à s'affirmer dans les églises » (R. Am. I, 276). Et
l'on peut constater « le mouvement de croissance actuelle vers
l'unité » (R. Am. I, 221). « Grâce à Dieu, les signes ne manquent
pas, qui montrent que ce processus a déjà commencé » (R. Am.
I, 273). « Les églises sortent de leur isolement et s'avancent dans
la voie de la collaboration active, non seulement dans le domaine

pratique, mais dans ceux de la foi et de l'enseignement » (R. Am. I, 230). Enthousiastes ou réticentes, les Eglises sont sur « le chemin de l'unité » (R. Am. II, 325).

UNITÉ DONNÉE ET UNITÉ MANIFESTÉE

Il y a donc, par rapport à l'unité, quelque chose d'acquis, et quelque chose à acquérir ; mais quoi ? Dans la Conférence qu'il fit à Davos sur *Les différentes manières de concevoir l'Unité et l'Unité que le Conseil œcuménique des Eglises cherche à promouvoir* [1]), M. Visser 't Hooft s'en explique. « Certes, dit-il, il est vrai que la plupart des Eglises-membres ne croient pas que chacune d'elles représente *à elle seule* l'Eglise véritable, mais cela ne signifie pas que pour elles l'Eglise authentique du Christ n'existe pas, et en une forme très substantielle... Il y a une différence fondamentale entre la déclaration que l'unité essentielle du Christ n'existe pas et la déclaration qu'elle n'est pas adéquatement manifestée. L'immense majorité des Eglises du Conseil œcuménique croient précisément que l'unité de l'Eglise est une unité *donnée*, et cela signifie une unité existante. ... La première section d'Evanston disait : 'Dès l'origine, une indissoluble unité en Christ a été donnée à l'Eglise, pour le motif que le Christ s'est identifié lui-même avec son peuple' (*Evanston speaks*, p. 19). Mais cela ne signifie pas que cette unité est adéquatement manifestée. Le Rapport d'Evanston poursuit : 'Mais l'Eglise n'a jamais réalisé la plénitude de cette unité... Nous pouvons dire de l'unité de l'Eglise dans son pèlerinage terrestre qu'elle est une croissance de son unité comme donnée vers son unité comme pleinement manifestée' » [2]).

La discussion que suscita cette conférence à Davos montre pour le moins qu'elle demandait des compléments [3]). Certes, fit remarquer le Dr. G. Florovsky, s'il n'y avait pas une certaine unité au départ, comment pourrions-nous nous rencontrer ; mais que comporte cette unité ? quels en sont les éléments visibles et invisibles ? et que signifie « exister » ? M. Visser 't Hooft avait d'ailleurs reconnu lui-même, au cours de son exposé, que « Nous

[1]) Cfr *Minutes and Reports of... Davos. 1955*, pp. 86-92 ou *Ecum. Review*, oct. 1955, pp. 18-29; trad. franç. *Istina*, 1956, pp. 358-368.

[2]) Voir *Ecum. Review*, oct. 1955, pp. 23-24; *Istina*, 1956, p. 363.

[3]) Voir le détail des discussions dans *Minutes and Reports of... Davos. 1955*, pp. 21-25.

devons trouver une terminologie qui nous permette de donner une expression à l'élément dynamique de la situation œcuménique. Il y a encore un travail théologique considérable et assidu à fournir pour éclaircir notre situation. Nous courons le risque d'employer certaines formules sans penser à fond le sens précis et les limites de ces formules. Ceci est particulièrement vrai des deux expressions-clé de nos discussions : le caractère *donné* de l'unité (*givenness*) et la *manifestation* de l'unité. Toutes deux sont des expressions capitales dans nos discussions, mais toutes deux sont également ambiguës. Toutes deux ont besoin d'être pensées à fond dans toutes leurs implications et dans leur relation l'une à l'autre » [1]).

En fait, cette unité comporte un aspect « visible » ; et M. Visser 't Hooft, dans l'exposé de Davos, en énumère différents éléments, repris aux déclarations des organes représentatifs du Conseil œcuménique. Les voici, sans les références qui les accompagnent : *a)* l'unité de l'Eglise est une unité *donnée*, en ce qu'elle tient sa réalité essentielle de Jésus-Christ lui-même ; *b)* cette unité doit être rendue manifeste au monde ; *c)* une pleine unité de l'Eglise doit être basée sur une large mesure d'accord doctrinal ; *d)* une communion dans les sacrements est un élément nécessaire d'une pleine unité de l'Eglise ; *e)* un ministère reconnu - ministry acknowledged - par chaque partie de l'Eglise et quelque organe permanent de consultation et de conseil sont requis, mais une rigide uniformité de structure gouvernementale ou une structure dominée par une autorité administrative centralisée est à écarter [2]). On a remarqué l'expression « pleine unité » : il est malaisé de savoir si cette « pleine unité » concerne formellement l'*unité* donnée ou la *pleine* manifestation de celle-ci. Des précisions nouvelles étaient attendues ; et elles allaient faire l'objet des travaux ultérieurs de *Foi et Constitution*.

* * *

A vrai dire, le binôme « Unité donnée » et « Unité pleinement manifestée », grâce à sa « polyvalence » ou, pour reprendre le terme de M. Visser 't Hooft, à cause d'une certaine « ambiguïté », peut être aussi interprété de manière catholique, à condition d'en préciser les conditions.

[1]) Dans *Ecum. Review*, oct. 1955, p. 25; *Istina*, 1956, p. 364.
[2]) Voir *Ecum. Review*, oct. 1955, pp. 21-22; *Istina*, 1956, p. 361.

Unité donnée. — Pour les catholiques aussi, il y a une unité
donnée dans le Christ (nous en parlerons longuement plus loin),
unité qui comporte aussi et doit comporter, avec l'unité surnaturelle invisible, des éléments visibles déterminés. En prenant comme
point de départ les données de l'exposé de M. Visser 't Hooft,
on pourrait suggérer un court dialogue sur les trois points suivants.

Tout d'abord, tout élément visible qui concerne l'unité ecclésiastique n'est pas nécessairement un élément de l'unité de l'Eglise.
Le traducteur français de l'exposé de M. Visser 't Hooft, mis en
présence des formules anglaises *Church Unity* et *Unity of the
Church,* y a perçu une différence de théologie. « En théologie
protestante, écrit-il, toute unité réalisée en matière ecclésiastique
ou mettant en jeu des réalités qui, par leur caractère, se réfèrent
à l'Eglise (en d'autres termes, tout ce que l'on met, nous semble-t-il,
sous les mots : Church Unity) est déjà quelque chose de l'unité
de l'Eglise, sinon cette unité même. En théologie catholique, au
contraire, la conception de l'Eglise et de ses exigences d'unité
empêche de mettre une relation aussi étroite entre unité (supposée
plénière) de l'Eglise, et unité (en hypothèse, fort partielle) en matière ecclésiastique ». Dans ces deux expressions, en effet, le mot
unité n'a pas le même sens [1]). Cette remarque - même si elle
devait être nuancée par rapport à l'exposé en question - mérite
réflexion, pour elle-même.

On pourrait aussi poser la question : les éléments de structure
visible énumérés par M. Visser 't Hooft sont-ils voulus par le Christ,
et comme éléments « essentiels » ou « définitivement nécessaires »
pour son Eglise ? Ou sont-ils d'origine « ecclésiastique », voire simplement de nécessité « humaine », si bien que rien n'empêcherait
de les supprimer ou de les transformer radicalement ? Sur ce point
capital pour décider de ce qui est « essentiel » - au sens de nécessaire et indispensable - à l'Eglise du Christ dans sa condition terrestre, et pour décider de ce qui est non-nécessaire, voire « voulu
par le Christ mais de manière transitoire », nous ne sommes pas
suffisamment renseignés. Or, sans ces précisions, le dialogue œcuménique sera difficilement fructueux et de portée durable. Certes,
il n'est facile pour personne de répondre à ces questions, lorsqu'il
s'agit de certains points concrets. Mais un effort plus poussé entrepris en commun pour fixer, non seulement *ce* que disent les Ecrits

[1]) Cfr *Istina*, 1956, p. 357.

inspirés, mais aussi la *valeur* dogmatique qu'ils accordent à ce qui est dit, serait désirable pour les discussions œcuméniques de l'avenir. Ce travail est d'ailleurs tout à fait dans la ligne de la Déclaration de Toronto, qui reconnaît que « certains aspects de l'Eglise ressortissent donc à sa structure et à son essence propres et ne peuvent être modifiés. D'autres, en revanche, sont sujets à changements » (IV, 8). Et les discussions de *Foi et Constitution* autour du rapport sur l'unité révèlent pareille préoccupation chez quelques théologiens.

Enfin, la structure organique de l'Eglise présentée à Davos est assez peu déterminée, assez générale. Dans l'ecclésiologie catholique, cette structure - ministère cultuel ecclésiastique, organes de magistère doctrinal authentique, et autorité de direction et de gouvernement - est beaucoup plus précisée. Certes, il serait puéril d'accuser les protestants d'inconsistance doctrinale du fait qu'ils s'en tiennent à une structure ecclésiastique moins déterminée que celle qui est défendue par les catholiques : cette détermination moins poussée peut être, elle aussi, une thèse dogmatique au sens le plus strict du terme. La question serait plutôt de savoir si la révélation, voire les seuls Ecrits inspirés, n'exigent pas plus de précision dans les éléments de structure ecclésiastique voulus par le Seigneur. Mais, en même temps, les protestants demanderont aux théologiens catholiques si, dans leur présentation « théologique » de la structure ecclésiastique « nécessaire » et « essentielle », ils dissocient assez les éléments voulus par le Seigneur comme données définitives pour son Eglise, et les déterminations qui ressortissent à une condition historique, à un développement occidental, etc. Ce dialogue serait extrêmement fructueux pour la théologie catholique elle-même.

Unité pleinement manifestée. — La théologie catholique parle aussi d'une croissance dans la manifestation de l'unité.

Tout d'abord, les apologistes catholiques, dans l'ensemble, reconnaissent que l'unité, comme note de l'Eglise véritable, n'éclate pas à toutes les époques sous toutes ses formes avec une égale vigueur. Ils admettent parfaitement qu'elle n'était pas pleinement évidente pendant le Schisme d'Occident ou au moment de la Réforme. Ils font valoir à ce propos que, à certaines périodes, telle ou telle marque de l'Eglise a pu subir une sorte d'obscurcissement.

Le thème de l'obscurcissement des signes visibles de la vraie Eglise trouve également un point d'application dans la catholicité.

Les théologiens catholiques admettent également que, en cas de réunion de tous les chrétiens, un complément d'unité et de catholicité adviendrait à l'Eglise catholique, complément authentiquement chrétien bien sûr, mais qu'ils se refusent à dire « essentiel », quelle qu'en soit l'importance visible et externe. La raison de ce refus ne doit pas être cherchée dans quelque sentiment de suffisance ou de sectarisme - même si ces défauts peuvent être réels - mais dans l'ecclésiologie elle-même, et notamment dans la doctrine de l'indéfectibilité de l'Eglise. Lorsqu'on admet que l'Eglise du Christ, dans sa condition terrestre, est une communauté historique déterminée à laquelle le Christ a promis l'indéfectibilité, c'est-à-dire a promis qu'elle ne périra point, il devient impossible d'accepter que cette Eglise a été privée pendant une certaine époque d'un élément « essentiel » ou « nécessaire ». Ce serait, aux yeux des théologiens catholiques, reconnaître que le Christ n'a pas honoré sa promesse, et donc que son Eglise n'est pas indéfectible. Si l'on veut dialoguer sur ce point avec les théologiens catholiques, c'est donc sur une base dogmatique qu'il faut les aborder.

Enfin, les théologiens catholiques pensent également que l'Eglise véritable du Seigneur sera plus parfaite dans son état final et glorieux qu'elle ne l'est aujourd'hui : elle sera donc alors plus parfaitement une, sainte, catholique qu'elle ne l'est aujourd'hui [1]). Mais cela n'implique point à leurs yeux que, dès aujourd'hui, comme depuis sa fondation, l'Eglise véritable ait perdu ou n'ait pas conservé quelque élément essentiel. Le progrès en perfection peut, soit venir d'un don plus grand d'unité qui lui est fait par le Seigneur, soit représenter un renouveau de l'activité humaine s'efforçant de coïncider avec le don de Dieu en vue de l'unité : mais on demeure dans l'Eglise *véritable*. Le P. Lialine écrivait : « L'Eglise catholique, l'*Una Sancta* existant visiblement peut donc devenir, par l'efficience humaine, plus une et plus sainte *visiblement* ou, au

---

[1]) On trouve la même problématique chez les Orthodoxes, par exemple dans l'Enquête relative à l'unité de l'Eglise, en préparation de l'Assemblée d'Evanston (1954). « Nous devons confesser que nous sommes la véritable Eglise », dirent-ils. Une telle affirmation n'implique pas que cette *véritable* Eglise soit l'Eglise *parfaite*. « L'Eglise du Christ doit croître et s'édifier au cours de l'histoire, déclara G. Florovsky, et pourtant la pleine et entière vérité a déjà été donnée et confiée à l'Eglise » (E. F. 108).

contraire, par déficience humaine, le devenir moins, et connaître ainsi, en un certain sens, une phénoménologie aussi. J'écrivais plus haut que l'Eglise qui se croirait l'*Una Sancta* existant visiblement sur terre, ne pourrait, ni à son propre point de vue, ni à celui du Conseil œcuménique, faire partie de celui-ci. Mais une telle Eglise existe-t-elle ? pouvons-nous nous demander maintenant. Si l'Eglise catholique croit qu'elle possède la *substantia Ecclesiae* et qu'elle est l'*Una sancta*, elle ne se croit pas l'*Una Sancta* arrivée à sa perfection déjà, mais y tendant ; dans un sens - très accidentelle-ment, bien sûr - elle pourrait donc aussi se dire l'« Una Sancta » en devenir » [1]).

Il serait donc très intéressant d'examiner plus à fond la valeur dogmatique du binôme ecclésiologique si couramment employé : « Unité donnée » - « Unité pleinement manifestée » [2]).

UNE DESCRIPTION DE L'UNITÉ

Depuis plusieurs années, dans les milieux de *Foi et Consti-tution*, la question de l'unité est posée de la manière suivante : « Quel genre d'unité le Christ demande-t-il à son Eglise ? ». Il s'agit donc, non seulement de « vouloir » mais de « connaître » ce que le Christ désire et ordonne, afin de pouvoir « obéir » à sa volonté. Et le Rapport présenté à Nyborg, après s'être fixé ce propos, poursuivait : « Le Conseil œcuménique des Eglises ne peut observer aucune ' neutralité ' quant au fait de savoir si cette question reçoit, ou non, une réponse » [3]). Dans la discussion de ce Rapport, Bishop L. Newbigin s'expliqua. *Foi et Constitution* est en croissance, comme tout organisme vivant. Il faut poursuivre les travaux théo-logiques, dit-il ; mais non étudier sans vouloir aboutir jamais à des résultats. La situation a changé depuis vingt ans. Il s'est produit une croissance considérable dans une forme d'unité - non point la seule forme, ni la forme finale de cette unité. Le C. Œ. E. est neutre quant à la nature de l'unité que nous recherchons. Mais il est lui-même une forme d'unité. Est-il la forme *adéquate* (*right*) de

[1]) *Irén.*, 1950, pp. 299-300.

[2]) Sur *Unité donnée et unité à faire*, voir les réflexions nuancées de C.-J. Du-MONT, O. P., dans *Les voies de l'unité chrétienne*, Paris, Ed. Cerf, 1954, pp. 208-213.

[3]) Voir *Minutes and Reports of... Nyborg, 1958*, p. 114; trad. franç., *Istina*, 1959, pp. 120-121.

l'unité ? Si non, qu'allons-nous faire pour promouvoir la forme adéquate (right) de l'unité ?... Le Secrétaire général a dit que le
C. Œ. E. était une *emergency*, qu'il regarde au-delà de lui-même.
Si cela est bien réfléchi, la question de la véritable unité ecclésiale
(true churchly unity) est l'une de celles pour laquelle nous ne
pouvons en fin de compte demeurer dans une sorte de neutralité » [1]).
Nous avons rappelé, en évoquant l'histoire récente de *Foi et Constitution*, comment cette Commission en était arrivée progressivement
au rapport sur l'unité présenté à Nouvelle-Delhi [2]).

On connaît la pièce centrale de cette Déclaration :

> « Nous croyons que l'unité, qui est à la fois le don de Dieu
> et sa volonté pour son Eglise, est rendue visible lorsque, en
> un même lieu, tous ceux qui sont baptisés en Jésus-Christ et
> le confessent comme Seigneur et Sauveur, sont conduits par
> le Saint-Esprit à former une communauté pleinement engagée,
> confessant la même foi apostolique, prêchant le même Evan-
> gile, rompant le même pain, s'unissant dans une prière com-
> mune et vivant d'une vie communautaire qui rayonne dans le
> témoignage et le service de tous ; et lorsque, en outre, ils se
> trouvent en communion avec l'ensemble de la communauté
> chrétienne en tous lieux et dans tous les temps, en sorte que
> le ministère et la qualité de membre sont reconnus par tous,
> que tous peuvent, selon que les circonstances l'exigent, agir et
> parler d'un commun accord en vue des tâches auxquelles Dieu
> appelle son peuple » (N. D. 113-114).

Suit alors un long commentaire de cette description et une
indication de quelques conséquences qui en découlent pour la vie
des Eglises au plan local et au niveau confessionnel, et pour le
mouvement œcuménique (N. D. 114-130). Il faut lire ces pages, et
spécialement ce commentaire, pour juger de tout ce que représente
la déclaration, et aussi de tout ce qu'elle ne peut résoudre.

* * *

Est-ce la fin de la « neutralité ecclésiologique » du Conseil
œcuménique des Eglises ? L'expression est reçue ; peut-être accen-
tue-t-elle légèrement le changement survenu. Car il y avait une
certaine ecclésiologie en filigrane dans la Déclaration de Toronto,
dont le n. IV disait notamment : « nous allons essayer de donner

---

[1]) Dans *Minutes and Reports of... Nyborg, 1958*, pp. 38-39.
[2]) Voir, dans la Première partie, l'histoire récente de *Foi et Constitution*.

une définition précise des présuppositions fondamentales et de ce qu'implique pour les Eglises, du point de vue ecclésiologique, leur affiliation au Conseil ». Quant à la Déclaration de Nouvelle-Delhi, elle n'est pas imposée par l'Assemblée, mais approuvée par elle pour être recommandée aux Eglises. Les deux documents sont d'ailleurs issus de préoccupations différentes et répondent à des propos distincts. Cela dit, il est incontestable que la lecture de la Déclaration de Nouvelle-Delhi laisse une impression de nouveauté, notamment par son caractère « positif » et son contenu « dogmatique ».

La cause de ce progrès réside avant tout dans la vie même du Conseil œcuménique. Autre chose est de traiter de l'Eglise pour des Eglises qui viennent de s'associer et qui doivent d'abord essayer de *demeurer* ensemble, autre chose de décrire l'unité à recommander à des Eglises qui se connaissent et qui désormais désirent *progresser* ensemble. Le Conseil œcuménique étant, par son statut, un instrument au service des Eglises, il se devait d'être un « moyen » aussi parfait que possible en faveur de l'unité. Et le propre d'un « moyen », après avoir établi et assuré son existence même, n'est-ce pas de préciser mieux le « but » qu'il entend servir ?

Mais toute vie doit être stimulée. Et, dans le cas présent, le stimulant se trouve peut-être dans le fait que certaines Eglises membres du Conseil œcuménique, satisfaites d'une sorte d'unité fédérative entre les Eglises, paraissaient voir dans le Conseil œcuménique l'organe de pareille union, faisant de celui-ci, non plus une réalité essentiellement transitoire, mais la forme adéquate de l'unité chrétienne, et rendant ipso facto sans objet toute recherche d'une autre forme d'unité - qui serait l'unité véritable de l'Eglise du Christ - et tout dynamisme, tout effort pour y parvenir.

C'est ce que disait, il y a dix ans déjà, et en termes assez vifs, Bishop L. Newbigin, dans les conférences qu'il donna en novembre 1952 à Trinity College (Glasgow) sur la nature de l'Eglise [1]). « Il y a un réel danger, disait-il, dans le fait que le Conseil œcuménique, en se déclarant neutre sur la forme de l'unité de l'Eglise, puisse être accepté comme l'organe d'une sorte d'union fédérative. Il ne fait pas de doute que de très nombreux protestants, qui soutiennent ardemment le travail du Conseil, le font dans cette idée. Ils prennent

---

[1]) Je cite d'après la traduction française: *L'Eglise, Peuple des croyants, Corps du Christ, Temple de l'Esprit*, Neuchâtel, Delachaux et Niestlé, 1958, 204 p.

au sérieux le fait que les Eglises se soient, en quelque sorte, accep-
tées les unes les autres comme Eglises et qu'elles se soient liées
dans le Conseil... » [1]). Alors ? « Nous devons accepter la déclaration du document de Toronto d'après lequel le Conseil œcuménique est *en intention* neutre sur la question de la forme d'unité
de l'Eglise ; pourtant, il découle de ce qui précède [à savoir que
le Conseil n'est pas un « simple lieu de rencontre » mais possède
lui-même « un caractère ecclésial »] que nous ne pouvons pas
reconnaître sa neutralité *en fait,* car il est lui-même une forme de
cette unité. Si l'on regarde le Conseil comme autre chose qu'une
phase transitoire entre la désunion et l'union, cette conception est
fausse. En disant cela, je n'ai naturellement pas la prétention de
parler en partant d'une position neutre, face aux ecclésiologies
rivales que nous devons considérer. Je ne peux pas parler ainsi,
car je crois que la forme voulue par Dieu pour l'unité de l'Eglise
est en dernier ressort celle d'une société visible, partout présente,
et qui confesse Jésus comme le Seigneur, qui persévère dans l'enseignement des apôtres, dans la communion fraternelle, dans la
fraction du pain et dans les prières. Ses pôles sont la parole, les
sacrements et le ministère apostolique. Sa forme est la communion
fraternelle visible... » [2]). Bref, le Conseil œcuménique, dans la
mesure où il revêt un « caractère ecclésial », incarne nécessairement
une certaine forme d'unité, et donc ne possède pas de neutralité
de fait. D'où le propos de s'entendre sur une description authentique de l'unité selon le Nouveau Testament, « la vérité scripturaire sur la nature de l'Eglise » [3]). En ceci, Bishop L. Newbigin
rencontre certainement bien des théologiens de *Foi et Constitution.*
Et il ne contredit pas le Document de Toronto, qui déclare : « Les
Eglises membres du Conseil s'appuient sur le Nouveau Testament
pour affirmer que l'Eglise du Christ est une » (IV, 2) [4]).

* * *

[1]) *O. c.,* pp. 27-28. Même explication dans l'article important de H. D'ESPINE,
The Rôle of the World Council of Churches in regard to Unity, dans *Ecum.
Review,* oct. 1960, pp. 16-17.

[2]) *O. c.,* p. 25.

[3]) *O. c.,* p. 28.

[4]) Sur ce sujet, voir aussi l'article de E. KINDER, dans *Evangelisch-Luther.
Kirchenzeit.,* 1 avril 1961, résumé dans *Vers l'unité chrétienne,* mai-juin 1961,
pp. 52-53.

La description de l'unité de l'Eglise faite à New-Delhi a attiré immédiatement l'attention des milieux catholiques : « à New-Delhi, non seulement on a écouté un rapport sur l'unité, mais on a pris une mesure qui constitue un réel progrès. On s'est entendu sur une définition assez précise de l'unité » [1]. Il suffit de relire cette déclaration officielle pour se rendre compte qu'on est loin d'une sorte d'unité empirique ou sociologique. Et il est certain que ce document pourra constituer une base excellente de discussion dans les années à venir.

Mais cette description, tout d'abord, ne s'impose pas aux Eglises-membres. « Il ne faut voir dans les paragraphes précédents qu'une brève description du genre d'unité qui correspondrait au don de Dieu et à notre tâche. Ils ne prétendent pas donner une définition de l'Eglise et ne présupposent aucune doctrine particulière de celle-ci. Ils se fondent sur une déclaration élaborée par la Commission de Foi et Constitution et adoptée par le Comité central à St. Andrews en 1960 ; cette déclaration a été envoyée à toutes les Eglises membres pour étude et commentaire. La « Déclaration de Toronto » a marqué une étape importante de la réflexion du Conseil œcuménique sur ce qu'il est et sur ses relations avec le travail en vue de l'unité. Nous cherchons ici à faire un pas de plus dans cette réflexion, non en dictant aux Eglises leur conception de l'unité, mais en leur proposant l'étude d'un texte qui cherche à exprimer plus clairement la nature de notre but commun. L'unité chrétienne a été la préoccupation première du mouvement de Foi et Constitution, dès ses origines, et la vision de l'Eglise une a inspiré tout notre effort œcuménique. Nous affirmons à nouveau qu'il nous faut progresser dans la recherche de tout ce qu'implique cette vision. Nous présentons ce rapport dans l'espoir que les Eglises membres du Conseil œcuménique et celles qui n'en font pas partie l'étudieront avec soin, et si cette vision leur paraît inexacte, elles en formuleront une autre exprimant plus complètement 'le don de Dieu et sa volonté' » (N. D. 114).

On comprend parfaitement la position délicate du Conseil œcuménique des Eglises concernant le caractère « obligatoire » de la description de l'Eglise : il ne faut pas que le Conseil devienne une sorte de « magistère dogmatique » fixant pour les Eglises-membres

---

[1] C. BOYER, S. J., dans *Osserv. Romano*, 29 décembre 1961, p. 1.

la doctrine révélée qui s'impose à elles. Mais d'autre part, il est malaisé aux catholiques de comprendre que des Eglises chrétiennes ne peuvent affirmer collectivement, chacune en vertu de sa propre autorité, qu'elles se sentent toutes liées par cette description de l'unité, même sur la seule base de l'Ecriture. Si pareille déclaration collective avait été faite, la signification de New-Delhi aurait été encore plus considérable, et le dialogue œcuménique aurait connu un authentique renouveau.

Quant au contenu même de la description, on fera remarquer d'abord, comme le fit le prof. Edm. Schlink au cours de la discussion de New-Delhi, que « l'exposé est encore trop formel, car s'il mentionne bien le credo, l'Evangile, les sacrements, le ministère, etc., il n'explique pas suffisamment quel est le contenu de ces termes, ni ce que l'on entend par là. Cependant, il est essentiel pour l'union des Eglises qu'un consensus soit trouvé sur le contenu et la signification de ces mots » (N. D. 131).

Sur les données elles-mêmes, les catholiques poseront - avec les orthodoxes sans doute - de nombreuses questions [1]). En voici quelques exemples. Le « lorsque » (... est rendue visible lorsque...) est-il *événementiel* ou *institutionnel* ? En d'autres termes, l'Eglise est-elle rendue visible « chaque fois que toutes les conditions énumérées sont réalisées », ou bien « dans une structure qui réalise ces conditions » ? Il semble qu'il s'agisse d'institution ; mais alors, pourquoi un « lorsque » ? - D'autre part, le terme « reconnus » (... le ministère et la qualité de membre sont reconnus ...) aura également l'honneur de maintes discussions, surtout à propos du ministère. Quelle nuance faut-il donner à « reconnu », d'autant plus qu'on peut lire « accepté » dans le commentaire (N. D. 118) ; et de quelle « reconnaissance » s'agit-il ? D'après ce commentaire, il semble bien qu'il s'agisse d'« un ministère conforme à la Parole de Dieu » (N. D. 118), et non seulement d'un ministère sur lequel tout le monde s'est mis d'accord. Bref, chaque phrase, chaque terme de cette déclaration seront désormais étudiés et passés au crible de la critique la plus poussée. Est-il nécessaire d'ajouter que les œcuménistes sérieux seront les derniers à voir dans ces mises au point une pure question de mots, ou une querelle de professeurs.

---

[1]) Lire, par exemple, l'article de M.-J. LE GUILLOU, *Le C. Œ. E. et la recherche de l'Unité*, dans *Vers l'unité chrétienne*, juillet-août 1962, pp. 53-58.

MISSION ET ÉVANGÉLISATION

L'intégration du Conseil International des Missions dans le Conseil œcuménique des Eglises garantit à celui-ci, à tous les niveaux, de conserver vivant le sens de la mission et de l'évangélisation. En fait, il en a toujours été ainsi. « Dès l'origine, il a été reconnu que le Conseil œcuménique ne serait pas viable, si l'évangélisation ne dominait pas toutes ses préoccupations » (R. Am. I, 5). Pour Evanston aussi, l'évangélisation est « le thème œcuménique par excellence » (E. F. 147). Par excellence, certes. A condition qu'on n'oublie point que la mission s'enracine dans le mystère de l'unité dans la Trinité, et qu'elle tend à ramener toute chose dans l'unité divine.

L'évangélisation, c'est évidemment la tâche qu'on appelle généralement missionnaire. Mais c'est aussi la tâche de la « communauté chrétienne exerçant une influence rédemptrice sur la société » (R. Am. II, 308). A vrai dire, c'est la même œuvre, mieux, c'est le même élan d'expansion surnaturelle jaillissant du mystère même de Dieu et de l'Eglise, en vue d'illuminer tous ceux qui sont dans les ténèbres, pour réunir tous les hommes et toutes choses dans le Christ. S'il y a, au Conseil œcuménique, un Département de l'Evangélisation et un Département d'Etudes missionnaires, il n'y a qu'une Commission des Missions et de l'Evangélisation. Et c'est très heureux. Car s'il est encore actuellement des territoires dont les problèmes ressemblent à ceux qui concernaient les terres de mission, on s'avance progressivement vers un monde où Eglises-mères et Jeunes Eglises devront ensemble entreprendre une seule œuvre : l'évangélisation des non-chrétiens, qu'ils soient dans les Jeunes Eglises ou dans les Eglises-mères.

Depuis Evanston, le Département des Etudes missionnaires s'est occupé tout particulièrement de revoir la « théologie de la mission » [1]. Et voici quelques thèmes qui ont retenu l'attention : « Quel est le sens biblique des *Nations* ? Comment l'Eglise apostolique a-t-elle conçu et accompli sa mission universelle ? Quel est le sens de l'adage : Il n'y a de salut en *aucun autre nom* ? Les missions qui vont au delà des frontières nationales et culturelles sont-elles une nécessité théologique ou une contingence historique ? Quelle relation y a-t-il entre l'Evangile et les cultures humaines ? Les

---

[1] Sur tout ceci, voir *Evanston - Nouvelle-Delhi*, pp. 62-70.

missions doivent-elles être totalement refondues sur des bases œcuméniques ? Questions fondamentales, et dont les conclusions sont éminemment pratiques ! Elles furent examinées à la lumière de quelques écrits marquants : l'étude *One Body, One Gospel, One World*, de Bishop Lesslie Newbigin, le travail théologique de M. J. Blauw sur la théologie biblique de la mission [1]) et des études de M. D. T. Niles [2]).

La théologie de la mission implique nécessairement une « théologie des religions » : quel sens possède une religion - on pense aux grandes religions historiques - aux yeux de Dieu et du Christ ? Les discussions de Tambaram (1938), et celles de l'ouvrage de H. KRAEMER, *La Foi chrétienne et les religions non-chrétiennes* [3]) sont toujours ouvertes. Elles ont repris depuis 1955 notamment. On sait que les Pères de l'Eglise étaient déjà divisés sur cette question : les religions non-chrétiennes leur apparaissaient, soit comme une *fraus diabolica*, soit comme un *plagiat* plus ou moins valable (Platon empruntant des idées à Moïse), soit comme une *pédagogie* divine s'expliquant par la condescendance du Seigneur. La problématique a changé depuis ; mais les solutions sont du même genre, comme le montre le programme doctrinal de l'Assemblée de la Conférence chrétienne d'Asie orientale, en 1959 [4]). Le thème général présenté par la Division des Etudes au Comité Central de Paris (1962) - « Le caractère définitif de l'Œuvre de Jésus-Christ et l'universalisme historique actuel » - y fera revenir, sans doute.

Quant au Département de l'Evangélisation, depuis Evanston, il a examiné cette tâche du point de vue de la vie même des Eglises. Différents travaux d'approche ont d'abord conduit à un document fondamental *A Theological Reflection on the Work of Evangelism* (1959), sur l'autorité, l'urgence et les dimensions actuelles de l'évangélisation et, d'autre part, sur les changements né-

---

[1]) Ce travail a paru en langue allemande: *Gottes Werk in dieser Welt. Grundzüge einer biblischen Theologie der Mission*. Munich, Kaiser, 1961, 192 p., et en langue anglaise: *The Missionary Nature of the Church*.

[2]) Cfr *Evanston - Nouvelle-Delhi*, p. 185. Aussi N. GOODALL, J. E. L. NEWBIGIN, W. A. VISSER 'T HOOFT, D. T. NILES, *A decisive Hour for the Christian Mission*, Londres, SCM Press, 1960, 96 p. (résumé *Ecum. Review*, oct. 1960, pp. 107-110).

[3]) Neuchâtel, Delachaux et Niestlé, 1955, 172 p.

[4]) Cfr *Evanston - Nouvelle-Delhi*, p. 68.

cessités à ce sujet dans les structures actuelles des Eglises [1]). Depuis 1960, un autre thème est mis à l'étude : « Renouveau et réveil des Eglises et Evangélisation à ceux du dehors » [2]), et plus précisément, la « structure missionnaire de l'Eglise locale » (N. D. 182).

La Commission des Missions et de l'Evangélisation aura sa première réunion plénière à Mexico, les 8-20 décembre 1963. Sous le thème général de « la mission de Dieu et notre mission », quatre sections approfondiront la tâche même de la Commission : 1. Témoignage des chrétiens aux hommes ayant une autre religion. 2. Témoignage des chrétiens dans le monde profane. 3. Témoignage de la communauté chrétienne dans son voisinage. 4. Témoignage de la communauté chrétienne au-delà des barrières confessionnelles.

Les Eglises

Les documents officiels des milieux œcuméniques se servent des termes « Una Sancta », « Eglise », « Eglises » et expressions équivalentes, souvent pour exprimer des nuances précises, parfois de manière moins heureuse, semble-t-il, ou simplement à la façon de synonymes. Ce va-et-vient peut avoir une portée doctrinale ou simplement littéraire, mais quand l'a-t-il ? Il n'est pas toujours facile d'y répondre. L'Enquête préparatoire à l'Assemblée d'Evanston fait remarquer que « D'un bout à l'autre de cette étude, le mot « Eglise » sert non seulement à désigner l'Eglise une, sainte, catholique et apostolique, mais encore les nombreuses dénominations qui, ensemble, forment le Conseil œcuménique des Eglises. Ce sens n'implique pas une doctrine particulière de l'Eglise » (E. F. 82).

LE TERME ÉGLISE

Le Conseil œcuménique est un Conseil « d'Eglises ». Il a donc dû, dès sa constitution, s'expliquer sur ce mot. Le terme « Churches », sans doute, peut être pris dans un sens large : on parle couramment des « Jewish Churches » pour désigner les communautés juives. Il fallait cependant s'entendre. Le Conseil œcuménique s'en est rendu compte et, à Amsterdam déjà, il a donné

---

[1]) Cfr *Evanston - Nouvelle-Delhi*, p. 59.
[2]) Cfr *Evanston - Nouvelle-Delhi*, p. 60.

des indications sommaires. « Le terme ÉGLISE désigne les dénominations formées d'Eglises autonomes groupées sur un territoire dé-
terminé... Outre l'adhésion à la déclaration de base du Conseil
œcuménique des Eglises, nécessaire pour qu'une demande d'admission puisse être prise en considération, les critères suivants seront
appliqués : a) Autonomie. Pour être admise, une Eglise doit faire
preuve d'autonomie. Est réputée autonome, l'Eglise qui, tout en
se reconnaissant solidaire des autres Eglises et spécialement de
celles de sa propre confession, ne dépend d'aucune autre Eglise
dans son existence propre, c'est-à-dire en matière de formation,
de consécration et d'entretien des ministres, d'enrôlement, de service laïque, de prédication, de relations inter-ecclésiastiques et
d'utilisation des ressources, quelle qu'en soit la provenance. b) Stabilité. Une Eglise ne peut être admise que si elle témoigne d'une
stabilité suffisante aux yeux des Eglises-sœurs et possède un programme d'édification et d'évangélisation. c) Importance numérique.
La question de l'importance numérique de l'Eglise candidate entrera
aussi en ligne de compte. d) Relations avec les autres Eglises. On
prendra en considération, pour l'admission d'une Eglise, l'état des
relations qu'elle entretient avec les autres Eglises » (R. Am. V,
265-266).

M. Oliver S. Tomkins, dans *Les communautés territoriales et
confessionnelles au sein de l'Eglise universelle,* a été amené à préciser ces indications (R. Am. I, 197-216). Il ne se dissimule pas
la difficulté : « Comment définirons-nous les différents organismes
chrétiens qui existent actuellement ? La plupart d'entre eux revendiquent pour eux-mêmes le titre d'Eglise. Quelques-uns, selon des
critères qui s'écartent de la rigueur de Rome, le reconnaissent
aussi à d'autres communautés. A l'inverse de ceux qui ne le refusent à aucun de ceux qui le réclament, Rome ne l'accorde -
et quand elle le fait, c'est avec hésitation - qu'aux Eglises orthodoxes d'Orient. Mais, dans l'usage courant, le mot « église » sert
à désigner une série proprement déconcertante de phénomènes religieux » (R. Am. I, 207).

D'après le Nouveau Testament, explique-t-il, et d'après l'usage
primitif, deux acceptions du mot *église* sont autorisées : « au premier sens, l'Eglise est le corps organiquement un du Christ, le
Nouvel Israël... Au second sens, l'Eglise est la manifestation *locale*
de ce corps unique », telle l'Eglise de Dieu qui est à Corinthe
(R. Am. I, 199). Mais « les divisions de la chrétienté ont donné

naissance à trois autres concepts, souvent exprimés - selon un usage qui n'est pas dépourvu d'une légitimité relative - par le même mot d'« église » : l'organisation territoriale, la dénomination ou confession et, dans certains cas, l'organisation confessionnelle internationale » (R. Am. I, 199).

L'Eglise, comme organisation territoriale. « En dehors de son acception strictement locale, le terme « église » fut étendu dès l'antiquité à des entités territoriales, souvent nationales » (R. Am. I, 199). Or, « la théologie sous-jacente aux diverses formes d'église de type territorial est aussi complexe que leur histoire » (R. Am. I, 201). En voici, concrètement, quelques types : l'Empire chrétien, les nations chrétiennes, les églises nationales, l'Eglise établie, les « deux royaumes » de certains calvinistes, les Eglises indépendantes même.

L'Eglise comme dénomination ou confession. C'est une « communauté de chrétiens que réunit un commun corps de doctrine, qui reconnaissent un même ministère, ont des assemblées et des autorités communes pour prendre des décisions en matière de foi, de culte et de discipline, participent à des degrés variés à une même administration financière, et qui ont - en général, mais non nécessairement, - la même nationalité. L'ensemble de ces caractères, enfin, est lié par une histoire commune, jusqu'à former une entité distincte. Pour désigner cette entité, nous proposons le nom de *dénomination* » (R. Am. I, 208). On donnera des exemples plus bas.

L'Eglise comme confession internationale. « Lorsqu'une communauté de ce genre (c'est-à-dire dénomination) est en relation avec d'autres communautés qui, dans d'autres pays, partagent les mêmes convictions théologiques, et constituent avec elle une organisation commune, elle devient un élément de ce que nous nommerons une *confession internationale* » (R. Am. I, 208). Ces confessions internationales ont au moins un caractère commun : « elles débordent les limitations nationales, territoriales et raciales et unissent des hommes de toutes les parties du monde dans la commune acceptation de certaines doctrines » (R. Am. I, 210). Voici les huit principales : 1. L'Eglise catholique romaine. 2. Les Eglises orthodoxes orientales. 3. La Communion anglicane. 4. La Fédération luthérienne mondiale. 5. L'Alliance baptiste mondiale. 6. L'Alliance universelle des Eglises réformées de système presbytérien. 7. Le Conseil œcuménique méthodiste. 8. Le Conseil congrégationaliste international (R. Am. I, 209). On parlera dès lors comme suit :

« L'Eglise grecque et l'Eglise bulgare sont des « dénominations » qui appartiennent à la « confession » orthodoxe. L'Eglise d'Angleterre et l'Eglise protestante épiscopale des Etats-Unis sont des « dénominations » dans la « confession » anglicane. L'Eglise de Norvège et les Eglises évangéliques luthériennes de l'Inde sont des « dénominations » dans la « confession » luthérienne, etc... » (R. Am. I, 208). L'auteur reconnaît, en terminant, que « cette terminologie ne satisfera pleinement personne, mais la large enquête à laquelle je me suis livré ne m'a pas permis d'en trouver de meilleure. La confusion sur ce sujet est encore plus grande lorsqu'il faut s'exprimer autrement qu'en anglais » (R. Am. I, 208) [1]).

La question a reparu concrètement à Nouvelle-Delhi, devant les nombreuses demandes d'admission venant de « petites Eglises ». L'Assemblée, sur recommandation du Comité de Référence, a donné au Comité Central les directives suivantes, que nous citons textuellement :

1. étudier les problèmes posés par l'admission d'un grand nombre de très petites Eglises et (de) présenter ses conclusions à la quatrième Assemblée ;

2. interpréter le critère de l'importance numérique de telle manière que, dans la règle, aucune Eglise de moins de 10.000 membres au sens large du terme ne soit admise comme membre dans la période entre la troisième et la quatrième Assemblée ;

3. sans préjudice d'autres décisions prises par la quatrième Assemblée, établir une catégorie d'« Eglises associées », qui comprendra les Eglises qui, de l'avis du Comité Central, remplissent toutes les conditions d'admission sauf celle de l'importance numérique. Il est entendu que ces Eglises-là seront tenues au courant des activités du Conseil, seront visitées par son personnel, et seront invitées à participer aux conférences et aux cours. Elles n'auront pas de représentants avec voix délibérative à l'Assemblée ou au Comité Central, mais jouiront de la priorité pour les places d'« observateurs » à l'Assemblée (N. D. 143).

LES ÉGLISES ET L'ÉGLISE

La diversité des ecclésiologies présentes dans les milieux œcuméniques se manifeste aussi à qui recherche l'idée que se font

[1]) Cfr aussi Oliver S. TOMKINS, *The Church, the Churches and the Council*, dans *Ecum. Rev.*, avril 1952, p. 259.

les Eglises-membres de la relation existant entre leur Eglise et l'Eglise. Les débats des Conférences de Lausanne, d'Edimbourg et surtout de Lund nous fournissent d'amples renseignements. Le Rapport d'Evanston a synthétisé ces données et, revenant à l'« ecclésiologie comparée », nous fournit un tableau copieux et plein d'intérêt. L'énumération commence par les Eglises orthodoxes pour finir par les Quakers ; mais « aucune signification quelconque ne peut être attachée à l'ordre dans lequel ces différents tableaux sont présentés » (E. F. 97).

Sur les relations entre « leur Eglise » et « l'Eglise », les Orthodoxes sont nets : « Il ne peut y avoir qu'une Eglise, et l'Eglise catholique orthodoxe est convaincue en conscience qu'elle est elle-même cette Eglise, prolongeant l'Eglise *une* et apostolique et conservant, sans changement ni altération, son enseignement et sa tradition... L'Eglise catholique orthodoxe croit de tout son cœur qu'elle n'est pas l'une des nombreuses Eglises ou confessions chrétiennes historiques, mais qu'elle est « l'Eglise » elle-même, c'est-à-dire l'Eglise *une*, sainte, catholique et apostolique de la sainte confession de foi, la seule... qui professe la vérité chrétienne dans toute sa plénitude et sa pureté, qui vraiment, canoniquement et d'une manière ininterrompue, prolonge en ligne directe l'Eglise primitive, fondée selon la volonté du Dieu trinitaire par notre Seigneur Jésus-Christ, développée et organisée par les Apôtres » (E. F. 97-98). La position des Vieux-Catholiques est assez semblable (E. F. 98-99).

La manière de parler dans l'anglicanisme est différente et caractéristique. « L'Eglise anglicane ne se considère pas, on le sait, comme constituant toute l'Eglise dans un sens exclusif ». « La communion anglicane n'est pas une secte, elle est une partie authentique de l'Eglise catholique » (E. F. 99). « Nous croyons que l'unité visible de l'Eglise implique l'acceptation sans réserve » du *Lambeth Quadrilateral*. « En traçant ainsi les conditions de l'union, la communion anglicane esquisse sa propre conception de ce qui fonde la catholicité et révèle sa conscience d'en faire elle-même partie (E. F. 100).

La perspective des Eglises luthériennes est autre. L'article VII de la confession d'Augsbourg affirme que l'Eglise une et sainte, c'est la communauté des croyants où l'Evangile est fidèlement prêché et les sacrements correctement administrés. Cet article ne dit donc pas : « où la confession *luthérienne* » est « enseignée dans toute sa *pureté* ». Là où il y a « Evangile fidèlement prêché et sacrements correctement administrés », par la grâce de Dieu « se trouve la véritable Eglise, quel que soit le nom qu'on lui donne, parce que, par le Saint-Esprit, dans la Parole et le sacrement, le Christ lui-même s'y trouve avec toute sa puissance salvatrice et rédemptrice » (E. F. 101). C'est ainsi, explique E. Schlink, que « l'Eglise se constitue par l'événement (Ereignis) de la prédication évangélique et de l'administration des sacrements, en conséquence par le Christ lui-même, présent dans l'Evangile et les sacrements et agissant par eux. L'Eglise n'existe pas là où l'on possède la Bible, une confession, un ministère, mais où l'on resterait muet, elle existe là où, sur le fondement de l'Ecriture et en accord avec nos pères et nos frères, l'Evangile est prêché et les sacrements célébrés, là où la voix du Christ se fait entendre, là où il s'offre lui-même. La conception de l'Eglise échappe ainsi à toute fausse ontologie, de même qu'à un morcellement ou une succession d'actes individuels dépourvus de continuité » (E. F. 101). Telle est la relation d'une Eglise luthérienne à l'Eglise de Jésus-Christ.

Toutes les Eglises de la tradition zwinglienne et calviniste, actuellement appelées Eglises réformées « qui déclarent que l'Eglise existe là où la Parole de Dieu est purement prêchée et les sacrements administrés selon l'institution du Christ, revendiquent leur appartenance à la sainte Eglise catholique » (E. F. 102), mais « sans refuser le même privilège aux Eglises d'autres confessions » (E. F. 103). L'Eglise méthodiste « réclame sa place dans la sainte Eglise catholique qui est le corps du Christ et y attache le plus grand prix... » (E. F. 103) ; mais « elle ne prétend pas être « l'Eglise », et elle n'exclut aucune Eglise qui confesse que Jésus est Seigneur à la gloire de Dieu le Père ». Elle reconnaît qu'elle est imparfaite, et estime qu'il en est ainsi pour toute autre Confession (E. F. 104). Pour les Congrégationalistes, l'Eglise est « la congrégation locale » ; il y a « congrégation locale », lorsque le Christ est vivant dans son Corps ; et les signes auxquels nous pouvons reconnaître que le Christ est vivant en son corps, sont la prédication fidèle de la Parole, la célébration convenable des sacrements et la pratique d'une sainte discipline. « L'idéal est que *toutes* les congrégations soient en communion les unes avec les autres » (E. F. 104-105). Quant aux Eglises baptistes : « Quoique pendant longtemps les Baptistes ont occupé une position différente de celle des autres communions, ils ont toujours revendiqué leur appartenance à l'Eglise

une, sainte et catholique de notre Seigneur Jésus-Christ » (E. F. 106).
On a pu noter les formules employées pour indiquer le lien de
chaque Eglise avec l'Eglise du Christ.

Les *Amis* (Quakers) « n'ont pas cherché à établir une dénomination distincte, mais se sont considérés et se considèrent toujours
comme appartenant à l'Eglise universelle du Christ » : ce lien est
établi « sans symbole formel, liturgie, ordre ou sacrements » (E. F.
107).

Bref, si certaines Eglises-membres du Conseil œcuménique se
considèrent comme l'Eglise véritable, le grand nombre se contente
d'affirmer leur appartenance à l'Eglise véritable, sans plus. « Un
désaccord fondamental subsiste... une division profonde demeure,
due à des opinions radicalement divergentes quant aux rapports
existant entre les nombreuses Eglises et l'unique Eglise dans laquelle
tous professent trouver leur unité » (E. F. 108).

Les " éléments d'Eglise "

Dès l'origine du Conseil œcuménique des Eglises, l'expression
« vestigia Ecclesiae » a été employée dans des documents officiels.
« L'appartenance au Conseil œcuménique, dit M. W. A. Visser
't Hooft, implique en revanche que chaque Eglise reconnaît dans
les Eglises-sœurs au moins les *vestigia Ecclesiae*, c'est-à-dire les
vestiges en elles de l'existence de l'Eglise de Jésus-Christ » (R. Am.
I, 285). On entend par vestige : « la part de l'unité accordée dès
maintenant dans ce Conseil », la confession du Nom du Christ,
même si cette confession est incomplète ou entachée d'erreurs :
« le Christ est à l'œuvre dans les autres églises » (R. Am. I, 284-285).

Le Document de Toronto (1950) se devait d'apporter quelques
éclaircissements ; mais on ne pouvait lui demander une théorie
des éléments d'Eglise ! On enseigne généralement dans les diverses
Eglises, dit le Document, que les autres possèdent certains éléments
de l'Eglise véritable, appelés dans certaines confessions *vestigia
Ecclesiae*. Ces éléments sont : la prédication de la Parole, l'enseignement des Saintes Ecritures et l'administration des Sacrements.
Ces éléments « constituent plus qu'une ombre pâle de la vie de
l'Eglise véritable. Ils contiennent une promesse réelle et offrent
la possibilité de lutter ensemble dans des entretiens francs et fraternels en vue de la réalisation d'une unité plus complète ». Ces

éléments sont comme un appel vers la plénitude : si les Eglises du Conseil engagent une conversation, c'est « dans l'espoir que ces éléments de vérité les conduiront à une reconnaissance de la vérité dans sa plénitude et à une unité fondée sur toute la vérité ». Ces « traces », dit encore le Document, sont des « signes d'espérance, marquant la voie vers une unité véritable » ; elles ne sont pas des « vestiges morts du passé, mais de puissants moyens que Dieu utilise pour son œuvre ». Il y a donc, dans ces éléments, une sorte de dynamisme menant les Eglises vers l'unité véritable et totale.

SOURCES

La doctrine des *vestigia* n'est pas une nouveauté dans l'ecclésiologie non-romaine. Luther, écrit le P. Congar [1]), n'a pas exactement les mots « vestigia Ecclesiae », mais certaines expressions approchantes, comme « reliquias servat » ou du moins des idées parallèles. D'après le Réformateur, il reste dans l'Eglise romaine des hommes qui sont *dans* l'Eglise. Mais ces hommes constituent-ils une Eglise ? Parfois il le nie. Parfois il l'admet. Le « Papisme » conserve en effet bien des valeurs chrétiennes : le baptême, la parole, le sacrement de l'Eucharistie, le pouvoir des clefs, le Symbole, l'Evangile, le Pater, les ministères. Mais sont-ce des vestiges d'« Eglise » ? Car Luther préfère au terme « Eglise » celui de chrétienté ou de communauté des chrétiens. Et les valeurs chrétiennes que nous avons signalées constituent pour lui plutôt des « signes » de la présence de Dieu à tel endroit au milieu de ses fidèles ; or, poursuit Luther, des « signes ne peuvent mentir, même si ceux qui les emploient sont mauvais et les abîment par leurs mensonges », comme c'est le cas dans le « Papisme ». Ces « signes » constituent-ils dès lors encore des valeurs chrétiennes véritables ? Certains textes de Luther semblent le nier.

Chez Calvin, les expressions et la terminologie sont plus frappantes. Voici le passage classique en la matière [2]). « Toutefois, comme il y avait encore pour lors quelques prérogatives appartenant à l'Eglise, qui restaient aux Juifs, aussi nous ne nions pas

---

[1]) Cfr *Vers l'unité chrétienne*, n. 39, janvier 1952. Le P. Congar renvoie à *Vorlesungen über I. Mose*, dans éd. Weimar, t. 42, p. 299.

[2]) *Institution de la religion chrétienne*, Livre IV, chapitre 2, n. 11 et 12: *Corpus Reformat.*, t. 30, c. 775-776 et t. 32, c. 612-614.

que les Papistes aujourd'hui n'aient quelques traces (superesse ex dissipatione vestigia ecclesiae) qui leur sont demeurées par la grâce de Dieu, de la dissipation de l'Eglise... Pourtant, combien que par leur déloyauté ils méritaient bien que Dieu retirât son alliance d'eux, néanmoins... il continuait toujours de maintenir sa promesse entre eux... Afin que son alliance y demeurât inviolable, il a voulu que le baptême y soit demeuré pour témoignage d'icelle alliance : lequel d'autant qu'il est ordonné et consacré de sa bouche, retient sa vertu malgré l'impiété des hommes. Semblablement il a fait par sa providence qu'il y demeurât aussi d'autres reliques, — aliae reliquiae — afin que l'Eglise ne pérît point du tout. Et comme aucune fois les bâtiments sont démolis en telle sorte que les fondements demeurent et quelques apparences de la ruine, aussi Notre Seigneur n'a point permis que son Eglise fût tellement rasée ou détruite par l'Antéchrist, qu'il n'y demeurât rien de l'édifice... Il a voulu qu'il y demeurât encore quelque portion de reste, pour monument et enseigne que le tout n'était point aboli. Pourtant, quand nous refusons d'octroyer simplement aux Papistes le titre d'Eglise — non ideo ecclesias apud eos esse infitiamur — ... nous contendons seulement du vrai état de l'Eglise, qui emporte communion tant en doctrine qu'en tout ce qui appartient à la profession de notre chrétienté... Nous ne nions point que les Eglises sur lesquelles il domine par sa tyrannie, ne demeurent Eglise ; mais nous disons... que Jésus-Christ y est à demi enseveli... Pour conclusion, je dis que ce sont Eglises : premièrement, en tant que Dieu y conserve miraculeusement les reliques de son peuple — populi sui reliquias —, combien qu'elles y soient pauvrement dispersées. Secondement, en tant qu'il y reste quelques marques de l'Eglise — aliquot Ecclesiae symbola — principalement celles desquelles la vertu ne peut être abolie, ni par l'astuce du diable, ni par la malice des hommes. Mais pour ce que de l'autre côté, les marques que nous avons principalement à regarder en cette dispute, en sont effacées, je dis qu'il n'y a point droite apparence d'Eglise — legitima Ecclesiae forma — ni en chacun membre, ni en tout le corps » [1]).

[1]) Le P. CONGAR, *Vers l'unité chrétienne*, n. 39, janvier 1952, renvoie à d'autres passages: *Commentaire sur les Actes*, XXIII; *Epître à Sadolet*, éd. « Je sers », p. 71; *Confession de foi de La Rochelle*, art. 28. Voir aussi J. HAMER, *Le Baptême et l'Eglise. A propos des « vestigia Ecclesiae »*, dans *Irén.*, 1952,

On peut donc conclure que, pour Calvin, Dieu a conservé
en son peuple certains signes de l'alliance qu'il a contractée une
fois pour toutes avec lui, et ce, même là où la malice des hommes
les avait souillés. Ces signes ne sont pas purement externes,
mais ressemblent à des ruines, ce qui prouve que tout n'est pas
aboli. Aussi, les groupes constitués par ces hommes peuvent-ils
s'appeler Eglises, d'abord, parce qu'on y trouve des « restes » dis-
persés, ensuite parce qu'on y discerne certaines « marques » qui y
demeurent. Ces Eglises, malgré tout, ne sont pas l'Eglise vraie,
dans sa configuration légitime.

PROBLÉMATIQUE

La problématique des éléments d'Eglise peut être éclairée par
comparaison. Les « éléments » ne sont pas les « articles fondamentaux ». Ceux-ci ont en P. Jurieu, réformé de la fin du XVIIe siècle,
leur meilleur théoricien [1]. « Par points fondamentaux, écrit-il, nous
entendons certains principes généraux de la religion chrétienne,
dont la foi distincte et la créance est nécessaire pour être sauvé
et pour être appelé chrétien » [2]. Il donne comme exemple : l'unicité de Dieu, le caractère divin de la Parole révélée, la messianité
du Christ, sa filiation divine, « et autres semblables » [3]. Par points
non fondamentaux, il entend « les conséquences qui coulent de
ces principes, soit que ce soit d'une manière immédiate, ou à la
faveur de quelques autres propositions que la raison humaine et
la lumière naturelle fournissent » [4] ; mais non pas l'explication des
mystères, ni les conséquences qui se tirent de ceux-ci, ni les vérités
théologiques qu'on puise dans l'Ecriture ou dans la raison humaine
sans qu'elles soient essentiellement liées avec les principes [5].

De cette distinction entre points fondamentaux et non-fondamentaux, Pierre Jurieu tire la conclusion : « L'Eglise n'est point

pp. 147-149 ; P. A. VAN LEEUWEN, *Het Kerkbegrip in de Theologie van Abraham
Kuyper*, Franeker, T. Wever, 1946, pp. 237-247.

    [1] Cfr *Traité de l'unité de l'Eglise et des points fondamentaux contre M. Ni-
cole*, Rotterdam, 1688.

    [2] *O. c.*, p. 495.

    [3] *O. c.*, p. 496.

    [4] *O. c.*, p. 496.

    [5] Cfr G. THILS, *Les notes de l'Eglise dans l'apologétique catholique depuis
la Réforme*, pp. 184-185.

renfermée dans une seule communion » [1]). Cette conclusion seule montre combien la façon d'aborder le problème à Toronto est différente de celle du réformé français. Alors que les points fondamentaux supposent l'unité de l'Eglise constituée par delà les frontières des confessions séparées, les *vestigia ecclesiae*, sans préjuger de la solution du problème, n'imposent à aucune confession de renoncer à se considérer - éventuellement - comme l'Eglise unique [2]).

Les éléments d'Eglise sont-ils à identifier avec les *signa Ecclesiae* ? [3]). La position du Conseil œcuménique n'est pas ferme ni constante, semble-t-il.

Certains documents appellent une réponse affirmative. A Lund, en définissant le schisme, le Rapport officiel déclare que « pour quelques-uns, le problème posé par la division de l'Eglise et son retour à l'unité est lié à la question des *vestigia ecclesiae* (caractères distinctifs de l'Eglise universelle existant encore dans les Eglises divisées). Il y a là un problème à étudier au sein du mouvement œcuménique » (R. F. V., 116-117). Et à Evanston, le paragraphe consacré à préciser les différentes formes de « reconnaissance mutuelle » des Eglises est introduit par le titre : *Quatre signes auxquels les Eglises se reconnaissent comme telles* (E. F. 94).

Mais d'autres raisons, plus nombreuses, militent en faveur d'une réponse négative. Le Document de Toronto déclare : « Des questions peuvent et doivent être posées quant à la validité et à la pureté de l'enseignement et de la vie sacramentelle, mais l'on ne saurait mettre en question le fait que l'existence de ces puissances de vie... ». S'il s'agissait de *signa Ecclesiae*, ferait-on ainsi état de leur « existence » indépendante de leur « pureté » ou de leur « validité » ?

C'est à Evanston que la solution de principe fut donnée. Voici en quelles circonstances. Lorsque parut le Document de Toronto, les représentants de diverses Eglises en firent le commentaire. On connaît bien, dans les milieux œcuméniques, deux types de réac-

---

[1]) *Le vray système de l'Eglise*, Dordrecht, 1686, *Préface*.

[2]) J. HAMER, *Le Baptême et l'Eglise*, dans *Irén.*, 1952, p. 145.

[3]) Sur les marques de l'Eglise: Ch. WESTPHAL, *Les marques de l'Eglise*, dans *Foi et Vie*, 1960, pp. 253-265 (rapport présenté à la Commission orthodoxes-protestants de *Foi et Constitution*, à Athène, 1959).

tions. Pour le Dr. Clarence T. Craig, méthodiste, le passage relatif aux *vestigia* est le plus malheureux du Document. C'est, dit-il, une « insufferable arrogance » pour une Eglise de ne voir que des *vestigia ecclesiae* dans telle ou telle Eglise-sœur, par laquelle précisément la grâce m'a été donnée [1]. D'autre part, le Dr. Pierre Brunner, luthérien, estime qu'une Eglise qui ne peut proclamer de plein droit : « Voici l'étendard du Seigneur ! Voici les marques qui rassemblent l'*Una Sancta* sous sa forme visible » [2], qu'une telle Eglise reconnaît par là même qu'elle comporte des éléments qui ne cadrent point avec la vraie nature de l'Eglise. Aussi, à Evanston, reconnut-on que le sentiment de C. T. Craig « n'est pas entièrement injustifié à cause de l'apparente identité des *vestigia ecclesiae* avec les marques essentielles de la véritable Eglise (*notae ecclesiae*). On se rend compte maintenant qu'il vaudrait mieux ne plus user de l'expression *vestigia ecclesiae* dans ce contexte » (E. F. 111).

A tout prendre, cette solution est assez fidèle à la pensée des Réformateurs du XVIᵉ siècle. Car « si le pur Evangile et l'administration correcte des sacrements sont propres à l'Eglise telle que la voit le réformateur allemand, ni Luther, ni Mélanchthon ne vont jusqu'à nier l'existence de certains restes de christianisme dans l'Eglise de Rome » [3].

Le Conseil œcuménique des Eglises

NATURE [4]

Le Secrétaire général du Conseil œcuménique des Eglises, lorsqu'il présentait celui-ci, adoptait souvent le plan suivant : deux conceptions erronées, puis, la conception exacte.

[1] *The Ecum. Rev.*, avril 1951, p. 216.
[2] *The Ecum. Rev.*, avril 1951, p. 228.
[3] J. HAMER, *Le Baptême et l'Eglise*, dans *Irén.*, 1952, pp. 146-147.
[4] Bibliographie: W. A. VISSER 'T HOOFT, *Qu'est-ce que le Conseil œcuménique des Eglises ?*, dans R. Am. I, 263-297; ID., *Various Meanings of Unity and the Unity which the World Council of Churches seeks to promote*, dans *Minutes and Reports of... Davos*, 1955, pp. 86-92 (trad. franç., *Istina*, 1956, pp. 358-368); ID., *The Super-Church and the Ecumenical Movement*, dans *Ecum. Review*, juillet 1958, pp. 365-385 (réponse à des critiques); H. D'ESPINE, *The Rôle of the World Council of Churches in Regard to Unity*, dans *Ecum. Review*, janv. 1961, pp. 14-23 (trad. franç., *Istina*, 1960, pp. 376-384); J. HAMER, *Qu'est, théologique-*

On ne peut concevoir le Conseil œcuménique comme un organisme qui, déjà, « accomplit l'unité de l'Eglise,... serait lui-même l'Eglise » [1]). Ni comme « un début de la réalisation de l'*Una Sancta* » [2]). Non. « Le Conseil œcuménique ne peut prétendre être l'Eglise universelle, ni même une personnification partielle de celle-ci, car il lui manque les *notae ecclesiae* essentielles. Si l'on compare la réalité intérieure du mouvement œcuménique aux définitions que donnent de l'Eglise les diverses confessions, on constate que le Conseil ne correspond à aucune de ces définitions » (R. Am. I, 271). Et le document de Toronto précise : « Le Conseil œcuménique n'est pas une super-Eglise. Il n'est pas l'Eglise universelle. Il n'est pas l'*Una Sancta* dont parlent les Confessions de foi... [ni] un corps qui peut prendre des décisions pour elles, [les Eglises] ». Aussi, « le Conseil œcuménique ne peut et ne doit pas être fondé sur une conception particulière de l'Eglise, quelle qu'elle soit » et « faire partie du Conseil n'implique pas l'acceptation d'une doctrine particulière sur la nature de l'unité de l'Eglise ». Bref, à chaque occasion, la distinction coupante a été faite entre le Conseil œcuménique des Eglises et l'Eglise.

Le Conseil œcuménique n'est cependant pas une simple association, semblable à beaucoup d'autres, organisée en vue de promouvoir l'union entre les Eglises et Confessions chrétiennes. Il serait alors « un organisme humain, noble dans ses ambitions et utile dans les services qu'il rend à l'Eglise, mais sans aucun rapport avec la nature de l'Eglise » [3]). Sans doute, le Conseil doit organiser des rencontres, des conférences, l'entr-aide, l'information,... mais « ses origines prouvent clairement qu'il ne doit pas s'y limiter » [4]). « Le Conseil ne peut être conçu comme un organisme travaillant en vue de l'unité, mais impuissant à parler ou à agir en tant que personnification de l'Eglise universelle » (R. Am. I, 270). A Evanston, on s'est même plaint que « certains membres des Eglises

---

ment, à ses propres yeux, le Conseil œcuménique des Eglises, dans *Istina*, 1954, pp. 389-407 (réflexion critique sur les documents officiels). Voir aussi, plus haut, la *Déclaration de Toronto*, et la bibliographie donnée à propos de la *Genèse du Conseil œcuménique*.

[1]) Cfr *Le Conseil œcuménique des Eglises...*, dans *Hommage et Reconnaissance à Karl Barth*, Neuchâtel, 1946, pp. 130-131.

[2]) *Ibidem*.

[3]) Cfr *Hommage et Reconnaissance à Karl Barth*, p. 134.

[4]) *Ibidem*.

participantes n'attendent pas d'autre forme de l'unité chrétienne que celle qu'ils considèrent comme déjà réalisée dans le Conseil. Il leur suffit que ce Conseil ne soit jamais qu'une association, dans laquelle des Eglises autonomes coopèrent dans toute la mesure du possible et où elles cherchent à s'édifier mutuellement en vue de la vie et de la mission de toutes. En acceptant ce point de vue, on réduirait dans une grande mesure l'action du Conseil en tant qu'instrument de l'unité chrétienne... » (E. F. 117).

La conception présentée par les représentants des milieux œcuméniques reprend quelque chose des deux positions extrêmes. Le Conseil est une « association fraternelle d'Eglises », et donc implique toutes les activités unionistes habituelles. Il est aussi relié à « la nature de l'Eglise », en ce sens qu'il peut la « manifester » et « témoigner ». Le premier aspect du Conseil œcuménique est facile à déterminer, à comprendre et à expliquer : car le Conseil œcuménique l'a en commun avec toutes les associations travaillant pour l'union des chrétiens : conférences, presse, réunions, etc... Le second aspect est plus délicat à interpréter, car plus original et plus élevé dans l'ordre ecclésiologique ; mais que comporte-t-il exactement ?

Envisagé « en rapport avec la nature de l'Eglise », comme dit M. Visser 't Hooft, le Conseil œcuménique se présente comme l'instrument d'une manifestation imparfaite de l'unité de l'Eglise [1]).

Car si le Conseil œcuménique n'est pas « la représentation de l'Eglise universelle » (R. Am. I, 273), ni une sorte de « prototype de l'Eglise universelle » (R. Am. I, 272), ni une « préfiguration de cette unité, qui reste l'apanage de l'Eglise ré-unie » (R. Am. I, 276), il est néanmoins comme « la voix de l'Eglise » (R. Am. I, 267), « l'organe de l'unité réalisée » (R. Am. I, 268), « partiellement, une démonstration de cette unité à un moment donné » (R. Am. I, 268 ; aussi I, 266) ; car il doit « proclamer la foi commune » (R. Am. I, 266) et « exprimer leur unité en Christ » (R. Am. I, 270).

Le Conseil œcuménique, en particulier, doit être un témoignage. Ce « témoignage » est étudié par M. Visser 't Hooft dans

---

[1]) « Un organe prophétique de l'unité qui existe déjà » écrit le P. Y. CONGAR, *Conseil œcuménique des Eglises*, dans *Catholicisme*, dir. G. Jacquemet, t. III, c. 75.

R. Am. I, 279-284. Le Conseil doit, dit-il, « rendre témoignage à
notre foi commune » (I, 274), « porter témoignage à l'*Una Sancta*
dans la vie quotidienne des Eglises » (I, 287). Il est un « instrument
placé à la disposition du Seigneur de l'Eglise » (I, 282) en attendant
que le « miracle » (I, 282) s'accomplisse, à savoir que les « Eglises-
membres » deviennent des « Eglises-témoins ». « Oui, un miracle !
Car parler ne sera possible au Conseil que lorsqu'une communauté
homogène de témoins sera née subitement du groupement hétéro-
gène de ses membres » (I, 282).

Plus caractéristique encore est l'emploi du terme « manifester »,
« manifestation ». Les Assemblées œcuméniques se considèrent
« comme une manifestation, si provisoire et si imparfaite soit-elle,
de cette unité dont parle le Nouveau Testament : l'unité du seul
corps de la seule Eglise du Christ » (R. Am. I, 267). « Que les
deux conférences mondiales [Oxford et Edimbourg] aient lieu au
cours du même été, contient en soi une manifestation d'unité,
l'unité sacrée de ceux qui adorent Dieu en Jésus-Christ » (R. Am. I,
269). Le « don de Dieu doit se manifester parmi nous d'une manière visible et effective » (R. Am. I, 278). « ... S'il reconnaît dans
le Conseil œcuménique une manifestation du corps unique qui
accomplit la volonté de son Chef » (R. Am. I, 279). « L'entrée
dans le Conseil œcuménique suppose une volonté de manifester
avec ces autres églises la part d'unité accordée dès maintenant en
ce Conseil » (R. Am. I, 284). C'est dans le Conseil et les Assemblées œcuméniques que l'*Una Sancta* « recommence à se manifester » (R. Am. I, 267). « Si le Conseil œcuménique ne peut prétendre représenter l'*Una Sancta*, il peut et doit affirmer qu'en lui
et par lui - lorsqu'il plaît à Dieu - l'*Una Sancta* se manifeste »
(R. Am. I, 278). A Evanston aussi : « Le Conseil est ici pour manifester l'unité » [1]).

Voilà pourquoi nous disons que, envisagé dans sa signification
ecclésiologique, le Conseil œcuménique apparaît comme l'instrument d'une manifestation imparfaite de l'unité de l'Eglise. Néanmoins, il serait inexact de conclure que, pour les dirigeants du Conseil œcuménique, celui-ci « est » une manifestation de l'unité de
l'*Una Sancta*, à la manière d'une définition. Mieux vaudrait dire
que l'unité de l'*Una Sancta* s'exprime, se traduit, apparaît, éclate

---

[1]) *Discours d'ouverture* de M. W. A. VISSER 'T HOOFT, dans *Foi et Vie*, 1954,
p. 472

quelquefois et provisoirement à travers le Conseil ou grâce au truchement du Conseil œcuménique. Car cette unité de l'Eglise ne « constitue » pas le Conseil dans une sorte d'existence qui devrait être épanouie et grandir. Au contraire, l'idéal serait que l'unité de l'*Una Sancta* éclate totalement et parfaitement dans l'Eglise « ré-unie » elle-même - tel est son moyen normal de manifestation - et, à ce moment-là, le Conseil œcuménique, comme Conseil d'Eglises, disparaîtra, n'ayant aucune signification, aucun contenu réel. M. Oliver S. Tomkins a vigoureusement rappelé cet aspect de la théorie du Conseil œcuménique, explicitant ainsi heureusement les exposés de M. Visser 't Hooft. Le Rapport d'Evanston dit très bien : « Dès l'instant que le but du Conseil n'est pas d'être une fédération, ni de devenir une Eglise mondiale en s'appropriant synthétiquement les diverses doctrines et méthodes des Eglises-membres, il doit toujours désirer décroître dans l'avenir, afin que croisse et se manifeste l'unité de l'Eglise » (E. F. 118) [1]).

A l'Assemblée de Nouvelle-Delhi, la section consacrée à l'Unité fit allusion à ce qu'est le Conseil œcuménique. « Après avoir subi l'épreuve de dix années de discussions et de critique, dit le Rapport sur l'Unité, la Déclaration de Toronto est encore ce qui exprime le mieux notre intelligence de la nature du Conseil.... Néanmoins, le besoin d'une réflexion consciencieuse sur le sens théologique de notre nouvelle vie dans le Conseil, reste insatisfait. Nous dirons donc au moins que le Conseil œcuménique n'est pas quelque chose

---

[1]) Mêmes idées à la fin du Discours de M. VISSER 'T HOOFT au Comité Central de Davos (1955) ; voir *Minutes and Reports of... Davos, 1955*, p. 92 (trad. franç., *Istina*, 1956, p. 368.

Sur le « caractère ecclésial » et la nature purement « transitoire » du C. Œ. E., on lira aussi avec attention la position de Bishop L. NEWBIGIN, dans *L'Eglise, Peuple des croyants, Corps du Christ, Temple de l'Esprit*, Neuchâtel, 1958, pp. 25-28. Autant les expressions sont fortes pour décrire la condition dogmatique du C. Œ. E. : « caractère ecclésial » (p. 25), « une forme de l'unité » de l'Eglise (p. 25), « une incarnation de l'unité chrétienne » (p. 26), « en lui il y a une réelle vie communautaire, dans le Saint Esprit » (p. 26), « le lieu où passent la plupart des événements les plus fertiles et les plus précieux de la vie de la chrétienté » (p. 27), « l'organe toujours plus effectif du service et du témoignage des Eglises » (p. 27), autant il refuse nettement de voir en lui « autre chose qu'une phase transitoire » (p. 25), un « moyen conduisant à son but futur » (p. 27), une « étape sur la voie qui mène de la désunion à l'union » (p. 27), le « chemin, non la fin » (p. 27). S'il est regardé comme la fin, « il faut le condamner comme son but erroné » (p. 27) ; il devient « l'organe d'une sorte d'union fédérative » (p. 27).

de totalement différent de ce que sont les Eglises membres. Ce sont les Eglises en état permanent de concile. Il n'est pas au-dessus, il n'est pas en dehors des Eglises, mais proche d'elles à chaque instant. Nous devrions parler du Conseil en disant « nous » et non « lui » ou « eux ». Davantage, beaucoup de chrétiens se rendent maintenant compte que le Conseil est, en un sens nouveau et sans précédent, un instrument du Saint-Esprit pour l'accomplissement de la volonté de Dieu envers toute l'Eglise, et, à travers l'Eglise, envers le monde » (N. D. 128).

LA BASE

A l'occasion de l'Assemblée de Nouvelle-Delhi, on a beaucoup parlé de la Base doctrinale du Conseil œcuménique. Celle-ci est formulée dans le Statut officiel approuvé à Amsterdam : « Le Conseil œcuménique des Eglises est une association fraternelle d'Eglises qui acceptent notre Seigneur Jésus-Christ, comme Dieu et Sauveur » (R. Am. V, 257). C'et la base du Mouvement *Faith and Order*. La question s'est posée de savoir si l'on choisirait « Le Christ, Dieu et Sauveur » ou « Le Christ, Seigneur et Sauveur » : le Rév. Clarence T. Craig trouvait la première formule moins scripturaire que la seconde, et supposant déjà une certaine évolution théologique [1]. Est-ce pas hasard que M. Visser 't Hooft écrivait, en 1946 : « Il est évident que l'existence du Conseil œcuménique dépend de l'affirmation ou de la négation de Jésus-Christ-*Dieu*. Un Jésus qui serait seulement « maître » et non pas « Kurios », au sens néo-testamentaire du terme, ne peut être l'agent créateur de l'unité » [2]. La base du Conseil a été examinée de près. Mgr Ch. Journet rapporte les hésitations de la Fédération des Eglises suisses, déjà clairement manifestées en 1938-39, à cause de l'allure dogmatique de la formule : on demanda de laisser aux Eglises le droit de l'interpréter. A Amsterdam, les délégués suisses obtinrent que la base doctrinale soit l'objet d'un nouvel examen à l'occasion de la Seconde Assemblée des Eglises [3].

[1] *The Christological Foundation of the World Council of Churches*, dans *Christendom* (américain), Hiver, 1946, d'après *Irén.*, 1946, p. 210.

[2] *Le Conseil œcuménique des Eglises*, dans *Hommage et Reconnaissance à Karl Barth*, p. 137, n. 1.

[3] Ch. JOURNET, *L'Eglise du Verbe Incarné*. II. *Sa structure interne et son unité catholique*, p. 1148, n. 1.

Et de fait, Evanston nous apporta des précisions émanant des milieux officiels du Conseil (E. F. 114). « On a longuement discuté le sens de cette formule et la question de savoir si elle est adéquate ». Pourtant, « les termes de cette base n'ont pas été formulés hâtivement et ont une longue histoire dans le mouvement œcuménique. Ils furent employés en 1910 déjà, lors des premiers entretiens relatifs au projet de réunir une conférence sur *Foi et Constitution* ». « La base a été critiquée parce qu'elle parle de la divinité de Jésus-Christ sans mentionner son humanité. Mais on répond que cette humanité est nécessairement impliquée dans le fait que *Jésus*-Christ est Jésus de Nazareth. De plus, certains estiment qu'en omettant toute référence spécifique au Saint-Esprit, on mutile la base en tant que déclaration de foi trinitaire. Ici encore, on peut répondre qu'historiquement la doctrine de la Trinité est le fruit d'une méditation sur la divinité de Jésus-Christ ». A ces deux difficultés centrales, s'en ajoutent d'autres, qu'Evanston se contenta de noter : « Quelques-uns ont trouvé frappant que la base ne mentionne aucunement l'autorité des Saintes Ecritures, tandis que d'autres jugent que le souci de l'Eglise pour les besoins et les problèmes de toute l'humanité devrait y être exprimé. Enfin, on s'est élevé, par motif de conscience, contre toute exigence de foi pour l'admission au Conseil, arguant que certains chrétiens ne peuvent accepter cette condition » (E. F. 115).

Les discussions sur le contenu de la Base allaient se poursuivre, et l'on sait tout ce qu'il en est advenu à l'Assemblée de Nouvelle-Delhi en 1961 ; nous en avons parlé plus haut, en rappelant les « décisions majeures » de cette Assemblée.

Mais la Base doctrinale du Conseil œcuménique, si elle nous intéresse pour son contenu, nous pose aussi un autre problème : quel est le but, quelle est la fonction de cette Base doctrinale ? A cette question, le Comité Central de Lucknow avait déjà répondu en substance [1]), et une Déclaration a été approuvée à l'Assemblée d'Evanston [2]). La Base, y lit-on, remplit trois fonctions - nous citons littéralement :

(i) Elle indique la *nature* du lien que les Eglises membres du Conseil œcuménique cherchent à établir entre elles. Car cette asso-

---

[1]) *Minutes and Reports of... Lucknow, Appendix,* pp. 95-96.
[2]) *Evanston - Nouvelle-Delhi,* Genève, 1951, p. 228.

ciation possède, en tant qu'association d'Eglises, un caractère spécifique et unique. Elle a son origine propre et son dynamisme particulier. Les Eglises entrent en relations les unes avec les autres parce qu'il y a entre elles, et au-dessus d'elles, une unité qui, une fois pour toutes, leur a été donnée en la personne et par l'action de leur commun Seigneur, et parce que le Seigneur ressuscité rassemble en lui son peuple ;

(ii) Elle fournit le *point de convergence* des efforts et des travaux entrepris par le Conseil œcuménique. Car les échanges et les conversations qui se passent à l'intérieur du Conseil doivent avoir un centre de référence. Et de même, les activités du Conseil doivent être, en dernier ressort, soumises à une norme et à un critère que cette Base a l'ambition de lui donner ;

(iii) Elle définit la *portée* du lien que les Eglises veulent ainsi établir entre elles en participant à la vie et à l'action du Conseil œcuménique des Eglises. L'acceptation de la Base est l'exigence fondamentale à laquelle doit satisfaire une Eglise qui désire se joindre au Conseil œcuménique... Si la Base est loin d'être une profession de foi, elle est cependant beaucoup plus qu'une simple formule d'accord. Elle est véritablement un fondement, en ce que toute la vie et l'activité du Conseil repose sur elle ».

Mais alors, ne doit-on pas parler d'un fondement « ecclésiologique » ?

AUTORITÉ

L'autorité du Conseil œcuménique fut le point le plus délicat à fixer dès que se précisa l'idée d'un Conseil œcuménique des Eglises, surtout d'un Conseil qui tient à être d'« Eglises », au sens théologique du terme. Dans les documents officiels, le terme « autorité » est pris, ou dans le sens d'« autorité ecclésiastique » ou parfois dans le sens d'« autorité spirituelle charismatique ».

Lorsqu'il est question de l'autorité ecclésiastique, le thème dominant est le suivant. Le C. Œ. E. n'a, par lui-même, aucune forme d'autorité de ce genre, puisque, par hypothèse, seules les Eglises et confessions détiennent l'autorité. Celles-ci, en certains cas, et pour certains buts précis, peuvent, - toutes ou quelques-unes, - se faire représenter authentiquement par le Conseil œcuménique. Le Conseil ne peut légiférer ni agir de son propre chef au nom des Eglises-membres. Il n'est pas un « corps », qui prend des décisions

pour les Eglises. Il ne peut, de soi, négocier des unions entre les
Eglises [1]). Parmi bien des témoignages en ce sens, rappelons ces
mots de l'évêque de Chichester : « La réalité fondamentale, c'est
que le Conseil œcuménique est un organisme qui ne détient aucune
autorité ecclésiastique, ni aucun pouvoir d'engager l'une ou l'autre
des Eglises qui en font partie. Il faut souligner nettement cela dès
l'abord et le faire accepter comme principe directeur. Ce n'est pas
à dire cependant que le Conseil œcuménique ne puisse exercer
aucune influence spirituelle, ni que ses paroles et ses actions n'aient
pas de poids pour la chrétienté » (R. Am. I, 296).

Il existe, en doctrine chrétienne, une autre forme d'autorité,
celle qu'on peut appeler « spirituelle, charismatique ». Or, les documents œcuméniques contiennent, en ce sens, quelques allusions.
« Considéré horizontalement, le Conseil œcuménique n'est qu'une
conférence d'églises dissemblables dont les opinions divergent sur
les questions fondamentales de foi, de constitution ou de morale.
Mais, envisagé verticalement, le Conseil est le lieu où la communauté de foi devient (et est déjà) partiellement visible. A l'instant
où elle le devient, le Conseil revêt une *autorité véritable* - nous soulignons - ; alors, pendant un moment, cesse la confusion des langues ;
la désunion des églises s'efface derrière l'unité essentielle de l'Eglise
du Christ » (R. Am. I, 278-279). Un peu plus loin, M. Visser 't Hooft
écrit encore : « Le Conseil œcuménique ne réclame pour lui-même
aucune autorité. Mais il doit savoir qu'il peut, Deo volente, être
brusquement investi de l'autorité du Saint-Esprit » (R. Am. I, 279).
Si l'on comprend bien, les dirigeants œcuméniques considèrent que,
de temps à autre, Dieu peut accorder un « don » d'unité à son
Eglise, l'Esprit-Saint manifestant l'unité de l'*Una Sancta* dans les
réunions œcuméniques. Or, ce don de l'Esprit est, à la fois, puissance, témoignage et autorité, au sens biblique et charismatique
de ces termes. M. Visser 't Hooft en parle, dans les passages cités
plus haut, en antithèse avec l'autorité ecclésiastique ou canonique
des Eglises, ce qui est plus délicat. L'antithèse a d'ailleurs été
relevée et le Dr N. Micklem, notamment, a fait remarquer que
l'autorité de l'Eglise est précisément celle qui lui vient de l'Esprit
(R. Am. I, 295). Ajoutons que, même lorsqu'il s'estime posséder
une certaine autorité d'ordre « charismatique », le Conseil œcuménique ne se considère pas en droit d'exiger l'adhésion. « Il

---

[1]) *Document* de **Toronto**.

appartient à chaque église séparément, et même à chaque fidèle, de décider dans chaque cas s'il reconnaît dans le Conseil œcuménique une manifestation du Corps unique qui accomplit la volonté de son Chef » (R. Am. I, 279 ; aussi R. Am. V, 175 ; I, 283).

Les documents qui consacrent le statut officiel du Conseil œcuménique ne font pas allusion à l'autorité charismatique ; mais ils parlent malgré tout de l'« autorité du Conseil », ajoutant : « L'autorité du Conseil réside uniquement dans le poids qu'il a auprès des Eglises de par sa sagesse propre » (Déclaration de Toronto). A Amsterdam déjà, le Rapport II concernant le Conseil œcuménique - Rapport adopté par l'Assemblée - signalait que les déclarations publiques éventuelles du Conseil « n'auront d'autorité que celle que leur confère leur propre vérité et sagesse » (R. Am. V, 165). Cette fois, il s'agit, semble-t-il, de l'autorité que possède toute vérité, comme telle.

La question de l'autorité du Conseil œcuménique n'est pas close. A Evanston encore, on s'est interrogé sur ce qu'elle est effectivement. C'est « un sujet de critiques et de discussions de savoir si le Conseil a déjà manifesté l'intention et montré la capacité de conserver une position neutre dans les déclarations et les rapports publiés par lui. Il a certainement été accusé, à tort ou à raison, de prendre position dans des questions théologiques, au grand déplaisir de certaines Eglises membres » (E. F. 115). Mais, fait-on remarquer, « l'intention du Conseil n'est pas d'adopter le principe que toutes les doctrines et les conceptions théologiques sont également vraies, ni de faire des déclarations *ex cathedra*, mais plutôt de chercher la vérité en amenant les Eglises à se réunir pour prendre loyalement et sérieusement conscience de leurs divergences » (E. F. 115-116). Les discussions mêmes ont révélé la sensibilité des représentants des Eglises à ce propos. Le terme « obedience » ayant été employé, l'évêque Y. Brilioth demanda s'il signifiait bien « obéissance au Seigneur », et qu'on écrivît plutôt « loyalty to our Lord ».

Aspects du mystère de l'Eglise

Le Conseil œcuménique des Eglises n'est pas une assemblée de théologiens travaillant pour d'autres théologiens, mais une association d'Eglises œuvrant pour le Christ. Ces Eglises ont décidé de se réunir (Amsterdam), de demeurer ensemble (Evanston), de

progresser ensemble (Nouvelle-Delhi), dans la prière, dans la collaboration dans tous les domaines de la vie sociale, nationale et
internationale, dans les efforts concrets et suivis en vue de l'union,
voire de l'unité. Une histoire complète du Conseil œcuménique
devrait rappeler cette vie, cette action, en en soulignant toute l'importance [1]). Nous aimons le rappeler encore une fois, au moment
où nous allons exposer quelques thèmes doctrinaux œcuméniques ;
le lecteur se ferait du Conseil une image inexacte, déformée s'il
oubliait le propos limité de cet ouvrage consacré à l'histoire *doctrinale* du mouvement œcuménique.

En suivant la liste des Départements et Commissions, on se
trouve mis en présence de travaux doctrinaux nombreux et très
valables, dont nous indiquons brièvement la teneur, pour engager
les catholiques à s'y intéresser et à engager un dialogue vraiment
fructueux.

LE CULTE ET LES FORMES DE CULTE

En décrivant plus haut les actes des Assemblées mondiales
œcuméniques, nous avons cité de-ci de-là quelques extraits, ayant
trait à la question du culte et des formes de culte [2]). Cette question
est devenue l'objet propre d'une des commissions d'études de *Foi
et Constitution*. La conférence de Lund avait déjà rassemblé un
matériel d'étude considérable. Dès 1953, à la réunion du Working
Committee de *Foi et Constitution* au Château de Bossey (11-19 août
1953), il fut décidé de diviser les futures recherches en trois secteurs : Asie, Europe, Amérique, chacune de ces régions ayant des
préoccupations différentes [3]). Ainsi, pour l'Asie, il s'agissait d'examiner les différences de traditions cultuelles et l'influence de celles-ci

---

[1]) Un exemple: les innombrables négociations et tractations en vue de réaliser
l'union, voire l'unité entre certaines Eglises. Le bilan considérable de ces activités
de 1937 à 1961, on pourra le trouver dans S. NEILL, *Towards Church Union 1937-
1952*, Londres, SCM Press, 1952; pour les années suivantes, dans le *Survey of
Church Union Negotiations* que donne régulièrement *Ecum. Review*, avril 1954,
pp. 300-315; oct. 1955, pp. 76-93; avril 1957, pp. 284-302; janv. 1960, pp. 231-260;
avril 1962, pp. 351-379.

[2]) Voir les références dans la *Table analytique des matières*.

[3]) Cfr *Commission on Faith and Order of the World Council of Churches
Working Committee. Minutes of Meeting held at the Château de Bossey, near
Geneva, 11th to 19th August 1953*, Genève, 47 p. On lira le détail des renseigne-
ments qui suivent, pp. 25-27.

sur l'accord et la communauté des Eglises ; en particulier, on devait étudier l'« indigénisation » des rites et la diversité des formes de culte à l'intérieur de l'unité de l'Eglise. Le groupe d'études d'Europe poursuivrait les travaux sur les formes de culte présentés à Lund : la Bible dans la liturgie, le Christ et l'Esprit dans la liturgie, le mouvement liturgique contemporain, l'héritage commun et les diversités liturgiques. Quant à la commission pour l'Amérique du Nord, elle envisagerait de faire un tour d'horizon critique sur la condition de la liturgie dans cette région : l'aspect rituel de l'œuvre rédemptrice, les signes et symboles comme moyens de révélation et de rédemption, la tension entre le culte ecclésiastique et la mission évangélique.

Les travaux entrepris dans la commission « culte et formes de culte » depuis ce moment demeurent dans la ligne de ces grandes orientations. Les résultats publiés dans le *Bulletin* de la Division des Etudes en sont un témoignage [1]). Et la quatrième conférence de *Foi et Constitution* à Montréal en 1963 examinera les mêmes thèmes, ainsi que nous l'avons indiqué en parlant de cette conférence.

TRADITION ET TRADITIONS

La dimension « tradition » est importante pour une Eglise qui se veut « du Christ ». Elle fut favorisée par ce qu'on a appelé « le style de Lund », puisque celui-ci impliquait que les travaux de *Foi et Constitution* rechercheraient désormais les « racines communes » de foi et de constitution ; or, parmi ces « racines », il y a évidemment la tradition des premiers temps de l'Eglise. A Evanston, G. Florovsky avait encore proclamé qu'il serait très utile de s'orienter vers un « œcuménisme dans le temps » et non seulement « dans l'espace ». En fait, une des commissions d'études de *Foi et Constitution* s'occupe de ces questions. La réunion de 1953, que nous venons de citer concernant le culte, a fixé aussi un programme de recherches qui a orienté les travaux de cette dernière décennie. Il fut présenté par G. Florovsky. Le christianisme, dit-il, est une religion de tradition ; le *kerygma* est lui-même préservé et transmis dans une *paradosis* fidèle. Il faudrait étudier les questions : y a-t-il une tradition commune dans les Eglises qui se proclament chrétiennes ? quand et comment se produisent des additions qui sont

[1]) Certains travaux ont été traduits dans *Istina*, 1956, pp. 479-485; 1957, pp. 228-233.

des déviations ? pouvons-nous étudier les diversités historiques de doctrine, de discipline et de liturgie, dans un esprit irénique ? La difficulté vient de ce que l'idée de tradition elle-même est actuellement comprise, soit dans un sens historique qui accorde du poids à l'histoire, soit d'une manière tout à fait *unhistorical* et événementielle [1]).

Où en était-on en 1959 ? Le groupe d'études d'Europe a envisagé les problèmes sous un angle exégétique, et ses travaux relèvent plutôt d'une « théologie biblique de la tradition », comme ceux sur la formation du Canon du Nouveau Testament, la tradition comme *traditum* ou comme *actus tradendi*. Le groupe d'études d'Amérique a plutôt examiné la théologie historique de la tradition : le sens de la tradition à différentes époques, tradition et unité aujourd'hui, etc. [2]). A la conférence de *Foi et Constitution* à Montréal (1963), la section II aura pour titre *L'Ecriture, la Tradition et les traditions*. Plusieurs conférences sont prévues en Asie également, où seront traitées les différences de traditions existant entre les Eglises-mères et les Jeunes Eglises, et les problèmes que posent ces divergences pour leurs relations : tel est l'aspect « asiatique » actuel du problème Tradition et traditions [3]).

INTERCOMMUNION ET COMMUNION

L'intercommunion a fait l'objet, à Lund notamment, d'études considérables [4]). La réunion de *Foi et Constitution* à Bossey, en 1953, trop proche pour qu'il fût déjà possible de réunir suffisamment de réactions à la Recommandation de Lund [5]), a montré cependant qu'il devenait urgent d'étudier la signification du Baptême en vue de la communion entre les Eglises, - le professeur T. F. Torrance y insistait - et que, par ailleurs, il serait intéressant d'exa-

[1]) Cfr *Commission on Faith and Order... Working Committee... 1953*, pp. 31-36

[2]) Nous reprenons ces indications à R. BEAUPÈRE, *Foi et Constitution en 1959*, dans *Istina*, 1960, pp. 78-79.

[3]) Renseignements donnés dans le Rapport présenté au Comité Central de Paris, en août 1962, concernant la Quatrième Conférence mondiale de *Foi et Constitution*.

[4]) Voir bibliographie donnée en note à propos de la Conférence de Lund (1952).

[5]) Cfr *The Third World Conference on Faith and Order. Lund 1952*, pp. 57-59: *Communion Services at Ecumenical Gatherings*.

miner aussi plus à fond ce qu'est l'Eucharistie par rapport au Sacrifice du Christ [1]). Ce dernier point a fait l'objet de quelques travaux ; mais, dans les milieux œcuméniques, c'est la suggestion de T. F. Torrance qui a marqué plus particulièrement. A Lund déjà, celui-ci avait dit : « refuser l'Eucharistie à ceux qui sont baptisés dans le Christ Jésus et incorporés à son corps de Résurrection (c. à d. l'Eglise), se ramène à nier la réalité transcendante du Saint Baptême ou à causer un schisme dans le Corps du Christ » [2]). Il en résulta, notamment dans les groupes d'études d'Europe, un renouveau de recherches sur le baptême comme sacrement d'unité, recherches auxquelles les Rapports des réunions annuelles du Comité de *Foi et Constitution* font écho [3]). A la Quatrième Conférence mondiale de *Foi et Constitution* (Montréal 1963), la section IV examinera aussi les « conséquences œcuméniques de la reconnaissance d'un seul baptême » et « le caractère de l'Eucharistie, et sa célébration aux conférences œcuméniques ». Au cours du Comité Central de Paris (août 1962), on nota - c'était, sauf erreur, le Dr. E. A. Payne - que cette dernière question était considérée comme très importante.

Importante, en effet, non seulement par les principes théologiques qui sont en jeu, mais aussi parce que, à chaque assemblée œcuménique, le fait de la désunion éclate péniblement dans les réunions cultuelles. A l'Assemblée de la Jeunesse de Lausanne, en 1960, l'impulsion des jeunes en faveur d'une communion sacramentelle fut grande, et elle provoqua des remous en sens divers. Une consultation eut lieu à ce sujet à Bossey en mars 1961, sous les auspices de *Foi et Constitution* et du Département de la Jeunesse [4]). La question se posait de savoir s'il ne fallait pas réviser les recommandations de la Conférence de Lund, diverses consul-

---

[1]) *Commission on Faith and Order... Working Committee. 1953*, pp. 28-31.

[2]) *The Third World Conference on Faith and Order. Lund 1952*, Londres, SCM Press, 1953, p. 56. Le texte renvoie au volume *Intercommunion*, p. 339.

[3]) Deux de ces travaux ont été traduits par *Istina*: G.-W.-H. LAMPE, *Un seul Baptême, une seule Eglise*, dans *Istina*, 1957, pp. 233-246; *Le Baptême*, par un groupe de théologiens luthériens et réformés, dans *Istina*, 1960, pp. 89-91. Quant aux documents qui ont été présentés à la réunion de *Foi et Constitution* de St. Andrews (août 1960), avant celle du Comité Central, on les trouvera en trad. franç. dans *Verbum Caro*, 1961, pp. 241-307; le premier a pour titre *La Trinité divine et l'unité de l'Eglise* (pp. 245-280) et le second, *La signification du Baptême* (pp. 281-307).

[4]) Voir documents et conclusions dans *Ecum. Review*, avril 1961, pp. 353-364.

tations ayant eu lieu depuis. La discussion portait sur le point suivant : sans revenir sur les deux positions bien connues en présence - « la communion ne peut être que l'expression d'une unité déjà réalisée », et « la communion peut être le meilleur moyen en vue de l'unité » - ne pourrait-on pas considérer le seul cas des réunions œcuméniques et se demander si, pour ces circonstances exceptionnelles, l'on ne pourrait accepter de commun accord un culte eucharistique qui, sans heurter la discipline des Eglises, pourrait exprimer l'unité profonde en Christ que de telles réunions œcuméniques proclament unanimement ? - Il serait insuffisant de répondre à cette question en déclarant simplement qu'elle noie les principes dogmatiques dans un dynamisme émotionnel. La réflexion de ceux qui la posent est dominée par trois données : d'abord, ils estiment que le ministère est avant tout affaire du Christ et de l'Eglise, la personne du ministre se réduisant à être pur instrument ; ensuite, ils considèrent avant tout l'unité déjà existante entre les Eglises « chrétiennes », et surtout l'unité intérieure dans l'Esprit - pour eux l'essentiel - et croient légitime que cette unité s'épanouisse dans une certaine communion ; enfin, ils considèrent le cas des réunions œcuméniques comme exceptionnel, « charismatique » et donc susceptible de justifier une solution un peu exceptionnelle aussi.

L'Assemblée de Nouvelle-Delhi, comme toutes les autres, a été aussi le lieu de ce drame de conscience pour les membres des différentes Eglises présentes : l'occasion en fut un service eucharistique organisé par l'Eglie anglicane d'Asie, le dimanche 26 novembre, et ouvert à tous les participants. Sur 2000 personnes, 1500 communièrent, beaucoup d'entre elles considérant cet acte comme un geste exceptionnel que seul le milieu œcuménique de New-Delhi autorisait. Certes, les Orthodoxes et d'autres se refusèrent à cet acte cultuel, l'Eucharistie étant pour eux l'expression majeure d'une unité communautaire déjà existante. D'autres estimaient que l'ordre donné par le Seigneur à tous ses disciples était un fondement valable de communion. Beaucoup pensaient à leur Baptême commun et à la valeur de l'Eucharistie comme ferment et source d'unité, surtout pour ceux qui ressentent plus que d'autres leur appartenance au Corps du Christ et qui regrettent plus que d'autres le péché de désunion. Pour que l'on perçoive mieux l'angoisse de certains, nous reprenons quelques lignes de l'appel adressé par le pasteur Philip Potter, porte-parole de la Jeunesse :

« Des gens baptisés du même baptême et devenus membres du Corps du Christ se réunissent avec la bénédiction de leurs Eglises pour étudier le même sujet : ' Jésus-Christ, lumière du monde '. Ils se placent ensemble sous la même Parole de Dieu dans le cadre d'un même monde. Ils se réjouissent dans les louanges communes et ensemble se repentent dans une commune prière. Ensemble ils entendent l'appel que Dieu leur adresse à servir de tout leur pouvoir et avec obéissance, et ensemble ils font à Dieu l'offrande du monde et d'eux-mêmes dans l'intercession et dans la consécration. Ils ressentent d'une manière profonde et permanente la présence du Saint-Esprit qui les unit en une communauté authentique, le peuple de Dieu. Nous recevons par là une unité nouvelle et merveilleuse qui veut être scellée par l'unique pain et l'unique vin reçus comme le Corps et le Sang du Christ. Une telle communion œcuménique ne nous donne-t-elle pas de manière visible quelque chose qui brise nos barrières confessionnelles et qui abolit nos règlements œcuméniques concernant l'intercommunion ? » [1]).

Le thème de la communion eucharistique demeure donc à l'ordre du jour du mouvement œcuménique ; il sera encore mis à l'examen par la commission de *Foi et Constitution* au cours de sa réunion mondiale à Montréal en 1963.

MINISTÈRE ET MINISTÈRES

En lisant les documents officiels des conférences mondiales de *Foi et Constitution* [2]), on aura été frappé de l'obstacle que constitue, dans le progrès du mouvement œcuménique, la question du ministère et des ministères dans l'Eglise. Cette *crux*, si elle a été moins traitée pour elle-même durant la période 1950-1960, se retrouve quand même à tous les tournants de la vie du mouvement œcuménique. Elle occupe une place considérable dans toutes les négociations et démarches relatives aux Eglises-unies, telle l'Eglise unie de l'Inde du Sud. Elle sous-tend les discussions qui ont trait à l'intercommunion. Elle est touchée par les études sur la tradition et son interprétation authentique. Elle est également impliquée dans les études sur l'institutionalisme et l'institution. Elle est fréquemment en jeu dans les travaux doctrinaux du Département des laïcs

---

[1]) Voir *Ecum. Review*, avril 1962, pp. 346-347 ; trad. franc. dans *Verbum Caro*, 1962, pp. 145-146.

[2]) Voir la *Table analytique des matières*.

visant le ministère des membres du peuple de Dieu. Bref, on ne peut y échapper ! Pourrait-on d'ailleurs y échapper ?

On n'en finirait pas de citer les travaux et articles consacrés aux laïcs et à leur rôle [1]), au sacerdoce des fidèles [2]) par divers départements du C. Œ. E.. A Montréal, en 1963, *Foi et Constitution* aura une section III : *L'œuvre rédemptrice du Christ et le ministère de son Eglise*. Ce sera l'occasion de fixer la signification théologique du ministère du Christ, du ministère de l'Eglise, et des ministères dans l'Eglise. « Une attention particulière devra être donnée aux fonctions du ministre consacré par rapport aux devoirs et aux charismes de tous les baptisés ». Un des problèmes centraux du Département des laïcs consiste à déterminer quel est exactement ce « sacerdoce des fidèles », ce « ministère » propre au baptisé dans l'Eglise, distinct du « ministère » spécifique et propre à celui qui est consacré, par le Sacrement de l'Ordre, diraient les Orthodoxes. Il y a encore bien des recherches captivantes à faire sur le rôle organique du *laïc* dans le *laos* du Seigneur [3]).

[1]) Sur le laïcat, rappelons l'excellente note lexicographique de H. H. WALZ, *Lay, Theology of the Laity, Laymen's Work*, dans *Ecum. Review*, juillet 1954, pp. 469-475, et le fascicule d'avril 1958 de *Ecum. Review*, contenant six contributions sur ce sujet (pp. 225-295). Voir la liste des publications du Département des laïcs dans *Evanston - Nouvelle-Delhi*, pp. 266-267.

[2]) Sur le sacerdoce des fidèles, rappelons Thomas F. TORRANCE, *Le sacerdoce royal*, dans *Verbum Caro*, 1958, pp. 233-328; Nikos A. NISSIOTIS, *Le sacerdoce charismatique, le laïcat et l'autorité pastorale*, dans *Verbum Caro*, 1960, pp. 217-240; Mgr E.-J. DE SMEDT, *Le sacerdoce des fidèles*. Desclée De Brouwer, 1961, 130 p.

[3]) Voici un passage significatif de la présentation du Rapport du Département des laïcs à Nouvelle-Delhi: « Le Comité a eu beaucoup de peine à trouver une juste définition du mot anglais « laity ». Pour certains, les laïcs sont ceux qui n'ont pas reçu d'ordination; d'autres affirment que le baptême est une ordination et que tous les chrétiens sont donc ordonnés. Il y en a qui disent que les laïcs sont ceux qui gagnent leur vie dans une profession séculière; mais d'autres attirent l'attention sur les « laïcs » professionnellement engagés au service des Eglises et sur le clergé volontaire spécialement ordonné. ... Tout en reconnaissant qu'il n'y a pour le moment aucune unanimité œcuménique sur le sens à donner au terme « laity », la plupart des membres du Comité ont insisté sur le caractère plénier du *laos*, du peuple de Dieu. Dans ce rapport et ailleurs, toutes les fois qu'on verra mentionner une des distinctions ci-dessus, parce qu'il est nécessaire de les faire à l'intérieur du *laos* pour montrer l'aspect complémentaire des différentes relations au sein du corps du Christ, il ne faut jamais les considérer comme des divisions, mais comme une explication des talents et ministères variés contenus dans le ministère total de Christ » (N. D. 193-194).

A Montréal aussi, *Foi et Constitution* présentera un rapport sur le diaconat : cet ordre sacré occupe également les milieux catholiques depuis une dizaine d'années et il devient possible d'établir un état de la question sur le sujet [1]). - Mais il y a aussi la plus délicate question de la « consécration pastorale des femmes », question qui a déjà fait l'objet d'un important dossier rassemblé en 1958 par le « Département pour la coopération entre hommes et femmes dans l'Eglise et la société » à la demande du Conseil des évêques de Suède [2]). Par ailleurs, ce Département possède également une documentation précieuse sur les diverses formes de participation féminine aux activités pastorales et officielles des Eglises. Ce secteur suscitera certes à Montréal de graves discussions. - Il y a aussi la question des nouvelles formes de ministère. Ce sujet intéresse très spécialement le Département des études missionnaires, mais aussi toutes les Eglises. Ceux qui ont suivi de près les travaux préparatoires du second Concile du Vatican savent que ce point a été également touché au cours des discussions relatives au diaconat. - L'unification des ministères, autre point très délicat dans toutes les négociations concernant les Eglises-unies, sera également examinée à Montréal 1963.

LES CHRÉTIENS ET LE MONDE

Les conférences mondiales de *Life and Work* ont montré clairement que l'action et les activités de cette Commission étaient sous-tendues d'une réflexion théologique sur le sens de l'intervention du chrétien dans le monde, sur la signification des valeurs temporelles et des réalités terrestres, bref sur la conception du Royaume de Dieu [3]).

Le Département pour les laïcs, tout d'abord, a abondamment illustré la place du laïc dans l'Eglise (en liaison avec *Foi et Constitution*), dans les Missions (en union avec le *Conseil International des Missions*), et dans le monde contemporain (dans la ligne de

---

[1]) On trouvera une ample bibliographie (catholiques romains, orthodoxes, anglicans) sur le sujet dans *Diaconia in Christo*, ed. K. RAHNER - H. VORGRIMLER, Fribourg-Br., Herder, 1962, pp. 621-634.

[2]) Cfr *Evanston - Nouvelle-Delhi*, p. 92.

[3]) Documents: *Statements of the World Council of Churches on Social Questions* (from Amsterdam to Evanston), Genève, Conseil œcuménique, 1955, 60 p.

Vie et Action) [1]). Il aime redire que « le ministère du laïc est une dimension qui affecte toute la vie et la mission de l'Eglise » [2]). Evanston lui a donné l'occasion de proposer et de discuter un Rapport bien fourni sur la conception chrétienne, biblique et théologique, du travail et de la profession [3]) ; la bibliographie qui termine ce travail montre dans quel sens les recherches ont été orientées. Il veut former des Eglises « responsables » et des laïcs « responsables » [4]). Par ailleurs, les réunions de formation ont réclamé une réflexion sur « holy worldliness », une sainte sécularité [5]) ou plus simplement sur le « discernement de la volonté de Dieu dans la vie quotidienne » [6]).

Le Département pour la coopération entre hommes et femmes dans l'Eglise et la Société soulève les questions ayant spécialement trait au rôle de la femme dans l'Eglise, celles qui concernent la collaboration entre hommes et femmes, et, depuis 1960, les questions proprement familiales [7]). Les domaines qui ont été examinés entre Evanston et Nouvelle-Delhi sont les suivants : la conception du rôle de la femme, d'après les systèmes philosophiques et le christianisme ; la femme au service de l'Eglise (Rapport pour l'Eglise de Suède) ; les liturgies de mariage ; une consultation sur la régulation des naissances à Mansfield College (Oxford) en 1960.

La Division de formation œcuménique, au Comité Central de Paris en 1962, a été chargée d'un Rapport sur le fondement biblique de l'éducation, plus concrètement, sur la doctrine biblique de l'*oikodomè* en relation avec le renouveau chrétien, afin de porter un témoignage chrétien dans tous les milieux d'éducateurs. Ce thème de l'éducation, que nous avons déjà rencontré dans les premières conférences mondiales de *Life and Work*, a été repris à Evanston, mais doit sans doute à Mme K. Bliss d'avoir été si magistralement relancé aujourd'hui [8]).

Et peut-on passer sous silence les problèmes éthiques aigus qui

---

[1]) Sur l'ensemble de l'activité du Département des laïcs, voir *Evanston - Nouvelle-Delhi*, pp. 80-86.

[2]) *Minutes and Reports... of Davos, 1955*, p. 108.

[3]) Cfr E. F. 427-470.

[4]) C'est le thème classique des conférences et des travaux.

[5]) *Minutes and Reports... of Nyborg, 1958*, p. 107.

[6]) *Minutes and Reports of... Rhodes, 1959*, p. 163.

[7]) Voir *Evanston - Nouvelle-Delhi*, pp. 87 à 95.

[8]) Voir *Evanston - Nouvelle-Delhi*, pp. 113-115.

sont évoqués régulièrement par les gestes de la Commission des Eglises pour les Affaires internationales ? Cette Commission a en effet pour mission d'« attirer l'attention des Eglises sur les problèmes internationaux, suggérer des moyens d'action efficaces, énoncer des principes pertinents et montrer leur importance pour les problèmes de l'heure » [1]). Lorsqu'on saura que, par problèmes de l'heure, on entend : « la paix et la sécurité internationale, les droits de l'homme et la liberté religieuse, la progression des peuples encore dépendants, le développement économique et social [2]), les réfugiés et l'émigration, la loi internationale et son fondement » [3]), on se rendra compte des moments délicats que vit le Conseil œcuménique lorsqu'il se décide à envoyer un Message ou à signer une Déclaration.

Le C. Œ. E. a, notamment, essayé de déterminer l'attitude chrétienne en face des Juifs. A Amsterdam, l'Assemblée a recommandé aux Eglises un Rapport rappelant la signification du peuple juif dans le dessein de Dieu, la nécessité de combattre l'antisémitisme, et s'engagea à aider sans distinction tous ceux qui, en Palestine, sont dans le besoin (R. Am. V, 203-210). Le thème central d'Evanston : « Le Christ, seul espoir du monde », conduisit à traiter de l'espérance messianique d'Israël. A cause de l'ambiguïté des expressions, conséquence de la complexité du fait que constitue Israël (peuple élu, nation, race, Etat) on supprima ce passage (E. A. 78) ; mais vingt-quatre théologiens signèrent une Déclaration non-officielle à ce sujet (E. A. 327-328). Une consultation eut lieu ensuite à Bossey sur « les convictions et attitudes chrétiennes à l'égard du peuple juif » en septembre 1956 [4]). La Résolution sur

---

[1]) Voir *Evanston - Nouvelle-Delhi*, p. 134.

[2]) Voir, par exemple, P. ABRECHT, *The Churches and Rapid Social Change*. Londres, SCM Press, 1961, 261 p. et E. DE VRIES, *Man in Rapid Social Change*. Londres, SCM Press, 1961, 240 p. (résultat de six années d'études sur les pays en voie de transformation rapide).

[3]) Voir *Evanston - Nouvelle-Delhi*, p. 140. Un numéro spécial de *Ecum. Review* (juillet 1956) a été consacré au CCIA à l'occasion de son dixième anniversaire.

[4]) Conclusions de cette consultation dans *Ecum. Rev.*, avril 1957, pp. 303-310. Avant cette consultation, *Ecum. Review* avait déjà consacré un fascicule à cette question (avril 1955, six articles). *Foi et Vie* a consacré, au cours de ces dernières années, dix cahiers au problème des Juifs (Dixième Cahier, 1961, n. 4 entier, 124 p.).

l'antisémitisme, à Nouvelle-Delhi, 1961, a été très discutée aussi, sur le point de savoir s'il fallait une déclaration particulière pour cette seule forme d'injustice sociale ; on convint aussi que les Juifs ne sont pas les seuls à ne pas reconnaître le Christ (N. D. 143-146).

PROSÉLYTISME ET LIBERTÉ RELIGIEUSE

Les efforts des instances officielles du Conseil œcuménique des Eglises en faveur de la « liberté religieuse » s'expliquent par différents motifs. L'Assemblée d'Amsterdam s'y est arrêtée pour défendre les « droits de l'homme » face aux Etats ou au désordre international [1]). A Evanston, le Comité Central a décidé de nommer une commission d'étude du prosélytisme et de la liberté religieuse « à la suite de difficultés affectant les relations entre les Eglises membres du Conseil œcuménique » [2]). Récemment, on a surtout rappelé les droits de tous à la liberté religieuse à l'occasion de malversations subies par des protestants ou par des sectes d'inspiration chrétienne dans tel ou tel pays catholique. On aurait tort cependant d'en rester à ce dernier motif.

La commission nommée à Evanston se réunit à Arnoldshain en juillet 1956 et prépara un rapport sur « l'évangélisation, le prosélytisme et la liberté religieuse » ; c'était mieux fixer les données du problème. Ce rapport a été examiné au cours des réunions du Comité Central, puis amendé, ensuite présenté à nouveau [3]). Entretemps, le Comité Central réuni à Davos (1955) agréait l'idée d'un Comité pour la liberté religieuse, lequel possède actuellement comme principal collaborateur M. A. F. Carillo de Albornoz [4]). Finalement, l'Assemblée de Nouvelle-Delhi a accepté de recommander le texte suivant aux Eglises (N. D. 44, 146).

> Le témoignage chrétien. - « Il ne semble pas possible, en pratique, de rendre au mot 'prosélyte' l'acception positive qu'il a connue autrefois. Ainsi, 'faire des prosélytes' en est venu

---

[1]) Cfr R. Am. V, 120-129, E. A., p. 24, et *Evanston - Nouvelle-Delhi*, pp. 267-268.

[2]) Voir *Evanston - Nouvelle-Delhi*, p. 252.

[3]) Voir un aperçu de cette histoire dans *Evanston - Nouvelle-Delhi*, p. 252; en anglais, dans *Minutes and Reports of... St. Andrews, 1960*, pp. 212-213.

[4]) Cfr *Minutes and Reports of... Davos, 1955*, p. 73; aussi *Evanston - Nouvelle-Delhi*, pp. 70-72, où l'on trouvera une liste des études faites sur ce sujet par des collaborateurs ou des consulteurs.

à s'opposer à la vraie obéissance à l'ordre suprême : 'Allez, faites de toutes les nations mes disciples, les baptisant au nom du Père, du Fils et du Saint-Esprit et leur enseignant tout ce que je vous ai prescrit' (Matth. 28, 19-20). Pour cette vraie obéissance, ce sont les mots : évangélisation, apostolat, conquête des âmes, témoignage, etc. qu'on emploie couramment. Dans ce rapport, c'est le mot 'témoignage' qui sera utilisé.

« Le témoignage par la parole et par les actes est la mission essentielle et la responsabilité de chaque chrétien et de chaque Eglise. Tous les disciples sont soumis à l'ordre suprême du Seigneur. Le but du témoignage est de persuader les gens d'accepter l'autorité suprême du Christ, de se confier entièrement à lui, d'être à son service dans l'amour, dans la communion de son Eglise. Le témoignage rendu par les chrétiens à Jésus-Christ exige à la fois l'attention personnelle et communautaire à la vérité qu'il leur a révélée, mais nul témoignage humain à la vérité, telle qu'elle est en Jésus-Christ, ne peut refléter cette vérité dans sa plénitude. Même poussé intérieurement à témoigner contre ce qui semble erroné dans d'autres croyances ou d'autres pratiques religieuses, celui qui veut rendre un vrai témoignage ne peut rester qu'humble et honnête. Il ne connaît qu'un poids et qu'une mesure, les mêmes pour lui et pour autrui ».

Le prosélytisme. - « Le prosélytisme n'est pas quelque chose d'absolument différent du témoignage : c'en est la corruption. Le témoignage est corrompu lorsque la flatterie, les petits cadeaux, une pression injustifiée ou l'intimidation sont pratiqués - ouvertement ou en cachette - pour amener une conversion apparente ; lorsque nous faisons passer le succès de notre Eglise avant l'honneur du Christ ; lorsque nous commettons la malhonnêteté de comparer l'idéal de notre propre Eglise avec la réalité d'une autre Eglise ; lorsque nous cherchons le succès de notre cause en calomniant une autre Eglise ; lorsque la recherche de nous-mêmes, personnelle ou collective, prend la place de l'amour pour chaque âme dont nous avons la charge. De semblables déviations du témoignage chrétien décèlent un manque de confiance dans le pouvoir du Saint-Esprit, un manque de respect pour la nature humaine et un manque de connaissance du vrai caractère de l'Evangile. Il est facile de retrouver ces défauts chez les autres ; il est nécessaire d'avouer que nous sommes tous exposés à tomber nous-mêmes dans l'un ou l'autre de ces péchés ».

Enfin, *la liberté religieuse.* - Nous donnons ici en entier le passage qui lui est consacré dans le Rapport. Pour avoir une idée plus complète de la position prise par le Conseil œcuménique, il faudrait aussi examiner le texte de la « Déclaration sur la liberté religieuse » adopté à New-Delhi (N. D. 155-157).

« La vérité et l'amour de Dieu sont donnés dans la liberté et appellent une réponse libre. Dieu ne contraint pas les hommes à répondre à son amour ; et la révélation de Dieu en Christ est une révélation que les hommes ne sont pas contraints d'accepter. Il appelle les hommes à répondre de plein gré, docilement, dans la foi, par un « oui » libre et confiant à l'action éternelle de son amour dans lequel il se révèle lui-même. Cette adhésion entièrement libre est détruite quand la pression humaine intervient. La pression humaine tue le respect de l'individu que l'action bienveillante de Dieu en Christ suscite. La méthode sans contrainte et l'Esprit de Christ sont en eux-mêmes la négation de toute tentative de contrainte exercée sur les croyances religieuses humaines ou de tout essai d'acheter des adhésions. Pour les chrétiens, c'est la base de la liberté religieuse.

« Chaque chrétien a, individuellement ou dans le cadre communautaire d'une Eglise ou d'un groupe religieux, la liberté de placer son existence entière sous l'autorité de Dieu, de croire, de prier, de rendre un culte, de proclamer Christ, de vivre conformément à Sa volonté dans l'Eglise de son choix et selon sa propre conscience. Pour un tel témoignage et un tel service, les Eglises et les individus devraient être égaux devant la loi. Il en résulte aussi que la conscience de personnes dont la foi religieuse et les convictions diffèrent des nôtres, doit être reconnue et respectée. Le droit de tous les hommes à la liberté de conscience, de croyance et de pratique est reconnu par la loi dans de nombreux pays. L'article de la Déclaration universelle des droits de l'homme sur la liberté religieuse est d'accord avec la conviction chrétienne en la matière : 'Chacun a droit à la liberté de pensée, de conscience et de religion. Ce droit comprend la liberté de changer de religion ou de croyance et la liberté, isolément ou en communauté, en public ou en privé, de manifester sa religion ou sa croyance par l'enseignement, la pratique, le culte et l'observance'.

« La liberté n'est pas un absolu, car elle ne doit jamais oublier la règle évangélique : 'tout ce que vous voulez que les hommes fassent pour vous, vous aussi faites-le pour eux' (Matth., 7, 12) » [1]).

Nous avons donné ces passages in-extenso, parce que nous comptons rappeler plus loin quelques données de la doctrine catholique sur ce sujet.

---

[1]) On trouvera le texte de ce Rapport définitif dans *Evanston - Nouvelle-Delhi*, pp. 253-258.

LES FACTEURS SOCIAUX ET CULTURELS

Le dialogue œcuménique est tributaire d'éléments doctrinaux, sans doute, mais aussi d'un ensemble de facteurs d'ordre psychologique, culturel, social, national, auxquels on a donné d'abord le nom général de « facteurs non-théologiques ». Mais on a remarqué bien vite que ces facteurs dits non-théologiques sont intimement liés à des positions théologiques plus ou moins explicites, et l'on préfère actuellement parler de « facteurs sociaux et culturels ».

La question des « facteurs non-théologiques » fut mise à l'ordre du jour à l'occasion de la Conférence d'Edimbourg en 1937. Un rapport fut envoyé d'Amérique aux dirigeants de la Conférence [1] ; mais, en fait, il demeura sans lendemain [2]. Une Lettre du professeur C.-H. Dodd sur *Les motifs inavoués sous-jacents aux réunions œcuméniques*, communiquée aux membres de la Commission de *Foi et Constitution* réunis à Chichester en 1949, eut plus de succès [3]. Il fut décidé d'y donner suite et, en novembre 1951, au cours d'une consultation tenue à Bossey en vue de la conférence de Lund, divers rapports furent examinés : il en résulta un document d'ensemble, résumé systématique de nombreuses contributions, et qui demeure toujours valable [4]. On y distingue trois groupes de facteurs non-théologiques.

D'abord, les facteurs qui ont *causé* des divisions. - C'est le développement des Eglises qui demeurent isolées ; la contrainte ou la persécution menant des groupes à chercher la liberté dans la sécession ; la discrimination pour des motifs sociaux ou raciaux ; la sécession de « réformateurs » ou « revivalistes », ou de groupes refusant certains projets d'union ; enfin, les antagonismes nationaux

---

[1] Cfr *Report n° 3 of the Commission of the Church's Unity in Life and Worship :* Paper n. 84, dans *Faith and Order Pamphlets,* Old Series.

[2] D'après O. S. TOMKINS, dans *Foi et Vie,* 1952, p. 393.

[3] Texte dans *Ecum. Review,* automne 1949, pp. 52-56 ; trad. franç. dans *Foi et Vie,* 1952, pp. 396-402.

[4] Texte dans *Ecum. Review,* janvier 1952, pp. 174-183 ; trad. franç. *Foi et Vie,* 1952 pp. 420-430. Autres articles ayant paru à cette époque sur ce thème : D. JENKINS, *The Ecumenical Movement and its « non-theological » Factors,* dans *Ecum. Review,* juillet 1951, pp. 339-346 ; G. R. CRAGG, *Disunities created by differing Patterns of Church Life,* dans *Ecum. Review,* avril 1952, pp. 276-281 (trad. franç. dans *Foi et Vie,* 1952, pp. 403-411) ; J. ELLUL, *On the cultural and social Factors influencing Church Division,* dans *Ecum. Review,* avril 1952, pp. 269-275 (texte franç. dans *Foi et Vie,* 1952, pp. 412-419).

ou les guerres et leurs séquelles. - Il y a aussi les facteurs qui *perpétuent* les divisions : la durée ou le souvenir des facteurs dont il vient d'être parlé ; la tendance psychologique à accepter le statu quo ; l'image inexacte que l'on se fait des autres Eglises à cause de la presse, de la littérature, de l'enseignement défectueux de l'histoire ; les nouveaux facteurs naissant dans les Eglises séparées : rapprochement avec des groupes sociaux, sentiment dénominationnel, lourdeur de l'administration, instinct combatif, répugnance du renouvellement. - Enfin, les facteurs qui *accentuent* le besoin d'unité : le désordre social universel qui invite à l'union ; les mouvements de population et les changements de frontières politiques convient à des accords et à des arrangements ; les persécutions et les entraves politiques, qui suggèrent l'union spirituelle ; la bienfaisance laïcisante, qui conduit les Eglises à collaborer dans le domaine caritatif ; la constitution d'Etats nouveaux ; le comportement des jeunes Etats indépendants, qui incite les Eglises à se grouper, sinon à s'unir.

Si l'importance des facteurs sociaux et culturels ne fut pas soulignée à Lund, c'est peut-être parce qu'ils étaient considérés comme « non-théologiques ». La réunion du *Working Committee* de *Foi et Constitution* à Bossey en 1953 rappela vivement l'arrière-fond théologique de ces facteurs [1]. Dès ce moment, cette section se consacra aux « facteurs sociaux et culturels ». Concrètement, c'est autour du thème de l'« institution » - très sociologique et très théologique à la fois - que les recherches ont été centrées depuis 1955, au Comité Central de Davos [2]), où le Dr. W. G. Muelder, de la *School of Theology* de l'Université de Boston et président de la Commission d'études de *Foi et Constitution*, présenta une étude *Institutional Factors affecting Unity and Disunity* [3]). De ces réunions est sorti, entre autres, un document d'études sur la méthodologie et les problèmes intéressant cette enquête sur Eglise-Institution-Communauté [4]). L'élément « institutionnel » sera également un des

---

[1]) Voir les discussions à ce propos dans *Commission on Faith and Order... Working Committee... Bossey 1953*, pp. 36-40.

[2]) Cfr *Minutes and Reports of... Davos 1955*, p. 38; aussi, résumé de la situation dans le *World Council Diary* de *Ecum. Review*, janvier 1956, pp. 212-213.

[3]) Texte dans *Ecum. Review*, janvier 1956, pp. 113-126.

[4]) Présenté à l'occasion de la réunion de Spittal (Voir *Commission on Faith and Order. Minutes of the Working Committee, 1959, Spittal (Austria)*, Genève, 1960, pp. 35-41), il a été traduit en français dans *Istina*, 1960, pp. 80-87.

objets de la Section V de la quatrième conférence mondiale de
Foi et Constitution à Montréal en 1963, sous le titre « Comment
les facteurs institutionnels entravent ou stimulent l'unité ». Espérons
que ces travaux feront découvrir à certains la densité théologique
de l'élément institutionnel dans l'Eglise, tandis que d'autres seront
amenés à mieux dissocier de cette institution toutes les manifestations adventices et alourdissantes d'un institutionalisme inopportun
ou malfaisant.

CHAPITRE II

LA THÉOLOGIE CATHOLIQUE
ET LE MOUVEMENT ŒCUMÉNIQUE

L'Eglise catholique n'est pas membre du Conseil œcuménique des Eglises, et l'on rappellera plus loin quels sont les motifs prudentiels de cette abstention. Elle participe cependant au mouvement œcuménique dans son ensemble et, depuis la création du Secrétariat pour l'Unité, elle est « entrée en structure de dialogue » [1]).

Œcuménisme et œcuménique

Le terme « œcuménisme », dans la théologie catholique, a connu une destinée assez semblable à celle des expressions « évolution dogmatique » ou « histoire des dogmes ». La *Dogmengeschichte* constituait à ses débuts un phénomène protestant et paraissait peu apte à sauvegarder le principe de la stabilité doctrinale de la foi chrétienne. Sans doute, serait-il plus adéquat de parler de la maturation, de l'épanouissement de la doctrine chrétienne. Aujourd'hui, l'on discute de l'« évolution dogmatique » et tous les étudiants en théologie connaissent *L'évolution homogène du dogme catholique* de F. Marín-Sola. L'expression « œcuménisme catholique » pouvait sembler assez neuve, peu habituelle, lorsqu'elle parut en sous-titre de l'ouvrage du R. P. Y. Congar, *Chrétiens désunis. Principes d'un œcuménisme catholique*. Mais en 1949 déjà, elle était pratiquement reçue dans un document officiel de l'Eglise catholique, l'Instruction *Ecclesia catholica* dite « De motione oecu-

---

[1]) Rapport du Comité exécutif à St. Andrews, dans *Minutes and Reports of... St. Andrews, 1960*, p. 105: « For the first time in history the Roman Catholic Church, on the occasion of the Ecumenical Council, enters into a structure of dialogue ».

menica », et tous les journaux ont annoncé que le Concile du
Vatican II élabore une Déclaration « De oecumenismo » [1]).

Aujourd'hui, du fait de l'ampleur « mondiale » concrète prise
par le Conseil œcuménique des Eglises, du fait de l'entrée de
l'Eglise catholique en « structure de dialogue », du fait même de
la maturation progressive de l'œcuménisme en général, les catholiques se posent plus rigoureusement la question de savoir ce qu'implique, théologiquement et à parler strictement, le terme « œcuménique », quels en sont les constituants essentiels, et qui est en droit
de se l'appliquer [2]). La réponse à ces questions permettrait de

---

[1]) La littérature catholique est devenue tellement ample en cette matière que
l'on se demande s'il est opportun de la rappeler. Ainsi: M. VILLAIN, *Introduction
à l'œcuménisme*. 3ᵉ éd., Paris, Casterman, 1961, 324 p. (la meilleure introduction:
grandes étapes historiques, approches spirituelles des autres chrétiens, œcuménisme spirituel et technique); M.-J. LE GUILLOU, *Mission et Unité. Les exigences
de la communion*. 2 vol., Paris, Ed. Cerf, 1960, 292 et 340 p. (tous les aspects
de la problématique œcuménique actuelle: histoire et problèmes du mouvement
œcuménique, orthodoxes et œcuménisme, controverses et dialogue, Eglise, mission
et « communion »); G. BAUM, *L'Unité chrétienne d'après la doctrine des Papes,
de Léon XIII à Pie XII*. Paris, Ed. Cerf, 1961, 248 p. (unité de l'Eglise, condition
des dissidents, l'œcuménisme catholique; ouvrage trad. de l'anglais *That they
may be One*, Londres, Bloomsbury, 1958, 182 p.); G. WEIGEL, *The Ecumenical
Movement. A Catholic approach*. Londres, Chapman, 1958, 80 p.; C. BOYER,
Unità cristiana e Movimento ecumenico, Rome, Studium, 1955, 148 p. (histoire,
espérances, difficultés, suggestions); A. BELLINI, *Il Movimento ecumenico*. Rome,
Presbyterium, 1960, 180 p. (tous les faits et problèmes du mouvement œcuménique, bref, excellent); T. SARTORY, *Die Oekumenische Bewegung und die
Einheit der Kirche*. Augsburg, Kyrios-Verlag, 1955, 232 p. (large problématique
de l'œcuménisme théologique, problèmes théologiques, spécialement pour l'Allemagne); E. F. HANAHOE, *Catholic Ecumenism*. Washington, C. U. A. Press,
1953, 180 p. (dissertation sur les documents pontificaux); C.-J. DUMONT, *Les voies
de l'unité chrétienne*. Paris, Ed. Cerf, 1954, 232 p. (thèmes doctrinaux et religieux
spirituels); G. TAVARD, *Petite histoire du mouvement œcuménique*. Paris, Ed.
Fleurus, 1960, 246 p. (larges perspectives, tonique, concret); W. H. VAN DE POL,
De Oecumene. Roermond, Romen & Zonen, 1961, 136 p. (pages sages et réalistes
sur la situation et les voies de l'œcuménisme); B. LAMBERT, *Le problème œcuménique*. 2 vol., Paris, Ed. Centurion, 1962, 730 p. (réflexion souple sur les
multiples dimensions du mouvement œcuménique: historique, dogmatique, missionnaire, structural, cultuel, psychologique, sociologique); *Le mystère de l'unité*.
I. *Découverte de l'œcuménisme*. II. *L'Eglise en plénitude*. 2 vol., Paris, Desclée
De Brouwer, 1961, 412 p. et 270 p.

[2]) En fait d'usage plus ou moins récent de « œcuménique », citons les deux
documents suivants. D'abord, un passage de la *Lettre* du cardinal Patrizi aux
membres de l'A. P. U. C., en Grande-Bretagne: « Perspicietis denique, oecu-

déterminer aussi avec précision ce qu'on doit entendre par « œcuménicité » de l'Eglise, autre problème qui occupera l'ecclésiologie dans un avenir prochain. Il nous faudrait une monographie de type universitaire sur ce sujet ; les notes qui suivent ne font que résumer les données connues, dans l'espoir d'ouvrir la voie.

DANS LA BIBLE

Sens profane. — Le terme oicumenè se rencontre pour la première fois chez Hérodote (V⁰ s.) ; il désigne la « terre habitée » ; le sens est donc géographique [1]). De « terre habitée », on glisse assez naturellement vers les « habitants de la terre », les hommes, l'humanité. Il n'y a cependant pas d'oicumenè sans un élément unificateur qui lui donne sa forme et sa cohésion. Chez les Grecs, cet élément est d'ordre culturel avant tout : l'oicumenè est le monde ou les hommes qui sont formés et unis par la culture hellénistique [2]). Chez les Romains s'ajoute un aspect d'ordre juridique, d'organisation politique : tel est le thème classique de « orbis romanus » [3]).

Le terme oicumenè, en ce sens profane, se retrouve dans les Ecrits inspirés. Dans les LXX, on le rencontre à maintes reprises,

menicam illam, quam memoratis, *intercommunionem* ante schisma Photianum, ideo viguisse quia orientales ecclesiae nondum a debito Apostolico Cathedrae obsequio desciverant » (Texte repris dans A. A. S., t. XI (1919), p. 316). D'autre part, dans l'encyclique *Ecclesiam Dei* de Pie XI (12 nov. 1923), on retrouve plusieurs fois le terme « œcuménique ». Au début de l'encyclique, le Pape rappelle que, dès son jeune âge, saint Josaphat « s'unit à la communion de l'Eglise une, œcuménique et catholique ». Puis, il fait, par trois fois, mention de l'« unité œcuménique ». D'abord, comme propriété de l'Eglise : « la somme de tous les biens, qui réside dans l'unité œcuménique de la sainte Eglise ». Ensuite, comme note distinctive de l'Eglise : « que, à l'image d'une immense famille qui engloberait l'universalité du genre humain, nous savons être divinement manifeste par des notes insignes, dont l'unité œcuménique ». Enfin, comme élément constitutif de la vraie Eglise : « la récession de l'unité œcuménique la plus importante et de toutes la plus affligeante fut celle des Byzantins » (Cfr A. A. S., t. XV (1923), pp. 576, 579, 573 et 574 respectivement).

[1]) Cfr la copieuse documentation sur le sens ancien de oicumenè dans PAULY-WISSOWA, *Realencyclopädie der Classischen Altertumwissenschaft*, XVII, 2, *Oikumenè*, c. 2123-2174.

[2]) Cfr J. KAERST, *Die antike Idee der Oikoumenè in ihrer politischen und kulturellen Bedeutung*, Leipzig, 1903.

[3]) Cfr J. VOGT, *Orbis Romanus. Zur Terminologie des Römischen Imperialismus*, Tübingen, 1929, 32 p.

plus particulièrement dans les Psaumes et chez Isaïe ; le lecteur désireux de plus de précisions consultera les Concordances grecques de l'Ancien Testament. Dans le Nouveau Testament, oicumenè apparaît 15 fois, signifiant soit « la terre habitée » (Matth. 24, 14 ; Luc 4, 5 ; 21, 26 ; Rom. 10, 18 ; Hébr. 1, 6), ou « les habitants de la terre » (Act. Ap. 17, 31 ; 19, 27 ; Apoc. 12, 9), parfois en relation avec « orbis romanus » (Luc 2, 1 ; et même Act. Ap. 24, 5) [1]).

Sens religieux. — Dans les Ecrits inspirés, le terme oicumenè revêt fréquemment un sens religieux, et même un sens « chrétien » [2]).

L'oicumenè, c'est, d'abord, le monde entier, toute l'humanité, en tant qu'elle a tout reçu de son Créateur et qu'elle Lui appartient totalement. « A moi l'oicumenè, et tout ce qu'elle contient » chantent les Psaumes (Ps. 49, 12 ; aussi : Ps. 23, 1 ; 32, 8 ; Is. 10, 14).

L'oicumenè, plus précisément, c'est le monde et l'humanité dans lesquels se réalise l'histoire du salut : la création, le péché, le jugement, la prédication des Prophètes et des Apôtres, la réconciliation. Dieu est le Créateur et le Seigneur. Il jugera, punira et détruira le monde pécheur (Is. 10, 14.23 ; 13, 5.9.11 ; 14, 26 ; Luc 21, 26 ; Apoc. 3, 10 ; 12, 9 ; 16, 14 ; Act. Ap. 17, 31). Il envoie partout ses Prophètes pour qu'ils proclament la voie du salut, tout comme il envoie les Apôtres chargés de répandre la Bonne Nouvelle (Ps. 48, 2 ; Matth. 24, 14). Le monde sera sauvé par le Christ, en qui la gloire lui est promise (Hébr. 2, 5).

En Hébr. 2, 5, l'oicumenè est présentée comme soumise, non aux anges, mais à l'économie salvifique de Jésus-Christ lui-même. On y trouve l'expression significative : oicumenè mellousa : l'oicumenè des temps messianiques, lesquels ont commencé avec le

[1]) Pour le Nouveau Testament, voir O. MICHEL, *Oikoumenè*, dans G. KITTEL-G. FRIEDRICH, *Theol. Wörterbuch z. Neuen Testament*, V, pp. 159-161 ; à compléter par les remarques de M. PAESLACK, *Die « oikumenè » im Neuen Testament*, dans *Theologia viatorum*, II, Berlin, 1950, pp. 33-47.

[2]) En plus des articles mentionnés ci-dessus, voir la note, qui garde toute sa valeur, de M. PRIBILLA, *Oekumenisch*, dans *Stimmen der Zeit*, 1930, pp. 257-270 (sens profane et sens religieux de oikumenè et de oikumenicos) ; E. FASCHER, *Oekumenisch und Katholisch*, dans *Theol. Literaturz.*, 1960, c. 7-20 (emploi chrétien des deux termes) ; H. VAN DER LINDE, *Wat is Oecumenisch ?* Roermond-Maaseik, 1961, 34 p. (brève histoire du terme, d'un point de vue catholique) ; W. A. VISSER 'T HOOFT, *The Meaning of Ecumenical*, London, SCM Press, 1953, 28 p. (histoire du terme, notamment dans le Conseil œcuménique des Eglises).

Christ et sont entièrement conditionnés par Lui. Ce verset mériterait une étude spéciale ; mais on peut déjà conclure, semble-t-il,
que, en Hébr. 2, 5, le terme oicumenè appartient déjà au vocabulaire chrétien strictement dit, et qu'il revêt une signification ecclésiologique [1]).

DANS L'ANTIQUITÉ CHRÉTIENNE

Nous considérerons ici les vocables oicumenè et oicumenicos
lorsqu'ils sont en connexion avec l'Eglise, ou du moins lorsqu'ils
revêtent un certain intérêt - fût-il très général - d'ordre ecclésiologique. Faut-il ajouter que ces indications sont très incomplètes.

Oicumenè. — Les écrivains ecclésiastiques mentionnent maintes
fois les Apôtres et les prédicateurs de l'Evangile, qui portèrent
leur message par toute la terre : oicumenè [2]). Ils décrivent aussi,
fréquemment, l'Eglise catholique, qui est répandue sur toute la
terre : orbis terrarum, oicumenè [3]). On notera en passant la façon
de juxtaposer « catholique » et oicumenè : l'Eglise *est* catholique ;
elle est *répandue* sur toute la surface de la terre : oicumenè. Ce
sont des nuances dont l'élaboration spéculative devra tenir compte.
Pour Origène, la doctrine et la piété chrétiennes ont rempli l'oicumenè [4]) ; bien plus, le maître alexandrin fait allusion à ceux qui
« habitent l'oicumenè de l'Eglise de Dieu » [5]). La connexion intime
établie entre l'Eglise et l'oicumenè est claire.

Saint Basile, dans une Homélie, parle de l'Eglise et de l'oicumenè d'une manière qui se rapproche de la théologie actuelle de
l'œcuménicité de l'Eglise. Il s'agit de l'Homélie in Ps. 48 [6]). « Celui
qui prêche, dit-il, c'est le Paraclet, c'est l'Esprit de vérité, rassemblant par les prophètes et les apôtres tous ceux qui devraient

[1]) Cfr W. BAUER, *Wörterbuch z. Neuen Testament,* art. *Oicumenè;* aussi
F. ZORELL, *Lexicon graecum Novi Testamenti,* art. *Oicumenè,* qui y voit l'« économie messianique ».

[2]) Ainsi JUSTIN, *Dial.* 53 (P. G., 6, 593B); *Dial.* 108 (P. G., 6, 725C); ORIGÈNE,
Contra Celsum, I, 27 et II, 30 (P. G., 11, 712B et 849C).

[3]) Ainsi S. POLYCARPI Mart., V, 1 (P. G., 5, 1036A); IRÉNÉE, *Adv. Haer.,*
L. I, cap. X, 1 (P. G., 7, 549A; cfr 7, 552A); ORIGÈNE, *In Ps. XXXII,* 8 (P. G.,
12, 1305B).

[4]) *De principiis,* L. IV, n. 5 (P. G., 11, 349B); voir aussi *In Ps. XXXII, 8*
(P. G., 12, 1305A), où la « terre » est remplie d'Eglises.

[5]) *In Ps. XXXII, 8* (P. G., 12, 1305B).

[6]) Voir *Homélie in Ps. 48* (P. G., 29, 433).

recevoir le salut ; par ceux dont - en vertu de « Leur voix a retenti par toute la terre (tès gès) et leurs paroles jusqu'aux extrémités du monde (tès oicumenès) - il dit : « Ecoutez, vous, toutes les Nations, et tous ceux qui habitez le monde (tèn oicumenèn). C'est pourquoi (dio kai) l'Eglise est rassemblée de gens de tout genre et de toute condition, pour que personne ne demeure privé de ce qui est utile. En effet, on peut distinguer trois groupes d'appelés, dont l'ensemble constitue tout le genre humain : les Gentils et ceux qui habitent l'oicumenè, ceux qui sont de la terre et les fils des hommes, les riches et les pauvres. Personne n'est donc laissé hors de l'espace où l'on peut entendre la prédication ». Après cela, saint Basile explique la signification de ces trois catégories d'hommes. Et d'abord la première : « sont appelés Gentils, ceux qui n'ont pas la foi. Ceux qui demeurent dans l'Eglise, ceux-là, ce sont ceux qui sont dits habiter l'oicumenè » [1]). Voilà qui suffit à notre propos. Saint Basile, partant du fait que l'Eglise doit être répandue sur toute la terre et atteindre absolument tous les hommes, en conclut qu'elle doit donc grouper en elle toute la diversité des conditions humaines. Saint Basile, on l'a constaté aussi, unit très étroitement Eglise et oicumenè, jusqu'à les identifier concrètement : cette fois, c'est le sens ecclésiologique de oicumenè qui nous paraît particulièrement souligné.

Oicumenicos. — Il est un autre terme dont la portée ecclésiologique nous intéresse au plus haut point : œcuménique. Ce vocable ne se rencontre pas encore chez les Pères apostoliques, ni chez les Pères apologistes. Mais aux siècles suivants, il est mis en connexion avec des réalités d'ordre religieux pour désigner leur caractère universel, parfois même d'une manière qui nous étonne aujourd'hui. Dieu, écrit Origène, a promis, sous certaines conditions, qu'il n'enverrait plus sur la terre un déluge ou un cataclysme universel (oicumenicos) [2]). Dans une Catéchèse sur la rédemption, saint Cyrille de Jérusalem nous rappelle que Jésus a porté les péchés du monde entier (tas oicumenicas amartias) [3]). Autre part, en traitant de la résurrection générale, il note que la terre entière (oicumenicè gè), par rapport à tous les cieux, n'est qu'un simple point [4]). Cyrille

---

[1]) *Homélie in Ps. 48* (P. G., 29, 434).
[2]) ORIGÈNE, *In Genesim IX, 11* (P. G., 12, 109A).
[3]) CYRILLE DE JÉRUSALEM, *Catéchèse III, 12* (P. G., 33, 444A).
[4]) CYRILLE DE JÉRUSALEM, *Catéchèse XV, 24* (P. G., 33, 904B).

d'Alexandrie demande aux églises que le nom de Jean Chrysostome soit inscrit sur tous les dyptiques, afin que la paix universelle (oicumenicè eirènè) soit maintenue entre toutes les églises [1]). On rencontre même l'expression « Eglise œcuménique » dans le texte grec de la signature apposée aux Décrets du Concile de Chalcédoine par deux des trois légats pontificaux ; le texte latin porte « universalis Ecclesiae » [2]). On le voit, si l'Eglise est généralement appelée « catholique », rien ne s'oppose en principe à ce qu'on la nomme « œcuménique ».

Mais le terme œcuménique a acquis un caractère ecclésiologique et technique incontestable dans les expressions suivantes. D'abord, « docteur œcuménique » : sont appelés ainsi, les Docteurs de l'Eglise qui jouissent d'une considération et d'une autorité universelles, tels saint Basile, saint Grégoire de Naziance, saint Jean Chrysostome [3]). Aussi, « patriarche œcuménique » : tels les cinq patriarches de Rome, de Constantinople, d'Alexandrie, d'Antioche et de Jérusalem [4]). Enfin, « concile œcuménique » [5]). Si l'histoire de ces expressions en révèle avec évidence la portée ecclésiologique, il est peut-être moins facile de connaître toutes les nuances qu'elles comportent et les harmoniques qu'elles éveillent, à chaque siècle, en l'esprit de ceux qui en usent.

Concluons. Oicumenè et même oicumenicos désignent incontestablement, et tout particulièrement dans les Ecrits inspirés, la terre entière ou toute l'humanité, bref, l'universalité de lieux et de personnes, au sens le plus radical du terme. Dans d'autres passages, ces vocables désignent plus directement l'Eglise, et parfois en antithèse avec les Nations, les Gentils. Certes, il y a des chrétiens parmi les Gentils, et l'Eglise est plantée au cœur des Nations ; mais les vocables Eglise et Gentils sont dissociés.

Dans les deux cas, la « dimension missionnaire » de l'œcuménicité est parfaitement impliquée. Seule la perspective est distincte.

---

[1]) CYRILLE D'ALEXANDRIE, *Epistola LXXXV* (P. G., 77, 352B).

[2]) Cfr MANSI, *Amplissima Collectio...*, t. VII, c. 136. « Ecclesia universalis » est aussi traduit, dans le troisième cas, par « pasès Ecclèsias ».

[3]) Cfr *Zeitschr. Kathol. Theol.*, 1894 (283), pp. 742-744.

[4]) Cfr H. G. BECK, *Kirche und Theologische Literatur im Byzantinischen Reich*, München, 1959, pp. 63-65, avec bibliographie.

[5]) Voir les *Dictionnaires*, ainsi que les *Introductions* aux *Histoires des Conciles*.

Suivant la première ligne de pensée, la mission est inhérente au mystère du royaume de Dieu, dont l'universalité absolue est décrite dans la Bible : « A moi l'oicumenè et tout ce qu'elle contient » (Ps. 49, 12). D'après l'autre filon doctrinal, la mission est essentielle au mystère de l'Eglise du Christ, qui doit être plantée partout parmi les Nations, afin que tous soient un dans le Christ.

Enfin, oicumenè et oicumenicos - qu'ils désignent la seigneurie universelle du Seigneur ou la mission universelle de l'Eglise - comportent une exigence essentielle d'identité et de diversité. L'une et l'autre sont nécessairement impliquées par la catholicité véritable de l'Eglise. Il n'y a pas de catholicité chrétienne sans l'élément d'identité voulu par le Christ, ni sans la diversité des dons de l'Esprit et des choses assumées en Lui.

L'Una Sancta

Ces notes d'ecclésiologie ont pour but d'apporter quelques éléments utiles au dialogue œcuménique.

LE TERME EGLISE

Quand l'ecclésiologie catholique use-t-elle du terme « Eglise » dans un sens qui lui paraît « propre » et donc strict en théologie ?

Eglise a d'abord un sens « large », c'est-à-dire que l'aire recouverte par ce terme est très ample. « L'Eglise de Dieu, écrivait le cardinal Franzelin, considérée dans sa notion la plus ample, est la société surnaturelle de tous ceux qui - anges ou hommes - sont unis par leur adhésion à Dieu, ici-bas dans la foi et plus tard dans la vision béatifique, sous un chef le Christ, et formant ainsi la communion des saints » [1]). Pour Franzelin, cette communauté contient tous les « croyants » plutôt que tous les « justifiés ».

Il y a ensuite un sens « restreint », en ce sens que l'aire d'application est plus limitée. Il s'agit de l'Eglise instituée par le Christ, dans sa condition terrestre et historique. Concrètement, la théologie catholique vise alors l'Eglise catholique-romaine, quelles que soient les considérations que l'on fait valoir, et légitimement, sur l'extension concrète de celle-ci.

---

[1]) J.-B. FRANZELIN, *Theses de Ecclesia Christi*, Rome, 1887, pp. 8-21.

M. Oliver S. Tomkins, à Amsterdam, a également reconnu qu'il y a un usage néotestamentaire du terme Eglise, et un autre - « non dépourvu d'une légitimité relative » - venant de la situation historique des Eglises (cfr supra, pp. 184-185).

Et les communions chrétiennes non-romaines ?

S'il est relativement facile de rappeler aux catholiques le statut réel, théologique et pastoral, d'un chrétien non-romain, il est par contre délicat d'aborder la question de la signification théologique des communions chrétiennes non-romaines, comme telles.

Ces communions, comme telles, ne sont évidemment pas sans valeur ni signification aux yeux du Seigneur. Certes, on pourra s'enquérir du statut théologique de l'orthodoxie, du luthéranisme, de l'anglicanisme comme communions ecclésiastiques universelles. Et, par souci d'honnêteté, nous signalons que des auteurs catholiques ne leur voient aucune signification ecclésiologique stricte [1]). Mais on n'épuise pas le sujet en prouvant qu'il manque à l'orthodoxie ou au luthéranisme telle condition essentielle pour en faire une Eglise universelle. Car ces « communions » existent, dans l'unité visible d'une profession de foi, par la réception valide du baptême, avec la pratique des sacrements considérés par elles comme chrétiens, dans l'adhésion aux préceptes du Seigneur et à la discipline morale évangélique, avec tout le réseau des activités, des œuvres qui caractérisent toute communauté chrétienne, et sous la direction pastorale de ministres mandatés et autorisés, du moins selon leur conception du ministère. Il est difficile de refuser à ces communions une signification théologique authentique.

Elles sont des « moyens de salut ». Sans doute, l'Eglise catholique se considère comme l'expression « normative » de l'institution de salut instituée par le Christ. Mais « dans son infinie miséricorde, Dieu a voulu que, puisqu'il s'agissait de moyens de salut ordonnés à la fin ultime de l'homme non par nécessité intrinsèque, mais seulement par institution divine, leurs effets salutaires puissent égale-

[1]) Ainsi, par exemple, concernant l'expression « Orthodoxie », l'article contenant des remarques pertinentes, mais trop négatif me semble-t-il, de B. SCHULTZE, *Riflessione teologica sul significato di « Chiesa Orientale » e « Ortodossia »*, dans *Gregorianum*, 1961, pp. 444-462. Le ton est différent dans un autre article de cette même revue: F. A. SULLIVAN, *De unitate Ecclesiae. Doctrina catholica et doctrina quae praevalet in Concilio Mundiali Ecclesiarum*, dans *Gregorianum*, 1962, pp. 510-526.

ment être obtenus dans certaines circonstances » [1]), en dehors d'un contact réel avec l'Eglise catholique. C'est par des rites sacramentels valides (même si un problème théologique se pose concernant l'exercice légitime du ministère) que les chrétiens non-romains sont engendrés à la vie surnaturelle et jouissent des effets surnaturels du Baptême, du Mariage. C'est par le sacrement de l'Eucharistie, de la Pénitence, de l'Extrême-Onction que ceux qui ont un sacerdoce valide sont faits participants de l'Esprit du Seigneur et croissent en communion fraternelle. C'est par le ministère des pasteurs que les chrétiens réformés entendent la Parole de Dieu et s'unissent au sacrifice de louange de leur communauté. C'est grâce aux œuvres multiformes de leurs ministres que les communions chrétiennes non-romaines conservent leur ferveur chrétienne et croissent dans l'obéissance de la Parole de Dieu. Bref, ces communions sont, en fait, un « moyen de salut », même si l'on déclare que ce moyen ne répond pas en tout à ce que requiert le Christ lui-même à propos de son Eglise.

Ces communions sont-elles des « Eglises » ? On entend parfois ce terme en un sens « sociologique ». Et rien ne s'oppose à ce qu'il en soit ainsi, à condition de ne point glisser du plan sociologique au plan théologique. Mais au-delà ?

Des documents ecclésiastiques catholiques officiels assez nombreux usent du terme « Eglise » lorsqu'il s'agit des communautés orthodoxes. On en a même établi le relevé [2]). Le moins qu'on puisse induire de ces passages, c'est qu'il serait étonnant que des encycliques et d'autres documents pontificaux usent toujours du terme « église » en un sens purement sociologique ; il serait plus vraisemblable d'admettre que ces documents expriment ainsi la réalité « ecclésiastique » de ces communions, qui possèdent une armature sacramentelle développée et un ministère sacerdotal valide. On a parlé, à propos des différentes communions orthodoxes, d'« Eglises particulières » privées de la communion au Siège Apostolique et, en conséquence, privées des avantages d'ordre doctrinal, spirituel et pastoral liés à cette communion.

Les communions issues de la Réforme ne sont pas appelées

---

[1]) Cfr Lettre du Saint-Office à Mgr R. J. Cushing, trad. franç. dans G. BAUM, *L'unité de l'Eglise d'après la doctrine des Papes,* Paris, 1961, pp. 237-238.

[2]) Le relevé de ces passages a été fait: voir Y. CONGAR, *Chrétiens désunis,* Paris, 1937, pp. 381-382 et *Irénikon,* 1950, pp. 22-24.

« Eglises » dans les documents ecclésiastiques. Les chrétiens non-romains, membres de ces communions, sont très sensibles à ce refus. Ils ne comprennent pas que leur communion, « moyen de salut », ne puisse être appelée « Eglise » en un sens théologique valable. En disant « valable », ils ne veulent pas dire que leur communion vérifie la notion d'Eglise au sens précis où elle se réalise dans la communion catholique romaine, mais ils se demandent si le vocable « Eglise » ne peut pas aussi être appliqué à leur communion en un sens chrétien et religieux, en vertu de tous les éléments ecclésiastiques qu'elle possède, et de la différence radicale qu'il y a entre elle et les religions historiques non-chrétiennes. Il se pourrait qu'on s'accorde un jour sur ce sens. Mais, quant à l'application théologique stricte du terme Eglise, elle dépend des sources de cette théologie, et c'est donc par l'étude de ces sources et non autrement qu'il faut résoudre la question. En fait, la théologie catholique courante n'y est pas favorable : au dialogue à montrer où se trouve le nœud du débat.

Ce que le théologien catholique dira assez facilement - quoique avec plus ou moins d'intérêt - c'est que ces communions non-romaines, comme telles, sont déjà en contact intime avec la véritable Eglise du Christ et pourraient même se dire l'Eglise, quoique de manière « incomplète », « inachevée », « imparfaite », « inchoative », « en devenir » : toutes ces expressions ont été employées et évoquent assez clairement la pensée de leurs auteurs. C'est qu'en effet, le baptême administré validement dans le contexte d'une adhésion de foi chrétienne assure à ceux qui le reçoivent, même dans une communion non-romaine, leur entrée dans l'Eglise véritable, et unique, du Seigneur [1]). A fortiori en est-il ainsi de ceux qui possèdent un sacerdoce et un épiscopat valides.

Cette *crux theologorum* se manifeste dans toute son âpreté au moment où les théologiens catholiques, poursuivant leurs réflexions, affirment que cette Eglise du Christ, que « sont » déjà les « communions non-romaines » de manière « inachevée », ne peut être que l'Eglise catholique romaine. Il n'y a en effet qu'une seule et unique Eglise du Christ. Cela sonne étrangement aux oreilles des chrétiens non-romains ; et d'autant plus que, si la théologie catho-

---

[1]) « ... Sanctus Baptisma, quod vitae spiritualis ianua est: per ipsum enim membra Christi ac de corpore efficimur Ecclesiae » (*Decretum pro Armenis*; Denz. n. 696). Voir aussi la citation de l'encyclique *Mediator Dei*, de Pie XII, plus loin, p. 256.

lique ne leur reconnaît pas pour autant la qualité de « membres » de l'Eglise catholique - ce que beaucoup ne désirent pas d'ailleurs, - elle leur assigne néanmoins la condition de « sujets » de la hiérarchie catholique (canon 87). C'est à ce moment que l'on touche du doigt la difficulté qu'il y a pour les théologiens catholiques à fixer le statut théologique « positif » des communions chrétiennes qui ne sont pas en communion avec le Siège Apostolique.

Nous reviendrons encore à ce sujet en parlant des « éléments d'Eglise » ; il nous fallait cependant en dire un mot ici, à propos de l'usage légitime et valable du terme « Eglise ».

LE ROYAUME DE DIEU

Le thème du « Royaume de Dieu » animait quelques discussions théologiques de *Life and Work* à Stockholm et à Oxford. A Evanston, il apparut, plus qu'à Amsterdam, dans le document central consacré à l'espérance chrétienne. Il était moins visiblement présent à Nouvelle-Delhi. Mais la doctrine du « Royaume de Dieu » soustend toujours les discussions se rapportant à la présence de l'Evangile dans le monde.

Cette doctrine du « Royaume de Dieu » a cependant connu, au cours de son histoire récente dans les milieux œcuméniques, une évolution indiscutable étudiée par M. Visser 't Hooft. Tout d'abord, la réaction anti-libérale, qu'on attendait, a éclaté avec K. Barth, au profit de la dogmatique et spécialement de la tendance eschatologique. Mais la guerre a été, pour plusieurs Eglises et communions, l'occasion de prendre position dans des problèmes éminemment temporels, comme le désarmement, la paix, le chômage, etc. Il en est résulté une certaine prise de conscience de ces interventions. Aussi, la position d'ensemble des Eglises membres du Conseil œcuménique, sans être dégagée des options dogmatiques confessionnelles, se trouve plus proche de ce qu'on pourrait appeler une position plus équilibrée et mieux balancée [1]. Plus que jadis, les tenants de la transcendance absolue admettent que les Eglises ne peuvent se désintéresser de l'ordre social chrétien ; et mieux que jadis aussi, les défenseurs de la royauté temporelle du Christ reconnaissent que le christianisme conserve un aspect d'espérance eschatologique essentiel. De cette évolution, l'Assemblée d'Evanston fut un témoin autorisé et une preuve indiscutable, même si les deux

[1] W. A. VISSER 'T HOOFT, *La royauté de Jésus-Christ*, Genève, 1948, pp. 11-69.

pôles étaient encore fort marqués et ardemment défendus. A Nouvelle-Delhi, l'absence de discussion sur le thème général « Jésus-
Christ, la Lumière du monde » n'a pas permis aux deux groupes
de s'affronter ; et sans doute était-ce mieux ainsi. Mais les discussions qui touchaient occasionnellement à la question révélaient,
semble-t-il, un progrès, en ce sens que les participants étaient convaincus de l'importance théologique et pratique des deux orientations. Qu'on se rappelle le *Discours* de M. J. Sittler sur une
christologie cosmique. Ou cette réponse de M. J. Irwin Miller rappelant que « l'Evangile s'applique à la vie humaine dans sa totalité » (N. D. 34). Ou la communication de M. Masao Takenaka
sur la nature du « service chrétien », qui « n'est pas confiné dans
ce qu'on appelle souvent le côté spirituel de la vie, mais c'est à
l'homme entier qu'il s'intéresse ». D'où « le danger qu'il y aurait,
continuait-il, à borner le service chrétien à la charité personnelle,
tout importante qu'elle soit, et de négliger les conditions de la
justice sociale » (N. D. 17-18). Ou le plaidoyer de M. M. Thomas
demandant que l'on fixe, au delà d'une Eglise confondue avec la
culture occidentale ou d'un certain piétisme, une doctrine cohé-
rente de l'Eglise dans sa mission spirituelle *et* sa tâche temporelle
(N. D. 30-31).

Mais revenons au problème doctrinal en lui-même. Les articles
qui parurent à l'occasion de la Conférence de Stockholm en 1925
reconnurent l'importance qu'y joua la doctrine du « Royaume de
Dieu ». A ce moment, « la plupart des théologiens de l'Europe cri-
tiquèrent d'une manière très nette la 'théologie de l'évangile social'
représentée par un grand nombre de délégués américains, mais ils
firent très peu de propositions concrètes pour y substituer autre
chose » [1]). Du côté catholique, quelques études furent publiées [2]).
Elles retinrent surtout le caractère libéral du christianisme social
des délégués, ainsi que la tension qui opposa luthériens « dualistes »
et américains « humanitaires » [3]).
    Il serait erroné d'aborder la question du « Royaume de Dieu »

---

[1]) W. A. VISSER 'T HOOFT, *La royauté de Jésus-Christ*, Genève, 1948, p. 40.
    [2]) Ch. JOURNET, *L'union des Eglises*, Paris, 1927, y consacre toute la Deu-
xième Partie.
    [3]) Sur cette idéologie, cfr Y. M.-J. CONGAR, *Chrétiens désunis*, pp. 150-168:
nominalisme, rationalisme philosophique et positivisme pragmatiste.

comme si les milieux œcuméniques en avaient une idée partagée par toutes les Eglises et comme si, d'autre part, les théologiens catholiques défendaient, eux aussi, une opinion les ralliant tous unanimement. Ce n'est pas ainsi que les choses se présentent. L'idée du « Royaume de Dieu », dans son fondement biblique et dans son expression théologique, est tellement complexe, ou mieux, la réalité même du « Royaume de Dieu » est tellement complexe, que les théologiens - catholiques ou non - peuvent assez légitimement insister sur tel ou tel de ses aspects. Les explications du Royaume de Dieu oscillent entre deux extrêmes : d'une part, la « transcendance des biens messianiques » jusqu'au dualisme entre Dieu et le monde, et d'autre part, l'« incarnation du surnaturel dans ce monde », jusqu'à l'identification du Royaume avec l'ordre social chrétien, voire avec la création tout simplement. En fait, les positions adoptées par les théologiens non-romains sont plus accentuées, dans leur contenu autant que dans leur expression, que celles défendues par les théologiens catholiques.

Prenons l'extrême-droite de la « transcendance ». Nous avons vu comment elle se présentait à Stockholm, dans le luthéranisme d'une partie de l'Assemblée, logique avec les principes de Luther et surtout de la théologie luthérienne, selon laquelle « la séparation des deux règnes est si nettement marquée que l'Eglise semble rester le seul domaine où, sur cette terre, la royauté du Christ soit efficace et adéquate, et qu'on chercherait en vain chez Luther une base théologique pour fonder la nécessité d'un témoignage conséquent de l'Eglise à la royauté du Christ dans le monde et sur le monde. Les règnes demeurent entièrement distincts jusqu'à ce que la victoire du Christ se manifeste » [1]). Or, en lisant les positions d'extrême-droite de la théologie catholique, on arriverait peut-être à découvrir des expressions proches de celles qui esquissent la description du christianisme luthérien ; mais avec un enracinement ecclésiologique différent qui en atténue notablement la portée [2]).

Il en est de même à l'extrême-gauche des milieux d'« incarnation ». Le courant d'« humanisation » du christianisme a été très puissant dans la théologie protestante autour de 1900, lorsque ce christianisme était devenu pour plusieurs, soit une « expérience reli-

---

[1]) W. A. Visser 't Hooft, *La royauté du Christ*, p. 19.
[2]) Par exemple L. Bouyer, *Christianisme et eschatologie*, dans *La vie intellectuelle*, t. 16, 1948, pp. 6-38.

gieuse », soit une « philosophie religieuse », soit l'« ordre social spiritualiste ». Bien que plus récent, un néo-réalisme américain à la Wieman constitue encore une pensée franchement inacceptable pour des chrétiens fidèles à une révélation [1]). Or, Stockholm connut des moments de christianisme très « pratique ». Ch. Scheer, président de la délégation française à la Conférence, constatait que certains traitaient de la transformation chrétienne de la société en donnant à ce propos une interprétation théologique tendant « à supprimer la différence entre Dieu et l'homme et à ne faire du Royaume de Dieu qu'une civilisation un peu corrigée » [2]). Ici encore, les théologiens catholiques qui représentent les orientations d'« incarnation » les plus poussées sont loin de ces excès ; et leur insistance pratique sur l'obligation de réaliser un ordre social chrétien laisse intact le domaine de la grâce et de la vie surnaturelle [3]).

Ces divergences entre théologiens catholiques s'expliquent pour une part par la complexité de la vie chrétienne elle-même. Celle-ci se situe au plan transcendant de la vie de la grâce, mais elle implique aussi et incontestablement un comportement psychologique, social et culturel particulier. Le chrétien, écrivait le P. Y. de Montcheuil, « ne peut être ni un *mystique* qui s'isole dans une anticipation temporelle et solitaire de l'union à Dieu (où il ne trouverait d'ailleurs plus Dieu mais une idole qu'il se forge), ni un *activiste* ne vivant que pour l'instauration dans le monde de rapports fraternels et ramenant toute la valeur de la religion à les rendre possibles par la lumière de sa doctrine et le secours de sa ferveur... Le chrétien doit unir à une vie religieuse vécue pour elle-même et dirigée vers l'éternité, une action temporelle commandée par cette vie religieuse même. Il est indispensable de comprendre la distinction et cependant l'union nécessaire de ces deux attitudes pour vivre un christianisme authentique » [4]).

Les différentes orientations de la théologie catholique s'expliquent également, en partie, par certaines influences du vocabu-

---

[1]) Cfr W. A. HORTON, *Systematic Theology*, dans A. S. NASH, *Protestant Thought in the Twentieth Century*, New-York, 1951, pp. 105-121.

[2]) Cfr *Le christianisme social*, octobre-novembre 1925, p. 930.

[3]) Sur ces tendances, cfr L. MALEVEZ, *Deux théologies catholiques de l'histoire*, dans *Bijdragen Nederl. Jezuïten*, t. 10, 1949, pp. 225-240 ; Y. M.-J. CONGAR, *Jalons pour une théologie du laïcat*, pp. 110-129; G. THILS, *Théologie des réalités terrestres*. II. *Théologie de l'histoire*, pp. 37-55.

[4]) *Vie chrétienne et action temporelle*, dans *Construire*, 1943, pp. 99-100.

laire religieux. Le thème biblique du « Royaume de Dieu » ne coïncide pas adéquatement avec le thème théologique de la « Royauté du Christ ». Il est significatif, me semble-t-il, que M. W. A. Visser 't Hooft ait intitulé un de ses ouvrages, non point « Le Royaume de Dieu » - bien que ce soit l'expression courante dans les milieux œcuméniques - mais « La Royauté du Christ ». L'expression biblique « Royaume de Dieu » pourrait ne désigner que les biens messianiques transcendants et définitifs, déjà présents en mystère dès aujourd'hui. Mais la Bible, en détaillant le ministère royal du Seigneur, lui donne un domaine plus large que celui qui est recouvert par l'expression « Royaume de Dieu ». La doctrine du « royaume » n'est donc pas *toute* la doctrine révélée concernant la seigneurie du Christ. M. O. Cullmann appelle *regnum Christi* la surface totale des deux cercles concentriques par lesquels il représente l'Eglise et le monde [1]). Peut-être faudrait-il mieux s'entendre sur la distinction à opérer entre le domaine du « Royaume de Dieu » et celui de la « Royauté du Christ ».

Cette royauté du Christ - à prendre les choses schématiquement - peut être considérée à deux niveaux et dans deux phases. Les niveaux sont la royauté qui s'exprime dans le don des biens transcendants de la Grâce, et la royauté qui résulte de la traduction et de la fructification de cette Grâce dans l'homme, âme et corps, dans son comportement, dans la société. Les deux phases sont celle de la préparation précédent le jugement dernier, et celle qui commencera à la fin des temps.

Les deux niveaux sont représentés au cours des deux phases. Il y a une royauté « transcendante » et une royauté « incarnée », et dans le temps, et dans l'éternité. Les théologiens dits d'« incarnation » négligent peut-être, dans leurs écrits et activités, la place éminente qui revient à la royauté « transcendante » du Christ dès cette vie terrestre. Les théologiens dits de la « transcendance » perdent peut-être de vue que l'ordre définitif et éternel comportera aussi une royauté « incarnée » et glorieuse, constitutive de l'ordre chrétien total. Les premiers ont tort de ne pas se rappeler assez la « perle précieuse » de l'Evangile ; car la grâce n'est pas avant tout une sorte d'adjuvant en faveur de l'instauration d'un ordre social plus parfait. Les seconds pourraient se rappeler ces mots du P. Congar : « C'est ontologiquement ce monde-ci qui sera trans-

[1]) Cfr *Christ et le temps*, Neuchâtel-Paris, 1947, p. 134.

formé, renouvelé, passera dans le royaume ; l'image dans laquelle nous avons cru pouvoir exprimer la position dualiste s'avère donc erronée : le salut final se fera par un renflouement miraculeux de notre embarcation terrestre, plutôt que par le transfert des rescapés sur un autre bateau créé de toutes pièces par Dieu » [1]).

Quant aux relations entre ces deux niveaux de royauté, elles constituent un problème théologique captivant et difficile, que nous ne pouvons développer ici ; mais il mériterait une consultation théologique [2]).

DIMENSIONS DE L'UNITÉ

Thème essentiel du mouvement œcuménique, l'unité de l'Eglise, par plusieurs aspects, assure une rencontre féconde entre chrétiens désunis. Aussi longtemps que l'on s'est contenté de dire que les communions chrétiennes non-romaines ne sont *pas* l'Eglise catholique, la théologie de l'unité n'était pas trop malaisée à élaborer ; mais comme aujourd'hui l'on essaie de fixer « positivement » le statut théologique de ces communions, l'entreprise est devenue moins facile et, à certains moments, extrêmement délicate. On s'en apercevra facilement dans les pages qui suivent.

La tradition catholique nous a accoutumés à quelques aperçus sur le mystère de l'*Una Sancta*, dont il nous faut dire un mot maintenant.

La Jérusalem céleste. — L'anthropologie révélée nous apprend à considérer dans l'homme sa condition définitive d'élu ou de damné, de préférence à sa condition terrestre de « pèlerin », la condition de « comprehensor » de préférence à celle de « viator », la condition « définitive et éternelle » de préférence à la condition transitoire et éphémère. Ces élus, la communauté des élus, la Jérusalem céleste, c'est l'Eglise triomphante dans toute sa réalité glorieuse et immortelle. Tous les catéchismes en parlent. En fait l'ecclésiologie orthodoxe aussi se place volontiers dans ces perspectives : « Les

---

[1]) Cfr *Jalons pour une théologie du laïcat,* p. 126.

[2]) On trouvera l'essentiel de quelques attitudes catholiques dans : J. DANIÉLOU, *Christianisme et histoire,* dans *Etudes,* sept. 1947, pp. 179-184; L. CERFAUX, *Le royaume de Dieu,* dans *La Vie Spirituelle,* déc. 1946, pp. 650-656; L. MALEVEZ, *Philosophie chrétienne du progrès,* dans *Nouv. Rev. Théol.,* 1937, pp. 377-385; G. THILS, *Théologie et réalité sociale,* Casterman, 1952, pp. 271-279; G. PHILIPS, *Le rôle du laïcat dans l'Eglise,* Casterman, 1954, pp. 125-131.

théologiens orthodoxes, écrit G. Florovsky, préfèrent toujours interpréter même le statut de l'Eglise militante dans les termes de l'Eglise
totale, qui embrasse tous les régimes de salut. On peut leur re-
procher cette intégration prématurée du point de vue historique.
Mais la théologie complète de l'Eglise ne peut être orientée sur
le statut historique seul... Et après tout, il n'y a qu'une seule Eglise
identique à elle-même à travers tous les régimes... Même *in statu
viae* l'Eglise est déjà à la fois *in statu patriae*. Cet « à la fois »
est le centre de gravité. En tout cas, c'est le *status patriae* seul qui
peut éclairer et expliquer le *status viae*, le pèlerinage de combat
sur la terre » [1]).

Or, qui trouverons-nous dans la Jérusalem céleste, dans l'Eglise
triomphante ? Tous les justifiés : ceux qui ont appartenu comme
membres à l'Eglise catholique, ceux qui ont reçu la justification
« dans » et même, en un certain sens, « par » une communion
chrétienne séparée, et ceux qui ont reçu les fruits de la passion
du Christ, même sans connaître l'Eglise. Il nous suffit de constater
le fait et d'en tirer une seule et unique conclusion : le fait d'être
membre « complètement » de l'Eglise catholique ne doit pas donner
un complexe de supériorité déplacé et, à certains égards, sans fondement. Les catholiques, en ces temps d'œcuménisme, auront avantage à garder très vivante devant leurs yeux l'image la plus réelle
possible de l'Eglise triomphante.

L'Eglise sur terre, au sens précis d'Eglise catholique. — Le
Seigneur a voulu, par la vertu de son Esprit aux charismes divers,
assembler en Eglise un peuple nouveau, en continuité spirituelle
avec l'Israël de la promesse. Ce peuple de la Nouvelle Alliance
répond à l'appel du Père dans la foi, il est constitué dans l'unité
par l'Evangile et le Baptême, il la parachève dans la communion
eucharistique, signe et gage d'union avec la Trinité et de communauté avec tous les frères. Ce peuple aimé de Dieu - le *laos* du Seigneur - pérégrine ici-bas dans l'espérance des temps messianiques,
sacerdoce royal offrant au Père l'hommage de toute créature, témoin
de la Parole de Dieu dans le siècle présent, ferment spirituel de
toute l'humanité : car la communauté fidèle comme telle est dé-
positaire de la mission divine de rédemption, de sanctification, de
glorification. Ce peuple vit de l'Esprit du Seigneur ressuscité, qu'il

[1]) G. FLOROVSKY, *La Sainte Eglise universelle.* Neuchâtel, Delachaux et
Niestlé, 1948, pp. 39-40.

trouve dans la Parole et dans les Sacrements. Il croît par le don toujours nouveau de la Grâce, dans un accueil pleinement actif, adulte, créateur. Chaque fidèle accomplit le « ministère » qu'il est appelé à exercer en vertu de la place organique que lui donne son Baptême, mais en union avec tous ses frères. En union aussi avec le « ministère » propre à ceux que le Seigneur a spécialement choisis pour les consacrer plus particulièrement à son œuvre : dans le ministère cultuel auquel le sacrement de l'Ordre habilite, dans le témoignage de ceux qui participent au charisme de la vérité, dans la régence du peuple acquis par le Christ. Ces ministres sont, eux aussi, unis dans une collégialité foncière qui s'actualise dans l'épiscopat de chaque Eglise locale, et qui possède dans l'évêque de Rome, le Pape, un centre de charité et d'unité, un arbitre de la vérité apostolique et un garant de la diversité inhérente à une authentique catholicité.

***

Il est possible aussi de considérer l'Eglise catholique, et en particulier l'unité du peuple fidèle, en fixant les différents « niveaux » de l'unité « parfaite ».

L'unité ecclésiastique n'est parfaite chez les fidèles que si elle se réalise à trois niveaux simultanément. D'abord, unité « surnaturelle », à savoir la vie de l'Esprit du Verbe de Dieu, s'épanouissant dans l'efflorescence des trois vertus théologales de foi, d'espérance et de charité ; cette unité, la plus élevée par nature puisqu'il s'agit de participation à la vie divine, le catholique la partage avec tous ceux qui, même hors de l'Eglise visible, sont « bien disposés », au sens où le Saint-Office l'entendait dans sa Lettre à Mgr Cushing. En second lieu, unité que l'on pourrait appeler « sacramentelle », structurant l'Eglise par les sacrements de la foi : le Baptême, la Confirmation et l'Ordre tout particulièrement ; cette unité, par laquelle nous sommes configurés à l'Homme-Dieu, le catholique la partage avec tous ceux qui, même hors de la communion catholique, sont validement baptisés et ordonnés, même si l'exercice de certains pouvoirs sacerdotaux pose des problèmes réels aux théologiens et aux canonistes [1]). Enfin, en troisième lieu, l'unité commu-

---

[1]) F. A. SULLIVAN, S. J., décrit cette « unité » réelle bien qu'inachevée, qui unit tous les chrétiens. « Ex alia parte, dit-il, illa unitas imperfecta, quae iam coniungit omnes Christianos inter se, est aliquid reale et theologice significativum, et operae pretium est ut hanc eius significationem examinemus » (*Gregor.* 1962,

nautaire visible, concrètement, la profession de la même foi, la participation au même culte, la soumission à la hiérarchie des évêques, sous la direction du Souverain Pontife ; cette unité, le catholique la partage avec les baptisés qui n'ont pas, consciemment, rompu avec le corps visible de l'Eglise.

On le voit, lorsqu'on analyse plus en détail ce qui constitue réellement l'unité du peuple chrétien, la condition de l'Eglise est moins simple qu'il n'apparaît à première vue. Au niveau « surnaturel », tel catholique pécheur a rompu l'unité dans l'Esprit, tandis qu'un luthérien et un bouddhiste en « état de grâce » vivent réellement dans cette communauté spirituelle. Au niveau « sacramentel », de nombreux frères séparés sont baptisés validement, et jouissent donc aussi des effets sacramentels du Baptême, non seulement dans l'ordre de la grâce divine, mais aussi dans l'ordre de leur incorporation sacramentelle à l'Eglise. Et les orthodoxes sont validement ordonnés ; leurs sacrements sont efficaces : la question discutée est celle de la légitimité de l'exercice des pouvoirs sacerdotaux. Au niveau « communautaire » enfin, celui de la profession de la foi chrétienne, de l'administration des sacrements, de la soumission à la hiérarchie légitime, il serait contraire à l'équité de grouper sous un même nom les Orthodoxes et les Bouddhistes : la formulation théologique de l'état « a-normal » des chrétiens non-romains est encore bien déficiente [1]).

***

Nous savons que l'Eglise est l'unique arche de salut. Encore faut-il l'entendre comme il se doit. La S. Congrégation du Saint-Office a rappelé la teneur de cet adage dans une Lettre adressée le 8 août 1949 au cardinal Cushing, archevêque de Boston.

« En premier lieu, y lisons-nous, l'Eglise enseigne qu'en cette matière il existe un mandat très strict de Jésus-Christ, car

p. 524). Et il conclut: « Spiritus « oecumenismi » qui cum veritate catholica consonat, et inter fideles et clerum catholicum fovendus est, initium suum habere debet in sincera et plena agnitione huius unitatis supernaturalis quae iam existit inter omnes Christianos; sed etiam in agnitione huius exsistentis tanquam « vestigialis »... » (Gregor., 1962, p. 526).

[1]) Voir à ce sujet C. VAGAGGINI, *Union à l'Eglise et salut*, dans l'*Osservatore Romano* (éd. hebdom. franç.), 1er juin 1962, p. 4, qui dit notamment: « On ne peut mettre sur le même plan le cas du païen, celui du protestant validement baptisé, et celui de l'orthodoxe, même si tous sont de bonne foi... ».

il a chargé explicitement ses apôtres d'enseigner à toutes les
nations d'observer toutes les choses qu'il avait lui-même ordon-
nées (Matth., XXVIII, 19-20). Le moindre de ses commandements n'est pas celui qui nous ordonne de nous incorporer par
le Baptême au Corps mystique du Christ qui est l'Eglise, et
de rester unis avec lui et avec son Vicaire par qui lui-même
gouverne ici-bas son Eglise de façon visible. C'est pourquoi
nul ne se sauvera si, sachant que l'Eglise est d'institution divine
par le Christ, il refuse malgré cela de se soumettre à elle ou
se sépare de l'obédience du Pontife romain Vicaire du Christ
sur la terre. Non seulement notre Sauveur a ordonné que tous
les peuples entrent dans l'Eglise, il a aussi décrété que c'est
là un moyen de salut sans lequel nul ne peut entrer dans le
royaume éternel de la gloire.

» Dans son infinie miséricorde, Dieu a voulu que, puisqu'il
s'agissait de moyens de salut ordonnés à la fin ultime de
l'homme non par nécessité intrinsèque, mais seulement par
institution divine, leurs effets salutaires puissent également être
obtenus dans certaines circonstances, lorsque ces moyens sont
seulement objet de « désir » ou de « souhait ». Ce point est
clairement établi par le Concile de Trente aussi bien à propos
du Baptême qu'à propos de la Pénitence (Denzinger, n. 797
et 807). Il faut en dire autant, à son plan, de l'Eglise en tant
que moyen général de salut. C'est pourquoi, pour qu'une personne obtienne son salut éternel, il n'est pas toujours requis
qu'elle soit *de fait* incorporée à l'Eglise à titre de membre,
mais il faut lui être uni tout au moins par *désir* ou *souhait*.

» Cependant, il n'est pas toujours nécessaire que ce souhait
soit explicite comme dans le cas des catéchumènes. Lorsque
quelqu'un est dans une ignorance invincible, Dieu accepte un
désir implicite, ainsi appelé parce qu'il est inclus dans la bonne
disposition de l'âme par laquelle l'on désire conformer sa volonté à celle de Dieu...

» Cependant, il ne faudrait pas croire que n'importe quelle
sorte de désir d'entrer dans l'Eglise suffise pour le salut. Le
désir par lequel quelqu'un adhère à l'Eglise doit être animé
de charité parfaite. Un désir implicite ne peut pas non plus
produire son effet si l'on ne possède pas la foi surnaturelle
« car celui qui s'approche de Dieu doit croire qu'il existe et
qu'il rémunère ceux qui le cherchent » (*Hébr.,* XI, 6). Le Concile
de Trente déclare (session VI, ch. VIII) : 'La foi est le principe
de salut de l'homme, le fondement et la racine de toute justification. Sans elle, il est impossible de plaire à Dieu et de
compter parmi ses enfants' (Denz., 801) » [1].

---

[1] Cfr trad. franç. dans G. Baum, *L'unité de l'Eglise d'après la doctrine des
Papes.* Paris, 1961, pp. 238-239.

Ce document montre bien, quoique schématiquement, tout ce que représente l'Eglise catholique comme moyen de salut « normatif » ; mais il montre aussi à quelles conditions, quand et comment, la réalité du salut est accordée dans une aire plus large que celle de la communion catholique, aire pouvant s'étendre jusqu'à ceux qui possèdent « la bonne disposition de l'âme par laquelle l'on désire conformer sa volonté à celle de Dieu ».

Il serait très significatif d'esquisser le cheminement inverse, et de voir, dans la foi, comment les fruits de la Passion et de la Résurrection du Christ, en l'Esprit du Seigneur, sont donnés à tous ceux dont la volonté est conforme à celle de Dieu, et ce, dans un cercle d'une ampleur considérable ; ensuite, et dans un cercle plus restreint, à ceux qui sont touchés par la foi chrétienne et le baptême ; enfin, dans l'aire très précise de la communion catholique, à ceux qui ont reçu la grâce de vivre dans le régime de salut « normatif » - celui qui est la « norme » pour tous - institué par le Christ.

* * *

Il est évidemment possible d'être, de diverses manières, en désaccord avec cette doctrine ecclésiologique. Les théologiens n'ont pas dressé la liste de toutes les erreurs plus ou moins graves qui pourraient surgir en ce domaine. Mais chaque fois que, au cours des temps, telle ou telle vérité est théoriquement ou pratiquement, soit niée soit oubliée, ils rappellent la doctrine entière, en en soulignant le point mis en danger. Dans les cas graves, des documents officiels ou des encycliques pontificales attirent l'attention sur les erreurs. Ainsi, en suivant les discussions ecclésiologiques qui ont été suscitées à l'occasion des efforts d'union plus ou moins récents, peut-on dégager quelques déterminations négatives relatives à la conception de l'unité de l'Eglise du Christ.

Lorsqu'il décida d'intervenir en 1864 contre l'A. P. U. C., *Association for the Promotion of the Union of Christendom*, créée en 1857 par Ambroise Phillips de Lisle et Fréderic George Lee, le Saint-Office visait la théorie des trois branches telle qu'elle était proposée notamment par la revue de l'association *Union Review*. Le document disait : « Le principe sur lequel repose cette association bouleverse de fond en comble la constitution divine de l'Eglise. Il se résume en cette pure hypothèse : la véritable Eglise de Jésus-Christ serait constituée, d'une part, par l'Eglise romaine répandue par toute la terre ; de l'autre, par le schisme de Photius et par l'hérésie anglicane, et ces deux dernières confessions n'auraient, au même titre que l'Eglise romaine, qu'un seul Seigneur, une seule foi et un seul baptême » [1]).

Le 29 juin 1896, Léon XIII traitait la question dans l'Encyclique *Satis cognitum*. Ici encore, le Pape rejette la théorie des trois branches, faisant remarquer que « quand il s'agit de déterminer et d'établir la nature de cette unité, plusieurs se laissent égarer par diverses erreurs. Non seulement l'origine de cette Eglise, mais tous les traits de sa constitution appartiennent à l'ordre des choses qui procèdent d'une volonté libre : toute la question consiste donc à savoir ce qui, en réalité, a eu lieu, et il faut rechercher non pas de quelle façon l'Eglise pourrait être une, mais quelle unité a voulu lui donner son Fondateur. Or, si nous examinons les faits, nous constaterons que Jésus-Christ n'a point conçu ni institué une Eglise formée de plusieurs communautés qui se ressembleraient par certains traits généraux, mais seraient distinctes les unes des autres et non rattachées entre elles par ces liens qui seuls peuvent donner à l'Eglise l'individualité et l'unité dont nous faisons profession dans le symbole de la foi : Je crois à l'Eglise... une » [2]).

Le 6 janvier 1928 paraissait l'Encyclique *Mortalium animos*. Elle vise évidemment le mouvement des idées et des institutions qui s'était manifesté à Lausanne et peut-être plus encore à Stockholm, concrètement, une sorte de « fédération de toutes les Eglises ou communautés », à laquelle on a donné alors le nom de « panchristianisme ». « Les promoteurs de cette campagne d'union n'en finissent pas de citer les paroles du Christ : Qu'ils soient un. Il n'y aura plus qu'un seul troupeau et un seul Pasteur. Mais ils y voient une prière et un vœu non encore exaucés. Ils pensent en effet que l'unité de foi et de gouvernement - note caractéristique de la seule et véritable Eglise du Christ - n'a pour ainsi dire jamais existé, et en tout cas, n'existe pas actuellement... Ils ajoutent que l'Eglise, de par sa nature, est divisée en plusieurs Eglises particulières, qui, séparées jusqu'à présent, bien qu'elles possèdent des dogmes communs, sont discordantes sur d'autres points... Il faut

---

[1]) Trad. franç.: *Document. cathol.*, 1925, c. 564-565. Cfr R. AUBERT, *Le Saint-Siège et l'Union des Eglises*, Bruxelles, 1947, 160 pp.: excellent aperçu allant de Pie IX à Pie XII.

[2]) Cfr *Actes de Léon XIII*, éd. Paris, Bonne Presse, t. IV, pp. 256-257.

donc laisser une bonne fois de côté les controverses et les antiques divergences d'opinions qui divisent encore les chrétiens de nos jours, et, des dogmes restant, constituer et proposer un credo commun qui donnera à tous la certitude, mieux, le sentiment qu'ils sont frères. La fédération des diverses Eglises ou communautés placera celle-ci dans les conditions voulues pour résister fermement et efficacement aux progrès de l'impiété. Ainsi parlent généralement, Vénérables Frères, les théoriciens dont nous exposons la pensée pour la réfuter » [1]). Telle n'est certes pas la position courante des milieux œcuméniques actuels. Mais elle est encore, écrit Bishop Newbigin, celle de certains protestants, et cela constitue un danger pour le Conseil œcuménique des Eglises, qui ne serait en ce cas que « l'organe d'une sorte d'union fédérative » [2]).

SAINTETÉ DE L'ÉGLISE

Des différents points d'ecclésiologie qui sont touchés dans les documents officiels des milieux œcuméniques, il en est un qui a trait à la sainteté de l'Eglise véritable. Les documents et les rapports parlent de la « misère de l'Eglise », de l'« échec de l'Eglise ». Et comme les témoignages de fautes, lacunes et repentance sont assez fréquents et révèlent d'ailleurs un aspect émouvant des réunions œcuméniques, ces expressions se retrouvent assez fréquemment, si bien qu'on ne peut échapper au problème qu'elles posent.

Les documents d'Amsterdam, par exemple, s'étendent longuement sur la « misère des Eglises ». Ainsi, « si les églises avaient été fidèles à l'ordre du Christ, si elles avaient proclamé la parole de vérité qui leur a été confiée, si elles avaient expliqué clairement au monde la cause de ses maux, si elles avaient été des ambassadrices de sa grâce et de la puissance de Dieu, et surtout si elles avaient démontré par leur propre vie la seule vertu qui puisse guérir les nations, l'humanité ne serait pas réduite à une telle extrémité » (R. Am. I, 9-10). Le Rapport de la Section I confesse longuement les fautes et les erreurs des « Eglises ». La plupart des Rapports contiennent des allusions non voilées aux déficiences des « Eglises » : elles ne sont pas assez fidèles au Seigneur, elles sont malades, elles sont divisées, elles n'ont pas eu d'influence sur le

[1]) A. A. S., t. 20, 1928, pp. 9-10.
[2]) L. NEWBIGIN, *L'Eglise, Peuple des croyants, Corps du Christ, Temple de l'Esprit*, Neuchâtel, 1958, p. 27.

cours des événements (R. Am. III, 286). Ceci pour « les Eglises ».
Mais il en va de même pour l'« Eglise ». On voudrait la « guéri-
son de l'Eglise » (R. Am. I, 286), parce que l'Eglise elle-même
« s'est si souvent laissé contaminer par le culte des faux-dieux »
(R. Am. II, 52). « L'Eglise a lamentablement échoué » (R. Am. III,
293-294).

Misère des Eglises et misère de l'Eglise. La nuance n'a nullement échappé à certains membres des réunions œcuméniques de
tendance « catholique ». A Oxford, déjà, en 1937, un anglo-catho-
lique, l'archidiacre Hunter, s'était élevé avec force contre cette
manière de s'exprimer. « On ne critique pas l'Eglise, disait-il, car
c'est le corps du Christ. Critiquer l'Eglise, c'est critiquer le Christ.
Dire que l'Eglise a échoué, c'est dire que le Christ a échoué » [1]).
A Amsterdam, le chapitre deuxième du volume I est intitulé
« Misère et Grandeur de l'Eglise » (R. Am. I, 109), tandis que le
Rapport Général écrit « Grandeur de l'Eglise et misère des Eglises »
(R. Am. I, 309). Mais on ne s'est pas expliqué sur cette différence.
Les communications préparatoires à Evanston rapportent les réactions d'un orthodoxe grec, le prof. Basile Ioannidis. Les chrétiens
orthodoxes, dit-il, n'acceptent pas des expressions comme « la honte
de l'Eglise », ou encore « l'Eglise est malade » ou l'« échec de
l'Eglise à être chrétienne ». Tous, nous confessons que l'Eglise est
le corps du Christ, sans ride, sans tache. Si notre Eglise est ainsi
malade et non-chrétienne, que pourra-t-elle donner au monde ? [2]).
Aussi, est-ce sans doute à dessein que le Rapport d'Evanston écrit,
plus prudemment : « Malgré notre impiété, nous savons que l'Eglise
de Dieu est sainte, car c'est l'action de Dieu, non notre pénitence,
qui la sanctifie et la renouvelle ».

L'emploi du terme *Eglise*, là où il est question de tares et de
lacunes, est pour le moins ambigu, sinon déplaisant et inexact.
Les Eglises sont « imparfaites » ; mais en quel sens ? Les théologiens
catholiques, comme les orthodoxes, seront toujours mal à l'aise en
entendant parler de la misère de l'« Eglise ». Et ils suggèrent des
distinctions, indispensables et acceptables par tous, sur le sens exact
du contenu du terme Eglise. Voici, pour être concret, les distinctions
proposées par le P. Congar. L'Eglise peut être considérée comme

[1]) Cfr *Le christianisme social*, 1937, p. 213.
[2]) Dans *The Ecum. Rev.*, janvier 1952, p. 173.

une institution venant de Dieu, comme nouvelle Disposition dont
les principes constitutifs formels sont des dons de Dieu ; en ce
sens elle est toujours sainte et immaculée. L'Eglise, c'est aussi la
« congregatio fidelium », la communauté du peuple chrétien ; cette
fois, il y a de larges possibilités de vérité et d'erreurs, de sainteté
et de péchés. L'Eglise, c'est encore le groupe des fidèles porteurs
de l'autorité, la hiérarchie ; ici encore, il y a place pour des qualités
et des défauts. Enfin, le terme Eglise peut désigner la réalité concrète et historique englobant tout ce qui précède : institution sainte,
peuple, hiérarchie ; cette fois, il y a complexité et danger d'in-
exactitudes dans les expressions. En ce cas, « des chrétiens qui,
comme les orthodoxes et les catholiques, croient que leur Eglise
est la colonne et l'appui de la vérité (I Tim., III, 15), peuvent confesser les fautes, sinon de l'Eglise en tant qu'Epouse immaculée
du Christ, du moins de ses chefs spirituels et de ses enfants » [1]).

* * *

La convocation du second Concile du Vatican a fait rebondir
la question. Concile de « renouveau », comme l'a dit et répété le
Pape Jean XXIII ! C'est donc que certaines choses doivent être
renouvelées, améliorées, « mises au point » dans l'Eglise catholique.
L'Eglise peut-elle donc être soumise à une métanoia [2]) ? L'Eglise
peut-elle entrer en repentance [3]) ? L'Eglise serait-elle pécheresse,
ou atteinte par le péché ?

Pour clarifier le débat, il faudrait d'abord une bonne étude de
théologie biblique, patristique et liturgique sur ce sujet - peut-être
existe-t-elle ? - et aussi que les théologiens gardent un contact intime
avec cette étude au cours de leur effort de précision, d'explication

[1]) Y. M.-J. CONGAR, Chrétiens désunis, p. 174, n. 1. Cfr J. SALAVERRI, Lo
divino y lo humano en la Iglesia, dans XII Semana Española de Teología, Madrid,
1953, pp. 327-362 et M. VILLAIN et J. DE BACIOCCHI, La vocation de l'Eglise, Paris,
Plon, 1954, pp. 228-245.

[2]) « Nécessité d'une constante rénovation dans l'Eglise », « Structure d'une
rénovation catholique de l'Eglise », « Rénovation de l'Eglise dans l'histoire et
dans le présent » : tels sont les thèmes essentiels de l'ouvrage de H. KÜNG, Concile
et Retour à l'Unité. Paris, Ed. Cerf, 1961, 184 p.; Y. CONGAR, Comment l'Eglise
Sainte doit se renouveler sans cesse, dans Irén., 1961, pp. 322-345 (bilan des
questions, solution théologique).

[3]) Voir G. DEJAIFVE, S. J.; L'Eglise catholique peut-elle rentrer dans la
repentance œcuménique ?, dans Nouv. Rev. Théol., 1962, pp. 225-239 (état de
la question).

et de justification des doctrines et des vocables. Que si certaines expressions étaient rejetées en vertu de leur caractère « malsonnant » ou ambigu, il faudrait dire clairement si ce refus est d'ordre dogmatique, pastoral, pédagogique, ou simplement « humain ».

A vrai dire, même lorsque des distinctions opportunes sont faites, l'impression que laisse une formule comme « L'Eglise pécheresse », ou d'autres de ce genre, dépend encore dans une large mesure de l'anthropologie de chacun, du moins de l'anthropologie que chacun possède implicitement. Si celle-ci est de type dualiste, on distinguera plus allègrement deux zones dans l'Eglise, ce dernier terme étant alors réservé à tout ce qui est Lumière et Sainteté. Si cette anthropologie est de type unitaire, on demeurera toujours sensible à la contexture une de l'Eglise, et la sainteté immaculée de celle-ci n'apparaîtra jamais qu'avec son imbrication concrète et vitale dans une trame ambiguë. Voici, dans un exemple, comment se présente cette différence d'esprit. L'étude des notes de l'Eglise, et en particulier de la « note de sainteté », fait rencontrer des auteurs s'intéressant plus ou moins vivement et réagissant diversément à la juxtaposition de ces deux vocables : « sainteté » et « note », le premier étant foncièrement d'ordre surnaturel, le second appelant une certaine visibilité. Le thème de la sainteté de l'Eglise dans ses membres mériterait, à lui seul, un examen systématique. La sainteté de l'Eglise, comme note, écrit J. Perrone, ne consiste pas dans la possession de la sainteté qui vient du Christ, de la doctrine, des sacrements, etc., mais dans la manifestation externe de la sainteté, c'est-à-dire, l'exercice des vertus au degré héroïque, l'abondance des charismes, la fécondité perpétuelle [1]). Sainteté et manifestation extérieure de la sainteté : comment les unir organiquement ? Comment parler d'une « note de sainteté », si la manifestation extérieure n'appartient pas, réellement, à cette sainteté ? Ou bien les actes extérieurs du saint sont-ils autre chose que ce saint ? La réponse dépendra de l'anthropologie que nous acceptons, fût-ce implicitement. - L. Billot, de même, estime que ce n'est pas la simple possession des sacrements, de l'Ecriture, des commandements qui est une note, mais leur mise en œuvre extérieure dans les lois, dans les institutions, bref, dans toutes les manifestations

---

[1]) J. PERRONE, *Praelectiones theologicae.* 2 vol., Louvain, 1846, t. I, p. 99B : « prout se exterius prodit »... « quibus Deus exterius manifestat sanctitatem Ecclesiae suae ».

qui révèlent l'Eglise comme source de grâce et de salut [1]). De nouveau : sainteté et mise en œuvre de la sainteté. Y a-t-il alors vraiment une « note de sainteté de l'Eglise » ?

En attendant que toute la précision possible soit donnée à ce
sujet, on pourrait demander aux publicistes catholiques - et aux
autres - d'être conséquents lorsqu'ils emploient les termes : Eglise,
catholiques, clergé, hiérarchie, etc... Rejeter toujours le terme *Eglise*
lorsqu'il s'agit de fautes, de faiblesses ou d'erreurs, et en user
toujours lorsqu'il s'agit de bienfaits et de bonnes œuvres du même
ordre, n'est pas une solution loyale de ce problème lié, pour une
bonne part, à la multiplicité des acceptions du vocable *Eglise*.

Les " éléments d'Eglise "

L'étude des « éléments d'Eglise » - *vestigia Ecclesiae* - de leur
signification ecclésiologique, est le fait du XXe siècle. Il ne suffit
pas de dire, comme nous le verrons, qu'il y a une théorie des
« notes négatives » pour résoudre la question des « éléments
d'Eglise » ! Il y a les notes et il y a les éléments constitutifs ; il y a
les éléments « d'Eglise » et les éléments de « christianisme ». La
théorie des éléments d'Eglise est complexe, car elle est intimement
liée à la définition même de l'Eglise. On peut la considérer comme
un chapitre de l'ecclésiologie catholique important en lui-même et
susceptible d'apporter une certaine clarté dans les rencontres œcuméniques [2]).

[1]) L. BILLOT, *Tractatus de Ecclesia Christi*. Rome, 1898, pp. 183-185.
[2]) On pourra lire : Y. M.-J. CONGAR, *Chrétiens désunis*, chap. VII. « Que sont
au regard de l'unique Eglise les dissidents et les « Eglises » dissidentes ? pp. 277-
308, avec l'*Appendice VI*, pp. 381-382, sur les termes employés dans les documents
catholiques officiels récents pour désigner les non-romains ; J.-C. DUMONT, O. P.,
« *Vestigia Ecclesiae* », dans *Vers l'unité chrétienne*, n. 32, avril 1951 (introduction
à une enquête sur la question et questionnaire) ; Y. M.-J. CONGAR, *A propos des
« vestigia Ecclesiae »*, dans *Vers l'unité chrétienne*, n. 39, janvier 1952 (réponse
à l'enquête) ; J. HAMER, *Le Baptême et l'Eglise. A propos des « Vestigia Ecclesiae »*, dans *Irén.*, 1952, spécialement pp. 142-151 ; Edw. F. HANAHOE, *Vestigia
Ecclesiae : Their Meaning and Value*, dans *One Fold*, New York, Graymoor
Press, 1959, pp. 272-283 ; T. SARTORY, *Vestigia Ecclesiae*, dans *Die Oekumenische
Bewegung und die Einheit der Kirche*, 1955, pp. 147-193 (description, plutôt que
problématique).

PROBLÈME HISTORIQUE

Les éléments d'Eglise posent d'abord un problème d'ordre historique. Que trouve-t-on à ce propos dans la théologie catholique ?
Quel fondement à la doctrine des éléments d'Eglise trouve-t-on dans
les Ecritures, dans les documents du Magistère, dans la pratique
et la jurisprudence de l'Eglise, chez les Pères de l'Eglise, chez les
théologiens anciens ou contemporains ? A ma connaissance, la
théologie catholique ne possède pas d'ouvrage d'ensemble sur cette
question [1]). Voici quelques matériaux que donne l'étude de l'apologétique catholique moderne.

Le traité apologétique *De Ecclesia,* qui a pris consistance à
l'époque de la Réforme, aurait pu arriver à la question des *vestigia
Ecclesiae.* L'histoire de l'apologétique moderne montre en effet
que, dans l'usage qu'ils font des notes ou marques de l'Eglise
véritable, les polémistes connaissent trois modes d'application. L'un,
positif et absolu : seule l'Eglise catholique romaine possède les
quatre marques de l'Eglise. L'autre, négatif et absolu : les communions non-romaines ne possèdent point les quatre marques de
l'Eglise. Enfin, un autre, comparatif et, en ce sens, relatif : L'Eglise
catholique romaine vérifie mieux que les autres les marques de la
vraie Eglise. Ce dernier mode aurait pu avoir pour conséquence
logique un chapitre consacré à l'étude des valeurs chrétiennes,
sinon « ecclésiastiques », possédées par des communions non-romaines, et permettant de les distinguer des autres religions révélées. En fait, ce procédé comparatif a été très peu employé [2]).
Au XVIᵉ siècle, on le trouve très rarement. N. Sanders, dans son
The Rocke of the Church, écrit : « We have Gods Woorde before
them » ; « We have more authentike copies... » ; « we have more
certain commission to use it in the praeching, of otherweise » ;
« we raede it in more holy and profitable tungs » [3]). Au cours du
XVIIᵉ siècle, le procédé comparatif passe au rang de méthode.
F. Véron, dans sa *Méthode de traiter des controverses de religion*

[1]) Le meilleur aperçu d'ensemble est l'œuvre d'un jeune théologien luthérien
W. Dietzfelbinger, *Die Grenzen der Kirche nach römisch-katholischer Lehre.*
Göttingen, Vandenhoeck & Ruprecht, 1962, 230 p. (bien documenté, descriptif
et réflexions critiques, ton et style iréniques).

[2]) G. Thils, *Les notes de l'Eglise dans l'apologétique catholique depuis la
Réforme,* 1937, pp. 88-96.

[3]) *The Rocke of the Church,* Louvain, 1567, fol. sign. ***vj.

(1638-39), signale sept méthodes-types. Entre autres : « Il est à propos, selon l'avis de S. Augustin, de faire la preuve premièrement comparativement, c'est-à-dire, montrant qu'il n'y a aucune compagnie à laquelle les qualités de la vraie Eglise ci-dessus représentée conviennent mieux ni si bien qu'à la catholique romaine » [1]). Ce procédé comparatif ne deviendra jamais courant. Il reparaît de temps à autre, sous forme d'insinuation ou comme l'aveu discret de l'insuffisance de l'argumentation absolue, positive ou négative. Ainsi, écrit le Cardinal Mazzella, il n'y a aucune communion « in quam tam bene quadrent notae, quam in Ecclesia romana. Haec est quae saltem propitius accedit ad primitivam Ecclesiam quae, omnium confessione, est vera Christi Ecclesia » [2]). Seul, à ma connaissance, Y. de la Brière donne à la méthode comparative un relief particulier : mais sans faire ensuite de recherches sur le sens et la valeur des biens possédés par les communions non-romaines [3]).

Ce que les procédés généraux ne montrent point, l'étude de l'évolution que subirent les notions d'unité, de sainteté, de catholicité et d'apostolicité au cours de l'époque moderne le manifeste parfaitement. Lorsque les apologistes firent le bilan de la polémique et établirent une preuve par les notes qui devait permettre de discerner l'Eglise catholique de toutes les communions non-romaines, y compris les Eglises orthodoxes, ils durent réviser le contenu des notes ; ils éliminèrent des éléments chrétiens authentiques, mais qui ne pouvaient servir à leur propos, parce qu'ils étaient le bien commun de certaines Eglises ou communions chrétiennes. Le procédé est particulièrement tangible lorsque les traités s'adressent aux Eglises orthodoxes, auxquelles les apologistes catholiques du XVIᵉ siècle ne pensaient guère. « Il faut donc appeler note, dit H. Kilber, non pas la sainteté propre à l'Eglise vraie, mais celle qui, tout en étant manifestement en elle, est absente des autres sectes : telle est la sainteté excellente des membres ou sa confirmation par des miracles » [4]). On voit le procédé. L'étude de l'évolution de chaque note pourrait confirmer cette constatation. L'histoire moderne des notes de l'Eglise montre donc, par voie indirecte, que les apologistes catholiques ont toujours reconnu l'existence de certaines va-

[1]) *O. c.*, Paris, 1638-39, t. I, p. 379 A.
[2]) *De religione et Ecclesia*, Rome, 1880, p. 647.
[3]) *Eglise. Question des notes*, dans *Dict. apol. Foi cathol.*, t. I, c. 1289-1297.
[4]) *Praelectiones theologicae*, 1771, p. 105.

leurs chrétiennes et même ecclésiastiques réelles dans les communions non-romaines [1]).

Le meilleur indice de cette reconnaissance indirecte est peut-être contenu dans ce que les apologistes appellent la « note négative ». La note positive est « une propriété de la vraie Eglise, propriété visible et exclusive, c'est-à-dire qu'on ne peut retrouver dans les sectes fausses ; aussi, sa seule présence suffit au discernement de la vraie Eglise du Christ. Est dite négative, la propriété visible qui, bien que nécessaire à la vraie Eglise, ne lui est pas exclusive, quae proinde in falsa secta christiana reperiri potest » [2]). On pourrait donc examiner tout le contenu des « notae negativae » telles qu'elles sont déterminées par les apologistes [3]), et en dégager un important matériel d'éléments chrétiens, ou même ecclésiastiques. Car « la vraie Eglise réunit nécessairement toutes ces notes, écrivait le Cardinal de la Luzerne, mais il peut se faire qu'une Eglise fausse en réunisse quelques-unes. Faute d'avoir fait cette observation, plusieurs docteurs catholiques ont beaucoup embrouillé la matière. Ils ont regardé toutes les notes de l'Eglise comme lui appartenant tellement qu'elles ne peuvent appartenir à aucune autre société ; et ils se sont attachés à prouver, sur chaque note en particulier, non seulement que l'Eglise catholique en est décorée, mais que toutes les églises protestantes en sont dépourvues ; ce qui les a jetés dans beaucoup d'embarras et de raisonnements faibles » [4]).

Sans doute, les « signes de l'Eglise » concernent-ils l'apologétique et ils ne peuvent être identifiés, tels quels, aux « éléments d'Eglise ». Néanmoins, en prenant les choses au concret, on arrive à la constatation suivante. La note de sainteté, par exemple, telle qu'elle était présentée au XVIe siècle, lorsqu'on l'analyse dans le détail, contenait maints constituants que l'on peut légitimement appeler « éléments d'Eglise », par exemple : la vraie doctrine, la collation correcte des sacrements, la sainteté extérieure des fidèles, les charismes et faits miraculeux. Or, au XXe siècle, le signe positif

[1]) Cfr G. Thils, *Les notes de l'Eglise dans l'apologétique catholique depuis la Réforme*, 1937, pp. 121-286.
[2]) T. Zapelena, *De Ecclesia Christi. Pars apologetica*, Rome, 1950, p. 472.
[3]) Cfr G. Thils, *Les notes de l'Eglise dans l'apologétique catholique depuis la Réforme*, 1937, pp. 43-49.
[4]) *Praelectiones theologicae*, 1771, p. 105.

de l'Eglise véritable comporte seulement la sainteté héroïque et un ensemble important de miracles, les autres éléments, au dire des apologistes, pouvant se retrouver dans telle ou telle confession ou Eglise chrétienne. Et c'est pourquoi H. Kilber, que nous citions plus haut, après avoir signalé qu'il ne manque pas de « sectes schismatiques » qui revendiquent et possèdent en fait certaines formes de sainteté, - comme la consécration baptismale, la profession de foi, la doctrine et les œuvres, - concluait qu'il fallait appeler note « la sainteté excellente des membres ou sa confirmation par des miracles » [1]). On pourrait donner cent témoignages de la même attitude [2]).

PROBLÈME DOGMATIQUE

Le problème historique des éléments d'Eglise mériterait une étude systématique ; le problème dogmatique également. Celui-ci se ramène à savoir aussi exactement que possible ce que sont ces « éléments », et quand ils sont « d'Eglise » ! Nous nous plaçons ici uniquement du point de vue de la théologie catholique.

Ces « éléments » sont certaines valeurs chrétiennes authentiques appartenant en propre à l'Eglise et existant dans des Eglises ou Communions non-romaines, en vertu même de la structure de ces communautés. « Le fait est particulièrement patent pour les Eglises orthodoxes d'Orient chez qui la validité de la succession apostolique n'a jamais été contestée par l'Eglise romaine et qui, en conséquence, possèdent un épiscopat et un sacerdoce authentiques ainsi que la réalité des sacrements qui en dépendent » [3]). Les documents officiels de l'Eglise catholique les ont maintes fois appelées « Eglises » [4]). En partant du fait que l'Orthodoxie possède certains éléments essentiels qui jouissent incontestablement d'un caractère « ecclésiastique » authentique, le théologien est conduit à se poser la question des éléments d'Eglise en général. Ne peut-il y avoir, dans toutes les communions chrétiennes issues de la Réforme, des réalités religieuses et chrétiennes de nature « ecclésiastique » ? Que

[1]) *Dissertation sur les églises catholique et protestantes*, Paris, 1816, t. I, p. 100.

[2]) Sur cette évolution, cfr G. THILS, *Les notes de l'Eglise dans l'apologétique catholique depuis la Réforme*, pp. 122-153.

[3]) C.-J. DUMONT, *a. c.*, *Vers l'unité chrétienne*, n. 32, avril 1951.

[4]) Y. M.-J. CONGAR, *Chrétiens désunis*, pp. 381-382.

sont-elles ? Quelle est leur signification théologique ? Quelles sont-elles ?

Elles doivent être, avant tout, des éléments « d'Eglise ». Et peut-être le perd-on parfois de vue. Les éléments d'Eglise ne sont pas n'importe quels biens de la religion chrétienne : ils sont des biens de nature « ecclésiastique ». Or, où commence et où finit la ligne de démarcation entre les biens « chrétiens » et les biens « ecclésiastiques » ? C'est reposer tout simplement la question de l'Eglise dans son ensemble.

A priori, et indépendamment des circonstances en lesquelles le problème des éléments d'Eglise se pose aujourd'hui, on pourrait répondre à la question de différentes manières. On pourrait considérer la réalité entière, invisible et visible, qui constitue l'Eglise véritable, et appeler « élément d'Eglise » tout ce qui est essentiel ou propre à l'Eglise. Il y aurait, en ce cas, des « éléments d'Eglise » de nature invisible, comme la présence de l'Esprit-Saint, et des « éléments d'Eglise » de nature visible, comme la succession apostolique. Rien n'exclut, a priori, cette manière de penser et de parler. Si elle n'est pas en tout éclairante du point de vue de la discernibilité de la vraie Eglise, elle peut être utile pour le jugement d'ensemble à porter sur le caractère « ecclésiastique » des différentes communions chrétiennes non-romaines. On pourrait aussi considérer dans l'Eglise la réalité constitutive essentielle de son aspect visible et institutionnel, et appeler en conséquence « éléments d'Eglise » uniquement les éléments qui sont « essentiels » ou appartiennent en « propre » à l'Eglise visible. C'est de ce point de vue que l'on en traite habituellement.

« L'élément d'Eglise » possède avec l'Eglise vraie un rapport très intime. Parfois on l'appelle « essentiel ». Qu'est-ce à dire ? « Il en va nécessairement de l'Eglise, comme de toute autre chose en ce monde. Il faut bien distinguer à son sujet ce que les théologiens appellent une perfection essentielle et une perfection accidentelle. La première lui assure la possession de tous les éléments qui composent son indéfectible nature. Celle-là ne peut en aucune manière lui faire défaut et l'on peut dire qu'elle n'est pas susceptible de plus ou de moins. L'autre au contraire concerne la façon dont chacun de ces éléments se trouve effectivement réalisé. Il y a place ici pour une infinie diversité de degrés et de modes, où s'inscrit l'empreinte des vicissitudes de l'histoire. Il y a matière à développement et à progrès, comme aussi, hélas, à décadence et à recul.

Ainsi en est-il de cet élément essentiel à l'Eglise qu'est son unité » [1]). Un « élément d'Eglise » contiendra donc quelque chose d'essentiel à la véritable Eglise du Christ. Toute la question sera de déterminer, dans le détail, ce qui constitue cet essentiel. Et dans la mesure où cette détermination sera interprétée au concret de manière large ou étroite, dans cette même mesure devrons-nous reconnaître aux communions chrétiennes non-romaines plus ou moins d'« éléments d'Eglise » au sens strict. Comme la Déclaration de Toronto dit aussi que « certains aspects de l'Eglise ressortissent à sa structure et à son essence propres et ne peuvent être modifiés » (IV, 8), peut-être y aurait-il moyen d'engager un dialogue sur ce point, en lui-même plein d'intérêt.

* * *

Les conférences données par le cardinal A. Bea, Président du Secrétariat pour l'Unité, ont redonné un éclat très vif, sinon à la problématique des « éléments d'Eglise », du moins à la description concrète de ces éléments. En voici un exemple. Le 9 novembre 1960, à l'inauguration de la XIe année académique de l'Institut de culture religieuse de Ferrare, Son Eminence le cardinal Bea fit une conférence sur les problèmes de l'unité [2]). A cette occasion, il fit allusion au patrimoine ecclésiastique présent dans les communions chrétiennes non-romaines :

« Nous ne devons pas non plus oublier que, malgré toutes les différences, dans la doctrine et dans le culte, les frères séparés ont encore *beaucoup de choses communes* avec nous. Les *Orientaux* ont encore une succession apostolique régulière de leurs évêques, et donc des sacrements valides, avant tout la sainte Eucharistie ; la liturgie eucharistique de la sainte messe occupe chez eux le centre de la vie religieuse, elle est considérée comme le 'vrai sacrifice de réconciliation pour les vivants et pour les morts' et elle est célébrée avec beaucoup de solennité. Dans la doctrine, ils conservent l'antique tradition apostolique et patristique, et ne diffèrent de la loi de l'Eglise latine que sur quelques points seulement, spécialement par la négation des dogmes définis par les Conciles après leur séparation, tels que la primauté et l'infaillibilité du Pontife romain. Le culte de la très sainte Vierge Marie leur est aussi très cher, bien qu'ils n'aient pas accepté la définition dogmatique de

[1]) C.-J. DUMONT, O. P., *Les voies de l'unité chrétienne*, p. 70.
[2]) Cfr *Docum. Cathol.*, 15 janvier 1961, c. 79-94.

l'Immaculée Conception et de l'Assomption, dogmes contenus dans leurs livres liturgiques et généralement admis par leurs fidèles.

Quant aux *Protestants,* le patrimoine qu'ils ont hérité de l'Eglise mère est malheureusement moins riche que celui des Orientaux, mais eux aussi ont conservé de précieux éléments de la doctrine et du culte catholiques, bien qu'à des degrés divers dans les différentes formes du protestantisme. Chez un grand nombre de protestants, particulièrement chez les simples fidèles, on remarque avant tout une sincère piété, une grande vénération pour la parole de Dieu contenue dans la sainte Ecriture et un sérieux effort pour observer dans la vie quotidienne les commandements de Dieu » [1]).

Voilà, en quelques traits, le « patrimoine » ecclésiastique des chrétiens non-romains.

A dire vrai, tout ceci n'est pas une nouveauté. Le terme « patrimoine » lui-même est employé dans bien des documents ecclésiastiques [2]). On devine aisément que la description qui en est donnée se fait plus abondante lorsqu'il s'agit des chrétiens d'Orient.

L'une des allusions les plus frappantes est celle de Léon XIII - dont l'œuvre œcuménique fut grande et vient d'être analysée récemment [3]) - dans *Praeclara gratulationis,* en 1894 : somme toute, disait le Pape, nous ne sommes pas séparés par de si grandes différences, et nous prenons nos arguments doctrinaux dans le patrimoine même des orientaux [4]). N'ont-ils pas, en effet, conservé une partie très importante de la révélation divine ? N'ont-ils pas le culte de Notre Seigneur Jésus-Christ ? Ne vénèrent-ils pas affectueusement sa sainte Mère ? N'ont-ils pas l'usage des sacrements ? C'est Pie XI qui parle de la sorte [5]). Tout ce patrimoine de liturgie,

---

[1]) *Art. cit.,* c. 85-86.

[2]) On trouvera un exposé détaillé de cette question dans G. BAUM, *L'unité chrétienne d'après la doctrine des Papes, de Léon XIII à Pie XII.* Paris, Ed. Cerf, 1961, pp. 66-85.

[3]) R. F. ESPOSITO, *Leone XIII e l'Oriente cristiano.* Rome, Ed. Paoline, 1960, 744 p. Cet ouvrage a été composé sur les sources, dont beaucoup sont encore inédites. Leur publication serait tout à l'honneur de Léon XIII.

[4]) « Eo vel magis quod non ingenti discrimine seiunguntur; imo, si pauca excipias, sic cetera consentimus, ut in ipsis catholici nominis vindiciis non raro ex doctrina, ex more, ex ritibus, quibus orientales utuntur, testimonia atque argumenta promanus » (LEO XIII, Epist. Apost. *Praeclara gratulationis,* 20 Iunii 1894; cfr *ASS,* XXVI (1893-94), p. 707).

[5]) « Praesertim cum apud illos populos tanta divinae Revelationis pars religiosissime asservata sit; et sincerum Christi Domini obsequium et in eius Matrem

d'ordres sacrés, de vie chrétienne, insiste Pie XII, il faut l'estimer comme il se doit [1]). Dans ce dernier passage, on notera l'emploi du vocable « patrimoine ».

Pour les communions issues de la Réforme, les allusions portent généralement sur la profession de foi chrétienne, enracinée dans le baptême. Tous ces chrétiens, en effet, « portent avec fierté le nom de chrétiens » et « reconnaissent le seul Christ Jésus comme le Rédempteur » [2]). Ils ont reçu « l'initiation chrétienne » [3]). « Ils suivent les commandements du Seigneur, sa discipline, ses exemples très saints » [4]). A ces témoignages, on pourrait en ajouter cent autres [5]), de Léon XIII à Jean XXIII.

Les passages que nous venons de reprendre aux documents pontificaux ne sont pas isolés. Faut-il ajouter que ces mêmes documents soulignent, avec autant d'unanimité et de force, que ce patrimoine est incomplet, et par là imparfait, mais qu'il tend à un parachèvement qu'il obtiendra dans la plénitude catholique.

intemeratam amor pietasque singularis, et ipsorum Sacramentorum usus vigeat » (Pius XI, Litt. Encycl. *Rerum Orientalium*, 8 sept. 1928; cfr *AAS*, XX (1928), p. 287).

[1]) « Itemque aestimatione debita ea omnia amplectatur oportet, quae Orientalibus gentibus fuere, peculiare veluti patrimonium, a maioribus tradita; simul quae ad sacram Liturgiam et ad Hierarchicos Ordines spectent, simul etiam quae ad ceteras christianae vitae rationes pertineant, modo eadem cum germana religionis fide rectisque de moribus normis penitus concordent » (Pius XII, Litt. Encycl. *Orientalis Ecclesiae*, 9 Apr. 1944; cf. *AAS*, XXXVI (1944), p. 137).

[2]) « ... qui etiamsi eumdem Christum Iesum veluti Redemptorem agnoscant, et in christiano nomine glorientur... » (Pius IX, Litt. Apost. *Iam vos omnes*, 13 Sept. 1868; cf. Mansi, *Amplissima Collectio Conc.*, t. 50, c. 203*).

[3]) « ... christianis initiati sacris... » (Leo XIII, Epist. *Longinqua Oceani*, 6 Ian. 1895; cf. *ASS*, XXVII (1894-95), p. 399).

[4]) « Scotorum nobiscum de fide dissidentium complures quidem Christi nomen ex animo diligunt, eiusque et disciplina assequi et exempla sanctissima persequi imitando nituntur » (Leo XIII, Epist. Encycl. *Caritatis studium*, 25 Iulii 1898; cf. *ASS*, XXXI (1898-99), p. 11).

[5]) « Iesum Christum Filium Dei eundemque Servatorem generis humani agnoscunt et fatentur » (Leo XIII, Epist. Encycl. *Satis cognitum*, 29 Iunii 1896; cf. *ASS*, XXVIII (1895-96), p. 738).

« ... qui se Christi asseclas esse gloriantur, quique in ipso cum singulorum, tum humanae consortionis spem salutemque reponunt... » (Pius XII, Litt. Encycl. *Lux veritatis*, 25 Dec. 1931; cf. *AAS*, XXIII (1931), p. 510).

« ... sono a Noi vicini per la fede in Dio e in Gesù Cristo » (Pius XII, Nuntius Radiophon. *Nell'alba*, 24 Dec. 1941; cf. *AAS*, XXXIV (1942), p. 21).

On souligne tout particulièrement aujourd'hui la réalité ecclésiale du baptême qu'ont validement reçu la plupart des chrétiens non-romains, ainsi que la « bonne foi » de la majorité d'entre eux. Sur ces points, nous laissons encore une fois la parole au cardinal Bea, qui y est revenu à maintes reprises :

« Notons tout d'abord que les textes sévères cités plus haut du Nouveau Testament concernent ceux qui, personnellement et sciemment, se détachent de la vraie foi et de l'obéissance à l'Eglise du Christ. Or, cela n'est certainement pas le cas pour tous ceux qui aujourd'hui sont séparés de nous. La grande majorité d'entre eux se trouvent en face d'une hérédité qui leur a été transmise par leurs frères, lesquels furent eux-mêmes bien souvent arrachés à l'Eglise par la force et par la ruse. Souvenons-nous du fameux adage : *cujus regio, illius religio*. Tout comme ce n'est pas par notre mérite que nous sommes nés et que nous avons été éduqués dans une famille appartenant à l'Eglise catholique, de même il n'y a pas de démérite de leur part à être fils de parents séparés de notre Eglise. En recueillant de bonne foi cet héritage que leur ont transmis leurs parents, ces non-catholiques peuvent se croire sincèrement dans la bonne voie.

De plus, il ne faut pas oublier que si ces frères séparés ont été validement baptisés, on peut leur appliquer ce qui a été dit explicitement dans l'encyclique *Mediator Dei* (*A. A. S.*, XXXIX, 1947, p. 555) de Pie XII, de sainte mémoire, au sujet de l'effet du baptême, à savoir que les baptisés deviennent : 'à titre *commun, membres du Corps mystique du Christ*'. En outre, à eux aussi s'applique ce que dit le Droit canonique, en partant de la doctrine de saint Paul sur le baptême, que par ce sacrement les baptisés sont 'constitués des personnes dans l'Eglise du Christ, avec tous les droits et devoirs des chrétiens, sauf si pour les droits il y a un obstacle qui en empêche l'usage' (Cfr C. J. C., can. 87) » [1].

* * *

En faisant brièvement le point sur tout ce qu'impliquent ces descriptions concrètes, on peut, semble-t-il, conclure comme suit.

L'Eglise du Christ, considérée dans son aspect visible, est l'ensemble des « moyens de grâce » qui constituent l'institution apostolique. Ces « moyens de grâce », il est possible de les classer selon la distinction courante des trois offices ou *munera* exercés ministériellement par l'Eglise : l'office sacerdotal, avec les sept

---

[1] Cfr *Docum. Cathol.*, 15 janvier 1961, c. 85-86.

sacrements ; l'office magistériel, avec le ministère varié de la Parole de Dieu ; l'office juridictionnel, avec toute la direction pastorale des fidèles. La totalité de ces moyens de salut forment l'institution apostolique dans son intégrité, l'Eglise catholique romaine.

Mais qu'on veuille bien comprendre la portée du mot « intégrité ». Il ne signifie pas « perfection » à tous points de vue. On peut posséder un élément d'Eglise et le laisser s'étioler, le négliger : ainsi, on peut posséder une Bible, mais ne jamais en lire un chapitre, ne pas la prendre comme nourriture de foi, et même l'oublier dans sa bibliothèque. On peut posséder un élément d'Eglise, mais qui ne remplit son rôle que très imparfaitement : un prêtre validement ordonné peut être médiocre, un pasteur qui ne reconnaît pas la sacramentalité de l'Ordre peut être un témoin fervent de la Parole et un instrument de sanctification. On pourrait continuer ainsi ces comparaisons, peu heureuses à certains points de vue comme toutes les comparaisons, mais qui sont indispensables. Il serait intolérable que les catholiques, en proclamant qu'ils possèdent l'intégralité des éléments d'Eglise, s'imaginent qu'ils les possèdent ipso facto dans leur perfection, dans leur plénitude, dans leur vitalité maximale. Il serait aussi regrettable que les chrétiens non-romains, auxquels est dénié tel ou tel élément d'Eglise, en concluent que leur est déniée en même temps la qualité, la perfection ou la vitalité de tous les éléments qui forment leur « Eglise ». Ce passage de intégralité à perfection est dommageable pour tout le monde.

Mais poursuivons. Ces « éléments d'Eglise » - on l'aura remarqué - peuvent parfois être dissociés du tout que constitue l'Eglise catholique. On peut posséder certains d'entre eux, sans posséder les autres. Quelques-uns de ces éléments peuvent être possédés à des degrés divers. Certes, c'est là une situation a-normale ; mais la possession partielle peut être réelle et importante : il suffira de rappeler le baptême, dont les effets sont accomplis chez ceux qui ont reçu validement ce sacrement.

Ces éléments créent entre ceux qui les possèdent une certaine communion réelle, une certaine unité objective. Ainsi s'établit, par exemple, entre tous ceux qui sont validement baptisés, une similitude objective réelle dans l'ordre des réalités d'Eglise. Cette similitude et cette communion réelles sont évidemment plus ou moins complètes, selon le nombre et l'importance ecclésiologique des éléments qui les constituent. Elles demeurent réelles, même si, de bonne foi, ces chrétiens ne désirent pas être en communion avec l'Eglise catholique romaine, en laquelle ils ne reconnaissent pas la véritable Eglise du Christ. Si l'on veut considérer ce que cela représente concrètement dans la vie des différentes communions chrétiennes, d'après qu'elles possèdent en fait plus ou moins d'éléments d'Eglise, on comprendra combien complexe est la condition dogmatique des chrétiens non-romains.

Enfin, ces éléments d'Eglise sont, par eux-mêmes, tendus vers un plénier achèvement. Les éléments d'Eglise ne sont pas des réalités figées, matérielles, et statiques ; ils sont des valeurs vivantes, spirituelles, qui tendent en permanence à leur accomplissement. Ils sont conduits à cet achèvement authentique par la grâce du Seigneur et par la motion du Saint Esprit. Le sens de la perfectibilité des communions chrétiennes est donc enraciné profondément dans une vision réelle et surnaturelle de l'ordre chrétien.

* * *

Les éléments d'Eglise posent encore au théologien pas mal de problèmes d'ordre dogmatique. Quelles sont exactement les réalités relevant en soi de l'Eglise véritable et qui se retrouvent aussi - et dans quelle mesure - dans les diverses Eglises ? Quelle valeur intrinsèque peut-on, du point de vue catholique, reconnaître à ces divers éléments selon le mode propre d'existence qu'ils ont dans chaque communion non-romaine ? Comment et en quoi cette valeur se trouve-t-elle affectée par le fait de l'absence de communion avec l'Eglise catholique ? Comment envisager l'incidence d'une doctrine des éléments d'Eglise, élaborée en fonction des principes les plus assurés de la théologie catholique, sur la présentation théologique d'un traité de l'Eglise [1] ?

Nous avons vu plus haut que, à Evanston, on avait décidé d'écarter l'expression *vestigia Ecclesiae* dans ce contexte. En somme il vaut mieux que toutes les « valeurs chrétiennes » ne soient pas appelées, simplement, « vestiges d'Eglise ». L'expression *vestigia Ecclesiae* devrait avoir un sens théologique précis d'« aspect d'Eglise », à la manière dont il en est question une fois à Evanston : les Eglises orthodoxes, y lit-on, affirment être la seule vraie Eglise du Christ, mais cela ne les empêche nullement de « reconnaître dans d'autres confessions chrétiennes certains aspects de l'Eglise »

---

[1] Cfr C.-J. DUMONT, O. P., *Vers l'unité chrétienne*, n. 32, avril 1951.

(E. F. III). Les réserves d'Evanston paraîtront donc excellentes aux théologiens catholiques, en ce qui concerne le cas particulier du Conseil œcuménique. Mais l'importance de la doctrine des éléments d'Eglise demeure entière dans le domaine de l'ecclésiologie.

Le Conseil œcuménique des Eglises

JUSTIFICATION THÉOLOGIQUE

Le Conseil œcuménique des Eglises est, par le genre de relations qu'il crée entre les Eglises chrétiennes, « un phénomène entièrement nouveau dans l'histoire de l'Eglise » (R. Am. I, 263). Phénomène très particulier : « Nous sommes un Conseil *des* Eglises, non *le* Conseil de l'Eglise indivise. Notre nom même accuse notre faiblesse et notre humiliation devant Dieu, car il doit y avoir, il n'y a en réalité, qu'une seule Eglise du Christ sur terre. Notre pluralité est une grave anomalie » (R. Am. V, 33-34). On s'attendait donc à un effort rigoureux de justification théologique. A Lund, M. Visser 't Hooft a demandé avec insistance aux théologiens de *Faith and Order* de travailler davantage à cette théologie du fait œcuménique.

Les théologiens catholiques l'attendent avec intérêt. D'abord, pour le contenu de cette déclaration concernant l'idée même d'un Conseil des Eglises. Ensuite, pour la méthodologie qui sera mise en œuvre à cette occasion et dont l'étude sera particulièrement intéressante. Mais peut-être ont-ils tort de poser cette question. Que représente en effet le Conseil œcuménique des Eglises ? Comme « association fraternelle d'Eglises », il n'a d'autre conception ecclésiologique que celle des Eglises-membres elles-mêmes ; il n'a pas à présenter la justification théologique propre à chacune des Eglises. Le Conseil œcuménique des Eglises est aussi un « moyen de travailler à l'unité » ; ce propos peut parfaitement se défendre, en vertu de la volonté du Christ clairement exprimée, et à laquelle les milieux œcuméniques se réfèrent expressément. Le Conseil œcuménique se présente aussi comme l'« instrument d'une manifestation imparfaite de l'unité ». Qu'est-ce à dire ? Quelle est la portée dogmatique réelle qui est attribuée aux termes « manifestation » et « témoignage » ? Dans quelle mesure ces actes spirituels débordent-ils l'aire des charismes de l'Esprit ? Ont-ils une place dans la constitution essentielle de l'Eglise et doivent-ils être définis « en rapport avec la nature de l'Eglise » ? [1]).

Les théologiens catholiques apprécient la valeur dogmatique de ces efforts en vue de réaliser la volonté du Christ sur son Eglise.

Les « rencontres » œcuméniques ont un sens pour le mystère de l'Eglise dans son unité. L'ensemble de ceux qui participent à ces « rencontres » sont des baptisés : ils ont entre eux une communauté d'existence ecclésiale réelle, sacramentelle. Ils possèdent aussi en commun des valeurs chrétiennes considérables : les Ecrits inspirés, une tradition, une forme de ministère et de culte hiérarchique, etc., tous éléments qui, même inachevés, n'en perdent point leur consistance chrétienne valable. Or, toutes ces réalités chrétiennes intérieures et inhérentes au mystère de l'Eglise trouvent, dans ces « rencontres », une certaine « actualisation » : ce fait ne constitue-t-il pas un bien réel pour l'Eglise dans son unité ?

Ce qu'on vient de dire de la « rencontre » œcuménique vaut, à un degré supérieur, pour le Conseil œcuménique lui-même, qui est une association fraternelle d'Eglises, désireuses de donner un statut, une durée, une portée permanente à l'« actualisation » de l'unité que réalisait déjà, de manière transitoire, la « rencontre » œcuménique. Certes, il est très délicat de formuler théologiquement la valeur d'unité que constitue le Conseil œcuménique pour l'Eglise. Mais n'est-ce pas la difficulté connaturelle de toute ecclésiologie qui s'efforce de reconnaître et de « nommer » la réalité ecclésiastique des diverses communions chrétiennes ?

PARTICIPATION DE L'ÉGLISE CATHOLIQUE

A considérer la *Déclaration de Toronto* de manière stricte et formelle, il n'y a, de droit, point d'obstacle à l'entrée de l'Eglise catholique dans le Conseil œcuménique des Eglises. Il a été dit et répété par les représentants officiels du Conseil œcuménique qu'une Eglise-membre s'engageait à accepter la Base du Conseil œcuménique, mais n'était pas obligée d'adhérer à aucune conception de l'Eglise qu'on lui imposerait de quelque part que ce soit. Les catholiques pourraient trouver une confirmation de ce que nous venons de dire dans le fait que les orthodoxes ont accepté de faire partie du Conseil œcuménique ; or, l'on sait que, dans la doctrine

---

[1]) *Hommage et Reconnaissance à K. Barth*, p. 139.

de l'unicité de l'Eglise, les orthodoxes défendent, et énergiquement, une doctrine qui est pratiquement semblable à celle des catholiques. Les orthodoxes n'accepteraient point de faire partie du Conseil œcuménique si cette participation devait se faire au prix de leurs positions dogmatiques.

Les raisons de s'abstenir sont donc avant tout d'ordre prudentiel. Il y a dix ans, la question se posait, semble-t-il, de la façon suivante, pour l'Eglise catholique. On n'ignorait pas les raisons favorables à une participation - ce sont celles que font valoir les orthodoxes lorsqu'ils justifient leur attitude, à savoir : le motif missionnaire, le désir d'un témoignage commun des chrétiens, l'intention de mieux faire valoir sa propre ecclésiologie, la volonté de mieux assurer le progrès de tous dans le Christ. Plus décisifs apparaissaient les motifs d'abstention : le scandale auprès des chrétiens qui interpréteraient mal cette démarche, le danger d'un certain indifférentisme, le péril de confusionnisme doctrinal, la stabilité encore incertaine du Conseil œcuménique. Le poids de ce dernier groupe de raisons semblait largement supérieur.

Actuellement, quelque chose a changé. La conscience catholique a mieux perçu, beaucoup mieux qu'il y a dix ans en tout cas, la portée véritable de l'œcuménisme, les exigences majeures de l'union des chrétiens, les avantages certains d'un regroupement des disciples du Christ, le scandale de la désunion face aux peuples non-chrétiens en pleine promotion sociale, le caractère suranné des discordes suscitées par des griefs mineurs, adventices - et il y a tant de facteurs non-dogmatiques dans le fait de la désunion ! - si bien que les raisons de participer plus intimement aux travaux et à la vie du Conseil œcuménique paraissent avoir gagné du terrain.

Mais cette participation doit-elle aller jusqu'à une entrée dans le Conseil œcuménique ? Serait-ce préférable ? Nous n'en sommes pas convaincu. L'entrée de l'Eglise catholique constituerait pour le Conseil œcuménique un fait considérable, qui pèserait fortement sur son équilibre intérieur et pourrait donner lieu à une crise de croissance telle que l'existence même du Conseil pourrait être mise en question. Par ailleurs, en restant hors du Conseil œcuménique, l'Eglise catholique demeure toujours pour lui, et plus adéquatement, une question critique et un partenaire qualifié dans un dialogue à renouer sans cesse. Ne serait-ce pas préférable actuellement, et compte tenu de la situation concrète du Conseil œcuménique et de l'Eglise catholique ? Ce qu'il faudrait éviter en ce cas, c'est que les « partenaires » deviennent « antagonistes » ; et c'est précisément ce que demandait M. Visser 't Hooft à Nouvelle-Delhi. « Il serait indubitablement d'une grande importance, pour le christianisme et pour le monde, disait-il en citant M. E. Schlink, qu'il apparaisse clairement dans les décisions des deux conciles - Assemblée de New-Delhi et Concile du Vatican II - qu'ils ne sont pas assemblés l'un contre l'autre, que chacun ne cherche pas son propre avantage, mais désire seulement servir le Seigneur Jésus-Christ » [1]).

Catholicité et uniformité

Il n'entre pas dans notre propos de donner en résumé toute la dogmatique de la catholicité, mais d'en signaler quelques aspects, pas nécessairement les plus « spirituels », mais ceux qui nous permettront de mieux percevoir les connexions existant entre catholicité, identité et diversité.

UNIVERSALITÉ ET PLÉNITUDE

Catholicité et Universalité. - Dès les premiers siècles, le terme catholique a revêtu régulièrement une signification géographique : l'Eglise est catholique, parce qu'elle s'étend « sur toute la surface de la terre », ou « jusqu'aux extrémités du monde ». On connaît assez les perspectives messianiques universalistes des Psaumes et des Prophètes, ainsi que les perspectives universalistes de la mission des Douze et de l'Eglise, pour saisir les nuances concrètes de cet universalisme spatial. L'Eglise, en vertu de sa nature et de sa mission, doit être semée et répandue dans toutes les nations et tous les peuples ; elle doit y croître et porter du fruit. Saint Augustin, dans sa lutte contre le Donatisme, s'est fait le poète de la Catholica [2]).

Cette universalité géographique inclut naturellement une uni-

---

[1]) *Ecum. Review*, janvier 1962, pp. 222-223.

[2]) Voir les *Indices* des *Patrologies* éditées par Migne, les *Indices verborum* des monographies consacrées à divers écrivains ecclésiastiques, et DUCANGE, *Thesaurus Linguae latinae*, art. « Catholica ». Comme travaux: A. GOEPFERT, *Die Katholizität der Kirche*, Würzburg, 1876, 112 p.; G. THILS, *La notion de catholicité de l'Eglise dans la théologie moderne* (XVIᵉ-XIXᵉ siècles), dans *Ephem. Theol. Lovan.*, 1936, pp. 5-73. Quant à saint Augustin, voir O. ROTTMANNER, *Catholica*, dans *Revue Bénédictine*, 1900, pp. 1-9.

versalité de personnes. L'Eglise n'est pas seulement répandue en tous lieux ; elle est plus encore semée dans le cœur de tous les hommes, de toute l'humanité. Double universalité qui se retrouve dans la théologie de la catholicité, jusqu'à l'époque moderne [1]), comme développement de ces mots inspirés repris à Apoc. 7, 9 : « Après cela, je vis paraître une foule immense, que nul ne pouvait dénombrer, de toutes nations et tribus, de tous peuples et de toutes langues ».

L'universalité que nous venons de décrire implique toujours, comme élément constitutif, la transcendance de l'Eglise et de sa mission par rapport à tous les particularismes d'ordre social, politique, culturel ou économique. L'Eglise s'adresse à tous les hommes, quelle que soit leur condition. L'Eglise peut transmettre le salut à tous les hommes, quel que soit leur genre de vie. L'unité dans le Christ se situe au-delà des divisions et des séparations temporelles, même légitimes. Bref, dans le Christ, « il n'y a ni Gentil ni Juif,... ni Barbare ni Scythe, ni serf ni homme libre » (Col. 3, 11) [2]). En voici une illustration, entre mille. L'Eglise est catholique et universelle, écrivait Jacques de Viterbe dans son *De regimine christiano* (1302), notamment - en second lieu, d'après sa longue énumération - par rapport à la condition des personnes qu'elle assemble ; en effet, elle assume en elle toutes les diversités qui peuvent exister parmi les hommes, et elle n'en refuse aucune. Ni la diversité des rites, car elle appelle également les Juifs et les Gentils. Ni la diversité des nations, car elle s'adresse aux Grecs et aux barbares, aux Scythes et aux Indiens. Ni la diversité de condition, car elle accepte les esclaves comme les hommes libres. Ni la diversité des sexes : elle se présente aux femmes et aux hommes. Ni la diversité de renommée ou de biens extérieurs, car on trouve en elle des pauvres et des riches, des nobles et des gens du peuple. Ni la diversité des talents, car on voit en elle des doctes et des ignorants, des érudits et des gens simples, des philosophes et des gens ordinaires, des orateurs et des gens peu doués. Bref, l'Eglise ne rejette aucune diversité humaine, mais elle les accueille toutes ; car 'Dieu ne fait acception de personne' ; Créateur de toute chose, il a aussi sauvé

---

[1]) Cfr G. THILS, *La notion de catholicité de l'Eglise dans la théologie moderne*, dans *Ephem. Theol. Lovan.*, 1936, p. 28.

[2]) Cet « anti-particularisme » de la notion de catholicité est volontiers développé par les auteurs actuels.

et assumé toute chose, et il veut que tous les hommes soient sauvés [1]).

Autre élément : l'unité de la foi et l'unicité d'Eglise. L'Eglise est catholique, parce que, partout, elle proclame le même Seigneur, le même Evangile, le même Baptême, la même foi, la même hiérarchie sacrée. Sans cette unité, il n'y a pas d'universalité. Ici encore, voici un exemple, entre mille ; nous le prenons encore à Jacques de Viterbe. Après avoir exposé en détail les nombreuses raisons pour lesquelles l'Eglise est catholique, il termine en soulignant le rôle capital de l'unité dans la vraie catholicité : « C'est au cœur même de l'universalité, explique-t-il, qu'il faut comprendre l'unité. Et c'est pourquoi Isidore, dans le Livre VIII des Etymologies, écrit que *universalitas* vient de *unum*, qu'elle rassemble les choses dans l'unité. En bonne logique, en effet, est appelé universel ce qui rassemble beaucoup de choses dans l'unité, et il y a universalité lorsqu'il y a unité en beaucoup et de beaucoup. « *Est igitur ecclesia ita una, quod universalis, et ita universalis, quod una* » [2]).

Catholicité et plénitude. - Un passage scripturaire, I Pierre 4, 10, attire notre attention sur les « excellents administrateurs de la grâce multiforme de Dieu (poikilès charitos). Grâce multiforme, variété des dons spirituels : le thème est important et riche de perspectives.

Ne pouvant entreprendre l'histoire de la catholicité-plénitude, nous pouvons néanmoins rappeler la description bien connue qu'en donne saint Cyrille de Jérusalem. L'Eglise est appelée catholique, explique-t-il, « parce qu'elle est répandue sur toute la terre (oicumenè) ; parce qu'elle enseigne parfaitement tous les dogmes que l'homme doit connaître ; ... parce qu'elle impose le culte véritable à tous les hommes de toute condition, princes ou simples citoyens, doctes ou ignorants ; parce qu'elle soigne et guérit toute espèce de péché ; enfin parce qu'elle possède - quelque nom qu'on leur donne - toute sorte de vertus, en actes ou en paroles, ainsi que les dons spirituels les plus variés (pneumatikois pantoiois charismasin) [3]). Cette catholicité par la plénitude des dons spirituels les plus divers concerne tout particulièrement notre propos.

Au moyen âge, les descriptions de la catholicité sont longues,

[1]) Ed. H.-X. ARQUILLIÈRE, Paris, Beauchesne, 1926, p. 123.
[2]) *Ibidem*, p. 128.
[3]) CYRILLE DE JÉRUSALEM, *Catéchèse XVIII, 23* (P. G., 33, 1044AB).

à souhait. On peut en voir le détail dans les traités édités. En voici un exemple, pris au *de Ecclesia* inédit de Jean de Raguse, O. P. († 1443). Jean de Raguse assista au Concile de Bâle où, durant les premiers mois de 1433, il discuta avec les Hussites sur l'ecclésiologie. Mais voici sa notion de catholicité. L'Eglise est catholique, dit-il. Elle est répandue en tous lieux ; elle est répandue en tous temps depuis Abel jusqu'à la fin du monde ; elle est répandue parmi tous les peuples (Apoc. 7, 9) ; elle propose tous les préceptes universels, et non les obligations particularistes du Judaïsme ; elle possède tous les remèdes sacramentels, pour tout mal et tout défaut ; elle enseigne une doctrine complète, qui donne à tous les hommes tout ce qui est nécessaire au salut ; elle procure le salut universel, car hors de l'Eglise il n'y a pas de salut ; elle est catholique en vertu de son culte, qui est proposé de toute manière et en tout temps ; enfin, elle contient tous les hommes, les mauvais comme les bons [1]). Des descriptions de ce genre sont fréquentes au cours de l'époque moderne. Dans l'ensemble, elles possèdent une orientation polémique, du fait que le traité *De ecclesia* s'est développé surtout face aux communions non-romaines. C'est pourquoi l'on retrouve assez rarement la mention de la « catholicité dans la variété des dons spirituels », à laquelle nous accordons actuellement beaucoup plus d'intérêt.

* * *

Que conclure de ces notes concernant l'exigence dogmatique de variété et de diversité dans l'Eglise ?

D'abord, à partir de la catholicité-universalité. Si Jahvé se propose de convoquer toute l'humanité en un seul peuple, si le Christ est celui en qui se réalise la réconciliation et l'unité de tous les hommes, si l'Eglise appelle à elle toutes les nations afin de devenir la « demeure » spirituelle de tous les fidèles, ne faut-il pas que cette demeure soit telle qu'elle puisse réellement et concrètement être la demeure de tous ? Qu'elle soit, non seulement « ouverte » à tous en vertu de solennelles déclarations sur la transcendance de l'Eglise par rapport à toute condition sociale, politique, culturelle et économique, mais « habitable » par tous, grâce à l'actualisation concrète, dans sa structure et dans son existence quotidienne, de

---

[1]) JEAN DE RAGUSE, *Tractatus de Ecclesia*, Bâle, Bibliothèque de l'Université, Ms A I 29, fol. 302v-431r; sur la notion de catholicité, voir fol. 93r-110v.

toute diversité, de toute variété, de tout pluralisme légitimes ? En sorte que chacun se sente, non seulement « aimablement accueilli » par un sourire ou des paroles, même sincères, mais réellement « chez lui » du fait qu'il trouve, dans la structure et la vie de l'Eglise, la variété des formes exigées partout où chacun a le droit d'être et de se sentir « réellement chez lui ».

Ensuite, les données qui ont trait à la catholicité comme plénitude des dons spirituels. « Grâce multiforme », disent les théologiens, la catholicité exige une merveilleuse variété, de sensibilité religieuse et des spiritualités, dans la piété et les rites, dans les langues et les formes d'expression, dans les catégories doctrinales et les systèmes philosophiques, dans la forme de vie chrétienne et le style d'existence ecclésiale. « Grâce de Dieu », cette diversité doit donc être reçue, épanouie, nourrie, parachevée dans la « maison de Dieu », non point pour valoriser une largesse ou une concession, mais par obéissance et fidélité à la volonté du Seigneur sur son peuple et sur son Eglise.

FAITS ET PROBLÈMES

Cette diversité, inhérente à une authentique catholicité, l'Eglise la considère, non comme un pis-aller, mais comme une richesse à apprécier, une valeur à promouvoir. C'est Pie XI, déjà, qui le proclamait dans son encyclique relative à la situation de l'Eglise sous le régime nazi, le 14 mars 1937 : « L'Eglise fondée par le Sauveur est unique pour tous les peuples et toutes les nations. Sous sa voûte, qui comme le firmament recouvre l'univers entier, tous les peuples et toutes les langues trouvent place et protection ; toutes les propriétés, qualités, vocations et tâches fixées par le Dieu Créateur et Sauveur aux individus et aux sociétés humaines peuvent s'y épanouir. L'amour maternel de l'Eglise est assez large pour voir dans le développement de ces qualités particulières et de ces tâches spéciales, s'il est conforme à la volonté divine, plutôt une richesse de la variété qu'un péril de division » [1]). Et, en pensant à la Chine, Pie XII le déclarait aussi : « la religion catholique, loin de rejeter ou de refuser le génie particulier, la mentalité, les arts ou la culture des différents peuples, les accueille avec empressement, et c'est

[1]) Cfr *Mit brennender Sorge* (1937), dans *A. A. S.*, 1937 (29), p. 174 (pour le texte italien), p. 152 (pour le texte allemand).

très volontiers qu'elle se pare de ce vêtement aux couleurs variées » [1]).

En fait, l'histoire des doctrines et des institutions révèle que
les pasteurs et les docteurs catholiques ont souligné les facteurs
d'identité plus volontiers que les facteurs et possibilités de diversité. L'appel à la « tradition » se fait normalement en faveur de
l'identité, alors qu'il est également « traditionnel » de mettre au
point et de changer. - Certes, Jean XXIII a encore rappelé récemment que « In necessariis unitas, in dubiis libertas, in omnibus
caritas » [2]) ; mais ceux qui ont étudié l'histoire de la doctrine catholique savent que certains, avec les meilleures intentions, cherchent
à glisser des opinions d'école dans des décrets dogmatiques. - En
matière rituelle, il en est de même. Certes, on peut citer de nombreuses déclarations pontificales qui magnifient la variété des rites
dans l'unique communauté catholique. L'Eglise, dit Jean XXIII,
resplendit, plus belle encore, par la variété des rites et, semblable
à la fille du Roi souverain, elle apparaît parée d'un vêtement mul-
ticolore [3]). Dans *Orientalium dignitas*, de Léon XIII, il est stipulé
que « Tout missionnaire latin, du clergé séculier et régulier, amenant
un oriental au rite latin par ses conseils ou son appui, sans préjudice de la suspense *a divinis* qu'il encourra *ipso facto*, et des
autres peines infligées par la Constitution *Demandatam*, sera privé
et dépouillé de sa charge » [4]). Hélas, répond un prélat uniate,
« malgré tout, bon nombre de prêtres et d'instituts latins ont per-
sévéré dans leur politique de latinisation. Ils ont toujours réussi à
tourner la loi et ont toujours évité les sanctions prévues » [5]). - Et
enfin, en matière de structure hiérarchique. Certes, il est des organes
ecclésiastiques qui s'imposent de droit divin : tel le corps épiscopal
uni et dirigé par le Souverain Pontife. Mais que de diversité possible dans leur condition concrète ! On peut imaginer le Pape

---

[1]) Cfr Epist. Apost. *Cupimus imprimis*, 18 janvier 1952; *A. A. S.*, t. 44A
(1952), p. 153.

[2]) Par exemple, dans l'Encyclique *Ad Petri Cathedram*, du 29 juin 1959;
A. A. S., t. 51, (1959), p. 513; aussi, *Allocution* de S. S. Jean XXIII à l'inauguration du Synode Romain, le 24 janvier 1960; *A. A. S.*, t. 52 (1960), p. 188.

[3]) Encyclique *Ad Petri Cathedram*, dans *A. A. S.*, t. 51 (1959), p. 514.

[4]) LÉON XIII, Encyclique *Orientalium dignitas*, du 30 novembre 1894; cfr
Actes de Léon XIII, Paris, Bonne Presse, t. IV, p. 143.

[5]) Cfr Mgr P.-K. MEDAWAR, auxiliaire de S. B. le Patriarche Maximos IV, *De
la sauvegarde des droits de l'Eglise orientale*, Damas, 1959, 24 p.; citation p. 20.

entouré d'une curie très nombreuse, les évêques étant amenés à se préoccuper seulement de leurs églises particulières. On peut imaginer le Pape, entouré d'une curie restreinte et d'ordre administratif, conseillé par une commission épiscopale siégeant à Rome à intervalles réguliers, et suscitant des conférences épiscopales régionales, pour le grand bien de l'œuvre pastorale à réaliser par chaque évêque dans son église particulière. Tout cela - qui est « accidentel » - peut changer considérablement la « physionomie » concrète de l'Eglise.

De là, actuellement, certaines requêtes tendant à garantir la variété, la diversité, le pluralisme légitimes inhérents à une authentique catholicité. Voici, par manière d'exemple, ce passage d'une conférence faite à Strasbourg le 19 novembre 1961, par le cardinal Alfrink, membre de la Commission centrale préparatoire au Concile : « Les fidèles qui ont appris à connaître et à aimer l'Eglise savent quelle valeur il faut attribuer à l'uniformité de l'Eglise. Mais ceux qui sont en dehors, lorsqu'ils se trouvent confrontés avec une telle uniformité, auront souvent de la peine à discerner à quoi se restreint l'unité essentielle de l'Eglise. Ils risquent de confondre l'unité et l'uniformité, et de ne pas discerner ainsi le vrai visage de l'Eglise. Ils tiendront pour catholique ce qui, en réalité, n'est que romain, et ne verront pas en quoi consiste la place essentielle de Rome dans l'Eglise. Ils prendront l'apparence romaine de l'Eglise pour son caractère essentiel. Or, il y a en cela tout un revêtement extérieur et même une forme de centralisation conditionnée par l'histoire, et qui ont été une conséquence de la foi de l'Eglise qui voit en l'évêque de Rome le successeur de Pierre et le Vicaire de Jésus-Christ. Mais ce revêtement romain de l'Eglise et une certaine forme de centralisation, dont nous reconnaissons la grande valeur, ne sont cependant pas une forme indispensable et invariable de l'Eglise de Jésus-Christ » [1]). Et qu'on ne croie point qu'il s'agit uniquement d'un problème de discipline. C'est la doctrine même qui est en jeu. Au cours d'une étude biblique, le P. J. L. Witte déclarait : « l'uniformité en tout n'est pas l'idéal de la catholicité, mais sa caricature » [2]).

[1]) Voir *Docum. Cathol.* du 21 janvier 1962, c. 118. Texte complet à Paris, Ed. du Centurion.

[2]) « Uniformität in allen ist deshalb nicht das Ideal der Katholizität, sondern ihre Karikatur » (J. L. WITTE, S. J., *Die Katholizität der Kirche*, dans *Gregorianum*, 1961, pp. 239-240.

PERSPECTIVES DE CATHOLICITÉ

La diversité et la variété impliquées dans toute véritable catholicité trouvent un point d'application dans la vie de toute l'Eglise, tant dans celles qu'on appelle les « Eglises-mères » que dans les Jeunes Eglises. Elles revêtent une forme particulière lorsqu'on les interprète en fonction du mouvement œcuménique actuel.

La diversité n'est pas à créer dans les Eglises-mères ; elle est déjà réalisée en certains domaines - piété, traditions, systèmes doctrinaux, style de vie - dans les régions qui entourent la Méditerranée, « ce bassin méditerranéen qui fut le berceau providentiel du christianisme » [1]). D'abord, dans la *vie* de l'Eglise elle-même. Un catholique espagnol n'est pas en tout identique à un catholique suisse ; un catholique rhénan diffère d'un catholique bavarois, et un catholique italien, d'un catholique néerlandais. Dans cette unique Europe, que de variété déjà dans les formes de piété, dans les préférences en matière de spiritualité, dans la sensibilité religieuse, dans les options théologiques même, dans certains usages ou dans des coutumes ecclésiastiques ! - Ensuite, dans la *culture* et la *civilisation* chrétiennes, c'est-à-dire dans toutes les disciplines humaines qui peuvent être inspirées par l'idéologie du Christ et dans toutes les réalités temporelles qui peuvent être animées par l'idéal chrétien. Il y a divers systèmes de pensée : « Saint Augustin était platonicien ; Fénelon était cartésien ; Malebranche avait une philosophie à lui ; tous trois, et une foule d'autres, attachés à des systèmes divers, professent intellectuellement aussi bien que pratiquement le même christianisme », écrivait le R. P. Sertillanges pour répondre à l'objection du « particularisme thomiste » en philosophie [2]). Et cette diversité enrichissante se traduit dans les systèmes de théologie, les écoles de psychologie, les théories sociologiques, etc...

A ce propos, l'expression « désoccidentaliser l'Eglise » doit être bien comprise. Elle est valable lorsqu'elle rappelle, avec Pie XII dans *Evangelii praecones*, que le rôle du missionnaire ne consiste pas à « transporter dans les lointaines missions, comme on y transporterait un arbre, les formes de culture des peuples d'Europe ». Elle est fausse, si l'on veut priver l'Eglise d'une des couleurs qui,

---

[1]) Voir *Osserv. Rom.*, 3 avril 1959; *Docum. Cathol.*, 26 avril 1959, c. 525; *A. A. S.*, t. 51 (1959), p. 260.
[2]) Dans *Catéchisme des incroyants*.

avec les autres, donnent son éclat à la parure de l'Epouse du Christ. Peut-être ferait-on mieux, pour éviter les réactions qui noient les vrais problèmes, de demander aux pasteurs des « Eglises-mères » qu'ils revisent leur notion et leur pratique de l'« universalisme » chrétien, et qu'ils s'efforcent, non pas de propager partout l'Eglise sous sa forme « méditerranéenne », mais de faire naître la semence évangélique « sur d'autres rivages » - selon la jolie expression de Jean XXIII - et selon d'autres formes tout aussi légitimes : ce qui est le véritable universalisme.

Et le catholicisme des « Jeunes églises » ? - La diversité des dons et des formes, en voie d'actualisation dans les « Eglises-mères », doit être réalisée aussi dans les Jeunes églises, car c'est l'Eglise une et universelle qui doit resplendir dans sa catholicité. En effet, « l'Eglise pleine d'une jeunesse sans cesse renouvelée au souffle de l'Esprit, demeure prête à reconnaître, à accueillir et même à aimer tout ce qui est à l'honneur de l'intelligence et du cœur humain sur d'autres rivages du monde que ce bassin méditerranéen qui fut le berceau providentiel du christianisme » [1]). C'est à dessein que nous reprenons en entier le passage cité partiellement un peu plus haut : il indique parfaitement la ligne de pensée que nous suivons.

Catholicité des « jeunes églises », tout d'abord dans la *vie* ecclésiastique elle-même. Nous citions les différences de coloration et d'accentuation existant dans la vie et les coutumes ecclésiales des Espagnols, Allemands, Néerlandais, etc. La catholicité de l'Eglise sera plénière, lorsque seront actualisées toutes les formes et diversités légitimes, toute la variété des sensibilités religieuse et spirituelle de toutes les régions de l'univers. On trouve déjà un appel à ce sujet dans *Evangelii Praecones* de Pie XII. Lorsqu'il parle de la catholicité de l'Eglise, Pie XII ne se contente pas de répéter les quelques traits bien connus : transcendance par rapport à la race, à la culture et à l'état social ; il précise et détaille : en une seule page, on trouve une allusion explicite aux doctrines, aux arts, aux mœurs particulières, aux institutions traditionnelles, aux fêtes, aux usages et aux coutumes. Or, cela vaut tout d'abord dans les formes et le type de l'existence ecclésiale elle-même, afin qu'apparaisse dans toute sa beauté, disait Jean XXIII, une Eglise « splen-

---

[1]) Voir *A. A. S.*, t. 51 (1959), p. 260.

didement diverse par ses rites, les langues qui y sont employées,
et par les développements liturgiques variant avec les temps et les
peuples ; mais toujours flamme unique de croyance et de discipline,
d'ordre et de sainte organisation » [1]).

Catholicité aussi dans les diverses formes de *culture* et les divers
types de *civilisation* d'inspiration chrétienne. Culture « africaine »,
comme le demandait Jean XXIII aux écrivains et artistes noirs à
l'occasion de leur IIe Congrès mondial, le 1er avril 1959 : « Partout
en effet où d'authentiques valeurs de l'art et de la pensée sont
susceptibles d'enrichir la famille humaine, l'Eglise est prête à favoriser ce travail de l'esprit. Elle-même, vous le savez, ne s'identifie
à aucune culture, pas même à la culture occidentale à laquelle
pourtant son histoire est étroitement mêlée. Car sa mission propre
est d'un autre ordre : celui du salut religieux de l'homme... On
ne peut donc que suivre avec intérêt, Messieurs, vos efforts pour
rechercher les bases d'une communauté culturelle d'inspiration africaine » [2]). Et aussi, une culture « orientale ». Le 8 décembre 1959,
Jean XXIII, s'adressant au Rassemblement de Pax Romana qui
se tenait à Manille (Philippines), rappelait que « l'Evangile a heureusement animé au cours des siècles, à commencer par le Proche-
Orient, des formes vivantes de culture, qui ne cessent de porter de
pures valeurs religieuses, morales et intellectuelles dont on aurait
grand tort de se priver. Et aujourd'hui, c'est à vous que revient pour
une part la tâche importante de traduire également ce message de
vérité et d'amour en des formes appropriées à l'âme orientale :
sachez que nous estimons ce travail capital pour l'avenir du catholicisme » [3]).

Bref, dans la plupart des régions du monde où l'Eglise a été
plantée, avec sa hiérarchie, son culte et ses œuvres, on passe du
stade de la « catholicité-mission » au stade de la « catholicité-
plénitude ». Dans le premier cas, les Eglises-mères *donnent* le
meilleur d'elles-mêmes - le Christ et son Evangile - à ceux qui ne
les connaissent point. Dans le second cas, les « vieilles églises » et
les « jeunes églises », développant les unes et les autres toutes leurs
qualités d'ordre ecclésiastique et d'ordre culturel, *unissent leurs*

---

[1]) *Discours* aux pèlerins de Vénétie, dans *Osserv. Rom.*, 16-17 mars 1959;
Docum. Cathol., 12 avril 1959, c. 454.

[2]) Voir *Osserv. Rom.*, 3 avril 1959; *Docum. Cathol.*, 26 avril 1959, c. 525.

[3]) Voir *Osserv. Rom.*, 23 janvier 1960; *Docum. Cathol.*, 21 février 1960, c. 218.

richesses et leur splendeur, pour le plus bel épanouissement visible de l'Eglise universelle, une et catholique, « œcuménique ».

Cette nouvelle perspective paraît inhérente au passage suivant du *Message* pontifical de Noël, en 1945 [1]). « Il fut un temps, déclarait Pie XII, où la vie ecclésiastique, sous son aspect visible, se déployait avec vigueur de préférence dans les pays de la vieille Europe, d'où elle se répandait, comme un fleuve majestueux, jusqu'à ce qu'on pourrait appeler la périphérie du monde ; aujourd'hui, par contre, elle apparaît comme un échange de vie et d'énergies entre tous les membres du corps mystique du Christ sur la terre ». Voilà le tournant de l'histoire bien caractérisé ; d'abord, action à sens unique ; ensuite, échange de biens. Et Pie XII poursuit, expliquant brièvement ce nouvel âge des « missions » : « Pour bien des régions, en d'autres continents, est depuis longtemps passée la période de la forme missionnaire de leur organisation ecclésiastique ; elles sont dirigées par une hiérarchie propre et donnent à toute l'Eglise des biens spirituels et matériels, alors qu'auparavant elles ne faisaient que recevoir ». On ne peut être plus précis : de l'ère des « missions » on passe à l'ère des « jeunes églises » et de l'évangélisation à l'œcuménicité.

* * *

Enfin, il nous faut dire un mot de cette diversité et de cette variété par rapport aux différentes communions chrétiennes non-romaines. La catholicité, *de ce point de vue*, signifie concrètement : d'abord, que l'Eglise n'est liée par aucun particularisme ni aucune uniformité en matière de rite, de spiritualité, de système théologique, de sensibilité religieuse, de discipline ecclésiastique, hormis évidemment ce qui est postulé par les exigences certaines de son unité authentique ; ensuite, que l'Eglise peut assumer, et devrait intégrer, dans son unité même, la pluralité des formes et la diversité des nuances en matière de rite et de piété, de sensibilité religieuse, de systèmes théologiques, d'usages et de coutumes, de forme de vie chrétienne et de style d'existence ecclésiale, qui sont présents dans les communautés séparées, à condition qu'elles soient légitimes.

Il est incontestable que, du fait des rencontres œcuméniques, les catholiques prennent, plus que jadis, contact avec la Bible ; ils parlent, eux aussi, de la Parole de Dieu et de la gratuité absolue

---

[1]) Pie XII, *Message de Noël*, 1945, *A. A. S.*, t. 38 (1946), pp. 20-21.

de la grâce ; ils insistent sur l'importance de la foi, qui doit animer les rites sacramentels ; ils organisent des veillées religieuses, dont la lecture et la méditation des Ecrits Inspirés constituent la pièce centrale ; ils soulignent avec force la grandeur du sacerdoce des fidèles, etc., etc. On pourrait allonger la liste. Ces faits sont indéniables. Mais l'interprétation qu'on en donne est sujette à caution. Sont-ce des traditions typiquement protestantes que l'on introduit dans la vie catholique ? Ou est-ce la catholicité de l'Eglise que l'on « actualise » plus pleinement ? En ce cas, il y aurait progrès.

Certes, il peut s'introduire dans l'Eglise des éléments doctrinaux, cultuels, disciplinaires typiquement protestants. Ainsi, un sens de la Bible qui fait à la tradition apostolique une place trop réduite, une exaltation de la Parole de Dieu qui la détache de ses connexions institutionnelles avec le Magistère ; un hommage à la Transcendance divine qui obscurcit le réalisme de l'Incarnation ; une mise en vedette de l'efficacité salvifique de la foi, qui porte ombrage à la valeur des rites sacramentels ; une surestimation du sacerdoce des fidèles par rapport à la hiérarchie ecclésiastique, etc., etc. Il serait étonnant, presque miraculeux, que la multiplication des « rencontres » œcuméniques ne cause aucun dommage. Il y a donc lieu d'être vigilant, toujours. L'œcuménisme ne peut être valable que s'il respecte la vérité entière : tous les œcuménistes de métier sont d'accord sur cette donnée capitale. Mais il en est d'autres, inévitablement.

Il ne serait néanmoins pas honnête de laisser s'accréditer l'idée que tout ce qui « paraît » être, aux yeux de certains, une « corruption » du catholicisme par le protestantisme, le soit en vérité. Certaines nouveautés affectant la vie des catholiques, du fait des rencontres « œcuméniques », peuvent être une mise au point heureuse, une rectification bienfaisante, voire nécessaire. Ainsi, insister sur la Sainte Trinité plus que sur la Cause suprême dont parle la théodicée, souligner la précellence du Don Incréé de Dieu sur le don créé de la grâce, rappeler instamment que la foi est une force porteuse de salut à ceux dont l'espérance va trop exclusivement aux œuvres ou aux rites ; reviser, sinon la théologie du mérite, du moins le vocabulaire dont elle use ; proclamer le rôle actif du peuple chrétien tout entier dans l'œuvre du Christ en ce monde, etc., etc., sont des « mises au point » qui ont été réalisées, en partie du moins, grâce à une confrontation de la vie catholique et de la vie protestante - il serait peu équitable de le nier - et qui sont heureuses, opportunes, bienvenues. Il y a - tous les théologiens le reconnaissent avec plus ou moins de franchise - une condition anti-protestante de la communauté catholique, qui a inévitablement mené à souligner particulièrement les valeurs rejetées par la Réforme et à mettre un peu en veilleuse les valeurs que la Réforme voulait exalter au maximum. Il faut donc être sûr de sa connaissance du christianisme pour déclarer que ce que le catholicisme pourrait recevoir du fait d'une confrontation avec le protestantisme et l'orthodoxie constitue ou ne constitue pas une déviation ou une corruption.

Alors, lorsque des catholiques exaltent l'importance de la Parole de Dieu, lorsqu'ils soulignent la place de la Bible dans la spiritualité chrétienne, lorsqu'ils insistent sur la Transcendance de Dieu et la gratuité de la grâce, lorsqu'ils attirent l'attention sur le rôle de la foi dans la vie sacramentelle, comment devons-nous interpréter ces démarches ? Est-ce nécessairement introduire des traditions protestantes dans le catholicisme ? Non. Ce peut être une œuvre tendant à « actualiser » plus ou mieux la catholicité la plus authentique de l'Eglise. « Actualiser », à l'intérieur de l'Eglise unique et une, la merveilleuse diversité des spiritualités, des sensibilités religieuses, des accentuations doctrinales, etc., c'est accomplir et parachever la catholicité. C'est, en même temps, faire que l'Eglise soit vraiment la demeure de tous, « habitable » par tous, et, par là, aimée de tous. Car il ne suffit pas de dire que, entrant en communion avec l'Eglise catholique, un chrétien séparé ne doit renier aucun bien qui, par la grâce de Dieu, est présent en lui et dans la communauté à laquelle il appartient [1]). Il faut aussi et surtout que, dans l'Eglise catholique, ce baptisé, ce chrétien puisse se sentir vraiment chez lui, dans « sa maison », du fait que s'y trouvent déjà actualisées les nuances et les formes légitimes de vie chrétienne qui lui sont chères dans le domaine de la piété, de la spiritualité, du témoignage doctrinal, du style de vie ecclésial, etc.

Les démarches dont nous donnions quelques exemples ci-dessus « accomplissent » donc la catholicité de l'Eglise. Elles ajoutent une nuance nouvelle, un éclat original, à la beauté de l'Epouse du Christ. Elles constituent un parachèvement heureux de la « demeure » du peuple de Dieu. Loin de représenter nécessairement une entreprise de confusionisme et d'altération, elles peuvent être

---

[1]) Cfr Instruction *Ecclesia Catholica*, n. II; *A. A. S.*, t. 42 (1950), p. 144.

une part de l'œuvre providentielle à laquelle tous les fidèles devraient travailler volontiers et ardemment. « Actualiser » la catholicité de l'Eglise est un des propos majeurs, sinon le propos majeur, de l'œcuménisme catholique.

L'Eglise et la société civile

Nous avons cité plus haut les passages les plus importants d'une Déclaration acceptée à New-Delhi concernant l'évangélisation, le prosélytisme et la liberté religieuse. Sur les deux premiers thèmes - et à condition de distinguer le fond et les formules, l'essentiel et les détails - l'accord est possible entre théologiens catholiques et membres du Conseil œcuménique. Par contre, la question de la liberté religieuse est plus épineuse. Elle sera sans doute proposée aux Pères du second Concile du Vatican. Ne pouvant préjuger de ce qu'ils décideront, mais désireux quand même de fournir quelques données utiles à un dialogue, nous voudrions présenter un état de la question, et notamment essayer de caractériser deux courants qui existent actuellement en ce domaine dans la théologie catholique.

ÉTAT DE LA QUESTION

Trois grands principes sont en jeu, semble-t-il, dans cette discussion : la liberté de l'acte de foi ; la mission propre et la compétence propre de l'Etat en matière religieuse ; la détermination des moyens dont l'Eglise peut se servir dans l'exercice de sa mission spécifique.

Le don de la foi est gratuit, la vocation au salut est pure grâce. Ce don se présente à l'acceptation humaine et consciente de l'homme qui en est le bénéficiaire. L'adhésion au christianisme ne peut être le résultat d'une contrainte. « Ad amplexandam fidem catholicam nemo invitus cogatur » dit le Code de Droit canonique (c. 1351).

Il en résulte aussi que chacun peut et même doit engager sa foi religieuse d'après les indications de sa conscience, formée selon la prudence, et donc que chacun peut et doit prier selon l'option qu'il a estimé devoir faire. L'on cite volontiers à ce propos ces mots de saint Thomas : « croire dans le Christ est une chose bonne en soi et nécessaire au salut ; mais la volonté n'est portée à cet acte que selon qu'il est proposé par la raison ; dès lors, si la raison le présentait comme mauvais, la volonté se porterait vers lui comme vers une chose mauvaise (Iª IIᵃᵉ, q. 19, a. 5, c.). Ici aussi, l'accord se fera aisément entre catholiques et théologiens du Conseil œcuménique.

Mais celui qui croit désire aussi communiquer aux autres le bien religieux qu'il possède, et il se défendra contre toutes les autres options religieuses. Cet esprit d'évangélisation est normal, voire obligatoire pour tout chrétien. Mais que doit faire l'Etat, que doivent faire les représentants de l'autorité civile à ce propos ? C'est sur ce point que les avis sont partagés.

Beaucoup de catholiques défendent la thèse suivante. L'Eglise catholique peut demander et attendre d'un Etat catholique une aide positive dans la défense de sa mission et de ses intérêts. Il appartient en effet à la mission propre et donc à la compétence propre de l'Etat, disent-ils, de donner pareille aide positive à la vraie religion ; et l'Eglise catholique reste fidèle à l'esprit du Christ lorsqu'elle fait appel à l'aide de l'Etat pour la défense et la promotion de sa mission surnaturelle.

D'autres défendent les idées que voici. L'Eglise catholique peut et doit demander et attendre de tout Etat une liberté « civile » qui lui permette un développement normal, compte tenu du bien commun. Car la mission propre de l'Etat, disent-ils, concerne le bien commun temporel « naturel ». Et en appeler à l'Etat pour la défense et la promotion de la mission propre de l'Eglise ne paraît pas s'imposer en vertu de l'esprit du Seigneur.

Les deux principes qui commandent les thèses en présence sont donc les suivants. D'abord et surtout : quelle est la mission propre, et donc la compétence propre, de l'Etat en matière de religion ? Subsidiairement : quels sont les moyens que, suivant l'esprit du Christ, l'Eglise catholique peut mettre en œuvre pour l'obtention de sa mission spécifique d'ordre surnaturel et ecclésiastique ?

Ce sera l'objet des deux paragraphes suivants.

LA MISSION PROPRE DE L'ÉTAT

La mission de l'Etat consiste à réaliser un ordre, l'ordre le plus favorable au bien commun humain, temporel. Donc, plus qu'une sorte de pure « technique » politique [1]. Nous parlons de « biens

---

[1] C'est là une autre conception de la mission propre de l'Etat; nous n'en parlerons pas ici.

humains », et donc aussi « moraux », en usant de ce terme dans son acception « humaine ». Nous parlons de « vertus humaines », mais en demeurant à ce qu'on pourrait appeler l'aspect « naturel » de l'homme [1]). Ces biens humains incluent même une certaine religion, en ce sens qu'un élément religieux appartient à l'ordre naturel [2]).

Le bien commun, disions-nous, comporte, de soi, un élément religieux. Mais la place de cet élément religieux peut se concevoir de diverses manières : soit très générale et peu accentuée, soit bien précise et fortement soulignée. Ainsi, d'aucuns se contenteraient de requérir un bien commun humain incluant un vague théisme, d'un contenu imprécis, sans plus, les déterminations ultérieures venant des options religieuses personnelles d'un chacun. D'autres estiment plutôt que cet élément religieux, tout en demeurant « naturel » et « humain », pourrait parfaitement contenir tout ce que l'on trouve dans un manuel de théodicée. Il est certain que la théodicée est formellement philosophique ; et son contenu est évidemment plus ample qu'une simple « ouverture » à un élément religieux. Entre ces deux pôles se situent toutes les nuances, même indépendamment de toute référence aux conditions concrètes et historiques dans lesquelles se trouve un Etat. Et ces nuances affectent nécessairement tout ce qui sera dit, dans la suite, de l'élément religieux impliqué dans la conception du bien commun.

Dans l'ordre historique concret que nous vivons, il est clair que ce bien humain, temporel et naturel - avec l'élément religieux - se trouve dans une certaine relation avec le bien surnaturel qui relève de la mission spécifique de l'Eglise. Quelle est cette *relation* lorsqu'on l'envisage du point de vue de la mission *propre* et de la compétence *propre* de l'Etat ? Ici, certaines divergences se font jour, qui ne sont que l'expression, en un domaine précis, des solutions données au problème nature-surnature, philosophie chrétienne, etc. Nous en fixerons la teneur en deux circonstances : la promotion de la religion, la défense de la religion.

---

[1]) Dans *Non abbiamo bisogno*, Pie XI écrivait: « ... diritti e doveri incontestabili finchè rimangono nei confini delle competenze proprie dello Stato; competenze che sono alla loro volta chiaramente fissate delle finalità dello Stato: finalità certamente non soltanto corporee e materiali, ma di per se stesse necessariamente contenute nei limiti del naturale, del terreno, del temporaneo » (*A. A. S.*, 1931 (t. XXIII), p. 303).

[2]) Depuis le Christ, disent certains auteurs, *tout* élément religieux relève directement de la compétence de l'Eglise.

I. *Pour promouvoir une religion.*

Thèse A. Il appartient à la mission propre de l'Etat de chercher à connaître le vrai Dieu et la vraie Eglise, d'aider positivement les citoyens à cette recherche de la vraie religion, de rendre un culte public au vrai Dieu. L'Etat catholique doit porter aide positivement à l'Eglise catholique dans la mission spécifiquement surnaturelle et ecclésiastique qu'elle a reçue de Jésus-Christ.

Il est même question d'un « culte public » rendu à Dieu par l'Etat. On entend par là : *a)* un acte religieux, liturgique, public rendu par l'Etat au vrai Dieu, et selon la forme exigée par Dieu, donc dans l'Eglise catholique ; *b)* un acte « communautaire », venant des citoyens avec leurs dirigeants, ceux-ci l'exerçant en tant que dirigeants, mieux, en tant qu'accomplissant une tâche qui s'impose aux dirigeants comme tels, parce que telle est la mission propre de l'Etat comme tel.

Thèse B. L'Etat a pour mission propre de réaliser un ordre de valeurs humaines qui doivent être « ordonnables » aux valeurs surnaturelles. En d'autres termes, cet ordre humain ne peut être « clos », « fermé », ni « exclure positivement » toute autre valeur : ce serait le laïcisme. Il doit être « ouvert » à un supplément de valeurs, « apte » à être intégré dans une vision du monde chrétienne, bref, « ordonnable » à un ordre surnaturel.

Quant au « culte » qui est rendu par la société civile, on ne peut l'entendre que de la façon suivante. L'Etat rend un culte à Dieu, *a)* soit en ce sens général que toute activité - profane ou non - qui est bien exercée selon ses lois propres, constitue un hommage rendu au Seigneur de la création : ainsi l'Etat, en réalisant un ordre humain et naturel aussi parfait que possible, rend gloire à Dieu ; *b)* où encore, du fait que l'Etat inclut, dans l'ordre humain et moral qu'il poursuit, l'élément « religieux » qui appartient à tout bien humain naturel (vague théisme ou théodicée précise) ; et qui dit religieux, dit un certain rapport au Seigneur et au Créateur ; *c)* enfin, en ce sens que, lorsque toute une nation est catholique - par exemple - et lorsque toute la communauté se réunit en assemblée cultuelle, il est normal que les dirigeants de cette nation prennent également part à ce culte, et même qu'ils occupent une place en vue dans cette assemblée ; toutefois, les dirigeants sont là parce qu'ils sont catholiques, et non formellement pour remplir une mission qui est propre à l'Etat, et donc pour remplir une obligation qui leur incombe comme dirigeants politiques.

II. *Pour défendre une religion.*

Thèse A. Comme l'Etat a la mission propre d'aider l'Eglise catholique, qui est la véritable Eglise du Christ, il s'ensuit que son comportement devra être le suivant :

1) Dans les pays à *majorité catholique*. - L'Etat doit favoriser le catholicisme dans ses lois, dans ses initiatives, de différentes manières. Quant aux autres religions, il devra, non s'y opposer, mais en régler les manifestations, défendre ses citoyens contre la propagande d'erreurs religieuses, etc. Cette « tolérance » relative devra se faire plus grande aujourd'hui, étant donné que la civilisation moderne, la paix du monde, la liberté de l'Eglise le demandent ; elle devra notamment tenir compte du bien commun international et de l'interdépendance de tous les pays.

2) Dans les pays à *majorité non-catholique*. - Puisque tout Etat a l'obligation d'observer le droit naturel, aussi en matière religieuse, les catholiques ont le droit d'exiger la liberté religieuse civile, et aussi plénière que possible : c'est, de fait, dans ces circonstances, la solution la plus avantageuse pour l'Eglise catholique.

Thèse B. Cette thèse s'explicite comme suit.

a. L'Etat doit assurer le bien commun humain naturel, temporel et doit, par conséquent, fixer un ordre juridique de valeurs humaines « ouvertes » à un supplément surnaturel, « ordonnables » à la fin surnaturelle historique, « intégrables » par un chrétien dans une sagesse supérieure, mais qui demeure en tout au plan « naturel ». Par conséquent, les normes de l'Etat, du fait qu'elles concernent les personnes humaines, *comme telles*, - dans leur aspect « naturel » - sont les mêmes pour *toutes* ces personnes, sont communes à toutes ces personnes.

b. Quel est cet ordre ? - L'Etat doit d'abord reconnaître l'*existence* de droits de la personne, c'est-à-dire de tout ce qui est exigé objectivement par la nature ou condition humaine et par la destinée humaine. - L'Etat doit aussi protéger et mettre de l'ordre dans l'*exercice* de ces droits de la personne. Exercer un droit consiste, en quelque sorte, à insérer l'objet du droit dans une activité extérieure : on croit au Christ, et donc on Le prie, on parle de Lui, on Le prêche, on L'honore. Mais si l'exercice de tous les droits de l'homme se réalise ainsi dans des actes externes, il doit nécessairement être limité de quelque manière : car il y a d'autres personnes dans la société, et toutes ces personnes ont des droits humains et doivent pouvoir les exercer ; il faut donc que chacun, en exerçant ses droits, tienne aussi compte des autres, de l'exercice de leurs droits, et finalement du bien commun. C'est pourquoi nous disions que l'Etat doit « protéger et ordonner » l'exercice des droits. L'Etat doit tenir compte de l'ensemble des citoyens, les protéger tous dans l'exercice de leurs droits (les droits qui ne peuvent être exercés deviennent illusoires) ; il doit donc fixer et déterminer la « mesure » d'exercice des droits d'un chacun pour que les droits de tous et le bien commun soient respectés. Tel est l'« ordre juridique » fixé par l'Etat pour le bien de tous. Et les *libertés civiles* sont précisément l'ensemble des conditions et des « mesures » consacrées juridiquement pour assurer à tous les citoyens l'exercice de leurs libertés personnelles, compte tenu des droits des autres et du bien commun.

c. La liberté *religieuse* « civile », en particulier, implique ceci. L'Etat reconnaît officiellement que tous les citoyens jouissent de la liberté religieuse civile. Ensuite, l'Etat délimite l'exercice de cette liberté religieuse selon les exigences du bien commun temporel, comme pour toutes les autres libertés en d'autres matières. Ces exigences, ce sont le respect mutuel, la dignité du comportement, la liberté de fait, tant pour les groupes que pour les individus. Il y a donc, on l'aura constaté, une certaine élasticité du contenu du « bien commun », eu égard au genre de civilisation dans lequel il est considéré, notamment en ce qui concerne l'élément religieux. L'Etat répond à ces exigences, mais en demeurant dans sa compétence propre : ainsi, lorsqu'il aide des groupes par des subsides, il s'en tient à un critère sociologique, et non point dogmatique, c'est-à-dire qu'il considérera le rôle et l'importance de tel groupe par rapport à l'aspect temporel, naturel et terrestre des valeurs humaines qu'il doit promouvoir.

d. L'idée de « tolérance » est donc ici remplacée par l'idée de « *liberté religieuse* », au sens civil du terme. Il ne s'agit en aucun cas de relativisme ou d'indifférentisme religieux, ni certes d'équivalence dogmatique des religions, ni d'un refus de voir en l'Eglise catholique la véritable Eglise du Christ : car ces domaines dogmatiques sont considérés comme en dehors de la mission propre et de la compétence propre de l'Etat. Il s'agit de « liberté religieuse », au sens civil et social du terme ; il s'agit d'« équivalence civile ».

e. Quels sont les effets de cette liberté religieuse « civile » dans le concret ? - Dans les pays à *majorité catholique*, les œuvres et institutions catholiques seront favorisées de fait, eu égard à leur importance sociologique. Mais ces avantages n'ont d'aucune manière l'aspect d'un privilège fixé par un Etat qui se considère compétent en matière de vraie religion. - Dans les pays à *minorité catholique*, les catholiques pourraient exiger la liberté religieuse « civile » qu'ils requièrent pour tout le monde dans tous les pays, et ce, en union avec le Conseil œcuménique des Eglises, l'O. N. U., etc. Cette exigence n'aurait pas, elle non plus, l'aspect d'un privilège exigé par les catholiques, là où ils sont en minorité.

MOYENS DONNÉS A L'ÉGLISE POUR ACCOMPLIR SA MISSION

Les considérations qui suivent, qui sont d'ordre religieux, concernent les moyens que l'Eglise peut mettre en œuvre dans l'exercice de sa mission spécifique, surnaturelle et ecclésiastique. Car le problème existe : tous les moyens sont-ils « chrétiens » ? Certes, les moyens évidemment mauvais ne sont jamais légitimes ; ils sont contraires à l'esprit du Christ et à la volonté du Seigneur. Mais *tous* les moyens temporels et terrestres - même efficaces - sont-ils bien légitimes ? Est-il dans l'esprit du Christ d'user de *tous* les moyens terrestres qui ne ont pas intrinsèquement mauvais ? En particulier, est-il dans l'esprit du Christ d'exiger d'un Etat qu'il intervienne positivement dans le discernement, la défense et la promotion des buts spécifiquement surnaturels et ecclésiastiques de l'Eglise ?

Thèse A. — Pour les théologiens qui proposent la thèse A, il est certain que l'Eglise catholique a le droit d'exiger la liberté civile dans les régions à minorité catholique et, dans les régions à majorité catholique, elle a le droit de jouir d'un statut favorable, en tant qu'elle est l'Eglise véritable. Jouir d'un statut favorable signifie qu'elle a le droit d'exiger de n'être pas entravée par des erreurs ecclésiologiques et dogmatiques, d'exiger que l'Etat la discerne et la reconnaisse comme l'Eglise véritable, qu'il favorise le bien surnaturel de ses fidèles, ce bien étant le complément véritable du bien commun humain dont il a la charge.

Les arguments que les protagonistes de cette thèse font valoir sont les suivants.

D'abord, les faits et les déclarations théoriques de l'antiquité chrétienne, dans lesquels s'exprime un appel à la puissance séculière, non tant pour conduire à la foi, mais pour punir le schisme et l'hérésie. Ces faits sont incontestables ; les textes sont nombreux.

Ensuite, les faits et les doctrines de la théologie et de l'Eglise au moyen âge. Le « prince » est appelé, en vertu d'un droit, à intervenir dans le maintien de l'unité religieuse de la chrétienté, à punir les hérétiques et les schismatiques, à défendre les fidèles dans les dangers que court leur foi.

Enfin, dernier argument, la thèse est appliquée couramment dans les documents ecclésiastiques qui règlent les rapports entre l'Eglise et l'Etat.

Thèse B. - Pour d'autres théologiens, la religion catholique a le droit d'exiger - à l'égal de tout groupe et de tout individu - la liberté religieuse « civile ». Cela implique que tout Etat reconnaisse ce droit humain, qu'il n'en refuse pas l'exercice normal, qu'il en règle l'exercice uniquement de manière à ce que tous les droits d'un chacun, et le bien commun, soient assurés au mieux.

Les arguments qu'ils font valoir sont les suivants.

D'abord, la doctrine de la mission propre et de la compétence propre de l'Etat, notamment en matière religieuse. Cette mission, disent-ils, concerne uniquement le bien « humain », terrestre, temporel. Il leur semble que ce point, qui est capital, mériterait plus de considération de la part des tenants de la thèse A.

Ensuite, il leur semble que la doctrine biblique néotestamentaire, dans la mesure où elle nous décrit l'esprit chrétien et la mentalité de l'Evangile, ne mène pas à demander, ni à exiger de l'Etat une aide positive et contraignante contre les hérétiques et les schismatiques, afin de les ramener à l'unité. Ce qui s'est passé par la suite, au cours des siècles, peut être un « développement homogène », mais aussi un « certain gauchissement ». Jadis, disent-ils, on a justifié la peine de mort contre les hérétiques : dirait-on aujourd'hui que cette position est un développement homogène de la pensée néotestamentaire ?

Par ailleurs, il n'est pas exclu que des théories anciennes et reçues pendant une longue période, puissent être considérées aujourd'hui comme *imparfaites*. Ainsi, pendant des siècles, on a justifié théologiquement la peine de mort appliquée aux hérétiques. « Par conséquent, écrit saint Thomas, si les faux monnayeurs et autres malfaiteurs sont immédiatement mis à mort, et à juste titre, par les chefs séculiers, bien davantage les hérétiques, dès qu'ils sont convaincus d'hérésie, peuvent-ils, non seulement être excom-

muniés, mais très justement mis à mort » (II[a] II[ae], q. XI, a. 3, c.).
Les « principes » anciens peuvent donc être soumis à un certain
examen, car il s'agit d'une matière qui a été très dépendante des
fluctuations concrètes et des situations historiques.

De plus, il y a dans l'histoire même des doctrines et des faits,
deux courants : l'un favorable à l'appel à la puissance séculière
contre les schismes et les hérésies ; l'autre opposé à cet appel. Il
serait donc inexact de déclarer qu'il n'y a qu'*une* théorie « catholique » et *un* comportement « catholique » en ce domaine [1]).

---

[1]) Voici quelques déclarations contre l'appel à une puissance séculière contre
les schismatiques et hérétiques. Nous prenons tous ces textes à J. LECLER, *Histoire
de la tolérance au siècle de la Réforme.* 2 vol., Paris, Aubier, 1954, 403 et 459 p.

— Saint Athanase, contre Constance qui favorisait l'arianisme :

« On n'annonce pas la vérité avec des glaives, des javelots, des soldats... ».

« Le propre d'une religion n'est pas d'imposer, mais de persuader. Le
Seigneur n'a fait violence à personne... Va-t-on faire le contraire du Sauveur et,
après s'être donné Constance pour chef antichrétien de l'impiété [arienne],
va-t-on en faire de Constance l'Antéchrist ? » (I, 78).

— S. Hilaire de Poitiers, contre Constance, à propos d'arianisme :

« Si on employait la violence pour établir la vraie foi, la doctrine épiscopale
s'y opposerait et elle dirait : ‘Dieu est le Seigneur de l'univers. Il n'a pas besoin
d'un hommage forcé. Il ne demande pas une confession de foi extorquée par
la contrainte » (I, 78).

Ou encore, dans son Traité contre Auxence :

« Je vous le demande, évêques... sur quelles puissances se sont appuyés les
apôtres pour prêcher le Christ et amener presque tous les peuples des idoles à
Dieu ?... Est-ce par les édits du roi que Paul rassemblait l'Eglise pour le Christ,
lorsqu'il fut donné en spectacle au théâtre ? S'appuyait-il sur le patronage de
Néron, de Vespasien ou de Dèce ?... Mais maintenant, hélas, les protections
terrestres recommandent la foi divine, et la vertu du Christ est accusée d'im-
puissance... » (I, 78-79).

— Le pape Gélase, contre l'intervention de l'empereur en faveur de l'hérésie
monophysite :

« Le Christ, par égard pour la faiblesse humaine, a su prendre... les dispositions les plus aptes à procurer le salut des siens. Voulant donc sauver ses
fidèles par le remède de l'humilité... il a divisé la fonction de l'une et l'autre
puissance en assignant à chacune d'elles sa tâche et sa dignité propre » (I, 80).

« A rester ainsi modestement à sa place, chaque puissance évite de s'enor-
gueillir en acceptant pour elle toute l'autorité, et elle acquiert une compétence
plus grande dans les fonctions qui lui sont propres » (I, 81).

— Saint Augustin, contre le schisme donatiste, annonce qu'il prêchera pour
les convaincre, lorsque les troupes auront quitté Hippone :

« Je ferai ainsi comprendre à mes auditeurs que mon but n'est pas de forcer
les hommes à embrasser malgré eux une communion quelconque, mais de faire

Il y a *actuellement* aussi deux *courants* à ce sujet dans la pensée catholique. Et chacun de ces courants est représenté par des théologiens de qualité [1]).

Enfin, on est d'accord aujourd'hui pour admettre que l'on ne peut être contraint à *embrasser la foi* (voir Droit Canon c. 1351). On pourrait se demander s'il n'est pas légitime d'étendre ce principe au cas des chrétiens *séparés*. Sans doute, on répète de manuel en manuel que « accipere voluntatem est voluntatis, sed tenere iam acceptam est necessitatis » [2]). Mais la plupart des chrétiens séparés, aujourd'hui, ne sont pas dans ce cas. Ils n'ont jamais été ' dans ' le catholicisme. Le raisonnement ne leur est pas applicable. Il faudrait soumettre cet argument à un examen sérieux et objectif.

Bref, sur le point des « moyens » à employer par l'Eglise dans la poursuite des objectifs spécifiquement surnaturels et ecclésiastiques, la doctrine catholique n'est pas aussi uniforme que d'aucuns le croient.

LA PRATIQUE COURANTE

Puisque nous donnons l'état de la question, nous devons constater que la thèse A exprime certainement la pratique courante de

---

connaître la vérité à ceux qui la cherchent paisiblement. Ainsi, comme de notre côté cessera la terreur des armes temporelles, que cesse du vôtre la terreur des circoncellions rassemblés. Occupons-nous de la question elle-même, agissons avec notre raison, avec l'autorité des divines écritures; demandons, cherchons, frappons, dans la paix et la tranquillité, pour que nous trouvions et qu'il nous soit ouvert » (I, 84).

— Saint Bernard, commentant Cant. II, 15: capite nobis vulpes parvulas quae demoliuntur vineas...

« Si on entend ces paroles dans le sens allégorique, en sorte que les Eglises soient des vignes et les renards les hérésies ou plutôt les hérétiques, le sens obvie est que les hérétiques doivent être « pris » plutôt que « chassés ». Mais qu'on les prenne, dis-je, non par les armes, mais par des arguments, en vue de réfuter leurs erreurs » (I, 108).

On pourrait allonger la liste. Mais, rappelons-le, on peut établir une liste aussi longue avec des textes (même de saint Augustin, de saint Bernard: voir I, 84-85 et 109) qui approuvent et justifient l'appel à une puissance séculière contre les hérétiques.

[1]) Voir une note bibliographique sur ces auteurs dans l'exposé de leur doctrine présenté par A. F. CARILLO DE ALBORNOZ, *Le catholicisme et la liberté religieuse*, Paris, Edit. Universitaires, 1961, pp. 15-16.

[2]) Cfr J. LECLER, *o. c.*, I, p. 112.

l'Eglise catholique, tandis que les éléments de la thèse B, bien
que présents un peu partout au cours des siècles, ne sont mis en
valeur que depuis quelques décennies. Les tenants de la thèse B
ont très bien remarqué que leur position ne pouvait faire appel à
une série aussi impressionnante d'autorités, soit théologiques, soit
historiques. Ils justifient néanmoins leur préférence en attirant
l'attention sur la portée exacte des arguments théologiques et historiques mis en avant par les protagonistes de la thèse A.

C'est que, disent-ils d'abord, les déclarations officielles de la
hiérarchie ecclésiastique comportent souvent un rappel des principes, certes, mais des principes tels qu'ils sont vus et éclairés,
voire aussi déjà interprétés, à une époque, en dépendance de certaines idées et de certaines situations. Il y a un demi-siècle déjà,
A. Vermeersch, S. J., écrivait ces lignes qui ont un accent très
actuel : « le vrai catholique n'est pas le réactionnaire qu'on prétend. Il reconnaît l'œuvre providentiellement destructive du temps,
qui a emporté l'inquisition comme la féodalité, comme l'ancien
régime... Chaque époque reçoit des précédentes un bien qu'elle
doit accroître et léguer à l'époque suivante. Elle le reçoit entouré
d'une gaine provisoire et caduque qu'elle remplace par celle qui
lui convient... Pour garder l'unité religieuse, l'inscription de l'hérésie dans un code pénal ne paraît pas nécessaire » [1]).

Or, poursuivent-ils, la doctrine catholique de la mission du
prince, dans l'antiquité et au moyen âge, a été influencée par des
conceptions du monde assez « unitaires » et peu sensibles à la
« différenciation » des tâches. En effet, l'union intime de l'Etat
et de la religion est enracinée dans les traditions du monde antique,
qui a formé tant de penseurs dont dépend la théologie catholique
commune. D'autre part, les empereurs d'Occident ont aimé jouer
aux protecteurs de l'Eglise, et le césaro-papisme a toujours été actif.
Même en s'exerçant de façon heureuse pour l'Eglise, il a créé quelque confusion dans la doctrine. Enfin, au moyen âge spécialement,
certaines doctrines ont également cherché l'unité, mais pas avec
la différenciation désirée : « Ecclesiam dispositam esse, ut ponti-
ficali auctoritate et regali potestate gubernetur » [1]). Or, c'est à partir
d'une telle tradition, dans un tel contexte historique, et d'après une
telle conception de l'Eglise qu'a été élaborée la théorie de la

[1]) *La tolérance*, Louvain, 1912, pp. 389-391.

mission propre de l'Etat qui est actuellement impliquée dans la thèse A.

Un nouvel examen paraît s'imposer aussi, du fait que, depuis les temps modernes, on a mieux compris et mieux souligné, dans tout ce qui concerne les rapports entre nature et surnature, la « consistance » propre des réalités temporelles, sans renier aucunement leur « ordinabilité radicale » à un ordre surnaturel. Le cas de l'Etat n'est qu'une pièce de ce problème général ; la détermination de sa « mission propre » commence à être dégagée d'un contexte qui n'appartient pas à la doctrine comme telle.

On a aussi noté que Pie XI, et aussi Pie XII, dans le Discours qu'il fit aux juristes catholiques, avaient fait sentir que le dernier mot n'était pas dit à ce propos. Les observateurs y ont discerné une porte ouverte, et ce dans la direction de la thèse B. Et il en est de même dans la distinction reçue actuellement entre « laïcisme » et « laïcité » : c'est Pie XII lui-même qui parla d'une « saine et légitime laïcité de l'Etat » [2]).

Voilà quelques raisons pour lesquelles les tenants de la thèse B estiment pouvoir proposer une doctrine selon laquelle la mission propre de l'Etat ne s'étend pas aussi loin que le disent les protagonistes de la thèse A [3]).

---

[1]) J. LECLER, o. c., I, pp. 194-195.

[2]) « Come se la legittima sana laicità dello Stato non fosse uno dei principi della dottrina cattolica » : cfr Provvide Esortazioni del Sommo Pontefice ai Marchigiani residenti in Roma, dans Osserv. Romano, 24-25 mars 1958. S'il ne faut pas urger la portée de cette phrase, il ne faut pas non plus négliger d'en retenir le propos.

[3]) Nous venons de présenter les arguments d'ordre théologique ou historique qui sont en jeu ici. Mais la prise de position, on s'en doute, a des conséquences considérables d'ordre pastoral. Où sont aujourd'hui les Etats qui s'appellent « catholiques » ? Les défenseurs de la thèse A ne pourront donc certes pas être taxés d'opportunisme ! Mais au cas où la thèse B serait reçue, il s'ensuivrait que l'Eglise catholique serait aux côtés du Conseil œcuménique, de l'O. N. U. et des grandes instances internationales pour demander la liberté religieuse civile partout et pour toutes les religions : l'avantage de fait qu'en retirerait le catholicisme serait très grand. La responsabilité pastorale de ceux qui optent pour la thèse A ou pour la thèse B est donc engagée de façon grave. Nous sommes loin, ici, de querelles byzantines.

L'œuvre œcuménique

L'IRÉNISME

Irénisme, signe de « paix » et de discussions « pacifiques ». Comme il fallait s'y attendre, il y a un bon irénisme, et il en est un autre, faux, imprudent.

L'irénisme imprudent a été signalé et désapprouvé par l'Encyclique *Humani generis* : « Beaucoup, déplorant la discorde et la confusion qui règnent dans les esprits, mus par un zèle des âmes imprudent, éprouvent dans leur ardeur un vif désir de rompre les barrières qui divisent d'honnêtes gens. Ils adoptent en conséquence un tel « irénisme » que, laissant de côté des questions qui divisent les hommes, ils envisagent non seulement de combattre d'un commun accord l'athéisme envahissant, mais même de réconcilier les dogmes, fussent-ils opposés ». A côté de cet irénisme qui sacrifierait tout à l'unité - et quelle peut être cette unité à laquelle tout est sacrifié ? - il en est un autre, qui n'est pas meilleur. « Certains, enflammés d'un irénisme imprudent, semblent considérer comme des obstacles à la restauration de l'unité fraternelle ce qui en fait est fondé sur les lois mêmes et les principes posés par le Christ, et sur les institutions établies par lui, ou bien constitue la défense et le soutien de l'intégrité de la foi et ne saurait, en disparaissant, qu'assurer l'union dans la ruine ». Cette fois encore, la volonté du Christ et les principes certainement immuables sont délaissés pour construire une unité chrétienne illusoire. Enfin, l'Encyclique revient une troisième fois sur la même idée : « Qu'ils s'interdisent de croire, par un faux irénisme, qu'on peut obtenir un heureux retour à l'Eglise des dissidents et des égarés, si l'on n'enseigne pas à tous, sincèrement, toute la vérité, sans corruption aucune ni diminution » [1]). A tous les esprits qui font passer le souci de la paix et de l'unité avant celui de la vérité, il suffira sans doute de rappeler ces paroles du Secrétaire général du Conseil œcuménique : « Si nous voulions donc créer une unité forcée, ce ne serait certainement pas l'*unité dans la vérité* - souligné dans le texte - dont parle la Bible » (R. Am. I, 273).

Heureusement, il existe aussi un excellent « irénisme », un com-

---

[1]) Voir *A. A. S.*, t. 42 (1950).

portement irénique désirable et vertueux, qui trouve son point d'application au niveau des institutions et des doctrines. Cet irénisme a été analysé par D. C. Lialine, qui relève les différents stades par lesquels passent par exemple deux personnes appartenant à des communautés chrétiennes différentes, et qui désirent se mieux comprendre et peut-être se rapprocher [1]).

Il est aussi un irénisme d'ordre pratique, dans le comportement, les relations humaines, les formes de sociabilité, etc. Son rôle ne peut être minimisé. Que de fois, dans les réunions œcuméniques, dut-on passer un certain temps à vaincre les suspicions, à faire comprendre une attitude, à accepter en silence des démarches incomprises. Et les œcuménistes ont maintes fois rappelé l'importance de ces facteurs affectifs, psychologiques, éthiques, sociaux. « Nous serions les premiers, écrit le P. Boyer, à demander à l'apostolat catholique d'éviter dans son action tout ce qui peut légitimement irriter les esprits... Si l'on fait appel à l'histoire, que l'on s'efforce de ne rien dire que d'exact. On n'est certes point tenu de se répandre en éloges sur les auteurs des séparations ; mais on doit en parler sans injustice. Plus on se gardera dans la controverse de tout air de supériorité et de tout souci de triomphe personnel, plus on se montrera préoccupé de faire seulement œuvre de lumière et de charité, et moins l'on suscitera de ressentiments et d'opposition » [2]).

De là l'importance de tant d'études destinées à nous faire connaître la « mentalité » de telles Eglises ou communions, les « orientations de pensée » d'autres chrétiens, la « spiritualité » de telle Eglise orthodoxe : tout ce complexe psychologique qui, s'il n'est pas connu et estimé, devient source d'incompréhensions et de heurts.

LE PROPOS DE L'ŒCUMÉNISME

L'idée d'ensemble évoquée par le terme « œcuménisme », quelle est-elle ? D'abord, que l'on vise plutôt une « communauté » et non directement ni formellement un individu. Et c'est là une note majeure de l'œcuménisme. Mais il faut aller plus loin : de quelle com-

---

[1]) C. LIALINE, *De la méthode irénique*, dans *Irén.*, 1938, pp. 3-28; 131-153 (principes) et pp. 236-255; 450-459 (application à l'orthodoxie).

[2]) *Œcuménisme et conversions*, dans *Unitas*, éd. franç., 1949, p. 94.

munauté s'agit-il ? Des communautés non-romaines ? De la communauté catholique elle-même ?

Un premier groupe pense avant tout aux communautés des chrétiens non-romains. L'œcuménisme, disent les uns, vise les « adhésions en corps » et non point les incorporations individuelles à l'Eglise catholique. D'autres, occupés surtout du point de vue théologique, estiment qu'il y a œcuménisme lorsqu'on essaie d'élaborer le statut théologique des communions non-romaines comme telles, un peu à la manière dont les traités *De religione* fixent le statut théologique des grandes religions comme telles. Pour d'autres enfin, les activités œcuméniques doivent avant tout purifier et parfaire les « éléments d'Eglise » vivant dans les communions non-romaines, afin de mener ces éléments à leur achèvement plénier et véritable, celui qu'ils auraient dans la communauté catholique.

Le comportement de ce premier groupe de théologiens s'explique parfaitement. Ils n'envisagent, dans leurs démarches œcuméniques, que des changements à apporter aux communions non-romaines, parce qu'ils estiment que l'Eglise catholique est la véritable Eglise du Christ, et donc qu'elle vérifie toutes les exigences dogmatiques imposées par le Seigneur, du moins quant à l'« essentiel » ; tandis qu'à leurs yeux, certaines de ces valeurs « essentielles » manquent aux chrétiens qui ne sont pas en communion avec l'Eglise catholique.

Un autre groupe de théologiens catholiques raisonnent plutôt comme suit. Nous ne nions pas, disent-ils, l'œuvre qui doit être réalisée au sein des communions non-romaines ; mais l'initiative de ces mises au point concerne avant tout les non-romains eux-mêmes, certes orientés et stimulés par les rencontres et le dialogue œcuméniques. Quant à l'œcuménisme catholique, poursuivent-ils, il doit considérer avant tout la communauté catholique elle-même et opérer en elle la mise au point rénovatrice de tous les éléments - certes « accidentels » - qui sont à purifier, à parfaire, à réformer. Tel est, concluent-ils, le propos majeur de l'œcuménisme catholique.

Le comportement de ce second groupe de théologiens s'explique par la signification qu'ils donnent au terme « accidentel » si facilement employé dans les discussions théologiques. C'est qu'en effet « accidentel » ne signifie pas « de minime importance ». Il faudrait donc, une fois pour toutes, que les catholiques, en affirmant que les renouveaux de leur Eglise ne pourront être qu'« acci-

dentels », n'imaginent plus des mises au point « de peu d'importance ». Ce sont les éléments dits « accidentels » qui donnent souvent à une communauté, pour une part considérable, sa physionomie propre, son équilibre doctrinal et vital.

De plus, ce qui est « accidentel » n'est pas juxtaposé à l'« essentiel » ; il lui est conjoint concrètement et vitalement. Ainsi, par
exemple, dans l'Eglise, le mystère religieux, les éléments adventices
et la condition historique ne forment qu'une réalité concrète. Or,
ce qui est vrai de l'Eglise dans son ensemble se vérifie aussi de
l'Eglise dans chacun des éléments qui la constituent : épiscopat et
papauté, rites sacramentels et armature hiérarchique, formules doctrinales et lois canoniques, piété chrétienne et type de spiritualité,
etc. Des fidèles, et même des théologiens, peuvent confondre la
foi avec la théologie dogmatique d'une époque, le droit naturel
avec la théologie morale de tel siècle, la piété eucharistique avec
tel développement de cette piété, la spiritualité avec telle école de
spiritualité, etc. Si bien qu'ils risquent de proclamer comme venant
du Christ ou de l'Evangile ce qui est *aussi* le fruit de l'histoire et
des œuvres humaines, et d'imposer comme « essentiel » et donc
absolument indispensable, ce qui est « accidentel » et donc, radicalement, susceptible d'accommodements et d'assouplissements.

* * *

Mais revenons à l'œcuménisme. Certains théologiens catholiques - le second groupe dont nous parlions - ont donc constaté
que *leur* tâche œcuménique consiste avant tout à « balayer leur
propre demeure », en d'autres termes, à parfaire la physionomie
et l'équilibre vital de leur Eglise, - quel que soit le caractère « accidentel » de ces mises au point - par rapport aux chrétiens non-
romains précisément. Dans quel sens ? On peut y répondre en deux
mots : pour que la « maison de tous » soit, non seulement « ouverte » à tous, mais « habitable » par tous. En d'autres termes, pour
que *tous* les chrétiens puissent y trouver et y épanouir *toutes* les
formes légitimes de piété, de spiritualité, d'existence ecclésiale, et
ne soient pas astreints à accepter *une* forme déterminée, fût-elle
meilleure, pour être véritablement catholiques. Position très nor-
male, en principe, mais qui suppose néanmoins une grande enver-
gure spirituelle. Parvenus à cette phase de leurs réflexions, les
théologiens sont naturellement conduits à préciser et à promouvoir
la diversité compatible avec l'unité de l'Eglise, le pluralisme légi-

time au sein de cette unité, et surtout la disponibilité et l'ouverture
requises en vertu d'une authentique catholicité.

Le Concile du Vatican II s'inscrit directement dans les perspectives de l'œcuménisme tel que nous venons de le décrire. On connaît les intentions du Pape Jean XXIII, lorsqu'il convoqua le Concile. Il a dit et répété à maintes reprises qu'il désirait réaliser une
mise au point - aggiornamento -, une « rénovation » spirituelle, un
« renouveau » de vigueur dans l'Eglise, en sorte que celle-ci apparaisse dans toute sa beauté. Ainsi, par exemple, dans le Discours
qu'il adressait au début du mois d'août 1959 aux dirigeants diocé-
sains de l'Action catholique italienne : « Avec la grâce de Dieu,
nous réunirons donc le Concile ; et nous entendons le préparer en
ayant en vue ce qu'il est le plus nécessaire de renforcer et de
revigorer dans l'union de la famille catholique, conformément au
dessein de Notre Seigneur. Puis, lorsque nous aurons accompli
cette laborieuse tâche, en éliminant tout ce qui, sur le plan humain,
pouvait faire obstacle à une progression rapide, nous présenterons
l'Eglise dans toute sa splendeur, *sine macula et sine ruga* » [1]).
Dans une allocution prononcée le 5 juin 1959, le Pape appelait
sur le Concile la protection de l'Esprit : « Avant tout, Nous entendons prier pour que les dons du divin Esprit planent pour ainsi
dire au-dessus des travaux de préparation du Concile œcuménique.
Il s'agit d'un grand événement. 'Veuille le Seigneur ne pas regarder
nos péchés, mais la foi de son Eglise ; qu'il daigne la pacifier et
la réunir, suivant sa volonté', afin que sa structure interne prenne
une nouvelle vigueur et que toutes les brebis écoutent la voix du
Pasteur, le suivent, et que se forme ainsi l'unique troupeau que
le Cœur de Jésus désire ardemment » [2]).
Le 2 février 1960, lors de l'offrande traditionnelle des cierges
par les Chapitres des basiliques, églises, collèges et séminaires de
Rome, le Pape prononça une allocution : « Nous avons confiance,
dit-il, que ces cierges dans ces sanctuaires seront une invitation aux
fidèles de toute race et de toute langue pour s'unir au Pape dans
la prière, pour que la préparation et le développement du futur
Concile marquent comme le passage de l'ange du Seigneur sur toutes
les âmes, un réveil d'énergies, un mouvement de charité pour

---

[1]) *Osserv. Rom.*, 10-11 août 1959; *Docum. Cathol.*, 6 septembre 1959, c. 1099.
[2]) *Osserv. Rom.*, 7 juin 1959; *Docum. Cathol.*, 5 juillet 1959, c. 840.

s'élever vers l'Eglise sainte, catholique, apostolique que Jésus veut
dans l'unité du troupeau et du Pasteur » [1]).

Une « mise au point » - aggiornamento - disait aussi Jean XXIII
en parlant du Concile, dont résultera un regroupement des chrétiens : « Le Concile œcuménique veut atteindre, embrasser, sous
les ailes déployées de l'Eglise catholique, l'héritage entier de Notre-
Seigneur Jésus-Christ. Dieu veuille qu'au travail concernant la condition de l'Eglise et son adaptation aux nouvelles circonstances
(aggiornamento), après vingt siècles de vie - et c'est là la princi-
pale tâche - s'ajoute, du fait de l'édification que nous pourrons
donner, mais spécialement grâce à la toute-puissance de Dieu, un
autre résultat : l'acheminement vers le regroupement de tout le
troupeau mystique de Notre-Seigneur » [2]). Bref, d'abord le « rapprochement, puis la rencontre, et enfin la réunion parfaite de tant
de frères séparés de l'antique Mère commune » [3]).

On le voit, l'intention de Jean XXIII, en convoquant un concile œcuménique, était strictement « œcuménique »,. au sens qui
nous occupe ici, puisqu'elle vise le « renouveau » de l'Eglise, notamment en vue de rendre celle-ci « habitable » par tous les chrétiens.

ŒCUMÉNISME ET CONVERSIONS

Chez ceux qui œuvrent en vue de réunir les chrétiens, on
discerne des orientations bien déterminées ; et, en disant « orientations », nous pensons à un but distinct, des activités distinctes,
non opposées. Quelles sont-elles ? C'est d'abord l'œuvre de « conversion » à l'Eglise, qu'on devrait appeler peut-être d'un autre
nom. C'est ensuite l'œuvre de l'« œcuménisme ».

Il y a « incorporation » ou « conversion » lorsque 1) un chrétien (ou un groupe de chrétiens) passe à l'Eglise catholique, 2) parce
qu'il trouve en ce passage la solution concrète d'un problème religieux personnel, à savoir concernant la vraie voie du salut éternel,
3) sans qu'il vise directement ni expressément à exercer quelque
influence, ou sur la communauté d'où il vient, ou sur l'Eglise catholique dans laquelle il entre et est incorporé (bien que, évidem-

---

[1]) *Osserv. Rom.*, 3 février 1960; *Docum. Cathol.*, 21 février 1960, c. 217-218.
[2]) *Osserv. Rom.*, 30 juin 1961; *Docum. Cathol.*, 20 août 1961, c. 1021-1022.
[3]) Voir *A. A. S.*, t. 51 (1959), p. 380; *Docum. Cathol.*, 4 septembre 1960,
c. 1101.

ment, il exerce toujours en fait une certaine influence, nécessairement). - On reconnaît ici, brièvement exprimé, le processus de
« conversion » qui se présente, par exemple, en région missionnaire. Pareille activité d'évangélisation est bonne et légitime. Le
Christ lui-même a envoyé ses Apôtres en leur disant : « Allez, faites
de toutes les nations des disciples, baptisez-les au nom du Père,
du Fils et du Saint-Esprit, enseignez-leur à observer tous mes commandements ».

Cette brève description appelle quelques mots d'explication.

Tout d'abord, il serait, sans doute, opportun de s'entendre sur
un vocable autre que « conversion ». Pourquoi ? Simplement, par
souci d'exactitude. Certes, toute « venue » à l'Eglise catholique
comporte une option qui, par certains aspects, peut être appelée
une « conversion ». Et les Orthodoxes parlent de leurs « convertis ».
Mais lorsque l'on considère l'ensemble des démarches au terme
desquelles un chrétien non-romain entre dans l'Eglise catholique,
le terme « conversion » est parfois tellement impropre, que l'on
peut se demander si la vérité et l'équité n'exigent pas de le proscrire
comme formule théologique courante. Les chrétiens non-romains
qui deviennent catholiques possèdent une part parfois considérable
du patrimoine chrétien, et leurs sentiments personnels n'appellent
pas nécessairement ce qu'on est convenu d'appeler une conversion
morale. Puisque la hiérarchie catholique a déjà pris certaines initiatives écartant des vocables inadéquats et déplaisants - perfidie,
à propos des Juifs, ténèbres, concernant l'Islam [1]) - il ne paraît pas
déplacé de suggérer qu'on choisisse un nouveau terme pour
« nommer » l'ensemble du processus par lequel un chrétien devient
catholique. Mais lequel ? A vrai dire, l'accord n'a pu encore se
faire sur ce point. « Réconciliation » souligne bien que des « frères »
mettent fin à un état de désunion, de discorde. « Adhésion » insiste
sur l'acte de celui qui opte pour le catholicisme. « Incorporation »
concerne surtout le résultat de la venue à l'Eglise catholique... Qui
plus est, chaque mot s'accompagne d'harmoniques plus ou moins
heureuses, d'après qu'il est employé en français, en anglais ou en
allemand.

Autre mise au point. La « venue » à l'Eglise est généralement
individuelle. Elle peut aussi être collective, lorsque tel ou tel groupe
de chrétiens passe à l'Eglise catholique. Ainsi, par exemple, il fut

---

[1]) Voir une note à ce sujet dans *Foi et Vie*, 1959, pp. 57-59.

question de « réunion en corps » - *corporate reunion* - dans le
contexte précis des Conversations de Malines engagées de 1921 à
1925 entre des théologiens catholiques et anglicans sous la présidence du cardinal Mercier, archevêque de Malines. Il s'agissait concrètement de donner à l'Eglise anglicane un statut ecclésiastique
propre, en sorte qu'elle puisse, comme telle, être « unie » à l'Eglise
catholique, plutôt qu'« absorbée » par elle, selon le vocabulaire
employé à cette occasion [1]). Aujourd'hui, quelques tendances similaires se font jour, bien que dans un tout autre contexte. Mais il
vaut mieux, semble-t-il, ne point parler, à leur propos, d'« œcuménisme ».

Il y a « œcuménisme » lorsque 1) un catholique et un chrétien
non-romain (ou, de nouveau, un groupe de catholiques et un groupe
de chrétiens séparés) se « rencontrent » et engagent un « dialogue »,
2) en tant qu'ils sont d'une certaine manière « représentatifs » de
leurs communautés respectives (soit par leur façon « catholique »
ou « luthérienne » de vivre, soit par leurs connaissances théologiques, soit en vertu d'une délégation reçue de leurs autorités ecclésiastiques), et ce 3) en vue de se mieux connaître et mieux estimer,
de coexister de manière plus agréable, de collaborer et de prier
ensemble lorsque les circonstances le permettent, de réfléchir ensemble à la condition de leur communauté, et surtout afin de travailler à rendre plus pur l'équilibre doctinal et vital et plus belle
la physionomie même de leurs communautés respectives, 4) d'où
résultera évidemment un bien certain pour l'union des chrétiens.

Cette fois, il est bon de souligner certains éléments de la brève
description que nous venons de donner.

Il s'agit de « rencontres » entre catholiques et chrétiens qui ne
sont pas unis au Saint-Siège. La question de la légitimité de ces rencontres est résolue depuis longtemps, puisque l'Instruction *Ecclesia
Catholica* du S. Office, en date du 20 décembre 1949, les reconnaît,
fixe quelques conditions de leur déroulement, et les recommande
même lorsqu'elles sont préparées comme il sied. Bref, le problème
n'est pas une question de « principe », mais une question de « manière ». En fait, ces « rencontres » ont connu des formes très concrètes depuis l'avènement de Jean XXIII.

---

[1]) Cfr *The Conversations at Malines, 1921-1925. Original Documents*, ed.
LORD HALIFAX. Londres, Ph. Allan & Cᵒ, 1930, 308 p., notamment pp. 241-262.

Dans l'œcuménisme, « catholiques » et « luthériens », par exemple, se rencontrent d'abord et avant tout en tant qu'ils sont « *représentatifs* » de leur communauté. Ils ne sont pas préoccupés primordialement de leur problème religieux personnel ; ils s'intéressent plutôt aux communautés chrétiennes auxquelles ils appartiennent. En effet, lorsque le « catholique » et le « luthérien » se « rencontrent », le « catholique » désire interroger et comprendre le « luthéranisme » et la « communion luthérienne » à travers le « luthérien » avec lequel il dialogue, et le luthérien désire interroger et comprendre le « catholicisme » et la « communion catholique » à travers le « catholique » avec lequel il converse. - Comment l'un et l'autre sont-ils « représentatifs » de leur communauté ? De multiples façons : plus doctrinale, lorsque deux « théologiens » sont en présence ; plus vitale, lorsque deux « fidèles » s'expliquent mutuellement leur condition d'existence chrétienne ; plus juridique, lorsque deux « délégués » sont chargés par leurs autorités ecclésiastiques respectives de « représenter » leur communauté. Les formes de « représentation » sont aussi multiples et diverses que le terme « représenter » le permet. L'idéal serait que chacun des interlocuteurs soit une expression vivante - un témoignage - aussi parfaite que possible de sa communauté : on le voit, la « rencontre œcuménique » suppose une ascèse forte, un équilibre personnel accompli et une grande authenticité confessionnelle. Elle est donc aux antipodes du syncrétisme, du confusionisme et de l'indifférentisme.

Par cette confrontation - comme dans toute activité œcuménique - on a l'intention directe et explicite de se mieux connaître, de s'estimer avec plus d'équité, de collaborer et de prier ensemble lorsque la chose est possible, de réfléchir ensemble aux problèmes communs qui occupent les communautés dont on fait partie, et en tout cas d'agir de toute manière pour que l'équilibre doctrinal et vital, ainsi que la physionomie de sa communauté soient plus parfaits, plus fidèles aux vœux du Christ et de son Evangile. Tous ces biens sont le but immédiat de l'œcuménisme : ce sont des biens véritables, qui ont par eux-mêmes une justification suffisante.

Cherche-t-on un sens plus général encore à ces démarches œcuméniques ? On pourra répondre que, par elles, en fin de compte, la charité fraternelle est mieux exercée, l'équité et la vérité sont mieux respectées, le christianisme est purifié, la catholicité de l'Eglise est mieux actualisée, la réconciliation des chrétiens est mieux préparée, le Christ est mieux glorifié dans son œuvre. Voilà les buts plus éloignés parmi lesquels, on l'a vu, se situe le rapprochement, l'union des chrétiens, voire l'unité de l'Eglise. Il faut donc placer l'œcuménisme dans de larges perspectives chrétiennes.

Cela étant, peut-on dire que le but ultime de l'œcuménisme est l'unité de tous les chrétiens dans l'Eglise catholique ? *Non*, si l'on entend par là que l'œcuménisme serait un moyen tactique visant, sous le couvert de rencontres et de dialogue, la conversion de l'interlocuteur. Il faut être franc et loyal. L'œcuméniste accomplit une tâche *spécifique* et *valable*, qui est formellement distincte de celle de la « conversion ». *Oui*, si l'on veut dire que l'étape finale envisagée par les catholiques dans toutes les démarches œcuméniques, c'est l'acceptation par tous les chrétiens de l'*ecclésiologie* catholique et, *en conséquence*, l'union de tous dans l'*Eglise* catholique, mais une Eglise catholique qu'ils voient déjà au terme de la « mise au point » dont il a été question à l'occasion du Concile du Vatican II, c'est-à-dire, avec un nouvel équilibre vital, un nouvel équilibre doctrinal, une physionomie renouvelée, bref, dans la plénitude spirituelle d'une catholicité parfaitement épanouie.

L'INSTRUCTION « ECCLESIA CATHOLICA » (20. XII. 1949) [1]

Ce n'était pas la première fois que la Congrégation du Saint-Office intervenait en matière d'unionisme. Les commentateurs rap-

---

[1] *Texte: Instructio ad locorum Ordinarios « De motione œcumenica »*, dans *A. A. S.* (t. 42), 1950, pp. 142-147. Trad. franç. dans *Irén.*, 1950, pp. 222-228 et *Nouv. Rev. Théol.*, 1950, pp. 643-647.

Commentaires: G. ŒSTERLE, O. S. B., *Notae historicae ad Instructionem S. Congr. S. Officii « De motione œcumenica »*, dans *Miscelanea Comillas*, 1951, pp. 203-238 (texte de nombreux documents ecclésiastiques se rapportant aux interventions de la S. C. S. Office en 1864, en 1919 et en 1927); C.-J. DUMONT, O. P., *L'Instruction du Saint-Office au sujet du Mouvement œcuménique*, dans *Vers l'Unité chrétienne*, n. 22, avril 1950, pp. 2-8; *Déclaration de M. W. A. Visser 't Hooft sur l'Instruction du Vatican touchant le Mouvement œcuménique*, dans SOEPI, 3 mars 1950, p. 62; *Roman Catholicism and Reunion: Archbishop of York's Comments*, dans *The Church Times*, 31 mars 1950, p. 246 (voir aussi un commentaire du Dr Fisher, archevêque de Cantorbéry à l'occasion d'un Discours, dans *The Church Times*, du 10 mars 1950); *Die Bedeutung des Dekrets über die œkumenische Bewegung*, dans *Herder Korrespondenz*, avril 1950, pp. 325-329; P. DUMONT, O. S. B., *Les directives du Saint-Office (20 déc. 1949) vues par l'Orthodoxie grecque*, dans *Irén.*, 1950, pp. 448-458 (résume plusieurs articles de théologiens orthodoxes grecs relatifs à la question). On trouvera de nombreuses références aux commentaires de l'*Instruction* dans *Irén.*, 1950, pp. 222, 318-322.

pellent que, pour comprendre la portée de *Ecclesia catholica*, il n'est pas mauvais de se reporter aux temps de Pie IX et du Mouvement d'Oxford. Mettant beaucoup d'espoirs dans les tendances anglo-catholiques représentées par E. B. Pusey, un catholique romain Ambroise Ph. de Lisle, d'accord avec un clergyman anglican, le Dr. F. G. Lee, fonda, en 1857, l'*Association for promoting of the Union of Christendom*, dont pourraient faire partie les catholiques et les anglicans. La hiérarchie catholique n'était pas particulièrement favorable à cette initiative ; le Saint-Siège préparait à cette époque le *Syllabus* contre diverses formes de libéralisme ; certains membres de l'association firent des discours imprudents ; finalement, en avril 1864, l'épiscopat anglais, sous la direction du Cardinal Wiseman, provoqua une intervention romaine. Le Saint-Office, par une Lettre datée du 16 septembre 1864, interdit aux catholiques de faire partie de l'Association [1]. Cette Association, dit la Lettre, admet que l'Anglicanisme, l'Orthodoxie et le Catholicisme romain sont des « formes » de la vraie Eglise chrétienne. Or, il faut éviter tout ce qui peut encore augmenter l'indifférentisme actuel. Les catholiques ne peuvent donc en faire partie. L'association de Ph. de Lisle, après s'être occupée des ordinations anglicanes, perdit finalement toute importance.

En 1910, après la Conférence missionnaire d'Edimbourg, l'Eglise épiscopale américaine décida de convoquer une réunion universelle pour examiner les questions doctrinales intéressant l'union des chrétiens. En prévision de cette nouvelle forme de réunion, la S. C. du Saint-Office publia un bref Décret, le 4 juillet 1919 [2]. Le Décret rappelle que « les instructions de la Sacrée Congrégation en date du 16 septembre 1864 concernant la participation des catholiques à une association érigée à Londres en vue de refaire l'unité chrétienne demeurent en vigueur et doivent être observées par les fidèles pour toute participation aux réunions quelles qu'elles soient, ou rassemblements publics et privés, organisés par des non-catholiques en vue de réaliser l'union de tous les groupements qui s'appellent chrétiens ».

A l'occasion de la première Conférence universelle de *Foi et Constitution*, qui se tint à Lausanne en août 1927, on proposa à la Congrégation du Saint-Office le *dubium* suivant : « Est-il permis

[1] Texte latin dans *A. A. S.*, t. 11 (1919), p. 310.
[2] *A. A. S.*, t. 11 (1919), p. 309.

aux catholiques d'assister à des Assemblées ou de favoriser des Conférences ayant pour but la réunion des groupes qui se disent chrétiens ? » Le 6 juillet 1927, le Saint-Office répondait : « Non, il faut s'en tenir au décret du 4 juillet 1919 » [1]). Cinq mois plus tard paraissait l'Encyclique *Mortalium animos*. Enfin, nous avons rapporté plus haut, en parlant de la Conférence d'Amsterdam, le *Monitum* du 5 juin 1948.

* * *

L'instruction « Ecclesia catholica » constitue le document le plus important du Saint-Office en la matière. Il envisage l'ensemble du comportement s'imposant désormais aux catholiques, en présence du Mouvement œcuménique qui se stabilise et se développe dans la vie des communions et des Eglises chrétiennes.

La « réunion », dit le Document romain, est avant tout un devoir et une fonction de l'Eglise. Les évêques en particulier, que l'Esprit a établis pour gouverner l'Eglise de Dieu, doivent lui accorder une attention et une sollicitude particulières. Ils doivent connaître et promouvoir ce mouvement, le diriger avec prudence, le surveiller et s'assurer que toutes les prescriptions canoniques concernant les livres et les idées soient observées.

Dans ce travail, les évêques veilleront aux dangers et aux excès possibles : un certain indifférentisme chez les chrétiens moins fervents ou moins instruits, un irénisme qui mettrait en danger la pureté ou la netteté de la doctrine, une légèreté d'expression qui aurait comme conséquence de minimiser les divergences foncières et de donner de faux espoirs d'union. Il faut, au contraire, que la pensée catholique soit exposée totalement et intégralement, clairement et sans ambiguïté, notamment en ce qui concerne la nature de l'union à l'Eglise. « On pourra sans doute leur dire qu'en revenant à l'Eglise, ils ne perdront rien du bien qui, par la grâce de Dieu, est réalisé en eux jusqu'à présent, mais que par leur retour, ce bien sera seulement complété et amené à sa perfection. On évitera pourtant de parler sur ce point d'une manière telle que, en revenant à l'Eglise, ils s'imaginent apporter à celle-ci un élément substantiel qui lui aurait manqué jusqu'ici ».

La défense faite de prendre part à des réunions et assemblées composées de catholiques et de non-catholiques n'est pas absolue.

---

[1]) *A. A. S.*, t. 19, 1927, p. 278.

Ces réunions peuvent avoir lieu, avec l'autorisation préalable de l'autorité ecclésiastique compétente. Le *Monitum* du 5 juin 1948, en particulier, ne vise pas les instructions catéchétiques, même données à un groupe, ni les conférences dans lesquelles la doctrine catholique est exposée à des non-catholiques qui se disposent à revenir à l'Eglise romaine. Le *Monitum* ne vise pas non plus « les réunions mixtes de catholiques et de non-catholiques, dans lesquelles il n'est pas question des matières de foi et de morale, mais où l'on discute de la manière dont, en unissant ses efforts, on défendra les principes du droit naturel ou de la religion chrétienne contre les ennemis de Dieu aujourd'hui unis entre eux ». Enfin, le *Monitum* ne vise pas « les réunions dans lesquelles on traite du rétablissement de l'ordre social et d'autres questions du même genre ».

Les réunions théologiques mixtes ayant pour objet la réunion des Eglises sont autorisées moyennant certaines conditions précises. On ne peut les résumer, mais la ligne générale est celle d'un contrôle rigoureux, qui croît à la mesure de l'importance nationale ou internationale des réunions autorisées. Car l'Instruction « Ecclesia catholica » prévoit des « réunions interdiocésaines, nationales et internationales ». Elle suggère aussi aux évêques une collaboration d'une certaine ampleur pour « établir des organismes et des institutions chargées de surveiller l'ensemble de cette activité, de l'examiner et de la diriger ». Elle prévoit expressément que, s'il faut « éviter toute participation quelconque aux fonctions sacrées, on n'interdit pas la récitation en commun de l'Oraison dominicale ou d'une prière approuvée par l'Eglise catholique ». Le Document se termine par un appel universel : « Tous, mais surtout les prêtres et les religieux, doivent être stimulés et enflammés de zèle afin que, par leurs prières et leurs sacrifices, ils s'efforcent de féconder et de promouvoir cette œuvre ».

* * *

L'Instruction *Ecclesia catholica* a suscité immédiatement de nombreux commentaires dans les milieux intéressés à l'œuvre de l'union des chrétiens. Dans l'ensemble, les échos « favorables », même dans les milieux non-romains, dominent.

Les milieux catholiques soulignent d'abord l'allure positive, « constructive » de l'Instruction. En effet, dit-on, les évêques doivent promouvoir et diriger le mouvement ; ils doivent le connaître parfaitement ; ils doivent nommer des prêtres qui s'en occuperont ; une collaboration entre évêques est opportune. Ces rappels d'une nécessité par ailleurs fondamentale sont considérés comme des signes d'encouragement et d'approbation.

Le document reconnaît aussi que des valeurs authentiques sont présentes dans les communions non-romaines. Aussi, un commentateur a pu écrire : Le présent document fait la distinction entre ce qui est 'substantiel' dans le message chrétien et ce qui ne l'est pas. Et il faut conclure que, sur ce qui ne l'est pas, il pourra être question d'œcuménisme. Si la distinction n'est qu'effleurée, elle est suffisamment nette pour avoir un très grand poids dans un texte où toutes les paroles sont mûrement réfléchies. C'est peut-être là l'élément le plus important de l'Instruction qui, de ce point de vue, quand on jette un regard sur les documents précédents, constitue un très grand pas en avant, dont les unionistes n'ont qu'à se réjouir » [1]).

On a remarqué aussi l'autorisation explicite de réciter l'Oraison dominicale ou une prière approuvée par l'Eglise catholique. Est-ce coïncidence ou désaveu indirect de l'attitude prise par un catholique anglais dans le fameux échange de vue suscité par un article du *Times*, 31 octobre 1949, intitulé *Catholicism To-day. Relations between Rome and the Christian World,* où il aurait écrit : « un catholique et un non-catholique qui disent ensemble le *Notre Père* ne sauraient être unis en esprit ni vouloir dire la même chose » ? [2]).

Dans l'appréciation des milieux non-romains, on trouve des échos parfois optimistes, parfois pessimistes.

Le Dr W. A. Visser 't Hooft estimait que le document ne manifeste pas le changement d'orientation auquel d'aucuns s'attendaient ; mais qu'il est plus qu'une simple mesure administrative. Il représente une mise au point de la discipline ecclésiastique, eu égard à la condition nouvelle créée par le fait œcuménique. En ce qui concerne le contenu : « on the one hand, it allows greater latitude, and on the other hand, it establishes more rigorous supervision » [3]).

[1]) *Irén.*, 1950, p. 221.
[2]) Cfr *Irén.*, 1950, p. 318.
[3]) Cfr *The Ecum. Rev.*, printemps 1950, p. 297.

Dans les milieux orthodoxes grecs, l'Instruction fut considérée, malgré maintes restrictions, comme en progrès sur les interventions antérieures du Saint-Office. Sans doute, écrivait Mgr Germanos, l'Eglise romaine se présente toujours comme la seule arche de salut, mais le Document permet au moins d'envisager diverses formes de collaboration entre tous les chrétiens au plan social et pour la défense des principes de droit naturel, notamment contre le communisme athée. C'est là « un changement survenu dans les conceptions du Vatican ». Quant au professeur Alivisatos, d'Athènes, en canoniste et en membre actif des réunions œcuméniques dès les débuts, il examina plus minutieusement le texte de l'Instruction. Il affirme sans ambages qu'il y a, dans les milieux catholiques, une nouvelle orientation. Tout d'abord, au plan des valeurs humaines essentielles : le Vatican a défendu énergiquement les droits fondamentaux de l'homme contre les erreurs récentes, et il est normal qu'il considère favorablement la possibilité de l'union de tous les chrétiens sur ce sujet. Puis, dans le domaine strict de l'union, au plan religieux : « les directives, malgré leurs conditions, leurs limitations, leurs réserves, leurs insinuations, ouvrent incontestablement la porte à de nouvelles orientations, utiles assurément aux desseins plus éloignés de l'Eglise ». Par contre, les articles de Mgr Irénée, métropolite de Samos, sont moins optimistes, moins heureusement inspirés aussi, semble-t-il, du strict point de vue théologique ; peut-être représentent-ils un écho important de l'orthodoxie grecque défavorable aux conférences œcuméniques [1]).

Des milieux anglicans parvinrent des échos divers. Le Dr. Bell était satisfait de voir que « Rome ouvre une porte ». Le Dr. Fisher, archevêque de Cantorbéry, souligna l'intérêt de l'union possible pour la défense des droits humains fondamentaux et des principes de la religion chrétienne. Mais il estimait que le contrôle est trop organisé. Non seulement trop organisé : *Theology* parle même de « police Church ». Aussi le Dr. Garbett, évêque d'York, fut-il déçu. Pour le Dr Gregg, primat de l'Eglise d'Irlande, Rome « ferme les portes à tous ceux qui s'attachent à la foi historique de l'Eglise indivise » [2]).

Les milieux luthériens soulignèrent « la netteté avec laquelle

---

[1]) On trouvera ces commentaires in extenso dans P. DUMONT, *a. c.*, pp. 448-458.
[2]) D'après *Irén.*, 1950, pp. 318-320.

Rome s'est exprimé », « la position inchangée de l'Eglise catholique » sur la nécessité d'un retour et non d'une réunion. Et l'*Evangelischer Pressedienst* accueillit le document avec sympathie, tout en ajoutant judicieusement que « l'appréciation définitive dépendra de la façon dont les stipulations restrictives du décret trouveront leur réalisation dans la pratique ». Les réformés français notèrent, de leur côté, que la question œcuménique devient très spécialement un problème pour chaque diocèse, bien que des « précautions plus sévères » soient prises de la part du Saint-Siège [1]).

En fait, l'Instruction *Ecclesia Catholica* exerça une action bienfaisante. S'il est une constatation à faire, c'est que les initiatives des catholiques restèrent en deçà des possibilités ouvertes par le document, d'abord au point de vue des rencontres doctrinales, mais surtout en ce qui concerne la collaboration dans le domaine social et humanitaire.

LE SECRÉTARIAT POUR L'UNITÉ

L'idée de créer une Commission Pontificale pour favoriser l'union des chrétiens n'est pas neuve. Le 19 mars 1895, Léon XIII créait la « Commissio pontificia ad reconciliationem dissidentium cum Ecclesia fovendam ». Cette Commission, présidée par le Pape lui-même, était formée de huit cardinaux et de consulteurs ; elle se réunit, sauf erreur, vingt-sept fois durant la vie de Léon XIII, mais ne fut point renouvelée sous Pie X [2]). Le Secrétariat pour l'Unité des chrétiens, annoncé par Jean XXIII le 30 mai 1960 dans un consistoire semi-public, fut créé le 5 juin 1960 par le *Motu Proprio* « Superno Dei nutu » qui inaugurait la phase préparatoire du Concile du Vatican II. Le 6 juin, le Pape lui donnait un président en la personne du cardinal Augustin Bea. Deux semaines plus tard, le 24 juin, était nommé secrétaire Mgr J. G. M. Willebrands, des Pays-Bas, alors secrétaire de la Conférence catholique internationale pour les questions œcuméniques [3]). En octobre, un bureau était ouvert à la Via dei Corridori, 64. Entretemps, le personnel du Secré-

[1]) Cfr *Irén.*, 1950, pp. 319-321.

[2]) Voir *A. A. S.*, t. 28 (1895), p. 323. On trouvera quelques pages bien documentées sur l'histoire de cette Commission dans R. F. ESPOSITO, *Leone XIII e l'Oriente cristiano*, Rome, Ed. Paoline, 1960, pp. 403-407.

[3]) Sur cette Conférence catholique internationale, voir une bonne note historique dans *Vers l'unité chrétienne*, févr.-mars 1961, pp. 18-20.

tariat était complété, des membres (16) et des consulteurs (20) étaient nommés.

Lorsqu'il annonça la création du Secrétariat pour l'Unité des chrétiens, le Pape Jean XXIII en précisa le but : « Pour montrer aussi notre amour et notre bienveillance envers ceux qui portent le nom de chrétiens, mais sont séparés de ce Siège Apostolique, et afin qu'eux aussi puissent suivre les travaux du concile et trouver plus facilement la voie conduisant à cette unité pour laquelle Jésus adressa à son Père céleste une si ardente prière » [1]).

Créé à l'occasion du Concile, le Secrétariat a été chargé en fait de tout ce qui concerne l'œcuménisme, soit par rapport aux communions chrétiennes issues de la Réforme, soit par rapport aux Eglises orthodoxes sous cet angle bien précis. Il s'orienta immédiatement vers deux directions : celle des travaux théologiques, et ensuite celle des contacts personnels.

Les travaux doctrinaux préparatoires au concile touchaient des matières que le Secrétariat avait en propre - comme la doctrine de la Parole de Dieu - mais généralement des questions qu'il possédait en commun avec d'autres Commissions préparatoires, et dont il examinait l'aspect œcuménique : ainsi, l'appartenance à l'Eglise, le sacerdoce des fidèles, les relations entre papauté et épiscopat, l'œcuménisme, la liberté religieuse, les mariages mixtes, certains usages liturgiques, la formation œcuménique dans les écoles de théologie, l'œcuménisme et les missions, la prière œcuménique. Le Secrétariat créa ainsi une série de sous-commissions qui présentèrent leurs travaux dans des sessions plénières qui eurent lieu trois fois par an.

Les contacts personnels occupent une partie considérable du personnel du Secrétariat. Visites de curieux, de chrétiens attentifs, d'hommes d'Eglise appartenant aux différentes communions chrétiennes. Correspondance considérable venant de tous les coins du monde. Voyages et prise de contact avec les représentants autorisés des différentes communions et Eglises chrétiennes. Transmission de renseignements de tout ordre demandés par les chrétiens non-romains. Préparation de visites plus officielles, comme celle du Dr. Fisher, de Cantorbéry - qui inaugura une série de visites similaires - celles du Dr. Lichtenberger, président de l'Eglise épiscopalienne des U. S. A., et du Dr. Craig, modérateur de l'Eglise

---

[1]) Cfr *Superno Dei nutu*, trad. *Docum. Cathol.*, 1960, p. 709.

d'Ecosse, etc. Notons aussi que des intermédiaires officiels entre les
Eglises non-romaines et le Secrétariat pour l'unité ont déjà été nommés : le Chanoine B. Pawley, représentant personnel des archevêques
anglicans de Cantorbéry et de York, et le Dr. E. Schlink, pour les
Eglises évangéliques d'Allemagne. Durant le concile, c'est encore
le Secrétariat pour l'Unité qui aide les observateurs à suivre, à
interpréter et discuter la portée des débats et des décisions des
Pères.

* * *

La création du Secrétariat pour l'Unité a trouvé un écho favorable dans les milieux œcuméniques. Nous n'en épinglons qu'une
expression, assez autorisée d'ailleurs : le Rapport du Comité exécutif présenté au Comité Central de St. Andrews en 1960.

Ce Rapport donne d'abord la signification d'ensemble du fait :
« D'importants changements ont eu lieu dans l'Eglise catholique
romaine. L'intérêt et l'attention des catholiques romains par rapport
au mouvement œcuménique étant en progrès constant, il était à
prévoir qu'il deviendrait de plus en plus nécessaire d'avoir au
Vatican un organe qui s'occuperait directement de ce qui concerne
l'unité » [1]). L'intérêt de la papauté pour l'union des chrétiens prend
donc une forme « institutionnelle » et « officielle », « autorisée ».
L'Eglise catholique « entre en structure de dialogue », a dit à ce
propos le R. P. Congar ; et l'expression a été reprise par le Dr. Fry
dans son Rapport à St. Andrews [2]). L'idée de dialogue est mar-
quante ; M. Visser 't Hooft, dans le Rapport qu'il présenta au
Comité Central réuni à Paris en août 1962, insista aussi pour que
se noue et s'épanouisse au mieux, dans les années à venir, un vrai
« dialogue » entre les « Eglises ».

Mais que fera désormais le C. Œ. E., et que peut-il faire ? Ici
aussi, le Rapport de St. Andrews donne une première prise de
position officielle :

« a) Le fait qu'un dialogue avec l'Eglise catholique romaine
est devenu possible sera bien accueilli.

» b) Nous espérons cependant que ce nouveau développement
ne signifiera pas que les discussions non-officielles qui ont été
menées entre théologiens catholiques romains et théologiens des

---

[1]) Cfr *Minutes and Reports of... St. Andrews, 1960*, p. 104-105.
[2]) *Minutes and Reports of... St. Andrews, 1960*, p. 105. Voir plus haut, p. 220.

autres Eglises seront désormais entièrement supplantées par des débats plus officiels ; car au point où nous en sommes, ce sont précisément les discussions non-officielles qui peuvent le mieux contribuer à dissiper les malentendus.

» c) Aucune Eglise n'a lieu de craindre que le C. Œ. E. ne cherche, de quelque manière que ce soit, à agir ou à parler au nom des Eglises membres en matière d'union d'Eglises. D'après sa constitution, le C. Œ. E. n'a pas autorité pour agir au nom des Eglises en cette matière. En ce domaine, chaque Eglise prend ses propres décisions en pleine liberté. Pour nous, c'est là une chose obvie. Mais il est bon de le rappeler, parce que la question est parfois soulevée de savoir si le C. Œ. E. va entrer en conversation officielle ou non-officielle avec l'Eglise catholique romaine à propos d'union d'Eglises. La réponse est que cela est tout à fait exclu, à cause de la nature de notre mouvement.

» d) Mais le C. Œ. E. peut saisir l'occasion, lorsqu'elle se présente, de porter à la connaissance du nouveau Secrétariat certaines positions fondamentales qui ont été exprimées par l'Assemblée du Comité Central (par exemple sur la liberté religieuse, sur l'action sociale chrétienne, etc.).

» e) Il faudrait se rappeler enfin que la création du Secrétariat ne signifie pas qu'une seule des différences fondamentales existant entre l'Eglise catholique romaine et le C. Œ. E. ait été supprimée. Le changement réside dans la procédure et dans le climat. L'occasion du dialogue doit être saisie : mais cela veut dire que les problèmes réels seront mis en avant. Notre tâche dans ce dialogue consistera à représenter les vues que Dieu nous a données à nous tous ensemble au cours des cinquante années qui se sont écoulées depuis le début de notre mouvement » [1].

* * *

L'œuvre du Secrétariat sera-t-elle terminée avec la clôture du concile ? Théoriquement, la chose est possible. En fait, il semble bien qu'il soit dans les intentions du Souverain Pontife de donner au Secrétariat un statut définitif et semblable à celui des autres Commissions pontificales. On concevrait d'ailleurs assez difficilement aujourd'hui la suppression du Secrétariat, qui est considéré - à tort

---

[1] *Minutes and Reports of... St. Andrews, 1960,* p. 105.

ou à raison - comme une des pièces capitales de ce concile. La
tâche de médiation exercée par le Secrétariat ne sera d'ailleurs
terminée que lorsque son propos majeur sera atteint. Entretemps,
les travaux doctrinaux visant l'équilibre doctrinal de la théologie
catholique ne sont pas achevés, et les nouveaux problèmes créés
par l'œcuménisme sont nombreux. De plus, les contacts doivent
encore être établis, développés et resserrés avec de nombreuses
communions chrétiennes non-romaines. Enfin, l'œuvre œcuménique
prenant de l'ampleur dans les milieux catholiques, il serait utile
d'assurer une certaine ordonnance, de promouvoir certaines initiatives communes, de stimuler la collaboration toujours plus grande
sur le plan social et humanitaire, de suggérer des thèmes d'études
théologiques à examiner prudemment en commun, d'orienter la
pastorale de l'œcuménisme, d'examiner les possibilités d'ouverture
dans le domaine si délicat de la prière, du culte et de certaines
formes de « communion partielle ». En un mot, le Secrétariat a,
par autorité du Pape, commencé une œuvre dont les perspectives
très larges ne se révèlent à lui que progressivement, et qui ne feront
que grandir au fil des années à venir.

---

[1] Sur la composition du Secrétariat et les réactions des milieux œcuméniques,
voir C.-J. DUMONT, *Le Secrétariat pour l'Unité*, dans *Vers l'unité chrétienne*,
nov.-déc. 1960, pp. 65-70.

CHAPITRE III

LES CHRÉTIENS NON-ROMAINS
ET LE CONSEIL ŒCUMÉNIQUE

On se ferait une fausse idée de la condition réelle du mouvement œcuménique si l'on s'imaginait que seuls les milieux catholiques font des réserves au sujet du Conseil œcuménique des Eglises. Des chrétiens non-romains n'ont pas ménagé leurs avertissements, voire, en certaines circonstances, leur désaccord.

La Communion anglicane

L'anglicanisme « est un phénomène de haute complexité et demeure incompris dans une très large mesure sur le continent. Ceci est imputable en partie aux anglicans eux-mêmes qui n'ont pas pris un soin suffisant d'expliquer aux autres leurs croyances et se sont complus dans leur insularité ; mais c'est aussi grandement la conséquence des ambiguïtés inhérentes à la théologie anglicane elle-même, ambiguïtés qui ne s'expliquent que dans le contexte de l'histoire de l'Eglise d'Angleterre [1]). Nous laisserons donc les Anglicans parler eux-mêmes, dans la mesure du possible.

La communion anglicane se fait bien des scrupules sur ce qui se passe au Conseil œcuménique, déclarait, il y a dix ans, le Dr. Fisher [2]). Les Conférences de Stockholm et de Lausanne déplurent à l'aile droite de l'Eglise d'Angleterre [3]). Bishop Bell lui-même reconnut un jour qu'il était notablement plus facile de s'associer à *Faith and Order* qu'à *Life and Work* [4]). Malgré ces réserves,

---

[1]) R. Cant, *Tendances récentes dans la pensée théologique anglicane*, dans *Oecumenica*, t. VII, 1939-40, p. 199.

[2]) *Discours au Conseil britannique des Eglises*, Belfast, avril 1952; cfr *Irén.*, 1952, p. 258.

[3]) Cfr *Church Times*, 15 octobre 1926.

[4]) *Christian Unity. The Anglican Position.* Londres, 1948, p. 159.

les membres de l'Eglise anglicane prirent toujours une part importante dans la vie du Conseil œcuménique des Eglises, notamment dans les sections doctrinales. Il suffit de rappeler les noms de Bishop Ch. H. Brent, du Dr. W. Temple, ancien archevêque d'York, de Bishop G. K. A. Bell, de Chichester († 1958) qui publia quatre séries de *Documents on Christian Unity* [1]), de Bishop St. Neill, co-auteur de *History of the Ecumenical Movement*, du Dr. A. M. Ramsey, primat d'Angleterre, qui a été choisi à l'une des présidences du Conseil œcuménique au cours de l'Assemblée de New-Delhi, et qui a déjà pris contact avec les autorités ecclésiastiques des différentes Eglises [2]). Et j'en oublie.

L'œuvre de l'unité occupa et occupe toujours, et très activement, l'Eglise anglicane. C'est elle qui a connu les grandes discussions et mises au point relatives au fait ecclésiastique prophétique sans doute, mais assez déroutant en dogmatique, de l'Eglise unie de l'Inde du Sud [3]). C'est elle aussi qui est intervenue dans le problème semblable posé par l'Eglise unie de Ceylan, et plus encore par celle de l'Inde du Nord-Pakistan [4]). Elle a connu des espoirs et des lassitudes dans les discussions avec les Presbytériens [5]). Elle entretient des rapports cordiaux avec les Orthodoxes, les Vieux-catholiques et les Luthériens scandinaves [6]). C'est le Dr. G. Fisher qui a fait le premier pas spectaculaire dans la reprise des conversations avec le Pape. Le Rapport de la dernière Conférence de

---

[1]) Cfr D. T. B., *Bishop Bell of Chichester (1883-1958)*, dans *Irén.*, 1958, pp. 503-507 (note bio-bibliographique).

[2]) On a fort remarqué à New-Delhi sa conférence intitulée *Unity, Holiness and Truth*, publiée dans *Ecum. Rev.*, janv. 1962, pp. 188-191, et dont un court passage est bien connu: « If we will be patient, true theology, good theology, is something which unites ». Trad. franç. *Unité, sainteté et vérité*, dans *Verbum Caro*, 1962, pp. 127-131.

[3]) Sur ce sujet, on consultera les documents relatifs aux remous occasionnés par cette situation, dans *Istina*, 1955, pp. 467-510, ainsi que les pages consacrées à l'Eglise de l'Inde du Sud dans le Rapport présenté à la Conférence de Lambeth en 1958: voir *The Lambeth Conference 1958*, Londres, S. P. C. K., 1958, p. 1.35 et 2.25-2.28.

[4]) Cfr *The Lambeth Conference 1958*, p. 1.36 et p. 2.28-2.40; aussi, une note de H. MAROT, *Les nouveaux projets d'union en Inde et les décisions de Lambeth 1958*, dans *Irén.*, 1958, pp. 450-459.

[5]) Cfr *The Lambeth Conference 1958*, p. 1.37 et p. 2.40-2.45, ainsi que les documents réunis dans *Istina*, 1957, pp. 338-383, 522-526.

[6]) Sur les relations avec les orthodoxes, cfr *Istina*, 1956, pp. 32-98, 183-190.

Lambeth, en 1958, décrit le tableau impressionnant de ces démarches ecclésiastiques. Ce sont aussi les archevêques de Cantorbéry et de York qui, les premiers, ont nommé un représentant personnel permanent auprès de l'Eglise catholique romaine : le Rév. Bernard Pawley, chanoine de la Cathédrale d'Ely.

* * *

L'idéal œcuménique qui fermente dans l'Eglise anglicane est étayé sur le Quadrilatère de Lambeth, et sur l'interprétation que trouve celui-ci au cours des Conférences de Lambeth.

Qu'est-ce que ce Quadrilatère de Lambeth ? Aux XVIIIe et XIXe siècles, l'Eglise d'Angleterre se répandit dans diverses régions du monde. Les Evêques et Métropolitains de ces Eglises d'outre-mer allaient-ils se détacher de l'Eglise-mère d'Angleterre ? En 1865, l'*Union de l'Eglise canadienne* demanda à l'archevêque de Cantorbéry de convoquer les représentants de toutes les régions où se trouvait établie la Communion anglicane, afin d'examiner ensemble les problèmes d'intérêt général. C'est ainsi que, en 1867, s'ouvrit la première Conférence de Lambeth. Depuis, des Conférences se tinrent environ tous les dix ans : la 2e en 1878, la 3e en 1888, la 4e en 1897, la 5e en 1908, la 6e en 1920, la 7e en 1930, la 8e en 1948, la 9e en 1958 [1]). Le succès en fut croissant : 75 évêques participaient à la première Conférence (1867), qui dura trois jours ; à la dernière, en 1958, les évêques étaient 312 et les débats se prolongèrent plus d'un mois.

C'est à la Troisième Conférence (1888) que fut fixé le fameux « Quadrilatère de Lambeth », c'est-à-dire quatre articles doctrinaux considérés comme devant servir de base dans les essais d'union avec les non-conformistes, savoir : « Resolution 11 : That, in the opinion of this conference, the following articles supply a basis

---

[1]) Sur les Conférences: *The Lambeth Conferences. Reports of the 1920 and 1930 Conferences, with selected Resolutions from the Conference of 1867, 1878, 1897 and 1908.* Londres, 1948, 304 pp. (documents de ces conférencs relatifs à l'unité, dans o. c., pp. 296-303). Pour la Conférence de 1930: *Lambeth Conference 1930. Encyclical Letter from the Bishops with the Resolutions and Reports.* Londres, S. P. C. K., 1930, 200 p. Pour la Conférence de 1948: *Lambeth Conference 1948. Encyclical Letter from the Bishops together with the Resolutions and Reports.* Londres, S. P. C. K., 1948, 54 et 120 pp. en 1 vol. Sur l'ensemble des Conférences, article de J. GILL, *Les Conférences de Lambeth (1867-1948),* dans *Unitas,* éd. franc., 1949, pp. 281-299.

on which approach may be by God's blessing made towards home reunion : *a*) The Holy Scriptures of the Old and New Testaments, as « containing all things necessary to salvation », and as being the rule and ultimate standard of faith ; *b*) The Apostle's Creed, as the Baptismal Symbol ; and the Nicene Creed, as the sufficient statement of the Christian faith ; *c*) The two sacraments ordained by Christ Himself - Baptism and the Supper of the Lord - ministered with unfailing use of Christ's words of Institution, and of the elements ordained by Him ; *d*) The Historic Episcopate, locally adapted in the methods of its administration to the varying needs of the nations and peoples called of God into the unity of His Church » [1]).

Après la guerre 1914-18 se tint la Sixième Conférence (1920), connue par son « Appel à tous les chrétiens » en vue de l'union. Mais elle marquait aussi un tournant doctrinal. - D'abord, l'article 4° est rappelé et élargi, mais sans insister. En effet, après avoir souligné que l'unité visible de l'Eglise requiert les quatre articles du Quadrilatère, la Conférence s'explique sur le 4°, le ministère : « We claim the Episcopate is the one means of providing such a ministry, because, although other ministries have been manifestly blessed and owned by the Holy Spirit, history and present experience testify that the Episcopate has been, is, and will be, the best instrument for maintaining the unity and continuity of the Church » [2]). Les conférences suivantes ne feront qu'expliciter l'incise consacrée au ministère fructueux et béni de Dieu. - Ensuite, les conditions pour être membre de l'Eglise universelle sont formulées au début de l'Appel aux chrétiens : « all those who believe in our Lord Jesus Christ, and have been baptized into the name of the Holy Trinity, as sharing with us membership in the universal Church of Christ wich is His Body » [3]). Pour qu'une « communion » soit dans l'unité visible de l'Eglise, il faut qu'elle vérifie les quatre articles ; mais pour qu'un chrétien soit membre de l'Eglise universelle, il suffit des deux conditions précitées. On comprend que des auteurs se demanderont : pourquoi ne pas dire qu'une « communion » appartient à

---

[1]) Cfr William Redmond CURTIS, *The Lambeth Conferences. The Solution for Pan-Anglican Organization*. New-York, Columbia Univ. Press, 1942, p. 297.

[2]) William Redmond CURTIS, *The Lambeth Conferences*, p. 299.

[3]) William Redmond CURTIS, o. c., pp. 297-298.

l'Eglise universelle dans la mesure où elle a des « membres » qui appartiennent à cette Eglise ?

La huitième Conférence (1948) fut très importante du point de vue œcuménique, du fait qu'elle examina longuement les possibilités d'union de la Communion anglicane avec les Eglises, soit épiscopales, soit non-épiscopales. C'est dans ce dernier cas qu'elle put mettre à profit l'incise de 1920 à propos des ministères « fructueux » qui, ici, deviennent « vrais ». « The statement in the Lambeth appeal of 1920 accords fully with the Preface to the Ordinal, under which all the Churches of the Anglican Communion have retained episcopal ordination as necessary condition for the exercise within themselves of the ministry of the Church. But this unity in practice has not ruled out a certain diversity of interpretation. Some, holding episcopacy to be of the *esse* of the Church, are bound by their convictions to hold that non-episcopal ministries are not ministries of the Church, and lack that authoritative commission without which there can be no guaranteed priestly ministrations. Others, while holding firmly that episcopacy is the normal method for the transmission of ministerial authority, yet feel themselves bound, in view of the manifest blessing of God on non-episcopal ministries, to recognize those ministries as true ministries and their sacraments as true sacraments. Yet others hold shades of opinion intermediate between these views. It is clear that in any scheme for reunion or intercommunion, all these views must be recognized and allowed for... » [1].

* * *

Entretemps, le « malaise » théologique anglican concernant le ministère apostolique s'incarnait en trois ouvrages. Le premier, *The Apostolic Ministry* [2]), considérait l'épiscopat comme nécessaire

---

[1]) *Lambeth Conference 1948. Encyclical Letter from the Bishops together with the Resolutions and Reports.* Londres, S. P. C. K., 1948, II P., p. 50.

[2]) C. M. ADY, Gregory DIX, O. S. B., A. M. FARRER, F. W. FREEN, A. G. HEBERT, T. G. JALLAND, B. M. Hamilton THOMPSON, Kennet D. MACKENZIE, T. M. PARKER, L. S. THORNTON, *The Apostolic Ministry. Essays on the History and the Doctrine of Episcopacy.* Prepared unter the direction of Kenneth E. KIRK, Bishop of Oxford. Londres, Hodder et Stoughton, 1946, XV-573 pp. (2e édit. 1947). On lit, dans l'Epilogue: « He may now be said to be maintaining that episcopacy, though it may well in its early stages have been evolved from something out-

à l'« esse » de l'Eglise. Le second, écrit en réaction, *The Ministry of the Church* [1], verrait plutôt dans l'épiscopat une nécessité au « bene esse » de l'Eglise. Et l'essai de conciliation suggéré par un groupe de jeunes membres du clergé très liés à *Westcott House* de Cambridge, à savoir que l'épiscopat est nécessaire *ad plene esse* de l'Eglise, n'a pas été une solution [2].

Or, qu'est-ce qui explique ces tiraillements, cette « dichotomie » [3] sur la nature de l'« épiscopat historique » ? Une sorte de libéralisme ? Peut-être, partiellement. Mais il est incontestable que la question de la réunion des chrétiens y joue un rôle prépondérant. L'ouvrage *The Apostolic Ministry* le dit au début de l'Avant-Propos [4] et en fin de l'Epilogue [5]. L'unité qui préoccupe l'Eglise d'Angleterre est d'abord celle qui doit être réalisée avec les Eglises évangéliques libres ; la difficulté la plus grave réside dans le 4⁰ point de Lambeth, l'épiscopat historique [6]. Le désir d'unir tous les chrétiens s'est porté au delà, à travers le mouvement œcuménique, et a trouvé un point d'application fortement discuté dans l'Eglise unie de l'Inde méridionale, la *South Indian Church* ; on en trouvera un exposé officiel dans le Rapport de la Conférence de Lambeth de 1948 [7]. Le point le plus délicat est encore une fois l'idée que de part et d'autre l'on se fait de

---

wardly different, yet did so by divine authority, and perpetuates what the Bishop of Oxford calls the Essential Ministry: which is only another way of saying that it is of the *esse* of the Church » (*O. c.*, p. 541).

[1] *The Ministry of the Church. A Review by various Authors of a Book entitled « The Apostolic Ministry »*. Reprinted from « The Record » with corrections and a preliminary chapter by Bishop Stephen NEILL. Londres, Canterbury Press, 1947, 98 pp.

[2] *The Historic Episcopate in the Fullness of the Church*, ed. Kennet M. CAREY. Westminster, Dacre Press, 1954, 140 p.

[3] Rev. E. G. SELWYN, dans *Theology*, juin 1951, p. 207; d'après *Irén.*, 1951, p. 382.

[4] *O. c.*, p. V: « The happiest ecclesiastical development of the last half-century has been the growing desire for unity between the different groups into which the followers of Christ find themselves divided. As plans and conferences with unity for their goal have progressively cleared the issues involved, it has become generally recognized that the crux of the whole matter is the doctrine of the ministry... ».

[5] *O. c.*, p. 550.

[6] L'état actuel des efforts est concrétisé dans le document *Church Relations in England*, publié en novembre 1950; résumé dans *Irén.*, 1951, pp. 198-201.

[7] Cfr *Section II*, p. 44.

l'épiscopat. On comprend donc que, dans les discussions œcuméniques, les diverses orientations théologiques de l'anglicanisme concernant le ministère apostolique rendent parfois lourde l'atmosphère des débats.

* * *

A la dernière Conférence de Lambeth, en 1958, un Rapport étendu a été présenté sur *Church Unity and the Church universal*, dont certains éléments ont été repris dans les Résolutions agréées officiellement par la Conférence. Le premier concerne le Conseil œcuménique : « 55. La Conférence exprime sa reconnaissance à l'égard du Dieu Tout-puissant pour la formation, la croissance et les réalisations du Conseil œcuménique des Eglises ; elle insiste auprès des Eglises et des Provinces de la Communion anglicane pour qu'elles s'assurent d'une représentation adéquate dans ses conseils, pour qu'elles prennent part pleinement à ses travaux, et qu'elles assument une part équitable dans ses responsabilités financières » (1.42). En ce qui concerne la prière pour l'unité, la Conférence recommande l'esprit de l'abbé Couturier : « 57. La Conférence... recommande à tous les anglicans d'observer la Semaine de Prière pour l'unité chrétienne dans l'esprit de l'abbé Couturier » (1.43). Enfin, en ce qui concerne l'Eglise catholique, la Conférence salue avec joie l'ouverture qui est faite par l'Instruction *Ecclesia catholica* de 1949, et souhaite « d'abord, que ces permissions soient employées plus largement et plus généreusement ; ensuite, qu'elles soient encore étendues dans l'intérêt de la compréhension et de la communauté des chrétiens ; et troisièmement, que les anglicans en usent, ainsi que de toutes les autres occasions favorables, pour promouvoir une entente charitable » (1.39). L'intérêt de l'Eglise anglicane pour le Conseil œcuménique des Eglises est donc grand, sa participation est fidèle et importante, et elle vient d'accomplir un nouveau geste significatif en chargeant depuis 1962 le Rév. D. M. Paton d'assurer une coopération toujours plus active à ses initiatives et à sa vie.

Les Eglises orthodoxes

La présence des Eglises orthodoxes aux conférences œcuméniques a toujours constitué un problème, parfois un problème angoissant. Plusieurs fois, on crut qu'elles allaient se retirer. Leur participation, en tout cas, fut toujours partielle : il y a des représentants officiels de l'orthodoxie aux Conférences universelles, mais non point les délégués de l'ensemble des Eglises orthodoxes. Les discussions leur sont souvent pénibles, malgré une bonne volonté et une loyauté certaines ; c'est que bien des points doctrinaux chers aux Orthodoxes n'intéressent que médiocrement un groupe assez important de délégués protestants. Enfin, les engagements pris par les délégués orthodoxes sont mesurés et pleins de prudence : le nombre et la nature des réserves faites par eux dans le texte des rapports finaux sont significatifs.

Pourtant, l'idée même de contacts à l'échelle mondiale ne déplaît pas du tout aux Eglises d'Orient. Et elles se plaisent à rappeler que, en janvier 1920 déjà, le Patriarche de Constantinople et onze métropolitains avaient signé la Lettre encyclique invitant toutes les Eglises chrétiennes à se prêter alliance et à mettre fin à certaines formes de prosélytisme [1]. Depuis lors, les Eglises d'Orient donnèrent maints signes d'intérêt pour l'idéal œcuménique [2].

Les griefs des Eglises orthodoxes [3] sont avant tout dogmatiques. L'Eglise orthodoxe a rappelé à Evanston qu'« il ne peut y avoir qu'une Eglise, et l'Eglise catholique orthodoxe est convaincue en conscience qu'elle est elle-même cette Eglise ». C'était clair. C'est la problématique ecclésiologique de l'Eglise catholique romaine. Et le « refus de Rome » à l'époque d'Amsterdam a con-

---

[1] Cfr G. K. A. BELL, *Documents on Christian Unity,* 1920-1930, pp. 44 ss.

[2] Sur l'histoire des relations entre l'Orthodoxie et le mouvement œcuménique, cfr G. FLOROVSKY, *The Orthodox Churches and the Ecumenical Movement prior to 1910,* dans H. E. M., pp. 169-215; N. ZERNOV, *The Eastern Churches and the Ecumenical Movement in the Twentieth Century,* dans H. E. M., pp. 643-674; G. K. A. BELL, *The Kingship of Christ,* pp. 57-66.

[3] Sur l'ensemble de ces griefs, on pourra lire: Du point de vue russe: G. RAZOUMOVSKY, *Le mouvement œcuménique et l'Eglise orthodoxe russe.* Moscou, Ed. du Patriarcat, 1948, 100 pp. (position du Patr. de Moscou); X., *L'Eglise orthodoxe russe et le mouvement œcuménique,* dans *Russie et Chrétienté,* 1948, nos 3-4, pp. 25-43. Du point de vue grec: P. I. BRATSIOTIS, *Le patriarcat œcuménique et le mouvement œcuménique,* dans *Ekklesia,* 15 juin 1952; J. Or. KALOGIROU, *L'Eglise catholique orthodoxe et le mouvement œcuménique* (grec), Salonique, 1951, 32 pp.; P. DUMONT, *Le mouvement œcuménique vu d'Athènes,* dans *Irén.,* 1947, pp. 441-445; E. STEPHANOU, *De Grieks orthodoxe Kerk en de Œkumenische Beweging,* dans *Het christ. Oosten en Hereniging,* avril 1951, pp. 268-283 (résumé d'articles parus dans *Ekklesia).*

sidérablement fortifié l'attitude réticente de plusieurs Eglises orthodoxes grecques. A ce grief fondamental d'ordre ecclésiologique,
s'en ajoutent d'autres, portant sur divers secteurs de la dogmatique
chrétienne. Il est en effet pénible aux Orthodoxes de faire partie
d'un Conseil œcuménique d'« Eglises », lorsque certaines de celles-
ci n'acceptent point - ou très vaguement - des vérités chrétiennes
qui leur paraissent essentielles, comme la Tradition ancienne et
les Conciles, la présence réelle eucharistique, la théologie mariale.
De là des restrictions et des réserves continuelles dans les débats ;
nous y avons fait plusieurs fois allusion dans la Première Partie.

Les dirigeants des Eglises orthodoxes présentent également un
grief d'ordre moral ; le prosélytisme. Ce point était déjà longuement développé en 1920 dans la Lettre encyclique du Patriarche
œcuménique. Les chrétiens d'Occident ont envoyé en Orient des
propagandistes et des missionnaires qui y ont fondé des minorités
religieuses actives, brisant ainsi, fait-on remarquer, l'unité pacifique
de l'Orthodoxie. Il en résulte une méfiance instinctive à l'égard des
initiatives de rapprochement venant des occidentaux, et une sus-
picion invincible au cours des discussions et débats.

* * *

Deux grandes Assemblées eurent, il y a peu, l'occasion de fixer
leur attitude à l'égard du mouvement œcuménique : le Congrès de
théologie orthodoxe d'Athènes de 1936, et la Conférence des Eglises
orthodoxes autocéphales réunies à Moscou en 1948.

Le premier Congrès de théologie orthodoxe se tint à Athènes
les 29.XI. - 6.XII 1936 [1]). Il comble une lacune dans l'histoire de
la théologie orthodoxe grecque. Il réunit les délégués des facultés
officielles : Athènes, Bucarest, Kišinev, Cernauti, Belgrade, Sofia,
Paris et Varsovie (pas Halki, qui n'est qu'une Ecole - mais combien vivante ! - de théologie). On y fit le tour de toutes les questions
importantes de la pensée et de la vie orthodoxes : fondements doctrinaux de la théologie, codification des Canons sacrés, révision des
Livres liturgiques, publication d'une revue théologique, etc. Parmi
les Vœux et Conclusions, on peut lire un paragraphe consacré au

---

[1]) Rapport officiel: *Procès-Verbaux du Premier Congrès de Théologie orthodoxe à Athènes, 29 nov. - 6 déc. 1936*, publiés par H. S. Alivisatos. Athènes,
« Pyrsos », 1939, 540 pp. Bon résumé par Hiéromoine Pierre, *Le premier Congrès
de théologie orthodoxe à Athènes*, dans *Irén.*, 1937, pp. 21-41.

Mouvement œcuménique : « 7° Le Congrès... considérant dans le Mouvement œcuménique pour l'Unité de l'Eglise une apparition heureuse de la renaissance contemporaine d'un intérêt général à l'égard de l'Eglise et de la théologie, salue ce Mouvement et exprime son désir de voir collaborer avec lui dans un esprit orthodoxe ».

La Conférence des chefs et représentants des Eglises orthodoxes autocéphales, réunis à Moscou les 8-18 juillet 1948, se tint à l'occasion du 500ᵉ anniversaire de l'autocéphalie de l'Eglise russe [1]). On y a traité quatre grandes questions : a) le Vatican et l'Eglise orthodoxe ; b) la hiérarchie anglicane ; c) le calendrier ecclésiastique ; d) le mouvement œcuménique et l'orthodoxie. La déclaration concernant le Mouvement œcuménique s'exprime substantiellement comme suit. L'Eglise orthodoxe est sollicitée de deux côtés en faveur de fins séculières : d'une part, par les autorités de l'Eglise catholique romaine et de l'autre, par le protestantisme. Cette situation constitue pour l'Orthodoxie une tentation de s'écarter de la recherche du Royaume de Dieu, et de s'engager dans le domaine de la politique. — En conséquence : a) Les visées actuelles du Conseil œcuménique des Eglises en vue d'organiser une Eglise œcuménique, ne correspondent pas à l'idéal de christianisme et aux tâches de l'Eglise du Christ, comme les comprend l'Eglise orthodoxe ; b) Les initiatives dans le domaine social et politique montrent que l'œcuménisme a succombé à la tentation séculière que le Christ avait rejetée au désert ; c) Dans son stade actuel, l'œcuménisme a quitté la voie salutaire de l'union dans la Sainte Eglise, pour prendre la voie plus facile des activités sociales, économiques et même politiques. Il prétend donc construire l'appareil nouveau et extérieur de l'« Eglise œcuménique », en tant qu'institution dans l'Etat et exerçant des influences séculières ; d) La voie de l'union dans le domaine dogmatique a été abandonnée ; e) En ne demandant, comme base doctrinale, que la seule reconnaissance de Jésus-Christ comme Seigneur, l'œcuménisme a abaissé la doctrine chrétienne au niveau de la foi, laquelle, comme dit l'Ecriture, est accessible même aux démons. En conséquence, les Eglises locales

---

[1]) Rapport officiel: *Actes de la Conférence des chefs et des représentants des Eglises orthodoxes autocéphales réunies à Moscou (8-18 juillet 1948)*. 2 vol., Moscou, 1950. Résumé dans *Irén.*, 1952, pp. 206-212.

membres du Conseil se sentent obligées de refuser leur participation au Mouvement œcuménique dans son état actuel » [1]).

* * *

« Dans son état actuel ». Ce n'était donc pas le dernier mot des églises russes, ainsi qu'il apparaîtra en 1954, lorsque le patriarche Alexis suggéra lui-même au patriarche de Constantinople d'examiner ensemble « diverses questions concernant l'Eglise, en particulier la position de l'Orthodoxie dans le Mouvement œcuménique » [2]). Cette lettre a été écrite en août 1954 : c'est alors que se tenait l'Assemblée d'Evanston, et que le patriarche de Constantinople envoya à Genève Mgr Jacques de Malte, pour assurer une liaison permanente avec le Conseil œcuménique [3]). Après l'Assemblée d'Evanston, les rapports et documents furent communiqués au patriarche Alexis de Moscou. Dans sa réponse, celui-ci s'étendit surtout sur le thème de la paix internationale, fit allusion à la liberté religieuse existant en Russie, et conclut en disant que « Nous continuons immuablement à nous intéresser au travail du Conseil œcuménique des Eglises et de ses organismes » [4]).

Le Conseil œcuménique ne ménagea pas ses efforts. Le Comité central, réuni à Davos en août 1955, examina la réponse du patriarche de Moscou et lui envoya un nouveau message qui rappelait les racines profondes de l'œuvre du Conseil, l'importance de la participation orthodoxe et l'attention du Conseil œcuménique pour ce qui concerne la paix, la justice et la liberté [5]). La Réponse du Saint-Synode de Moscou arriva au début de 1956 : elle était consacrée au problème de la paix dans le monde, mais se terminait par ces mots : « La proposition du Conseil œcuménique des Eglises d'avoir une rencontre personnelle de ses représentants et de membres dirigeants de l'Eglise orthodoxe russe est bienvenue » [6]).

[1]) Documents dans Istina, 1955, pp. 185-187.

[2]) Cfr Istina, 1955, p. 194. Istina a publié un important dossier consacré aux relations des Orthodoxes avec le mouvement œcuménique de 1902 à 1954; voir 1955, pp. 55-106, 180-214.

[3]) Cfr Ecum. Rev., avril 1955, p. 283. Il assura bientôt également la représentation des patriarches d'Antioche, d'Alexandrie et de Jérusalem (Ecum. Rev., oct. 1956, pp. 35-36).

[4]) Cfr Ecum. Rev., juillet 1955, pp. 389-393, et Istina, 1955, pp. 144-150.

[5]) Cfr Ecum. Rev., oct. 1955, pp. 64-66; Istina, 1955, pp. 389-393.

[6]) Cfr Ecum. Rev., avril 1956, pp. 325-327; Istina, 1956, pp. 9-11.

A la suite de visites de diverses personnalités ecclésiastiques en Russie, on sut que les Eglises russes se consultaient pour voir s'il n'y aurait pas lieu de reviser la position prise à l'égard du Conseil œcuménique durant la Conférence de 1948 [1]). Une rencontre fut envisagée et préparée au Comité Central de Galyatetö (Hongrie), 1956 ; mais les événements politiques de ce moment la retardèrent : la date de cette rencontre ne fut pas fixée. Moment critique pour le Conseil œcuménique : le 20 mars 1957, le Saint-Synode de l'Eglise de Grèce décidait que cette Eglise, tout en demeurant dans le Conseil œcuménique, ne participerait plus à ses travaux comme membre organique de ses différents conseils, et qu'elle n'enverrait que des théologiens laïcs à ses réunions [2]).

Finalement, une rencontre entre des délégués orthodoxes russes et le Conseil œcuménique eut lieu à Utrecht, du 7 au 9 août 1958. Ce fut un « fait œcuménique de grande importance » déclara M. Visser 't Hooft dans le Rapport qu'il présenta quelques jours plus tard au Comité Central réuni à Nyborg (Danemark) [3]). Non point que l'on aboutit à des résultats immédiats ; mais les deux parties avaient eu l'occasion de se rencontrer officiellement et de s'expliquer sur leurs positions respectives [4]). Soulignons un point de ce communiqué : « 6. En ce qui concerne l'avenir, les délégués de la sainte Eglise orthodoxe de Russie ont déclaré qu'ils soumettront un rapport au patriarche et au Saint-Synode de leur Eglise, et qu'ils le feront dans un esprit d'entière sympathie envers les principes fondamentaux du mouvement œcuménique. Ils remettront un rapport semblable aux Eglises orthodoxes sœurs qui participèrent à la Conférence de Moscou en 1948 ».

L'année 1959 apporta de nouveaux progrès. Il fut décidé aussi que des observateurs russes seraient présents à la réunion du Comité Central, lequel devait se tenir en plein centre orthodoxe, à Rhodes, en août 1959. Au cours de cette réunion, M. Visser 't Hooft rappela l'initiative œcuménique prise par le patriarche de Constantinople dans son encyclique de 1920 [5]). Il signala aussi les progrès réalisés dans les relations avec les orthodoxes. Les Grecs furent

---

[1]) Cfr *Irén.*, 1956, p. 318.
[2]) Cfr *Irén.*, 1957, p. 232.
[3]) Cfr *Ecum. Rev.*, oct. 1958, p. 78.
[4]) Cfr *Ecum. Rev.*, oct. 1958, pp. 79-80; *Istina*, 1958, pp. 289-292.
[5]) Cfr *Ecum. Rev.*, oct. 1959, pp. 70-73; *Istina*, 1959, pp. 319-322.

particulièrement à l'honneur à Rhodes. Quant aux russes, ils prirent contact directement avec le Secrétariat à Genève ; deux observateurs du patriarcat de Moscou étaient présents à Rhodes et le patriarche invita les dirigeants du Conseil œcuménique à lui rendre une nouvelle visite [1]). En décembre 1959, les dirigeants du Conseil œcuménique, au cours d'une visite qui dura près de trois semaines, rencontrèrent le patriarche de Moscou et d'autres Eglises en URSS. Les contacts furent cordiaux, mais il n'y eut pas de négociations. Néanmoins, la voie était tracée, et l'on sait où elle aboutit à l'Assemblée de New-Delhi en 1961.

* * *

La conférence pan-orthodoxe de Rhodes, en septembre 1961, ne démentit en rien le mouvement de présence croissante des orthodoxes dans le Conseil œcuménique. Cette conférence - sorte d'assemblée préparatoire à un synode de toutes les églises orthodoxes - plaça au nombre des thèmes à examiner : la participation de l'Eglise orthodoxe dans le mouvement œcuménique, les conditions de cette participation ainsi que la signification de cette présence pour l'orientation de la pensée et de l'action œcuméniques [2]). Le synode n'aura lieu que dans quatre ou cinq ans : les théologiens et les dirigeants ecclésiastiques auront donc le loisir de préparer leurs interventions avec la sage patience qui les caractérisent. Entretemps, le patriarcat œcuménique a nommé à Genève un représentant permanent en la personne de Mgr E. Timiadis, qui remplaçait Mgr Jakovos depuis octobre 1960, lorsque celui-ci fut élevé au siège archiépiscopal de l'Amérique du Nord et du Sud [3]). Le patriarcat de Moscou a également décidé d'avoir à Genève un représentant permanent : l'archiprêtre Vitaly Borovoj a été nommé à ce poste le 25 mars 1962 [4]). Et Mgr Iakovos, archevêque grec d'Amérique du Nord et du Sud, est actuellement l'un des six membres du présidium du Conseil œcuménique (N. D. 33).

---

[1]) Voir *Minutes and Reports of the Twelfth Meeting of the Central Committee*, Genève, 1959, p. 92. Aperçu d'ensemble: D. T. STROTMANN, *Le Conseil œcuménique en terre orthodoxe*, dans *Irén.*, 1959, pp. 454-464.

[2]) Sur cette conférence, lire *Irén.*, 1961, pp. 550-558; *Vers l'unité chrétienne*, nov.-déc. 1961, pp. 97-100 et janv.-févr. 1962, pp. 1-9.

[3]) Cfr *Irén.*, 1960, p. 82.

[4]) Cfr *Irén.*, 1962, p. 261.

L'opposition

L'instrument le plus révélateur de l'opposition est le *Conseil international des Eglises chrétiennes* (*International Council of Christian Churches*). Constitué à Amsterdam, en 1948, l'I. C. C. C. est en opposition déclarée avec le Conseil œcuménique des Eglises. Il a des représentants en de nombreux pays. En 1950, à Genève, un Congrès rassemblait des délégués venant de 41 nations. A Philadelphie, en août 1954, 54 dénominations étaient représentées. L'I. C. C. C. voit dans le Conseil œcuménique des Eglises un réel danger pour la pureté de la Réforme, un péril de glissement vers les positions de type « catholique ».

En août 1962, il tint un Congrès mondial à Amsterdam ; il stigmatisa une nouvelle fois le comportement du Conseil œcuménique, et marqua son opposition à l'envoi d'observateurs au Concile du Vatican II.

Voici, prise sur le vif, la réaction d'un des membres de l'I. C. C. C. après l'Assemblée d'Evanston, en réplique à un article de M. R. Mehl dans *Le Monde* du 22 octobre. « En lisant l'article de M. Roger Mehl consacré à la seconde assemblée œcuménique, on pourrait croire que toutes les Eglises protestantes sont favorables au mouvement œcuménique et s'y sont rattachées. Ce serait une impression fausse. Bien au contraire, la réaction contre ce mouvement s'accroît sans cesse dans le monde protestant. Déjà plusieurs organisations se sont formées pour en montrer les plus redoutables dangers, et leur cri d'alarme de plus en plus énergique pousse de nombreuses églises à se rendre compte des périls qui menacent leur existence même. Tout récemment, à Philadelphie, du 3 au 12 août, la plus active de ces organisations le Conseil International d'Eglises chrétiennes (I. C. C. C.) a tenu avec un plein succès sa troisième assemblée plénière. Sans doute nous étions moins nombreux que les œcuménistes à Evanston, mais nous représentions cependant cinquante-quatre dénominations, toutes vraiment protestantes, vraiment bibliques, fermement résolues à rester fidèles au noble exemple des réformateurs dans leur attachement à la Bible et au Dieu de la Bible, à Jésus-Christ, seul sauveur, seul chef de l'Eglise universelle ». Le Conseil œcuménique, continue le pasteur Guiton, constitue un double danger : « Unité de façade, de nom, de méthode, dans la plus extrême confusion doctrinale et, d'autre part, constitution d'un pouvoir centralisateur, totalitaire qui, sous le prétexte de construire « une seule Eglise visible », cherche à monopoliser et à diriger toute la vie protestante. De cette unité à la romaine, marche fatale vers le cléricalisme, le ritualisme et l'intolérance, nous ne voulons à aucun prix » [1]).

L'I. C. C. C. a poursuivi son action, surtout dans les pays de langue anglaise. Aux Etats-Unis, son activité ne touche qu'une certaine partie de la population protestante. En Grande-Bretagne, il suscite des réactions contre l'*Alignement sur Rome,* et adjure les anglicans de revenir au christianisme de la Bible et du Nouveau Testament. Il est peu représenté en Afrique.

On ne peut encore, à présent, fixer la signification du I. C. C. C. dans l'ensemble du mouvement œcuménique.

---

[1]) W. H. GUITON, pasteur à Courbevoie, dans *Le Monde,* 29 octobre 1954.

CONCLUSION

Comment conclure ces notes sur l'histoire doctrinale du mouvement œcuménique, sans en rappeler l'âme : la prière. Prière d'adoration, de supplication et d'action de grâces qui monte vers le Seigneur au cours des réunions œcuméniques, et qui assure aux études, aux recherches, aux discussions et aux rencontres, une approche spirituelle.

Cette prière s'élève du cœur de tous les disciples du Christ, et dans une unanimité profonde, car en eux tous parle le seul et unique Esprit qui les conduisit à une même foi évangélique et au même Baptême chrétien. La reconnaissance de cette unanimité déjà existante constitue peut-être l'acquis le plus caractéristique du mouvement œcuménique contemporain, reconnaissance pratique qui entraîne une mise au point du regard que nous portons sur les autres et sur leur condition d'enfants de Dieu et de l'Eglise. Or, si nous possédons en commun tant de valeurs et de réalités chrétiennes - une comparaison avec les membres des autres religions et les disciples des autres sagesses le fait bien ressortir - il devient possible de vivre et d'« actualiser » cette communauté réelle dans une prière également commune et unanime.

Ensemble, nous pouvons adorer le Père, le Fils et l'Esprit, Trinité sainte dans l'indivisible unité, qui est modèle et source de l'unité de l'Eglise. Modèle, ainsi que le proclame Notre-Seigneur : « afin que tous soient un comme toi, Père, tu es en moi, et moi en toi, afin qu'eux aussi soient un en nous... » (Jean, XVII, 21). Source de l'unité, car celle-ci est avant tout un bien messianique, un don divin descendant du Père des lumières. Ensemble donc, nous pouvons vivre la vie mystérieuse de Dieu, « demeurer » en Celui qui habite en nous, l'Esprit du Père et du Fils, par qui nous sommes constitués dans l'unité. C'est en Lui que, tous, nous disons « Abba Pater » : Notre Père qui êtes aux cieux, que votre Nom soit sanctifié, que votre Règne arrive, que votre Volonté soit faite sur la terre comme au ciel...

Ensemble, nous pouvons nous unir religieusement dans la foi, tendus dans l'espérance de la Jérusalem céleste, la cité de Dieu qui rassemble tous les élus du Père en un peuple glorieux, un peuple établi sur le fondement des prophètes et des apôtres et illuminé de la gloire qui jaillit du Verbe de Dieu. A ce moment - la fin des temps - l'Eglise aura atteint sa stature définitive, la plénitude de son unité sainte et de sa catholicité. Elle sera l'*Una Sancta* des temps messianiques, première, dans la pensée et l'amour de la Trinité sainte, par rapport aux voies terrestres qui y conduisent, comme sont premiers aussi aux yeux de Dieu les élus, par rapport aux hommes qui cheminent ici-bas.

Ensemble, nous pouvons proclamer notre foi et rendre hommage à Jésus, le Christ, A et Ω, foyer de toute l'économie « chrétienne » et source de toute unité « chrétienne ». Hommage à Celui qui est l'image du Dieu invisible, le premier-né de toute la création, en qui tout a été créé, sur les cieux et sur la terre, le monde visible et l'invisible. A Lui, qui est la tête du corps, l'Eglise, car il est le principe, le premier-né d'entre les morts. A Lui, qui possède la primauté en tout, car il a plu à son Père de faire résider en lui toute plénitude. A Lui, par qui Dieu a rétabli la paix par la croix, afin de se réconcilier tout ce qui existe sur la terre et dans les cieux. Unis dans l'appel à la condition chrétienne, dans la vocation au christianisme, nous pouvons, d'un cœur unanime, être unis dans l'amour de Notre Seigneur Jésus-Christ.

Ensemble, nous pouvons rendre grâces d'avoir reçu la Bonne Nouvelle, l'Evangile du Seigneur, mystère caché en Dieu et que l'Esprit de Dieu nous a révélé dans le Fils unique, Jésus de Nazareth. Evangile, dont la sagesse unit les disciples du Seigneur dans une même vision du monde, de l'homme, de la vie, de la destinée. Evangile, dont l'idéal de charité, de justice, de paix et de liberté rapproche tous ceux qui obéissent à la Parole de Dieu. Evangile, dont la confession ardente et parfois héroïque lie tous ceux qui ont rencontré le Christ et qui ont entendu sa voix.

Ensemble, nous pouvons nous réjouir spirituellement, en présence du Christ, d'être tous enracinés en Lui, en vertu du saint Baptême dans l'eau et l'Esprit, par lequel nous formons un seul Corps. Tous, comme baptisés, nous avons été ensevelis avec le Christ et plongés dans sa mort afin que, comme le Christ a été ressuscité des morts par la gloire du Père, nous vivions aussi d'une vie nouvelle. Tous, comme baptisés, nous sommes devenus un avec

Lui par une mort semblable à la sienne, afin d'être aussi un avec Lui par une semblable résurrection.

Ensemble, nous pouvons aussi nous humilier devant la face du Seigneur et implorer son pardon pour les fautes que nous avons commises et qui ont été la source de ruptures dans l'unité des chrétiens. Péchés graves, par lesquels certains se coupent même de la communion des saints. Erreurs et fautes, qui ont terni la beauté spirituelle de l'Epouse du Christ, qui ont « obscurci » le signe levé devant les Nations, qui ont nui à la réalisation plénière de l'expansion missionnaire et de la catholicité de l'*Una Sancta*. Erreurs et fautes d'un chacun qui ont abouti à des ruptures affectant même la communion catholique, qui ont prolongé cette situation contrenature, qui ont retardé le dénouement de ce drame et de ce scandale séculaire.

Ensemble, nous pouvons nous prosterner devant le Seigneur, dont les voies ne sont pas les nôtres, afin qu'il nous accorde l'esprit d'une entière disponibilité à sa sainte Volonté, la souplesse à l'égard des nouvelles perspectives que son Esprit pourrait nous suggérer, la lucidité dans les renouveaux de vie que ses inspirations pourraient conseiller, l'ouverture de cœur et d'âme à ces mises au point qui - même « accidentelles » - peuvent donner à l'Eglise, dans son équilibre vital et doctrinal, une forme plus évangélique, une condition plus authentiquement chrétienne.

« Seigneur Jésus-Christ, qui avez dit à vos Apôtres : Je vous accorde la paix, je vous donne ma paix ; ne considérez pas mes péchés, mais la foi de votre Eglise et daignez, selon votre Volonté, la constituer dans la paix et dans l'unité ».

INDEX DES AUTEURS

INDEX ALPHABÉTIQUE DES MATIÈRES

TABLE DES MATIÈRES

DEUXIÈME PARTIE

LE FAIT ET LA DOCTRINE

IMPRIMATUR

Lovanii, die 30 Novembris 1962.

† H. van Waeyenbergh,

episc. Gilben., Rect. M. Univ. deleg.

DU MÊME AUTEUR

Editions E. Warny, 2, rue Vésale, Louvain (Belgique) :

La « *Théologie œcuménique* ». *Notion - Formes - Démarches*, 80 p., 1960. Prix : F. B. 42.—

Primauté pontificale et prérogatives épiscopales. « *Potestas ordinaria* » *au Concile du Vatican*, 104 p., 1960. Prix : F. B. 50.—

Theologica e Miscellaneis, 440 p., 1960, relié (3.500 titres d'articles théologiques repris à environ 300 Volumes ou Recueils). Prix : F. B. 350.—

Editions Lannoo, Tielt (Belgique) :

Sainteté chrétienne. Précis de théologie ascétique, 2ᵉ édition, 704 p., 1963, relié. Prix : F. B. 195.—

Louvain. — Imprimerie E. Warny, rue Vésale, 2.

Imprimé en Belgique

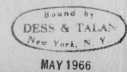

MAY 1966